经典伴我成长　文化浸润心灵

# 弟子规之智慧人生

弟子规之智慧人生

主　　编　何秀丽
副主编　张维军

電子工業出版社
Publishing House of Electronics Industry
北京 • BEIJING

## 内容简介

《弟子规》作为儒家经典中的启蒙篇章，所蕴含的文化思想和人生哲理对现代人仍然有深刻的启迪，是学习中华经典文化必读的第一本教材。原文尽管短短 1080 个字，但句句经典，字字珠玑，为了便于现代人正确理解原文意思，深刻把握先贤期盼，我们结合经典，结合实际，对《弟子规》进行解读，帮助人们认识到《弟子规》穿越时空后所散发出来的生活智慧和社会价值。

本书内容通俗易懂，解读深刻，既适用学校培养学生品德素质和养成习惯的需要，也适用社会大众学习国学文化的需要。本书适应面广，编写基于读、学、做三者并重的理念，既可作为学校国学晨读教材，也可作为社会国学培训教材。



图书在版编目（CIP）数据

弟子规之智慧人生 / 何秀丽主编. —北京：电子工业出版社，2013.9

ISBN 978-7-121-17473-5

Ⅰ. ①弟… Ⅱ. ①何… Ⅲ. ①语文课—中等专业学校—教学参考资料②汉语—古代—启蒙读物
Ⅳ. ①G634.303

中国版本图书馆 CIP 数据核字（2012）第 140009 号

策划编辑：施玉新　　syx@phei.com.cn
责任编辑：郝黎明
印　　刷：三河市鑫金马印装有限公司
装　　订：三河市鑫金马印装有限公司
出版发行：电子工业出版社
　　　　　北京市海淀区万寿路 173 信箱　邮编　100036
开　　本：787×1 092　1/16　印张：14　字数：358.4 千字
版　　次：2013 年 9 月第 1 版
印　　次：2015 年 8 月第 3 次印刷
定　　价：28.00 元

凡所购买电子工业出版社图书有缺损问题，请向购买书店调换。若书店售缺，请与本社发行部联系，联系及邮购电话：（010）88254888。

质量投诉请发邮件至 zlts@phei.com.cn，盗版侵权举报请发邮件至 dbqq@phei.com.cn。

服务热线：（010）88258888。

# 出版说明

**1. 本课程在专业中的定位及培养目标**

营造优良的文化育人环境，培养优秀的中华传统美德，为学生心灵找到宁静的土壤，是学校开展文化经典教育的目标。为此，我们以“经典伴我成长，国学浸润心灵”为主题开发了中华文化经典教育教材。核心理念就是以国学经典为载体，以诵读经典为依托，以经典培训讲座和国学课堂为核心，以文化活动为保障，推广和传承中华文化，全面开展文化建设，推进学生道德素养的提升和综合素质的提高。

**2. 课程教学应达到的总体教学要求**

学校推广中华文化，不仅要让学生学习基本的文化经典、文化常识，树立基本的文化理念，而且要从点点滴滴的生活实践中培养礼仪美德和行为规范。中华文化经典教育教材本着“立德为先，育人为本”的原则，先从《弟子规》入手，让学生明白做人做事的基本礼仪和规范。再以《三字经》深入，让学生初步了解中国历史和文化，懂得民族文化的渊源和精髓。继续以《论语》深化，深入细致地剖析儒家思想，在孝、悌、忠、信，礼、义、廉、耻、仁、爱、和、平等方面影响和提升学生的思想境界、文化素养、道德品质。接着以《大学》解读人生，为学生价值观、人生观和世界观的确立把握方向，继而提升他们生活的质量，促使他们对生命价值进行思考。并辅之以《百家姓》、《千字文》、《朱子治家格言》、《孝经》、《道德经》、《中庸》、《古文观止》等文化经典，让学生对中华经典文化有更加深刻的认识和理解。通过教材诵读环境熏染，通过有主题活动浸润，通过期刊和广播影响，通过课堂和培训解读，为学校全面开展文化建设提供了有力保障，引领学生健康成长，完善健全的人格。

**3. 课程教学要求**

本教材作为学校中华文化经典教育晨读课程，每天一节，细品慢读，辅之活动开展，交流反思，一年时间，定会对学生修养身心，提升思想境界有所帮助。本教材也可作为职业基础课或职业拓展课教程，酌情定出每周上课节数，配以教师讲解，学生和教师共同成长。当然本教材也可以作为中小学校国学课及晨读辅修课或选修课，也可作为企业培养员工团队意识或职业道德的教材。本书内容全面，各类学校在推广时可根据本校情况有针对性地选择上课内容。在使用中，最好是每天诵读二次经典原文，之后再配以顺序讲解，适时增加拓展内容。

中华文化经典教育教材，是作者弘扬和传承中华传统文化八年来奉献读者、回报社会的倾心之作，希望有缘读到此书的人能够接受传统、继承传统，因为那是深植于我们心灵深处的厚重的文化血脉，一个有思想渊源，有根的民族才会在未来的路上走得越来越远。也希望有缘读到此书的人能在接受和继承的基础上进行突破和创新，推动中华文化继续发展，因为与时俱进，与时偕行一直是我们这个民族的特色，唯有这样，华夏民族才生生不息，延续至今。炎黄子孙都应以传统文化思想为根基，学好专业技能，建构德行和技能双修的核心价值理念，成为当代社会需要的高素质的专业人才。

# 序 言

## ——致亲爱的读者

《弟子规》原名《训蒙文》，是我国儒家经典文化的启蒙教材，为清朝康熙年间秀才李毓秀所作。其内容取材于《论语· 学而篇》第六章中“弟子入则孝，出则弟，谨而信，泛爱众，而亲仁，行有余力，则以学文”的文意，以三字一句，两句一韵编纂而成，分为七个部分，共计 1080 个字，具体列举出为人子弟在家、出外、待人接物、求学应有的礼仪与规范，特别讲求家庭教育与生活教育。后经清朝的贾存仁修订改编，并改名为《弟子规》。尽管《弟子规》年代久远，对生活在当下的现代人来说，它仍具有非常真实的贴近生活的教育意义，是启蒙儿童养正开慧，教育学生养成良好思想行为规范的最优秀的教材。

“少年若天成，习惯成自然。”培养学生良好行为习惯是学校国学文化教育的目标。《弟子规》原文是中华古典文化的精华，本书主要就《弟子规》的“孝”、“悌”、“谨”、“信”、“泛爱众”、“亲仁”、“余力学文”七个方面进行解析，具体讲解《弟子规》经文背后隐含的深刻道理，就人们生活中言谈举止、行住坐卧、生活习惯、饮食起居等方面如何受到他人的认可和欢迎加以阐述。

中华传统文化博大精深，国学经典浩如烟海。学习国学文化首先要精准地从中加以选择。针对学生思想单纯、品性善良，我们从养成习惯的角度，选择可操作性强的、内容简单明了、适合学生身心特点及接受能力的篇章《弟子规》作为诵读教材的第一篇章，从浅入深形成教材。国学经典对于现代人来说，年代久远，读音不能准确掌握，因此在版本上使用汉语拼音为经典注音，从而让学生正确读诵。为帮助学生正确理解经典，我们按照《弟子规》所阐述的内容，按原文体现的事例分节，从原文、译文、注释、拓展故事、评析、思考及名言欣赏等几个方面准确、合理解析经文，便于读者理解经典，给读者搭建一座全面了解《弟子规》的桥梁。

【原文】尊崇原文。

【译文】按照《弟子规》本身原意解读原文。

【注释】对于原文中的字、词及引申的含义予以解释。

【拓展故事】结合原文，讲述经典故事，帮助读者更好地理解文义。

【评析】对经典原文和故事内涵予以剖析，传递《弟子规》潜藏哲理及其现实意义，帮助读者理解经典。

【思考】与现代工作、生活相结合，理性思考当下人们应该具有的品德和行为意识，并对理解原文中可能存在的困惑加以引申并解读，力求让读者更深刻理解经典。

【名言欣赏】对本节内容的补充，拓展读者视野，有助理解经典。

本书面向学生及国学教育的教师，当然也非常适合对传统文化感兴趣的家长和企业员工，完全可以运用于企业早训、亲子教育等方面。因此，我们不仅采用注音版，而且将《弟子规》做成按自然体例体现的事件来编写，可操作性极强，对背诵经典、理解经典、落实经典及培养国学素养都大有裨益。《弟子规》列为中华文化经典教育教材的第一本，诵读仍是理解和厉行的基础，正所谓书读百遍，其义自见，所以读者要想学好，必须每天至少读一遍，读时要不急不缓，时间在 8—10 分钟左右为宜，“凡道字，重且舒，勿疾急，勿模糊”，太慢太快都不足以领会原文深刻含义。在此基础上，再进行背诵、理解和落实。

本书由沈阳市汽车工程学校传统文化教育课题组老师编写，具体分工如下：

本书由何秀丽担任主编，张维军担任副主编。其中，第一、二、三章由何秀丽负责编写，并负责全书策划、大纲编制。第四章由洪丽编写 1～11 节初稿，王玲改写 1～5 节，张维军改写 6～10 节，宋晓敏编写 11～23 节。第五章由孙洋编写 1～7 节，王玲编写 8～15 节。第六章由李晓勇编写。第七章由赵艳华编写。第八章由马玮编写 1～6 节，张维军编写 7～2 节。全书插图由杨海燕绘制。全书由何秀丽和张维军统稿和校对。另外，陈丽君、刘宝华、唐宇、王旸兴等同志参与了本书的策划和整理工作。

以上老师都是辛苦工作在教育教学的第一线，他们利用了大量的业余时间参与本书的编撰和统理的过程中，笔耕不辍，乐在其中，在此，对各位老师的辛苦付出表示由衷地感谢，对各位老师家属的鼎力支持也表示感谢。

在此，感谢沈阳市汽车工程学校领导和同事们的支持和理解，他们为本书的编著和出版提供了丰富的真实故事。

本书在编写和整理的过程中，笔者深深感到，弟子规就是一件照澈心灵的宝鉴，它鞭策行为，激励成长，直击心灵。我们仿佛看到一位目光深邃、表情慈爱、体态庄严的儒家大哲，穿越时空，从古老走来，它与时俱进，在现代生根，它洞悉世间万物规律，考量世态人情，看破人心思想。穆穆儒者，於缉熙敬止。它让我们不得不静下心来，毕恭毕敬，细细品读，切磋琢磨。但愿流淌于笔尖的文字，如新鲜的血液注入身体，给每一根筋脉和细胞以活力。但愿我们的努力也能带给同样怀古论今、同样寻求发展、对未来充满期待的您一些启示。传承文化是炎黄子孙共同的责任，进步发展是当代儿女的担当，如何在传承中寻求发展，在进步中蕴含文化，是走在当下时代的我们应该好好思考的话题。

《弟子规之智慧人生》是我们在传承文化八年来的一点感悟和思考，由于编者水平有限，编写中难免会有疏漏之处，书中观点也仅是一家之言，期待和大德学者共同商榷。书中拓展故事参考了大量儒者和传统文化推广者及网上流传的资料，在此要特别感谢，正所谓道不远人，志同道合可以横亘千里，纵行八方而不孤独，感谢在传承经典文化、厉行传统美德路上的每一位师长。当然，本书中如有引用不当之处，敬请交流告之，以期修正，以飨读者。

何秀丽于沈阳

2013 年 8 月

## 注音版《弟子规》原文

dì zǐ guī

# 弟 子 规

zǒng xù

### 【总 叙】

dìzǐguī shèngrénxùn shǒuxiàotì cìjǐnxìn
弟子规 圣人训 首孝弟 次谨信
fànàizhòng érqīnrén yǒuyúlì zéxuéwén
泛爱众 而亲仁 有余力 则学文

rù zé xiào

### 【入 则 孝】（列举 20 件事）

fùmǔhū yìngwùhuǎn fùmǔmìng xíngwùlǎn
1. 父母呼 应勿缓 2. 父母命 行勿懒
fùmǔjiào xūjìngtīng fùmǔzé xūshùnchéng
3. 父母教 须敬听 4. 父母责 须顺承
dōngzéwēn xiàzéjìng chénzéxǐng hūnzédìng
5. 冬则温 夏则清 6. 晨则省 昏则定
chūbìgù fǎnbìmiàn jūyǒucháng yèwúbiàn
7. 出必告 反必面 8. 居有常 业无变
shìsuīxiǎo wùshànwéi gǒushànwéi zǐdàokuī
9. 事虽小 勿擅为 苟擅为 子道亏
wùsuīxiǎo wùsīcáng gǒusīcáng qīnxīnshāng
10. 物虽小 勿私藏 苟私藏 亲心伤
qīnsuǒhào lìwéijù qīnsuǒwù jǐnwéiqù
11. 亲所好 力为具 12. 亲所恶 谨为去
shēnyǒushāng yíqīnyōu déyǒushāng yíqīnxiū
13. 身有伤 贻亲忧 14. 德有伤 贻亲羞
qīnàiwǒ xiàohénán qīnzēngwǒ xiàofāngxián
15. 亲爱我 孝何难 16. 亲憎我 孝方贤
qīnyǒuguò jiànshǐgēng yíwúsè róuwúshēng
17. 亲有过 谏使更 怡吾色 柔吾声
jiànbúrù yuèfùjiàn háoqìsuí tàwúyuàn
谏不入 悦复谏 号泣随 挞无怨

qīnyǒují　yàoxiāncháng　zhòuyèshì　bùlíchuáng
18. 亲有疾　药先尝　昼夜侍　不离床
sāngsānnián　chángbēiyè　jūchùbiàn　jiǔròujué
19. 丧三年　常悲咽　居处变　酒肉绝
sāngjìnlǐ　jìjìnchéng　shìsǐzhě　rúshìshēng
20. 丧尽礼　祭尽诚　事死者　如事生

chū zé tì
**【出则弟】**（列举13件事）

xiōngdàoyǒu　dìdàogōng　xiōngdìmù　xiàozàizhōng
1. 兄道友　弟道恭　兄弟睦　孝在中
cáiwùqīng　yuànhéshēng　yányǔrěn　fènzìmǐn
2. 财物轻　怨何生　3. 言语忍　忿自泯
huòyǐnshí　huòzuòzǒu　zhǎngzhěxiān　yòuzhěhòu
4. 或饮食　或坐走　长者先　幼者后
zhǎnghūrén　jídàijiào　rénbúzài　jǐjídào
5. 长呼人　即代叫　人不在　己即到
chēngzūnzhǎng　wùhūmíng　duìzūnzhǎng　wùxiànnéng
6. 称尊长　勿呼名　7. 对尊长　勿见能
lùyùzhǎng　jíqūyī　zhǎngwúyán　tuìgōnglì
8. 路遇长　疾趋揖　长无言　退恭立
qíxiàmǎ　chéngxiàjū　guòyóudài　bǎibùyú
9. 骑下马　乘下车　过犹待　百步余
zhǎngzhělì　yòuwùzuò　zhǎngzhězuò　mìngnǎizuò
10. 长者立　幼勿坐　长者坐　命乃坐
zūnzhǎngqián　shēngyàodī　dībùwén　quèfēiyí
11. 尊长前　声要低　低不闻　却非宜
jìnbìqū　tuìbìchí　wènqǐduì　shìwùyí
12. 进必趋　退必迟　问起对　视勿移
shìzhūfù　rúshìfù　shìzhūxiōng　rúshìxiōng
13. 事诸父　如事父　事诸兄　如事兄

jǐn
**【谨】**（列举23件事）

zhāoqǐzǎo　yèmiánchí　lǎoyìzhì　xīcǐshí
1. 朝起早　夜眠迟　老易至　惜此时
chénbìguàn　jiānshùkǒu　biàn niàohuí　zhéjìngshǒu

2. 晨必盥　兼漱口　便溺回　辄净手

guānbìzhèng　niǔbìjié　wàyǔlǚ　jùjǐnqiè

3. 冠必正　纽必结　袜与履　俱紧切

zhìguānfú　yǒudìngwèi　wùluàndùn　zhìwūhuì

4. 置冠服　有定位　勿乱顿　致污秽

yīguìjié　búguìhuá　shàngxúnfèn　xiàchènjiā

5. 衣贵洁　不贵华　上循分　下称家

duìyǐnshí　wùjiǎnzé　shíshìkě　wùguòzé

6. 对饮食　勿拣择　食适可　勿过则

niánfāngshào　wùyǐnjiǔ　yǐnjiǔzuì　zuìwéichǒu

7. 年方少　勿饮酒　饮酒醉　最为丑

bùcóngróng　lìduānzhèng　yīshēnyuán　bàigōngjìng

8. 步从容　立端正　9. 揖深圆　拜恭敬

wùjiànyù　wùbǒyǐ　wùjījù　wùyáobì

10. 勿践阈　勿跛倚　勿箕踞　勿摇髀

huǎnjiēlián　wùyǒushēng　kuānzhuǎnwān　wùchùléng

11. 缓揭帘　勿有声　12. 宽转弯　勿触棱

zhíxūqì　rúzhíyíng　rùxūshì　rúyǒurén

13. 执虚器　如执盈　14. 入虚室　如有人

shìwùmáng　mángduōcuò　wùwèinán　wùqīnglüè

15. 事勿忙　忙多错　16. 勿畏难　勿轻略

dòunàochǎng　juéwùjìn　xiépìshì　juéwùwèn

17. 斗闹场　绝勿近　18. 邪僻事　绝勿问

jiāngrùmén　wènshúcún　jiāngshàngtáng　shēngbìyáng

19. 将入门　问孰存　20. 将上堂　声必扬

rénwènshuí　duìyǐmíng　wúyǔwǒ　bùfēnmíng

21. 人问谁　对以名　吾与我　不分明

yòngrénwù　xūmíngqiú　tǎngbúwèn　jíwéitōu

22. 用人物　须明求　倘不问　即为偷

jièrénwù　jíshíhuán　hòuyǒují　jièbùnán

23. 借人物　及时还　后有急　借不难

xìn

**【信】**（共列举 15 件事）

fánchūyán　xìnwéixiān　zhàyǔwàng　xīkěyān

1. 凡出言　信为先　诈与妄　奚可焉

huàshuōduō　bùrúshǎo　wéiqíshì　wùnìngqiǎo

2. 话说多　不如少　惟其是　勿佞巧

jiānqiǎoyǔ　huìwūcí　shìjǐngqì　qièjièzhī
3. 奸巧语　秽污词　市井气　切戒之

jiànwèizhēn　wùqīngyán　zhīwèidì　wùqīngchuán
4. 见未真　勿轻言　知未的　勿轻传

shìfēiyí　wùqīngnuò　gǒuqīngnuò　jìntuìcuò
5. 事非宜　勿轻诺　苟轻诺　进退错

fándàozì　zhòngqiěshū　wùjíjí　wùmóhū
6. 凡道字　重且舒　勿急疾　勿模糊

bǐshuōcháng　cǐshuōduǎn　bùguānjǐ　mòxiánguǎn
7. 彼说长　此说短　不关己　莫闲管

jiànrénshàn　jísīqí　zòngqùyuǎn　yǐjiànjī
8. 见人善　即思齐　纵去远　以渐跻

jiànrénè　jínèixǐng　yǒuzégǎi　wúzéjǐng
9. 见人恶　即内省　有则改　无则警

wéidéxué　wéicáiyì　bùrúrén　dāngzìlì
10. 惟德学　惟才艺　不如人　当自砺

ruòyīfú　ruòyǐnshí　bùrúrén　wùshēngqī
11. 若衣服　若饮食　不如人　勿生戚

wénguònù　wényùlè　sǔnyǒulái　yìyǒuquè
12. 闻过怒　闻誉乐　损友来　益友却

wényùkǒng　wénguòxīn　zhíliàngshì　jiànxiāngqīn
13. 闻誉恐　闻过欣　直谅士　渐相亲

wúxīnfēi　míngwéicuò　yǒuxīnfēi　míngwéiè
14. 无心非　名为错　有心非　名为恶

guònénggǎi　guīyúwú　tǎngyǎnshì　zēngyìgū
15. 过能改　归于无　倘掩饰　增一辜

fàn ài zhòng
**【泛爱众】**（共列举16件事）

fánshìrén　jiēxūài　tiāntóngfù　dìtóngzài
1. 凡是人　皆须爱　天同覆　地同载

xínggāozhě　míngzìgāo　rénsuǒzhòng　fēimàogāo
2. 行高者　名自高　人所重　非貌高

cáidàzhě　wàngzìdà　rénsuǒfú　fēiyándà
3. 才大者　望自大　人所服　非言大

jǐyǒunéng　wùzìsī　rénsuǒnéng　wùqīngzī
4. 己有能　勿自私　人所能　勿轻訾

wùchǎnfù　wùjiāopín　　wùyàngù　wùxǐxīn
5. 勿谄富　勿骄贫　　6. 勿厌故　勿喜新

rénbùxián　wùshìjiǎo　　rénbùān　wùhuàrǎo
7. 人不闲　勿事搅　　人不安　勿话扰

rényǒuduǎn　qièmòjiē　　rényǒusī　qièmòshuō
8. 人有短　切莫揭　　人有私　切莫说

dàorénshàn　jíshìshàn　　rénzhīzhī　yùsīmiǎn
9. 道人善　即是善　　人知之　愈思勉

yángrénè　jíshìè　　jízhīshèn　huòqiězuò
10. 扬人恶　即是恶　　疾之甚　祸且作

shànxiāngquàn　déjiējiàn　　guòbùguī　dàoliǎngkuī
11. 善相劝　德皆建　　过不规　道两亏

fánqǔyǔ　guìfēnxiǎo　　yǔyíduō　qǔyíshǎo
12. 凡取与　贵分晓　　与宜多　取宜少

jiāngjiārén　xiānwènjǐ　　jǐbúyù　jísùyǐ
13. 将加人　先问己　　己不欲　即速已

ēnyùbào　yuànyùwàng　　bàoyuànduǎn　bàoēncháng
14. 恩欲报　怨欲忘　　报怨短　报恩长

dàibìpú　shēnguìduān　　suīguìduān　cíérkuān
15. 待婢仆　身贵端　　虽贵端　慈而宽

shìfúrén　xīnbùrán　　lǐfúrén　fāngwúyán
16. 势服人　心不然　　理服人　方无言

qīn rén

## 【亲　仁】(共列举4件事)

tóngshìrén　lèibùqí　　liúsúzhòng　rénzhěxī
1. 同是人　类不齐　　流俗众　仁者希

guǒrénzhě　rénduōwèi　　yánbúhuì　sèbúmèi
2. 果仁者　人多畏　　言不讳　色不媚

néngqīnrén　wúxiànhǎo　　dérìjìn　guòrìshǎo
3. 能亲仁　无限好　　德日进　过日少

bùqīnrén　wúxiànhài　　xiǎorénjìn　bǎishìhuài
4. 不亲仁　无限害　　小人进　百事坏

yú lì xué wén

## 【余　力　学　文】(共列举12件事)

búlìxíng　dànxuéwén　　zhǎngfúhuá　chénghérén
1. 不力行　但学文　　长浮华　成何人

dànlìxíng bùxuéwén rènjǐjiàn mèilǐzhēn
2. 但力行 不学文 任己见 昧理真

dúshūfǎ yǒusāndào xīnyǎnkǒu xìnjiēyào
3. 读书法 有三到 心眼口 信皆要

fāngdúcǐ wùmùbǐ cǐwèizhōng bǐwùqǐ
4. 方读此 勿慕彼 此未终 彼勿起

kuānwéixiàn jǐnyònggōng gōngfūdào zhìsètōng
5. 宽为限 紧用功 功夫到 滞塞通

xīnyǒuyí suízhájì jiùrénwèn qiúquèyì
6. 心有疑 随札记 就人问 求确义

fángshìqīng qiángbìjìng jīànjié bǐyànzhèng
7. 房室清 墙壁净 几案洁 笔砚正

mòmópiān xīnbùduān zìbújìng xīnxiānbìng
8. 墨磨偏 心不端 字不敬 心先病

lièdiǎnjí yǒudìngchù dúkànbì huányuánchù
9. 列典籍 有定处 读看毕 还原处

suīyǒují juànshùqí yǒuquēhuài jiùbǔzhī
10. 虽有急 卷束齐 有缺坏 就补之

fēishèngshū bǐngwùshì bìcōngmíng huàixīnzhì
11. 非圣书 屏勿视 敝聪明 坏心志

wùzìbào wùzìqì shèngyǔxián kěxùnzhì
12. 勿自暴 勿自弃 圣与贤 可驯致

# 目录

# 第1章 总叙

概述：《弟子规》原名《训蒙文》，为清朝康熙年间秀才李毓秀所作。其内容根据《论语·学而篇》第六章“弟子入则孝，出则弟，谨而信，泛爱众，而亲仁，行有余力，则以学文”的文意，以三字一句，两句一韵编纂而成，分为七个部分加以阐述；具体列举出为人子弟在家、出外、待人接物、求学应有的礼仪与规范，特别讲求家庭教育与生活教育。后经清朝贾存仁修订改编，并改名为《弟子规》，是启蒙养正，教育子弟敦伦尽份防邪存诚，养成忠厚家风的最佳读物。

## 知识要点

1. 了解《弟子规》原文总的纲要。
2. 理解《弟子规》原文纲要的目标。
3. 基本掌握《弟子规》全文写作思路。

## 能力要点

学习《弟子规·总叙》，了解《弟子规》的编撰依据，并充分理解《弟子规》主修的六门德育课程和一门教育课程，明了人生的首要目标和次要目标，进而明白人生次第。

## 课堂训练

**学前小测试**

1. 教给古代孩子启蒙养正，树立规矩的书是（　　）。

A. 《三字经》　B. 《弟子规》　C. 《诗经》　D. 《论语》

2. 《弟子规》取材于（　　）。

A. 《论语》　B. 《大学》　C. 《诗经》　D. 《孟子》

3. 在日常生活中，一个人的待人接物，举止言谈重要吗？（　　）

A. 重要　B. 不重要　C. 无所谓

4. 关于一个人的德行，你认为应具备哪些品德？（　　）

A. 孝敬父母，尊敬师长　B. 朋友互助，心胸宽广

C. 言谈得体，举止得当　D. 尊重他人，推己及人

E. 诚实守信，童叟无欺　F. 严谨做事，踏实做人

通过学前小测试可以看出，良好的行为习惯和修养是人们必须具备的品德，能够得到社会大众的尊重和认可，也能为自己在人际交往及工作中赢得一席之地。

**【原文】**

弟子规，圣人训，首孝弟，次谨信。

泛爱众，而亲仁，有余力，则学文。

**【译文】**

《弟子规》原文，是根据至圣先师孔子的教诲编撰而成。这本书主要用以指导学生的行为规范，并告诫学生做人的道理。在日常生活中，人们首先要孝顺父母，友爱兄弟姐妹，其次行为举止要谨慎，言语谈吐要讲诚信。要以博爱平等的心态与社会大众相处，并亲近有仁德之心的人，多向他们学习和交流，以提升自己的德行。以上这些都是非常重要的，是非做不可的事，如果这些都能做得很好，有多余的精力了，就可以好好学习六艺等有益的学问了。

**【注释】**

弟子：学生。现代社会提倡终身学习的理念，每一个要求进步的人，要求发展的人，不断学习成长的人都是学生。规：规范，规则，准则，法则。弟子规：就是一个要求进步，希望不断提升自己的人应该具备的规范。圣人：老师，道德高尚的人，这里指至圣先师孔子。训：训诫，教诲。首：最先，最早，第一之意。弟，通“悌”读 tì，友爱敬重尊长的意思。谨：慎重，小心，郑重，恭敬之意。信：诚实，不欺骗。亲：亲近。仁：一种道德范畴，指人与人相互友爱、互助、同情等。这里指有节操有志向的高义君子。

## 拓展故事

### 至圣先师——孔子

孔子（公元前 551 年 9 月 28 日～公元前 479 年 4 月 11 日）名丘，字仲尼，春秋时期鲁国人。是我国古代伟大的思想家和教育家，儒家思想创始人，世界最著名的文化名人之一。编撰了我国第一部编年体史书《春秋》。孔子的言行思想主要载于《论语》及《史记·孔子世家》里。孔子年轻时做过几任小官，担任过鲁国的大司寇，但他一生大部分时间都从事教育，孔子创办的私学在当时非常著名，很多人不远万里拜到孔门学习，相传他教过弟子达三千人，其中贤者七十二人，孔子开

私学之先河，并推行平民教育，主张“有教无类”，从此，学习不再是贵族和官府的专利，学术文化知识下移，穷人的孩子也可以读书成就志向。孔子曾携弟子周游列国14年，最终返回鲁国，专心执教。孔子在世时就被誉为“天纵之圣”、“天之木铎”、“千古圣人”，是当时社会上最博学者之一，并且被后世尊为至圣、万世师表、楷模。曾修《诗》、《书》，定《礼》、《乐》，序《周易》，作《春秋》。孔子与孟子并称“孔孟”，他们的思想并称为孔孟之道。孔子被尊为“至圣”、“素王”，曾子则为宗圣，孟子为“亚圣”。孔子的言行被他的学生写成创世巨作《论语》。孔子开创的儒家思想及学说对中国2000年来的历史发展和华夏民族的气质、性格、行为习惯、修养和风度都产生了重大而深远的影响。

## 日行一善①

有这样一个故事，一个小男孩随父母移民到美国。来到美国不久，正赶上金融风暴，他们所带来的钱都成了废纸。

为了能够生存下去，从十五岁开始，他不得不跟随父亲一起出外打工。父亲常常告诫他：“只要有人答应教你英语，并给一顿饭吃，你就留在那儿给人家干活。”

他的第一份工作是在一个小饭馆里做服务生。由于他勤快、好学，很快得到老板的赏识和信任。老板甚至把他带到家里，让他和他的孩子们一起玩耍，这大大增进了这个孩子的英文水平。

一天，老板告诉他，给餐馆供货的食品公司要招收营销人员，假若乐意的话，他愿意帮助引荐。于是，他获得了第二份工作，在一家食品公司做推销员兼货车司机。

临去上班的时候，父亲又告诉他：“我们祖上有一遗训，叫‘日行一善’。在家乡时，父辈们之所以成就了那么大的家业，都得益于这四个字。现在你到外面去闯荡了，最好能记着。”

也许就是因为那四个字吧！当他开始工作后，他总是做一些力所能及的善事，当他开着货车把食品送到各个城市的大街小巷时，他会帮着店主把一封信带到另一个城市，会让放学的孩子顺便搭一下他的车，会尽自己所能为他的客户做一些事。尽管这些事非常小，但他却乐呵呵地干了四年。

第五年，他接到总部的一份通知，要他去墨西哥，统管拉丁美洲的营销业务，理由据说是这样的：该职员在过去的四年中，个人的推销量占佛罗里达州总销售量的百分之四十，应予重用。

他到任后，很快打开了拉丁美洲的市场，后又被派到加拿大和亚太地区；1999年，被调回了美国总部，任首席执行官。

他就是被美国猎头公司列入可口可乐、高露洁等世界性大公司首席执行官的候选人的卡罗斯·古铁雷斯。美国总统布什在竞选连任成功后宣布，提名让卡罗斯·古铁雷斯出任下一届政府的商务部部长。

卡罗斯·古铁雷斯就是“美国梦”的代名词。然而，很少有人知道古铁雷斯成功背后的故事。卡罗斯·古铁雷斯在接受《华盛顿邮报》的一位记者采访时说：一个人的命运，并不一定取决于某一次大的行动，我认为，更多的时候，取决于他在日常生活中的一些小小的善举。这正是对他自己命运的真实评价。他“日行一善”的经历也给试图改变命运的当代人予以启示。

**【评析】**

“玉不琢，不成器；人不学，不知道。是故古之王者建国君民，教学为先”，出自《礼记·学记》。这句话精辟地说明：人要知书懂礼明道，就要学习，不断完善，增长智慧，提升素养。因此古代帝

① 清朝编辑《德育古鉴》一书中记载，“日行一善”这个成语出自哲宗元祐三年任兵器监主簿的葛繁，葛繁坚持每天做好事，后来官至太守。有人请教他如何“日行一善”，他说：“比如这里有条板凳，倒了碍人走路，就弯腰把它扶正放好，即是一善。”本故事来源于 http://www.telnote.cn/gushi/gushi/5/4440.htm。

王建国，头等大事就是以礼乐教化天下。在《弟子规·总叙》中更是开篇就提出礼化天下的教学次弟，也是本文总的纲要。

每个人的生活都始于家庭，归于家庭。所以人的五伦关系第一，特别是孝悌之伦，所以“首孝弟”；人的品质和做事态度第二，所以“次谨信”；人的胸怀修养第三，所以“泛爱众”；人的境界第四，所以要“亲仁”；古人认为只有把人做得圆满了，发挥才能才有意义，所以最后才提出“余力学文”。这富有浓郁人情味道的教学次第，在今天仍具有常读常新的现实意义。

**【思考】**

《弟子规》规定了学生主修的六门课和辅修的一门课。六门课指的是品德、修养和行为习惯的培养。一门辅修课是学问、技能和能力的提升。孔子所倡导的人们的行为规范、德行和学问与现代社会人们对于学问及品德的要求正好相反，究竟是学问重要还是德行更重要呢？

儒家思想倡导“修身、齐家、治国、平天下”一脉相承，循序渐进，认为修养身心，完善自我，提高个人品德，是做人做事的前提和核心。因此很多儒家经典都将道德修养的培养放在第一位。人生确实要有一个次第的问题需要从小就解决，我们大家认为高智商、低情商好，还是高情商、低智商好呢？说得直白一点就是高学历高技术过硬品德不好好呢，还是虽然不懂很多知识和技术但品德高尚，有好的修养好呢？

学好文化知识固然重要，但在父母的眼中，他们需要的是一个实实在在能陪着二老颐养天年孝顺体贴的孩子。家庭如此，社会亦如此。社会上有一句话说得很有滋味：“有德有才，破格重用；有德无才，培养使用；有才无德，限制录用；无德无才，坚决不用。”这说明有德有才是真正贤达的人，这样的人得到重用可以造福一方，为社会大众或所在公司做出应有的贡献；有德无才是仁德宽厚，可能还是有爱心的人，这样的人可以使用，因为才能和知识是可以通过后天的培养和学习获得的。有才无德是说这样的人在某些技术和能力方面有过人之处，但是品德却不是很好，可能钻营投机，也可能假公济私，这样的人，一旦任用可能造成不可预见的影响和后果，所以要量才而用，并要以责权利相制约，要用得恰到好处，也会做出一定成绩，当然如果结果不可预知，还是尽量不用。对于那些无德无才之人，想必大家不言自明，既无才干，还懒散拖沓，不守信用，既无爱心又无原则，这样的人坚决不能被重用。从这里我们看到，社会存在着正义和公平，每个人心里都有一把尺子，用以衡量社会、单位、朋友圈、家庭中什么样的人才是受欢迎的。无论古代、现代还是当代，孝顺父母的人、尊敬师长的人、友爱兄弟姐妹的人、秉公办事认真老实的人、交往守信的人、有爱心的人，都是被人们认可的。

**名言欣赏**

1．宁选才差德高之人，不取才优无德之辈。——李开复

2．才者，德之资也；德者，才之帅也。——司马光

3．文化知识不等于文化素质，文化技能更不等于文化人格。离开了关爱人类的基座，文化人便是无可无不可的一群，哪怕他们浑身书卷气，满头博士衔。——余秋雨

# 第2章 入则孝

本章归纳了为人子女"孝"父母应该做到的事，这些看似简单的道理和要求，对于活在当下的现代人，还适用吗？我们都能做到吗？

中华传统美德中当推首位的就是"孝"道，正所谓百善孝为先。本章总结了子女和父母相处的生活规范，并从饮食起居等生活小事上解读如何关怀照顾体贴父母，蕴含了很多经典的小故事及人生哲理，这些朴实经典的故事纵横古今，散发着智慧的光芒，对当代人予以启示，发人深省。"入"字用得很恰当，因为古代中国，儿女和父母是分房居住的，有一定身份和地位的家庭，儿女和父母要别院居住。入，是每日到父母居住的地方问安、照顾，这是孝子对父母的礼节，也是美德。现代社会，儿女成家之前和父母在一起居住，成家后一般都独立居住，也有在一起居住的。能够时时关注父母的喜好和饮食起居是儿女对父母的关怀。

**知识要点**

1．理解"孝道"总的纲要和具体要求。

2．理解"孝道"的目标。

3．基本掌握"孝"父母的思路和方法。

4．在生活中厉行"孝道"，做"孝"父母的人。

**能力要点**

学习《弟子规·入则孝》，了解古人对"孝"父母这个道德层面最基本层次的标准和理念，充分理解"孝"道的真正含义，以此指导自己的行为习惯。

**课堂训练**

## 学前小测试

1. 你能记住自己的生日吗？（　　）

   A．能　　　　　　B．不能

2. 你能知道父母的生日确切是哪天吗？（　　）

   A．能　　　　B．不能

3. 你觉得陪父母说话、聊天重要吗？（　　）

   A．重要　　　　B．不重要　　　　C．无所谓

4. 在孝顺父母方面，你觉得哪些方面还没有做到？（　　）

   A．照顾父母的饮食起居
   B．给父母生活开支必需的花费
   C．不和父母顶嘴
   D．用父母能够接受的方式和他们交流生活中遇到的分歧
   E．学习上尽心尽力不让父母操心
   F．做人和做事勤恳踏实，不让父母担心
   G．自己能够安排好自己的生活，不让父母挂念
   H．陪父母说话，聊天，以解寂寞

5. 你觉得给父母财物是最好的爱自己父母的方式吗？

   A．是的　　　　B．不是

6. 你认为什么是爱自己父母最好的方式？

7. 你觉得你父母最需要你在哪些方面的孝顺？（　　）

孝顺父母是人的修养，也是人必须具备的品德，能够得到社会大众的尊重和认可，也能为自己在人际交往及工作中赢得一席之地。

## 2.1　父母呼　应勿缓

**【译文】**

父母叫我们的时候，我们应该马上答应不要迟缓。

**【注释】**

呼：呼唤。应：答应。缓：迟缓。

## 拓展故事

### 啮指痛心

曾参字子舆，春秋时期鲁国人，是孔子最得意的弟子之一，以孝著称，被称为曾子，宗圣，相传《大学》、《孝经》等儒家经典就是他著述的。年少的时候家里贫穷，常常进山去打柴。有一天，曾参进山打柴，家里来了客人，曾参的母亲不知所措，情急之下就用牙咬自己的手指。在山上打柴的曾参忽然觉得自己的心疼，马上想到是不是母亲有什么事？是不是母亲在呼唤自己？所以就赶紧背着柴匆匆忙忙返回家中，看到母亲正在村外小路边张望，就赶紧跪下来问母亲："您老人家是不是有什么事？"曾参的母亲说："刚才有客人忽然来访，我不知道说什么好，又怕自己说得不好，让人家笑话，情急之下，我就咬自己的手指，希望你能感受到，能早点回来。"于是曾参接见客人，以礼相待。这就是历史上著名的二十四孝故事"啮指痛心"。在东汉王充的《论衡》中，在东晋干宝的《搜神记》中，在六朝的《孝子传》中都有记载，都对曾参给予了很高的评价。

### 父子连心

上个世纪五六十年代，发生过这样一个故事。

一位年轻的父亲借出差的机会带儿子出门游玩，一连玩了两天，父子二人都很高兴，但是玩到第三天的时候，父亲却突然提出回家，跟儿子说："家里一定有什么事，我的心里很不安，我想你爷爷了。"结果父子二人匆匆结束了旅行，急急地赶回家。那个年代并没有现在的通信这样发达，没有电话，彼此的交流靠打电报或是写信来进行，刚回到家，就看到自己家的门上贴着加急电报，是老家的人打来的，大致说"父病危，速归"。这位父亲就带着孩子回家了，赶回家正好看到老人病了，病得很重，但一直没有咽下最后一口气，大家都说，他老人家是在眼巴巴地等着远在外地的儿子回来，这位父亲带着儿子赶回家后见了老人最后一面。不久，老人家就去世了。

这是发生在现代社会父子连心的真实的故事。写出来供大家互勉。

**【评析】**

本章开头就用人们都明白的日常生活小事来告诉读者，人们对待自己的父母应该有怎样的态度。孝顺父母要从小事做起。小到什么程度呢？小到父母仅仅是轻声的呼唤，小到叫我们的时候，我们就要马上答应，不要迟缓。

表面上来看，此句的意思是父母叫儿女，儿女听到了要马上回应，立即到父母面前，问问父母有什么需求，不能迟缓。在古人看来，这是孝子对父母应该做到的最基本的情感关怀。也是儿女对父母是否尊敬最简单的一个表现。孝敬之道就体现在这样简单的点滴小事之中。正因为这件事小，所以才会有人不屑做这件事，不在意父母的需求，体会不到父母心灵层次隐含的更深的呼唤和需求。而只有时时刻刻把父母放在心上的人，才会对父母的呼唤乃至心灵的呼唤有感应。如曾子，亦如上文中的父亲。这种纯朴的不掺杂任何功利和物欲的情感，是世界上最好的沟通方式，它的传递远比许多现代的通讯工具来得实在和迅速，这就是心灵的感应。根据古老的瑜伽理念，在陌生人之间，心灵纯净，也会有让人意想不到的心灵沟通。既然如此，是否有血缘和亲情的父母和儿女之间的心灵的沟通来得更容易一些呢？如果这个理念成立，我们其实就不必佩服曾夫子，也不必惊讶上文中的父亲，因为我们也可能做到和父母之间的心灵沟通！如此说来，"父母呼，应勿缓"就成了生活中再小不过的一件小事，这样一件小事用来衡量道德天平上最基本的孝道，我们就要反躬自问，我们都做到了吗？

《孝经》有云，夫孝，德之本也，教之所由生也。父母叫我们的时候，我们马上答应了吗？孝顺父母是一切善行的根源。民间也有一种说法：人生不能等的有两件事，其一是行善不能等，其二是孝顺不能等。孝顺父母难道一定要等自己飞黄腾达、平步青云的时候吗？当然不是，其实，寻常百姓在日常生活中，一样可以做到孝顺。哪怕是父母叫我们的时候，一声轻轻的答应，也尽显孩子对父母的体贴和关怀。如果儿女能急父母之所急，想父母之所需，做父母之所想，就更显孝子对父母的情谊。

所以从古至今中国历史上出现了许许多多的大孝子，才有了黄香温席、百里负米等动人的故事。小中见大，体贴入微的照顾和关怀，让父母不操心的心态，甚至仅仅是不与父母顶嘴这些极小的事一样能体现孝子的仁厚和孝顺。

**【思考】**

父母呼唤我们，我们要马上答应不要迟缓。对于父母内心深层次的呼唤，做儿女的能够体会得到吗？

作为儿女，往往承载了父母毕生的希望和梦想，做儿女的，体会到父母对我们的要求了吗？

父母到底希望我们成为什么样的人？希望我们将来会有怎样的发展，我们体会到了吗？

"父母呼，应勿缓"，如果儿女真能体会到父母发自内心的呼唤，并向这个目标努力，那么"孝"的真正含义，就从孝养父母之身变成了孝养父母之心，只有提升到养父母之心的层次，孝顺才不仅仅是口号，而是变成自觉的行动。父母呼唤时，一声发自心底轻声的答应也饱含了儿女对父母浓浓的关怀和尊敬，父母怎么会不高兴呢？

~~~~~~~~~~~~~~~~~~~~~~~~~~~~~~~~~~~~~~~~~~~~~~~~

常言道，要想"孝"，先要"笑"。让父母发自心底的满足，就会让他们笑起来，高兴起来，这就是孝了。

中国古代一直将"孝"和"忠"两种可贵的品质放在一起来说，说的是对待君王要"忠"，对待自己父母要"孝"，忠孝要都做到，才尽善尽美。在现代社会，其实除了父母与子女的关系外，也存在着君臣关系，这时的君臣关系其实就是我们熟知的上下级的关系。处理上下级的关系也可以借鉴和父母处理好关系的方法，比如在这句话中，我们把"父母"改为"领导"，变成"领导呼，应勿缓"，在领导呼唤我们时，我们要马上答应，不要迟缓。如果我们能做到这一点，至少可以让领导感受到来自下属的这一片热情和真诚。如果我们能更进一步体会到领导的期望，并朝着这一方向努力，相信也会让领导看到你的用心和成长。

再比如，作为学生的我们可以把"父母"改为"老师"，变成"老师呼，应勿缓"，老师在点到我们的名字时，我们能心悦诚服地接纳并答应，展现我们的青春与活力，这也是老师最希望看到的。如果我们能更进一步去体会教过我们的每一位老师的心意，我们不难发现，老师都希望自己的学生成人、成才、成功，我们若能鞠躬尽瘁，朝这个方向努力，老师也会看到我们一点一滴的变化，也会倾尽毕生心血来教我们。

一句话，"父母呼，应勿缓"，人生哲理尽在不言中。

**名言欣赏**

1．孝子之至，莫大乎尊亲。——孟子

2．惟孝顺父母，可以解忧。——孟子

3．呼唤应声不敢慢，诚心诚意面带欢。——《劝报亲恩篇》
~~~~~~~~~~~~~~~~~~~~~~~~~~~~~~~~~~~~~~~~~~~~~~~~

## 2.2　父母命　行勿懒

【译文】

父母交待给我们的命令，我们要积极努力去做，不要拖沓懒惰。

【注释】

命：命令。行：行动，行为。

### 拓展故事

#### 孝感动天

中国古代，有三位非常贤明的君王：尧、舜、禹。他们三位品德高尚，受大众的推荐当上君王。在这三位当中，舜孝顺不喜欢甚至憎恨自己的父母，友爱不明事理的弟弟，而感动天下人，因此被尧选中为继承人，他的故事也被后世子孙历代传诵。

舜的国号是“虞”，所以在历史上也称舜帝为“虞舜”。

虞舜，姓姚，名重华。父亲叫瞽叟①，母亲叫握登。

在舜很小的时候，舜的母亲就过世了。瞽叟又娶了一位妻子，叫壬女。后母和父亲又生了一个孩子，叫“象”。父母偏爱象，视舜为眼中钉，想方设法除掉舜，三个人经常联合起来欺负舜。舜对父母却非常孝顺。即使是父亲、后母和弟弟都欺负他，他仍然能恭敬地孝顺父母，友爱兄弟。

舜经常受到父亲和后母无故的责罚和刁难，但他从来不记恨他们，反而更加注意自己的言行，想方设法让父母欢喜。舜的弟弟傲慢无理，经常给舜出难题，让舜难堪，但是舜不仅不因此恼怒，反而认为是自己没有做出好榜样，才让弟弟的德行有所缺失。据史书上记载，他经常深切地自责，甚至像孩子般地号啕哭泣，就像可怜的穷苦的人没了归处一样。路过的人们看到他小小年纪就能有如此深切的至诚孝心，没有不为之动容感伤的。

时间长了，全国各地都知道有舜这么一位大孝子。那时候尧帝正想选择一位贤良的人接替他的位置。听了各地大臣的举荐，感到舜是一个淳朴宽厚、谦虚谨慎的人。但是，要接替自己治理天下，除了应具有孝顺的品德外，还应具备治理天下的能力和德行。为了考察舜是否胜任，尧帝把两个女儿——娥皇和女英嫁给了舜，还让他的九个儿子辅助舜处理一些简单的国事。尧帝希望通过两个女儿观察、考验舜对内的行持；由九个儿子来考验他对外立身处事的能力。娥皇和女英是舜的得力助手，也成全了舜对父母一片至诚的孝心。

有一次，父亲瞽叟让舜修补粮仓的屋顶。舜登着梯子爬上粮仓后，瞽叟夫妻俩就把梯子拿开了，并且在下面放起了火，希望以此烧死舜。当熊熊大火向上燃烧，就在房倒屋塌之时，只见舜两手各撑着一个巨大的竹笠，像大鹏鸟一样从房上从容不迫地跳了下来。原来聪慧的娥皇和女英早已事先为他做好了相应的准备。又有一次，舜的父母想把舜灌醉后，用其他的方法杀害舜。但是舜的两个妻子事前就给他服用了特殊的药物，让舜即使终日饮酒也不能醉倒。

还有一次，瞽叟命令舜凿一口井，等舜凿到井的深处，瞽叟和象就从上面往井里拼命倒土，想把舜埋在井下，以为这样舜就永远回不来了。没想到舜在二位夫人的安排下，在井的半腰已经凿好

① 瞽叟，读gǔsǒu，瞽，眼睛瞎的或没有识别能力的意思；叟，老头的意思。“瞽叟”可能是后世为舜的父亲起的名字。

了一个通道，当瞽叟和象往井里倒土的时候，舜从半腰的通道中安全地回了家。当瞽叟和象得意地以为舜的财产都归他们所有时，猛然见舜走了进来，大吃一惊，慌忙加以掩饰，但是舜明知父母和兄弟的做法，也没露出愤怒的脸色，仍旧装作若无其事。此后舜夫妻侍奉父母、对待弟弟，反而越加谨慎了。

舜初到历山耕种的时候，当地的农夫经常为了田地互相争夺。舜便率先礼让他人，尊老爱幼，用自己的德行感化众人。果然，一年后，这些农夫都大受感动，再也不互相争田争地了。舜一片真诚的孝心，不仅感动邻里，甚至感动了天地万物。他在历山这个地方耕种，与山石草木、鸟兽虫鱼相处得非常和谐，动物们都纷纷过来给他帮忙。温驯善良的大象，来到田间帮他耕田；娇小敏捷的鸟儿，成群结队，叽叽喳喳地帮他除草。人们为之惊讶、敬佩，目睹舜德行的力量是如此巨大。即便如此，舜仍是那样恭顺和谦卑，他的孝行得到了很多人的赞美和传颂。

舜曾到雷泽这个地方打鱼。在这儿，年轻力壮的人经常占据下游深水的位置，孤寡老弱的人就只好到上游浅滩去打鱼。舜看到这种情形，以身作则，把水深鱼多的地方让给老人家，自己则到上游浅滩去打鱼。他的一片真诚，没有丝毫勉强，令众人大为惭愧和感动，所以短短的一年内，大家都互相礼让于老人。

舜还曾经到过陶河这个地方，这里出产陶器，但由于这里土壤质量不好，生产的陶器粗糙低劣。不可思议的是，舜在此地治理了一年后，连陶土的质量都变好了，做出来的器皿相当优良。大家一致认为这是舜的德行所感召的结果。后来，只要他所居之处，来亲近他并在此安家的人特别多，往往在一年的时间里这里就聚成了村落，二年便成为县邑，三年就成为大城市。这就是历史上著名的“一年成聚，二年成邑，三年成都”的来历。历史故事很美，从这里，我们也可以看到舜，是非常有人格魅力的，他以自己正的人格魅力感染了自己所管辖的地区，让人们不仅身服、口服，还会心服。人们都愿意亲近仁德的人，所以才会有那么多的人愿意居住在他所在的辖区。

尧帝通过对舜的德行考察后，对他更加欣赏。尧帝又让舜处理政事二十年，代理摄政八年，以此考察他治理天下的能力，二十八年后正式把王位传给舜。

这里我们可以看到古代的帝王对于王位的继承，真是非常谨慎，对于继承人的培养也是用心良苦，这样选出来的贤者治理天下，才会以仁治世，以德治国，国家才会长治久安。

当然，舜继承王位后，仍然和从前一样孝顺自己的父母，但是他的父母仍然不喜欢他。舜帝因此而伤感地说：“现在虽然我有了地位和荣耀，我仍然不能让父母高兴，这又有什么用呢？”

舜至诚的孝心感天动地，丹心沥血，让听到的人为之动容。传说后来舜的后母得了一种怪病，有一位仙人来到这里说可以为她医治，但是需要有一味药引，那就是亲生儿子的心脏，象不肯为母亲献出心脏，这时舜自愿用自己的心脏为母亲做药引，他说：“虽然我不是壬女所生，但是多年来，我是壬女所养，形同亲生，与情理上相通。”舜的至诚感动了仙人，也感动了顽劣的父母和傲慢的弟弟，从此，壬女的病竟然奇迹般地好了，壬女也因此改变了以前的想法和做法，对舜的态度转变过来，一家人和睦相处。有一首诗这样传诵舜的故事：

虞舜大孝，竭力于田，象鸟相助，孝感动天。

编者：舜帝没有因为父母的不爱而减少对他们的孝顺，父母让自己做的事，仍然尽心尽力，并且他把这种孝顺升华为对社会大众博爱和对国家的忠诚，成就了一代贤王的美名。

**【评析】**

“父母命，行勿懒”，父母的命令，儿女要马上行动，不要懒惰。《弟子规》又一次用生活中再小不过的一件事，来考量儿女的孝心。

民间有句俗语，经常被老百姓开玩笑地说出来，“孩子都会打酱油了”，说的是自己已经成家，并且有了可爱的孩子，孩子已经长到可以听父母的召唤，可以帮助父母做点零活了。这是令父母非常欣慰的一件事。可是事实上，是不是所有的孩子到了一定的年龄都可以听到父母的命令就马上去执行，并帮助父母做点事呢？不见得。

儿女在年纪轻轻的时候，还能够听父母的训导，父母让做什么就做什么，不让做什么，一定不去做。随着儿女年龄的增长，儿女开始有了自己的观点、见解和主张，这时，在儿女的眼中，父母的意见可能就成了束缚儿女做事的手脚。这个时候，父母的命令，变成了儿女眼里的唠叨，儿女就可能不听了，或是听了也会在行动上磨磨蹭蹭，或者是干脆不听，甚至会不仅不听，还做出相反的事来。这在古代中国，是大不孝的。

父母告诉子女要做的事，作为儿女，要尽自己所能努力做到，而且要尽快完成，不能因为任何原因懒惰迟缓，让父母伤心。做儿女的，在心里时刻想着父母，行动上时刻顾及父母的感受，才是尽心孝顺的表现。

在孩子小的时候，父母将全部的爱给了孩子，孩子为什么不能把父母的命令当成自己做事的动力呢？

当然，我们依然可以将这句话中的“父母”换成“领导”或“老师”。在单位，“领导命，行勿懒”，如果我们能够把领导的命令放在心上，努力工作，不拖沓，认真尽快完成，我们一定可以成为领导眼中合格的员工。在学校，“老师命，行勿懒”，如果我们能够把老师的教诲放在心上，刻苦学习，积极思考，锲而不舍钻研，我们一定可以成为优秀的学生。

一句“父母命，行勿懒”，蕴含着丰富的做事经验。如果说“父母呼，应勿缓”是老实做人，那么“父母命，行勿懒”就是踏实做事。兢兢业业，克己奉公，成功就在于自己做事的态度。

**【思考】**

一般情况下，父母对儿女下达的命令都是儿女可以做到的，或是通过努力能够做到的。那么，如果父母对儿女所下达的命令是儿女即使通过努力也不可能做到的，或是下达的命令本来就是违背伦理道德或法律的事，做儿女的也要坚决地执行吗？

当然，古人早就告诉我们物极必反，如果真的遇到上述情况，我们也不能走这个极端。

在小孩子的眼里，父母就是全部。父母灌输给小孩子的思想，无论是正向的还是负向的，可能全部会被小孩子接受，因为小孩子没有分辨是非的能力。但是孩子长大了，能分辨是非善恶的时候，父母再让他做违背天理良心，伦理道德的事，做儿女的就可以善意地提醒，规劝或不接受。说到这里不禁想到一个寓言，说古代有一个人，认为父母没用了，就拿了扁担，把父母放在两个大筐中，用扁担担了，打算扔到山里去，他的儿子跟着他一起去。到了山里，他放下担子就准备回家。儿子拉着他说：“爸爸，爸爸，把扁担和筐拿回去吧。”他不解地问儿子为什么。儿子说：“等你老了，我好用这个筐和扁担挑着你，把你送到山里来啊！”父亲听到儿子这么说，顿时恍然大悟，忙把自己的老父母挑回家好好孝养。

这个小寓言让我们很佩服儿子的智慧，用特别的方式劝阻了父亲的不当行为，维护了家庭的和谐和父亲的名誉。

如果父母亲让我们做的事，是一个目标，一个期望，比如是一项成就，但这却是我们通过努力也无法做到的事，我们也要量力而行，尽自己最大的努力去做，即使达不到父母期望的目标，也能让父母倍感欣慰。

但如果父母要让我们达到的目标不是我们的强项，甚至是我们非常反感的事，比如我们喜爱绘画，父母却非让我们弹钢琴，而且一定要弹出成绩，甚至要成为万众瞩目的焦点，我们也可以和父母好好谈谈，把自身条件和意愿向父母表达清楚，相信以诚恳的态度一定能和父母达成共识，做出正确的决定。这样的“父母命”，也让儿女的“行”做起来更加从容而有积极性，何乐而不为呢？

**名言欣赏**

1. 长者问，对勿欺；长者令，行勿迟；长者赐，不敢辞。——周秉清
2. 孝子之养也，乐其心，不违其志。——《礼记》
3. 孝有三：大尊尊亲，其次弗辱，其下能养。——《礼记》

## 2.3 父母教 须敬听

【译文】

父母在教育我们的时候，我们应该恭敬地听着并将父母的教诲记在心上，时刻提醒自己。

【注释】

教：教诲，教育。敬：恭敬，尊敬。

### 拓展故事

**伯愈泣杖**

韩伯俞，汉代梁州人，从小就非常孝顺，懂事。韩母对儿子的管教非常严厉，尽管对儿子也是疼爱有加，但是偶尔也会因儿子做错事而发火，用手杖打他。每当这时，韩伯俞就会低头躬身地等着挨打，不加分辩也不哭闹。直等到母亲打完了，气也渐渐消了，他才会和颜悦色地低声向母亲认错谢罪，母亲也就转怒为喜了。

韩伯俞后来长大了，对母亲也一样恭敬孝顺，母亲对伯俞依然要求严格。有一次，伯俞又因故犯了错误，惹母亲生气，韩母举起手杖又打他，伯俞也孝顺地躬下身子，等候母亲的训导。但是母亲年高体弱，手杖打在伯俞的身上一点也不重。伯俞忽然哭了起来，母亲感到十分奇怪，问他："以前打你时，你总是不出声，也未曾哭泣。现在怎么这样难受，难道是因为我打得太疼吗？"伯愈哀伤地说："不是的，母亲，以前您打我时，虽然我感到很疼，但是正是因为疼才觉得您老身体还很好，我心中暗自庆幸以后母亲疼爱我的日子还很长，可以常承欢膝下。今天母亲打我，儿子一点儿也不觉得疼，足见母亲已筋力衰迈，所以心里悲哀，才情不自禁地哭起来了。"韩母听了儿子的话，感叹地将手杖扔在地上，流下眼泪。

**岳母刺字**

岳飞，字鹏举，汉族，是北宋相州汤阴县人。中国历史上著名战略家、军事家、民族英雄、抗金名将。岳飞凭借其军事方面的才能被誉为宋、辽、金、西夏时期最为杰出的军事统帅。

岳飞十五六岁时，北方的金人南侵，宋朝当权者腐败无能，节节败退，国家处在生死存亡的关头。岳飞投军抗辽。不久因父丧，退伍还乡守孝。1126年金兵大举入侵中原，岳飞再次投军。临行前，姚太夫人把岳飞叫到跟前，说："现在国难当头，你有什么打算？""到前线杀敌，精忠报国！"

姚太夫人听了儿子的回答，十分满意，"精忠报国"正是母亲对儿子的希望。她决定把这四个字刺在儿子的背上，让他永远铭记在心。

岳飞解开上衣，露出瘦瘦的脊背，请母亲下针。姚太夫人问：“孩子，针刺是很痛的，你怕吗？”岳飞说：“母亲，小小钢针算不了什么，如果连针都怕，怎么去前线打仗！”姚太夫人先在岳飞背上写了字，然后用绣花针刺了起来。刺完之后，岳母又涂上醋墨。从此，“精忠报国”四个字就永不褪色地留在了岳飞的后背上。母亲的鼓舞激励着岳飞。岳飞投军后，很快因作战勇敢升秉义郎。岳飞随副元帅宗泽出征，多次打败金军，受到宗泽的赏识，称赞他“智勇才艺，古良将不能过”。

岳飞所带的部队纪律严明，作战勇敢，对百姓秋毫不犯，令金军闻风丧胆。金军形象地评价岳飞所带的部队：“撼山易，撼岳家军难。”岳飞由于他卓越的才能和誓死爱国的忠肝义胆，被称为忠武大将军，武圣。

【评析】

父母是孩子来到这个世界上最先接触的人，是至亲至爱的亲人。父母有义务将孩子抚养长大，更有责任将孩子培养成人，所以父母也是孩子在这个世界上的第一任师长。正所谓“养不教，父之过”，说的就是如果养了孩子而不去教育他，那是父母的过失。

“父母教，须敬听”，这句话是说作为儿女，对于父母的教诲要有怎样的态度。

一个“敬”字道出了对于父母教诲应有的态度。“敬”有两层含义，一是恭敬。父母良言劝导，儿女要在父母身旁，恭敬侍候，听着父母说话；二是尊敬。儿女发自内心的对于父母的诚恳尊重就是尊敬。尊敬是内在的，恭敬是外在的。只有内外结合，神于内形于外，才是真正的“敬”。

“听”表现了对于父母教诲的做法。“听”有四层含义。一是听到耳朵之外。父母教育时，听着，不表态，不顶嘴。二是听到耳朵里。父母教育，听着，答应，敷衍。三是听到脑子里，听到了，记住了，记到了心里，当时的表扬记下了，当时的批评也记下了。四是听到心里，不但记住了，还能够在心里想着如何接受父母的教诲，落实在行动上。

以上四个层次表现于外，都是“听”，表现于内却大不相同，最终结果也会完全不同。如果是第一种，父母的教诲没有起到任何作用，孩子对父母的态度冷漠，时间长了，徒增孩子的反感，甚至怨恨。第二种，孩子对父母表面上做到了恭敬，还能让父母接受，不再批评，但是对孩子教育的结果没有显现出来，孩子当时听着也就完了，过后就忘了。第三种，孩子是对父母尊重的，也是把父母的教诲放在很重要的程度尊重的，听到耳朵里，进到脑子里，但脑子是没有运转的，没有想到解决的方法，没能让父母安心。第四种境界最高，孩子不仅外在表现做到了“敬”，内心里也做到了“诚”，是恭恭敬敬地听着，诚心诚意地记着，如影随形地想着，自然而然地做着。这种“听”才是真正听父母的教诲，听父母的话。把父母的教诲落实到点点滴滴的生活中去，是孝子的最高境界。否则，仅是听着，脑子不运转，行动不落实，是毫无意义的。

说到这里，我们仍然可以将“父母”换成“领导”、“老师”。

在单位，领导的教诲，员工要认真地听着，并考虑如何把领导的教诲变成自己工作的动力，指导自己的工作，让工作更加出色，让任务更加圆满，这里的“听”不仅有虚心接受的成分，更是对现有工作的一份担当和责任，只有认真听好工作任务，听清工作方法的人，在工作中才会少走弯路，顺利完成任务。

在学校里，老师的教诲，学生更要认真倾听。因为老师的良苦用心和父母是一样的，老师的教诲往往更有针对性，老师讲课的内容更加系统，学生一天至少八小时在学校，老师对学生个性、能力的了解有时比父母还要全面、客观，充分理解老师讲授的内容，接受老师的教诲，对于迅速增长自己的知识，开拓自己的视野，提升自己的能力，是有绝对帮助的。

说到底，一分诚敬一分利益，以诚敬之心接纳父母、老师、领导的教诲，一定会迎来自己开阔的人生。

【思考】

父母的教育在人的成长中，起着重要的作用。每个人的性格、能力及个性发展或多或少受父母的影响。所以，能够尊重自己的父母，听从他们的教诲，一般都会对人生之路有所裨益。但事情都是相对的，不能绝对来看，我们的父母不见得是圣人，也可能会告诉我们一些错误的观点，传递给我们的也可能是偏颇的见解，他们的行为不见得能被社会大众所接受，这时候，我们是否也“须敬听”呢？

比如，有的孩子在外边受了委屈，回来告诉父母。父母就告诉孩子说，在外不能被欺负，有人打你，你就打他，有了事，爸爸妈妈给你顶着。在网络上就流传着这样一段视频：一个父亲教唆自己年幼的女儿和同样年幼的外甥打架，而且一定要分出胜负。再比如，有的孩子在外边爱占小便宜，今天拿了同学的铅笔，明天要了别人的橡皮，有的孩子向别的孩子借钱，父母会说，这孩子真聪明。有的父母爱酗酒，有的父母不爱上班，爱打麻将赌博。在这样的家庭里长大的孩子，需要有很高的智慧和分辨是非的能力，用自己的行动去改变父母，引领父母对生活要有积极向上的态度。如果没有能力改变父母，也要洁身自好，努力寻求个人最积极的发展，再以个人的人格魅力感染父母，否则也许会带着父母的负面能量面对生活。

**名言欣赏**

1．父母之所爱亦爱之，父母之所敬亦敬之。——孔子

2．谁拒绝父母对自己的训导，谁就首先失去了做人的机会。——哈吉·伊芒赞同

3．子曰：“今之孝者，是谓能养。至于犬马，皆能有养。不敬，何以别乎？”——《论语》

## 2.4 父母责 须顺承

**【译文】**

父母在责备我们的时候、责骂我们的时候，甚至是责罚我们的时候，我们应该顺应和承受。所谓“爱之深、责之切”，父母对儿女的爱和亲情，做儿女的要尽力去体会。

**【注释】**

责：责备，责骂，责罚，责打。顺：顺应，顺从。承：接受。

### 拓展故事

**小杖则受，大杖则走**

曾参，也就是曾子，侍奉父母，尽心尽力，是历史上有名的大孝子，他孝顺父母的程度有时候也透着愚鲁。有一次，曾参因为种瓜误点被父亲毒打一顿，（另有一说是，因为曾参分不清瓜苗和草，而误将苗锄了。）挨打后不省人事，很长时间才醒过来。曾参醒来后并没有因此而愤恨父亲，怕父亲担心还特意显示自己健康无事的一面。

孔子听到这件事后，非常气愤，甚至认为这个弟子太愚鲁。古代中国是以农业种植为主的社会，农桑误时或误锄秧苗都是会影响收成的。所以父亲的雷霆之怒也是在情礼之中的。但是作为孝顺儿子的曾参不能只是愚昧地承受，再生气的父母也不希望真的把自己的儿子打死，只不过是通过惩罚提升儿子做事恭谨的态度罢了。孔子说当年舜对待父亲的责罚从来都是“小受大走”，也不失去对父亲的孝心，曾参的行为则陷父亲于不义的深渊，因为一旦父亲出手太重将儿子打死，一定会为自

己做出过激行为而后悔，并且会受到法律的制裁和道德的谴责。

所以，孔子认为，作为孝子要能分辨出父母亲对自己责罚的程度，不能愚鲁地直接承受，正所谓“小杖则受，大杖则走”，即轻打就忍受，重打就逃跑，既要顺承父母的心意，又要成就父母的贤德，这才是真正的孝子。

中国历史上一直流传着一种声音：“君让臣死，臣不得不死，父让子亡，子不得不亡。”并将这种声音归于孔夫子的“君君、臣臣、父父、子子”的思想里。看了上面的故事，也许我们可以窥见孔夫子思想内涵之冰山一角。

所谓“君君、臣臣、父父、子子”，是孔夫子思想体系中对人伦的一个希望：那就是君做好君，臣做好臣，父母要做好父母，儿女要做好儿女，各据本位，做好自己应该做的事，即君尽仁，臣尽忠，父尽慈，子尽孝。君对臣应有礼，臣对君应有忠，父对子应有慈，子对父应有孝。内观己而不外观他人，正所谓“求诸己，而非求诸人”，家庭和谐，国家安定，社会进步。

## 一碗面

有一个小女孩犯了一点错误，母亲就说了她几句，她就和母亲争吵了起来，最后甩门离开了家。小女孩跑到马路上，才发现自己什么也没带，身上一分钱也没有，夜晚的街道清冷了许多，灯火阑珊的景色衬着小女孩单薄的身体，显得那么孤独。她走着走着，就觉得自己肚子咕噜咕噜地叫，的确，她已经饿了很久了，晚饭没有吃，就跑了出来。前面有一个面摊，香喷喷的，小姑娘在面摊前站了很久，老板娘发现了她，热情地打着招呼，“来来来，小姑娘，吃一碗热乎乎的面吧！”小姑娘不好意思地说：“我，我没带钱。”老板娘似乎看出了小姑娘的尴尬，说：“没关系的啊，我可以请你吃，来来来，我下碗面给你吃。”不一会儿，老板娘将面端了上来，还加了一些小菜，吃着热乎乎的面，小姑娘掉下了眼泪。“小姑娘，你怎么啦”，老板娘关切地问。小姑娘说：“没什么，我只是很感激您，我们又不认识，只是在这里遇到了，您就对我这么好，还肯煮面给我吃。”小姑娘继续说，“可是，我的妈妈，我只是跟她吵了几句，她就赶我走，还叫我不要再回去，你是陌生人，你都对我这么好，可是我的妈妈，她，她竟然这么绝情！”老板娘听了小姑娘的话，委婉地说：“小姑娘，你怎么会这样想呢？你想想看，我不过是给你煮了一碗面，你就这样感激我，你的妈妈给你煮了十几年的饭和面，你怎么都不知道感激她，还要和她吵架呢？”老板娘继续说，“吃了面赶紧回去吧，你这样跑出来，你的妈妈一定很着急的。”小姑娘听了老板娘的话，整个人都愣住了，“是啊，人家不过是煮了一碗面给我吃，我就这么感激她，我的妈妈一个人辛辛苦苦抚养我，很不容易，也煮了十几年的饭和面给我吃，我都不知道感激，还因为一点小事就和她吵架，让她伤心，真的是很不应该。”想着这些，小姑娘匆匆地吃完了面，和老板娘道别，鼓起勇气朝家的方向走去。刚刚走到巷口，老远就看到疲惫、焦急的母亲站在风口四处张望。看到这里，小姑娘热泪盈眶。看到小姑娘，母亲先开口说话：“女儿啊，妈妈煮好了饭，等你回来吃，快回家，菜都凉了。”听到这里，小姑娘的泪水夺眶而出……

人们往往对别人给予的小恩小惠“感激不尽”，却对亲人一辈子的恩情“视而不见”。这种“视而不见”往往让人们放大亲人的过失和缺点，忽略亲人长久以来一直默默的付出和身上的优点，并让我们深陷其中不能自拔，所以亲人之间最容易产生怨恨和烦恼。其实，换个角度，我们就能明白，长久以来一直能够默默支持我们而从未想过离开我们的，只有我们的亲人，这样想，是不是我们有点太苛责于我们亲人的那一点过失和缺点了呢？

**【评析】**

从“入则孝”的顺序来看，《弟子规》是本治学严谨、逻辑性很强的小册子，开头就用浅显易懂、前后呼应的小事来引起各位读者的思考。“父母责，须顺承”，是在前三件小事的基础上提出的又一平凡生活小事，与前三件互相呼应，却又比前三件又向前推进了一个层次，直指孝子心灵，考量孝子行为。如果说前三件事还都好做到的话，这第四件事却是要有相当深厚的涵养和德行才能做到。下面让我们分析一下这件事。

"父母责"，一定是在孩子做错了事的时候出现的。人在一生的成长中难免会犯错，犯了错误难免会惹父母生气，招致父母责备，这时，孩子应该顺从地接受，而不是顶撞，撒泼，使倔，冒横。道理虽然简单，却并不是每个人都能做到这一点。

因为这里的"责"，有四个层次。第一，责备。这是儿女犯错时，大多数父母经常做的事，唠唠叨叨，抱怨，责备，叮咛，嘱咐。第二，责骂。这也是儿女犯错时，寻常百姓经常做的事，小则吵骂，大则讽刺、挖苦、羞辱，甚至语言攻击。第三，责罚。自认为有些招数的家长都会用这一点对待犯错误的孩子，比如罚站、罚打扫房间，罚抄写数遍作业等。第四，责打。在古代，一般的家庭都有一套自己的家法、家规，用来责打犯错误的孩子。这是很普通的一种惩罚方式。在现代，很多家庭仍然用这种方式惩罚犯错误的孩子。古代的家法是有一套严格的执行规则的，确实能令犯了错误的孩子认识到自己的错误，显示父母教育孩子的严厉，让孩子有所畏，有所惧，在孩子的成长中也能起到一定的作用。现在社会不主张打孩子的教育方式，但是适度的惩罚也是必要的。

四个方面的"责"虽然只是一字之差，却有天壤之别，孩子对待责的态度也会不尽相同。第一种，遭遇责备。儿女因犯错误，一定会很害怕，因心虚对父母的责备还能够听着，但时间长了，也会不耐烦，嫌父母唠叨，也有因父母的唠叨而反应激烈离家出走、对父母不恭敬的情况。第二种，遭遇责骂。大多数父母文化水平低，脾气暴躁，语言粗鲁，遇到儿女犯错时，不会用其他的方式解决，只有发脾气，儿女刚开始会很害怕，时间长了，父母老是这样解决问题，就不能让儿女信服，得不到儿女的尊重。第三种，遭遇责罚。父母高高在上，是正义和道德的卫护者，在家里有绝对的权威，让儿女干什么，儿女就得干什么，期望儿女达到什么结果，儿女就得想方设法地达到，否则就要被罚，儿女在这种权威之下"战战兢兢，如临深渊，如履薄冰"，但是口服却未必心服。第四种，遭遇责打，俗称体罚。父母打孩子，美其名曰"棍棒底下出孝子"，许多成功人士在谈起自己的成长经历时，都谈过父母责打自己的经历。现在社会不提倡打孩子，认为那是体罚，跟现在的教育体制和家庭模式有关。

无论哪一种"责"的方式，父母的出发点大多都是好的，包括古代社会的体罚，动用家法打孩子。"责"的目的只有一个，父母希望自己的孩子改正缺点，教育孩子成人，成才。作为儿女，要真切体会父母的良苦用心，正确理解父母的教育方法，谨慎地检点自己的言行举止，让自己的道德标准放大在父母的期待之下去成长，让自己的学习、工作、生活等诸多方面井井有条，满足父母的期望，不让父母担心。这才是"承"所要传递的理念。父母对儿女的"责"，哪怕是"苛责"，也是"恨铁不成钢"，是对儿女的期望和要求。儿女要能体会到"责"背后的希望和要求，善体亲心，并以此来警示自己，检点自己的行为，并且下决心以后要按父母的要求去做，相信"责"来得会越来越少。

当然，在孝养父母方面，除了"承"，我们不能忽视的就是"顺"。孝的基础就是"顺"，孝顺要传递的就是"顺者为孝"的意思。父母呼唤我们的时候，我们要"顺"，父母让我们做事的时候，我们要"顺"，父母在教育我们的时候，我们还要"顺"，父母用"责"的方式让我们成长的时候，我们仍然要做到"顺"！哪怕我们所要面对的"责"是小小的责备、普通的责骂、一般的责罚、甚至是严重的责打，我们都要做到顺亲情，体亲意，安亲心，谅亲行，护亲身！才不失为真正的孝子。

要做到这一点其实不难，如果我们能深刻体会父母对儿女成才成人的殷殷期盼，就能发自真心地对父母的"责"接受、顺从。"顺"不是简单的口头上的答应、行动上的恭敬，而是心灵上的尊重、理念上的理解。只有这样的顺才是真正的顺。

当然，我们也希望天下父母在教育自己的儿女时，能够晓之以理，动之以情，责之以爱，诱之以德。在儿女理解之下的“责”才会让儿女更顺承。

【思考】

每个人从小到大或多或少都会面对父母的责备，责骂，责罚，甚至责打，可是并不是每个人都能理解“父母责，须顺承”的真实含义。很多人都认为父母的责备，我们只要听着就行了，不顶嘴，不吵闹，不和父母生气，这就是孝顺。其实这和真正的“顺承”标准相比，差了很远。

在这里，我们不禁要问：

面对父母的责备，你能做到“顺”承吗？

面对父母的责骂，你能做到“顺”承吗？

面对父母的责罚，你能做到“顺”承吗？

面对父母的责打，你能做到“顺”承吗？

我们可能早已习惯了父母为我们所做的一切，理所应当地享受着父母为我们准备的丰盛的餐点，为我们购买的衣服，为我们创造的舒适的生活环境，可是，我们是否常心存感恩，也能想到父母指责甚至打骂我们也是为了我们的成长呢？我们是否也能想到要为父母做点什么呢？

如果我们对于上述问题的思考都是理性的、客观的，并且因此而善护亲情，理解亲意，心存感恩，并且在生活中落实孝道，让父母开心快乐，您就能让家庭更加和谐，让人生更加灿烂。但愿普天下的儿女们都能对自己的父母好一点，因为父母是我们在这个世界上至亲至爱的人啊。

**名言欣赏**

1．不得乎亲，不可以为人；不顺乎亲，不可以为子。——《孟子》

2．天地之性，人为贵；人之行，莫大于孝，孝莫大于严父。——《孝经·圣至章》

3．内睦者，家道昌。——林逋

## 2.5 冬则温　夏则凊

【译文】

做儿女的在照顾父母时，冬天要尽量让他们温暖，夏天要让他们凉快清爽。

【注释】

温：暖和，不冷。凊：凉爽。

### 拓展故事

**扇枕温衾**

黄香，江夏人（今天的武汉境内）。他小时候，家中生活很艰苦。9 岁时，母亲就去世了。黄香非常悲伤。他本就非常孝敬父母，在母亲生病期间，小黄香一直不离左右，守护在母亲的病床前，母亲去世后，他对父亲更加关心、照顾，尽量让父亲少操心。

夏天，黄香家低矮的房子显得格外闷热，而且蚊蝇很多。到了晚上，大家都在院里乘凉，尽管每人都不停地摇着手中的蒲扇，可仍不觉得凉快。黄香为了让父亲休息好，晚饭后，总是拿着扇子，把蚊蝇扇跑，还要扇凉父亲睡觉的床和枕头，使劳累了一天的父亲早些入睡。

冬夜里，天气特别寒冷。那时，农户家里又没有任何取暖设备，确实很难入睡。小黄香给父亲铺好被，为让他少挨冷受冻，总是脱了衣服，钻进父亲的被窝里，用自己的体温，温暖冰冷的被窝之后，才招呼父亲睡下。黄香用自己朴素的孝敬之心，温暖了父亲的心。扇枕温衾的故事，就这样传开了，街坊邻居人人夸奖黄香。人称"江夏黄香，天下无双"。

中国古代社会有一种官员的选拔方式是通过"举孝廉"进行的。因为古代人们认为，一个能孝敬父母的人，也一定懂得爱百姓，爱自己的国家。江夏的地方官推荐黄香做了"孝廉"，黄香果然不负众望，为当地老百姓做了不少好事，他孝敬父母的故事，也千古流传。

## 镶牙的故事

这是流传在网上的一个寓言：有这样一个儿子，他是个大款，母亲老了，牙齿全坏掉了，于是他开车带着母亲去镶牙，一进牙科诊所，医生开始推销他们的假牙，可母亲却要了最便宜的那种。医生不甘就此罢休，他一边看着大款儿子，一边耐心地给他们比较好牙与差牙的本质不同。可是令医生非常失望的是，这个看是大款的儿子却无动于衷，只顾着自己打电话抽雪茄，根本就不理会他。医生拗不过母亲，同意了她的要求。这时，母亲颤颤悠悠地从口袋里掏出一个布包，一层一层打开，拿出钱交了押金，一周后再准备来镶牙。

两人走后，诊所里的人就开始大骂这个大款儿子，说他衣冠楚楚，吸的是上等雪茄，却不舍得花钱给母亲镶一副好牙。正当他们义愤填膺时，不想大款儿子又回来了，他说："医生，麻烦您给我母亲镶最好的烤瓷牙，费用我来出，多少钱都无所谓。不过您千万不要告诉她实情，我母亲是个非常节俭的人，我不想让她不高兴。"医生们皆无语。

父母那辈人所过的苦日子促使他们生活节俭，尤其是在给自己花销上更是如此。在这种情况下，我们所能表达的不露痕迹又不伤他们感情的孝顺才显得尤为重要。

**【评析】**

"冬则温，夏则凊"是说孝顺的孩子照顾父母的心，一年四季都不会改变。无论是炎炎烈日的夏天，还是北风肆虐的寒冬，孝子都会极尽所能，孝养自己的父母。如果说"入则孝"的前四句看似简单的小事，是从情理上孝顺父母的话，从本节这一句开始，就是从事理上孝养父母了。

孝养父母如何做得很好呢？最简单的事就是，在冬天，你要让父母感到温暖，不能让老人家冻到，即使条件所限，没有暖暖的屋子，哪怕是用自己的身体焐热被褥，也不能让父母受冻。在夏天，即便是用扇子扇，劳累身子，也要让父母感到凉爽。

其实这么做，无非是让父母能够活得舒服一些。当然也极少有人知道，这种关心和照顾也包含为父母养生的含义。因为老年人身体机能没有年轻人那样充满活力，有抵抗力，一旦疾病来了，缺乏免疫力，可能会患病，危害健康。特别是天气变化、温差大的情况，老年人更容易引发各种疾病，在现代社会一些心脑血管疾病的高发期就是温度变化大的季节。其实古人更明白这个道理。所以才有了"冬则温，夏则凊"，让父母的身体慢慢适应外界温差的变化，少得病，这也是孝子应该知道的。

今天的社会和古代社会显然不同，很多人家里都有空调或是风扇，条件比从前好了许多。但是照顾父母，让父母感觉到舒适的心不能改变。

夏天，父母下班回到家，我们不仅可以给父母递上扇子，开开空调，还可以给父母倒上一杯清凉的冰水。冬天，父母临睡觉前，我们可以打来热的洗脚水，让父母烫烫脚，提前把床铺铺好，打开电褥子，放好暖宝……

当然，儿女还可以做得更多。四季的更迭，气候的变迁，适当为父母增减合适的衣物，一个个微小的细节尽显儿女淡淡的关怀。

【思考】

在现代，很多家庭里父母为了让儿女感受到风凉，将空调或风扇放在孩子的房间，自己却不舍得用。有的父母甚至在孩子要回来之前先把空调打开，让孩子一进门就能感受到凉爽或温暖。这种浓浓的爱护时刻让我们感受到父母的爱是那么的无私，父母的爱真的是重如山。

时刻活在父母爱的滋养下的儿女，长大了，独立了，成人了，为了让父母活得更舒适，可能为父母准备了新的房子，新的空调，新的衣服等。可是父母为了节省电费，可能长年不打开一次那个新的空调，儿女为父母购买的衣服，父母可能都不舍得穿上一回，这就是我们的父母，不禁有人要问，在这种情况下，我们如何能让我们的父母在夏天感受到凉爽、在冬天感受到温暖，也能快乐地享受他们的人生呢？

的确，我们的父母为了儿女节省了一辈子，习惯了，不爱用空调，不爱用电器。他们打心眼里赞同过去那种节俭的生活，我们当然要正确理解老人的想法，也要和颜悦色地向老人讲述自己要提升生活品质、改善生活质量、孝养老人的想法。一般的情况下，只要儿女孝敬老人的东西不是乱花钱，物有所值，老人因为看到儿女的孝心，是不会怪罪儿女的，会高兴地接受的。如果老人不愿意接受，儿女也不能硬让老人接受，要慢慢劝导，耐心说服，即便是不能说服，也不要生气，等以后找机会再和老人说明白。

另外，现代社会，老年人的生活质量也提高了，社会上老年人的业余活动也很多。儿女还应该找到父母乐趣之所在，帮助他们丰富自己的精神生活，劝导他们充实自己的晚年生活。比如现在老年大学里，琴棋书画、舞蹈、秧歌、唱歌、收藏、品鉴等都可以让老人开心。

学习本节经典要能体会经典的文化魅力，古为今用，活学活用，让父母开心幸福。

**名言欣赏**

1. 父母之年，不可不知也。一则以喜，一则以惧。——《论语》
2. 孟武伯问孝，子曰："父母惟其疾之忧。"——《论语·为政》
3. 好饭先尽爹娘用，好衣先尽爹娘穿。——《劝报亲恩篇》

## 2.6 晨则省 昏则定

【译文】

早晨起床的时候，要向父母请安，晚上回家要让父母知道自己回来，并能服侍父母就寝安歇。

【注释】

省：请安，探问。定：昏定。这里专指晚间服侍父母就寝。

### 拓展故事

**涤亲溺器**

黄庭坚，字鲁直，自号山谷道人，晚号涪翁，又称黄豫章，北宋时期分宁人，著名诗人、词人、书法家。黄庭坚秉性至孝，从小侍奉父母无微不至，真诚至极。因为母亲爱好清洁，受不了马桶的异味，所以他从小就每天亲自倾倒并清洗母亲所使用的马桶，数十年如一日。黄庭坚二十三岁中进士，后来在朝中当官，身位显贵，仆从甚众，但丝毫也未忽略照顾侍奉母亲，仍然亲自为母亲清涤马桶，他认为孝事父母是为人子女亲自该做的事，不能委托他人之手，如果因为当官而忽视了为人子的职责，那是他人生中的遗憾。

在母亲病危的时候，黄庭坚衣不解带，日夜侍奉在母亲病榻前，亲自端汤尝药，尽人子之孝道。在史书上，对黄庭坚的文学造诣评价很高，诗歌方面，他与苏轼并称为“苏黄”；书法方面，他则与苏轼、米芾、蔡襄并称为“宋代四大家”；词作方面，与秦观并称“秦黄”。在历史上，对黄庭坚孝道评价也很高，被写入“二十四孝”。黄庭坚曾是苏东坡的学生，苏东坡赞叹黄庭坚“瑰伟之文，妙绝当世；孝友之行，追配古人”。这既是对黄庭坚文学上造诣的肯定，又是对他孝顺父母情操上的肯定。黄庭坚对母亲的“孝”行永远被后世子孙敬传。

生活在快节奏之下的现代人，儿女依赖于父母的牵挂，习惯于父母的关怀，默视于父母的照顾。父母承受了来自儿女的所有重压，毫无保留地把自己的全部身心献给儿女。儿女可否让父母感受到来自自己的体贴和照顾呢？

**【评析】**

“晨则省，昏则定”，是说儿女早上起床后、晚上睡觉前，都要到父母房里问安。儿女要是在家里和父母同住，早晚一定到父母的房间里问安主要体现的是儿女对父母的关怀和牵挂。这件事看似简单，其实并不容易做到。即使是在礼仪严格的古代，也不是每位儿女都能做到的。

在古代，一个家族都生活在一起，孩子成年后会别院而居，但也是在一起生活，早上临去工作前先到父母的房间里问安，顺便看看父母睡得怎么样，气色好坏，有什么需要自己照顾的地方，晚上临睡前，先到父母的房间去，除了观察父母的身体状态外，还要了解父母一天生活的状态，跟父母汇报一下一天的工作情况，也好向父母请教，顺便得到父母长辈的引领和指导。“晨省昏定”，可以让儿女和父母相互关照，相互宽心，这是很朴实的亲人之间的关爱，让我们看到古人浓浓的亲情，也看到古代子女对父母孝顺形成习惯，溢于言表，来得自然、亲切、真实。既使是高高在上的君王对待自己至亲的父母也会自然得如邻家哥哥，奉养双亲，孝事父母，这种田园式的“天伦之乐”就真实存在于古代的每一个家庭，让人向往。能早晚把父母家族先祖放在心上的人，也约束着古人的行为，提醒他们做事要恭敬谨慎、谦和认真，不能造次，以免辱没家人。

**【思考】**

在今天的社会，人们的思维方式、生活习惯显然和过去有很大不同。现代人追求自立、独立，老年人也乐得清静。所以，儿女结婚后一般都和父母分开住，有的为了谋求生活上的更高享受，事业上的更高追求，甚至要远走他乡，和父母见面的机会少了很多，如果一味地要求现代人做到晨省昏定，显然不太可能。那么，在这样的情况下，我们如何理解这句经典，子女如何能够让父母安心呢？

无论古代还是现代，孝顺父母这件事主要看的不是行为而是心意。我们是否时常挂念我们的父母呢？我们是否把父母的健康、情感或希望放在心上呢？

～～～～～～～～～～～～～～～～～～～～～～～～～～～～～～～～～～～～

我们都曾受父母深恩养育，都是父母心上最挂念的人，不因地域远近，不论时间长短，对父母孝顺的心是可以穿越时空的。儿女在外，一定要做到人生有方向，工作有目标，生活有希望。因为这是父母亲人最大的希望，我们只有做到了这些，才能让父母安心；并且还要定期给自己的父母打个电话，报个平安，和父母闲叙一下家长，关心家里的近况，问候长辈的健康，有时间一定要回到家里看看。我们可能已经做不到不远游了，但我们要尽自己最大努力不让父母亲为我们担忧，这也许是“晨省昏定”侍奉双亲真正带给我们的启示。

讲到这里不禁让我想起一位老师，由于长年在外工作，很少能够回到家里在父母面前尽孝。有一年八月十五，他回到家，看到母亲脸上多了很多皱纹，父亲头上多了很多白发。母亲还好，很坚强，告诉他，不用惦记家里，不用挂念她，她还好。可是等到临走的那一天，他的父亲拉着他说："儿啊，我最近的腿不是很好，走起路来都觉得要摔倒的样子，你要是不忙，就多回来几次，看看爸爸，你这一走，不知道下次还能不能看到爸爸……"这位老师看着风烛残年中的老人，泪水再也抑制不住，流了下来。让我们来算一笔账，假如人们都能活 100 岁，我们现在是 20 岁，爹妈是 50 岁，如果我们每个月回家一次，每次 2 小时，一年是 12 次，爹妈还会活 50 年，我们就能看到 600 次我们的父母，和父母在一起的时间是 1200 个小时，算下来就只有 50 天。50 天呐，仅仅不到 2 个月呀，父母倾尽心力抚养我们长大，我们成人了，成才了，陪在父母身边的时间却只有 50 天，真的是挺可怕的一件事。也许古人早已看到这一点，才告诫后世子孙，要家族合居，"晨省昏定"，让父母早晚都能看到儿女，儿女也能早晚在堂前侍奉。

**名言欣赏**

1. 礼者，断长续短，损有余，益不足，达爱敬之文，而滋成行义之美也。——荀子
2. 出入扶持须谨慎，朝夕伺候莫厌烦。——《劝报亲恩篇》
3. 年老受尊敬是出现在人类社会里的第一种特权。——拉法格

## 2.7 出必告　反必面

**【译文】**

儿女如果同父母住在一起，出门的时候要告诉父母一声，回来的时候也要通报父母一声，以免父母担心和挂念。

**【注释】**

出：离开，从里面到外面。这里指离开家到外面工作或学习。告：禀告。过去的读音gù，现在读gào，意思是一样的，都指告诉，通禀。反：翻转，颠倒过来。指儿女返回到家中之意。面：面见，通报。指向父母报告平安之意，以免父母担心。类似于今天我们在回家时常说的：我回来啦。

### 拓展故事

**"出不告，反不面"而引发的悲剧**

全国每年都有私自野浴而丧失生命的悲剧。其中大部分丧生的未成年人野浴，究其原因，都是在父母不知情的情况下发生的。

某年的六一儿童节，一所学校下午放假，几名同学放学后，没有回家，相约到附近河边上去玩，看到河岸两侧山青树绿，水清鸭闲，许多游人利用假日在这里游玩。有钓鱼的，有游泳的，还有野餐的。几个孩子见天气很好，景色也很美，就在水边玩了起来，捡石头堆沙堡，越玩越高兴，忘记了时间，也忘了危险。由于不熟悉河道，两个孩子站在岸边的礁石上玩，一下子失去了重心，掉到了河里。这条河岸距离很浅，里面却很深，而且河底都是淤泥和沙子，几个孩子越挣扎掉得越深，由于不会游泳都没有爬上来。待到岸上游人发现时，组织了那些会游泳的人把两个孩子救上来的时

候，两个孩子已经停止了呼吸。

从这件事我们应该能够体会到，养成“出必告，反必面”的习惯，让父母知道你在哪里，你在干什么有多么重要，这可以让父母少许多担心和牵挂。

【评析】

“出必告”，是说出门的时候，要跟父母禀告，也要说明去哪里，办什么事。“反必面”，是说回家的时候，也要跟父母及时禀告。

古代中国，家族合居，生活有常，人心安定。父母健在，儿女与父母合住在一起的，儿女临出门之前要到父母的房间里问安，禀告父母要出去工作、学习，父母知道后，会嘱咐儿女注意安全，好好工作，要早点回来等。儿女如果不去和父母说一声，父母这一天会很担心。晚上儿女回来的时候，也一定要先告诉父母一声，说自己回来了，工作上遇到的事、学习上遇到的困难，都可以直接和父母禀告，父母也会观察儿女的气色、状态，与儿女交流，适当地给予指导，这种沟通和交流使父母和儿女之间感情更加深厚。如果儿女啥也不说就进了自己的房间，父母还不知道你已经回来了，就会一直担心，如果知道你回来了却没有和父母说一声，也会让父母心里不舒服。

总之，“出必告，反必面”是儿女和父母交流沟通的最好方式。在这个过程中，自然而然地就流露出了礼仪，朴实、亲切、自然，毫无矫揉造作，场面温馨。这种交流和沟通事实上也是孝顺的一个表现，因为通过沟通，儿女所做的事会让父母知道，会得到父母的指导和支持，让父母心里得到慰藉，他们也可不必为自己担心。而能够做到不让父母担心就是作儿女的表达孝心的一种方式。儿女在外，父母牵挂。牵挂什么？牵挂儿女的身体是否健康？忧念儿女寒来暑往是否增减衣物？关心儿女所做的事是否合乎正道？担忧儿女是否不断学习和成长？孟郊的《游子吟》就真切地道出了儿女出门在外，父母的担心和挂念。所谓最基本的孝顺有两个层次，一是孝身，二是孝心。不让父母担心是孝心的体现。各位与父母合居的儿女，都要做到“出必告，反必面”。各位不与父母合居的儿女，也要尽力做到自己的行踪让父母知道，自己的工作让父母清楚，自己的学业让父母欣慰，自己的健康让父母放心，自己的人际交往圈子让父母了解。总之，“出必告，反必面”所体现的是对父母殷殷关爱的回报。

当然，这条规则同样适用于家里所有的人，适用于所有关心我们的亲人，朋友。比如，夫妻一方在出门前，就该告诉对方自己去哪，几点回来。回来了，也要告诉对方自己回来了。夫妻之间的坦诚是彼此信任的前提。

这条规则也同样适用于工作岗位、单位领导和同事之间。比如你临时有事出去，一定要和领导或在一起工作的同事说一下，以免别人找不到你而焦急。

【思考】

古代中国，孩子和父母一起同住，很多事大家商量着来办，父母心安，儿女孝顺。现代中国，孩子在成人成家后和父母同住的情况不多，接触外界的机会相对来说更多，层出不穷的生活琐事，令人窒息的工作压力以及没有屏障的信息传播，让生活在当下的现代人应接不暇。

有的人就会困惑，不和父母同住，如何做到“出必告，反必面”？和父母沟通，要不要把喜怒哀乐都告诉父母？尤其是一些可能让父母担心的事，要不要考虑告诉父母？

曾经在一个访谈类节目中，有一位嘉宾就谈到这样的话题：在外工作，难免会有一些不如意的事发生，作为孝顺儿女，要恰当处理好来自于外界的压力和信息，要懂得进退，掌握分寸，以免让父母担心。当然与父母之间没有隔阂的沟通是一家人和睦相处的前提，也是在外工作取得家人支持的前提。

从这里我们也可以看出，孩子做到“出必告，反必面”，其实是和父母维持持续的交流和沟通的状态，让父母了解你生活的状态、学习的状态、工作的状态，也让你了解父母的状态（包括身体状态和生活状态），彼此多了交流，就多了理解，更多了来自对方的支持。即使是学习忙工作忙，不住在家里，这种沟通也是不能少的，可以通过定期打电话、写信、发邮件、发微信等和父母联系。当然，什么事和父母说，什么事不和父母说，要视情况而定，也要视父母身体状况而定，还要视父母接受能力处理能力而定，不能一概而论。虽然不和父母住在一起，但是可以定期去看望父母，有时间多陪伴在父母身边。父母毕竟有人生经验和阅历，一般的情况下，和父母交流，都会得到父母的支持和指导，也让我们的人生少走很多弯路。由此我们可以看出"出必告，反必面"的重要意义，即使不是天天做，但也要做好，让父母大人安心。

**名言欣赏**

1．慈母手中线，游子身上衣。临行密密缝，意恐迟迟归。谁言寸草心，报得三春晖。——孟郊

2．凡为父母的，莫不爱其子。——陈宏谋

3．老年人犹如历史和戏剧，可供我们生活的参考。——（古罗马）西塞罗

## 2.8 居有常 业无变

**【译文】**

子女独立生活的，居住的地方要固定下来，起居作息等生活习惯要保持正常的规律，所做的工作或职业或志向一旦确定下来，就不要轻易改变，以免父母担心。

**【注释】**

居：一是指住处，住所。二是指生活习惯、起居作息等。常：长久，经久不变。也指正常的，常规的，有规律的。业：学习的功课，从事的职业，工作。无变：没有改变。指工作、做事要有规律，不能随意改变，让父母担心。

### 拓展故事

**当代孝子王春来①**

王春来，洛阳监狱一级警督，2008 年度"感动洛阳十大人物"，2009 年"当代中华最感人的十大慈孝人物"，2010 年"当代中华新二十四孝"。

父母瘫痪在床，王春来为了方便治疗父母的病，他发明了几十件瘫痪老人用具，学会了打针、量血压、听心率、号脉、化验血糖等基本的医疗和护理知识。父亲要锻炼走路，他在家里沿四壁装了一圈钢管扶手，用布缠裹好。晚上，他背对钢管坐着，用发明的安全带将母亲、他与钢管连在一起，他就腾出手写作。

王春来是用心的大孝子。王春来每天早晨五点钟准时起床，为父母量血压、诊心率，然后写作；六点半，帮父母穿衣起床，洗脸、刷牙，给父亲测血糖，打针；七点钟，给父母喂饭；七点半再将父母抱上床，自己用五分钟吃完饭，骑车上班。中午下班赶回来，先给父母号脉，然后把他们从床上抱到轮椅上活动一下身子，喂他们吃饭，再照顾老人躺下后，自己赶紧吃饭、上班。下午五点半下班后，给父母穿衣服，背父母下楼，推着他们到外面呼吸新鲜空气；六点半背父母上楼，再给父

① 选自 http://baike.baidu.com/view/2667812.htm#sub8226009。

亲测血糖、打针、做饭、喂药、喂饭、洗脚、洗脸、擦洗身子，抱父母上床休息。等这一切忙完，已经是晚上八点半，他匆忙吃点饭，把父母头天晚上和白天换下来的一大堆屎尿布洗净、晾好。晚上九点，再为父母测一次血压，然后就坐在他们身边，拉开桌子看书写作……

王春来是有所作为的大孝子。王春来在伺候双亲的环境中，为了让父母感觉老人没有耽误儿子的前程，12 年来抽空就在父母病床边上写书，因为父母看到儿子写书就会高兴。多少次精疲力竭之时，他拿起笔，都会从旁人难以想象的疲劳中挣扎着醒来，在写字板上一字一字写下自己的梦。一千多万字的书稿堆满了床下。《黑手伸出高墙》、《明天谁去坐牢》、《河南犹太人》、《一扇门》、《中国式忏悔》等五部著作问世。

王春来是事业上做到极致的大孝子。王春来 30 年来坚持在基层实践与探索。磨炼出三分钟就能让罪犯落泪的本领，他用"孝道"唤醒无数服刑人员沉睡的道德良知。他是全省"个别教育能手"，他以本职工作做为研究对象，写出一百多万字的专著《监狱中队管理学》。

王春来是感天动地的英雄，他照料双双瘫痪的父母 12 年，坚持写亲情孝子日记上万篇，出版了《孝子日记——一个警察 12 年照顾父母的动人情怀》。

十几年中王春来没有应酬，没有出过远门，也放弃了与同学、朋友的一切交往，照顾生病的父母，使父母倍感欣慰，同时王春来又在事业上做到极致，让父母倍感自豪，这才是真正的当代大孝子。

**【评析】**

古人居住的地方，一般都是自己从小到大生长的地方，那里的一草一木、一山一水都深深地镌刻在自己的心灵深处，对自己所居住的地方有着无比的感恩和爱护，所以古人在和别人说话时一般都会提到自己的出生地，或是老家，以表示对家乡深切的热爱之情。如果没有特殊的原因，古人一般都不会离开家乡。当然考取功名当官，做生意，游历治学除外。古人云：父母在，不远游，游必有方。这里的"游"，就是远赴他乡之意。"方"指的是有明确的方向。也就是说，父母还健在，儿女不能远赴他乡，即便是要离开家乡，也要有明确的方向和目标，是为了成就自己的人生、增长父母的福慧、报效祖国等方面才行。而且古人很讲究"告老还乡"，也就是人老了，即将归于尘土时，一定要回到家乡。古人也很重视宗庙的概念，人死后要埋在家乡祖先的坟墓旁边，也叫认祖归宗。古人眼里乡情的概念很重，即使在外为官，疆场征战通报名姓时，也会把自己的家乡、老家报在名字的前面，比如长山赵子龙，怀远常遇春等。家乡就是我们现在所称的籍贯。在古人眼里根深蒂固的"居有常"是会融化在每个人的血液中的一种观念。时尚的现代人何尝不是如此，我们经常会看到某地依古代文化建的旅游招商项目，首先要提到曾经生活在这里长在这里的名人会是谁，比如青州在对外宣传时就经常提到在此当官的北宋名相寇准、范仲淹、欧阳修等。

"居有常"另外一层含义是，生活起居作息习惯的正常规律。《曾国藩家训》中曾提到：看一个家族是否会兴旺，你可以从一件事中看出来，就是这个家里孩子起床等作息时间是否有规律。《朱子家训》中也对后世子孙作息时间生活习惯做出了具体的规定。由此可见，规律的作息时间，正常的生活习惯，是一个人事业学业成功的基础。国学大师季羡林先生每天都有各种外事活动和应酬，他都是利用每天"边角废料"的时间写作的。由此可见，良好的生活习惯有助于我们更从容地应对繁重的学习和复杂的工作。这也是古人要我们做到"居有常"的真正原因。

人生是要有一定的方向的，安居才能立业，立业才能成就，成就才能辉煌。这个方向就是"业"，指学习的功课和从事的职业。一个人确立人生目标越早越好，比如学业，抱定一个志向和目标，就不要轻易地改变，并一直朝着这个目标努力奋斗，纵使艰难，也要锲而不舍地走下去，下定决心，绝不放弃，一定会达到自己理想的目标。中国有一句古话叫"一门深入，长时熏修"，说的也是这个道理。好的理想要跟着好的生活习惯、好的生活态度、好的工作状态，只有四者具备，学业才会成就，事业才会成功。

【思考】

忙忙碌碌的现代人，辞职、换工作几乎成了家常便饭，特别是刚刚工作的年轻人。可是面对古人的人生方向，我们也扪心自问，我们努力对待现在的工作了吗？我们对于自己追求的人生理想是否一直不懈地努力了呢？我们在每次改变工作，做出自己人生重大决定时，有没有考虑让父母欢心呢？有多少人是因为很无关紧要的小事，甚至是一时的意气，而放弃了现在的工作或目标呢？

现代社会，儿女为了寻求自身的发展和建树，远离父母，在另外的地方学习工作的情况很多。无论哪种原因，生活起居要力求有规律，租住房子或是搬家也要告知父母。而且我们在每次搬家或工作发生变动时，都应将准确的地址或从事的工作告诉给父母，让他们时刻知道儿女在什么地方，从事什么职业，以免让父母担心。特别是我们在改变职业或工作的时候，尤其应慎重考虑，必要的时候还要和父母商量，做出决定要告诉父母，让他们知道你的理由和决定。即便是真的辞职，也不要让父母为了我们的前途担心。

今天的社会，很多人不能正确理解《弟子规》原文所要表达的意思，其实就是这些看似简单的小事，我们才更应该扪心自问，我们做得到吗？

**名言欣赏**

1. 世俗所谓不孝者五，惰其四肢，不顾父母之养，一不孝也；博奕好饮酒，不顾父母之养，二不孝也；好货财，私妻子，不顾父母之养，三不孝也；从耳目之欲，以为父母戮，四不孝也；好勇斗狠，以危父母，五不孝也。——孟子

2. 开始吧，孩子，开始用微笑去认识你的母亲吧！——（古罗马）维吉尔

3. 亲善产生幸福，文明带来和谐。——（法）雨果

## 2.9 事虽小 勿擅为 苟擅为 子道亏

【译文】

子女所做的事情，虽然是一件小事，但也不要擅自去做。如果不禀告父母擅自去做，就不合乎为人子女的道理了。

【注释】

苟：如果。擅：自作主张之意。子道：为人子女的道德标准，这里指子女应该做到的。亏：缺损，亏失之意。

**拓展故事**

**刘备教子**

三国的时候，魏蜀吴三分天下。蜀国开国皇帝刘备在临终时对自己的儿子刘禅并不放心，知道他懦弱无谋，知子莫若父，刘备除了把儿子托付给丞相诸葛亮外，还给儿子刘禅留下了一封信来教育他。信中他说：“勿以恶小而为之，勿以善小而不为。惟贤惟德，能服于人。”以此来告诉儿子，不要认为小的坏事就可以胡作非为，不要认为小的好事就可以不做；只有品德良好才能让人信服。后来，刘禅在诸葛亮的辅佐下，蜀国没有出现大的失误。诸葛亮死后，刘禅开始宠信宦官黄浩等，逐渐放纵自己，最终蜀国被曹魏灭掉，刘禅也成了俘虏。

## 开玩笑引发的悲剧

学校里的同学最喜欢开玩笑了。

有一次，在学校课间休息的时候，一位同学想和他的同桌开个玩笑，在他的同桌要坐下的时候，他突然把椅子挪开了，结果这个同学猛地坐在了地上，由于猝不及防，尾椎骨摔断了，造成了终身瘫痪。

还有一次，在学校上体育课时，几位同学玩抓人的游戏，一个同学在前面跑，一个同学在后面追，后面的同学速度太快了，马上就要追上前面的同学，这时一位同学从旁边绊了一下，前边的同学应声倒地，躺在地上抱着腿翻滚，痛得直叫。大家赶紧围了过来，这位同学被闻迅赶来的老师和同学送到了医院，一检查，发现是小腿骨折，要打石膏休息半年才能上学。

小小的玩笑导致了悲剧的发生，受伤的同学要耽误学业，甚至要抱憾终生，开玩笑的同学要承受良心谴责，自己的家庭还要承担对方的医药费等。

这种痛苦让当事人心情沉重，让听到的人惋惜！所以，任何对人身安全有损害和危害，或是对社会有危害的不良行为，我们是绝对不能做的，见到时也要极力劝止。

**【评析】**

儿女在成长的过程中，需要父母长辈的提携引领。儿女在家庭生活、学校生活或社会生活中会遇到各种各样的事情，无论这些事情是难以抉择的重大问题，还是平常的生活小事，一定要先想到父母的感受，父母的希望，看看父母希望我们怎么做，如果有可能，在必要的时候可以先问问父母的意见，先和父母沟通一下，慎重做出决定。因为父母的人生阅历丰富，会给我们提出建设性的意见或建议，避免我们走弯路。

曾经有一个职业学校的学生，在大家都去实习单位工作的时候，他背起行囊回了家，他的父母很奇怪，不是都要去实习的吗？怎么回来了呢？就打电话给老师，问老师，你们学校不是给推荐实习岗位的吗？我的孩子怎么回来了？老师也很奇怪，说学校每次有分配的工作，老师都要在班级传达，你的孩子哪都不报名啊，老师还以为是孩子父母已经给他找好了工作单位!原来这个孩子每次都没有把实习单位的事告诉给自己的父母，并且自己也没有主意去哪里，所以等到分配实习岗位结束的时候，别人都去工作了，他就回了家。试想，如果他能够将自己的学业情况、学校分配情况和自己的父母及时交待清楚，父母一定会为他做一个正确的抉择，不可能到别人实习工作的时候，自己没有地方去。

人的一生中会遇到很多次选择的机会。年轻人在做一个重要的决定之前要谨慎思考，在我们不明就里，犹豫徘徊，特别是人生重要的时候打个电话给我们的父母，虚心向他们请教，相信他们一定会为我们做出明确的选择。

曾经有一个女大学生在毕业的时候，商业局下属的一家大型超市和一家学校同时向她抛出了橄榄枝，在她犹豫迟疑的时候，回家和妈妈探讨到底选择哪里，妈妈说："孩子，你的性格，不太适合在商场中发展，还是踏踏实实地当一个老师吧!"这个女学生就这样选择了学校，当了一名老师。时过多年，她仍然为当初这个选择而感激母亲，因为她也越来越觉得自己比较适合这份工作。当年是妈妈的鼓励和支持让她选择了一份有稳定工作环境和收入的工作，让她在今后的人生中走得更加从容，少了急躁和飘荡。

古语有一句话：国有危难可问谁，答案是国师。家有危难可问谁，答案是家长或老师。当然这个家长或老师应该是你认为比较值得信赖和尊重的家长或老师。他会让你觉得他是客观地分析后，真心为了你考虑做出的选择。

从某种意义上说，我们有时候不经意间做的一个决定可能会改变我们接下来要走的路。所以，如果我们不能从容选择，别忘了回家问问我们的父母。因为，父母是这个世界上最爱我们的人，他们一定会为我们做出明智的选择。

从这里我们还可以引申一下，如果在学校，我们遇到事情，要先和老师商量，老师也会像父母一样给予我们正确的指导。

工作后，在单位里，我们遇到事情，首先要和领导商量，获得领导的认可和支持后，我们的工作会做得更加轻松。

【思考】

在许多人生的关键时刻，是我们的父母、师长提携引领，为我们指点迷津，让我们走上正确的人生之路。可是，有很多时候，我们的父母师长没有在我们身边，打电话问又来不及，这时候，我们要如何处理遇到的事呢？

在这种情况下，我们应该把握一个原则：好事，有利于他人，有利于社会大众的事，我们就去做；坏事，不利于他人，不利于社会大众的事，我们坚决不做。犯法的事，坚决不做。违背天理良心的事，超越道德底限的事，坚决不做。

在一些重大事情的决策上，要缜密考虑，谨慎决定，但不能犹豫不决，优柔寡断。

在没有父母师长指引的前提下，我们可以考虑找自己可以信赖的人，和他们共同探讨。“三人行，必有我师焉”，相信一定会做出正确的决定。

话要少说，事要多做，吃亏是福，把父母的教诲记到心上，即使父母不在，也要按照父母教给自己的为人处世的方法去做事。这其实也是遵父命。

总之，遇到大事细心处理，遇到难事先从简单的事做起。把“处理好遇到的每一件事”这样一个过程，当成历练心智、锻炼能力、增长技能的过程，让自己慢慢成长为全面发展的人才。

**名言欣赏**

1．子路问：“闻斯行诸？”子曰：“有父兄在，如之何其闻斯行之！”冉有问：“闻斯行诸？”子曰：“闻斯行之！”公西华曰：“由也问‘闻斯行诸？’，子曰：‘有父兄在’；求也问‘闻斯行诸？’子曰：‘闻斯行之’。赤也惑，敢问？”子曰：“求也退，故进之；由也兼人，故退之。”——《论语·先进篇》

2．季文子三思而后行。子闻之，曰：再，斯可矣。——《论语·公冶长第五》

3．子曰：“君子欲讷于言而敏于行。”——《论语·里仁》

## 2.10 物虽小 勿私藏 苟私藏 亲心伤

【译文】

物品虽然很小，也不见得值钱，但也不要私自藏起来，如果私自藏匿起来，父母一旦知道了，会很伤心。

【注释】

私：暗地里，私下之意。藏：隐避，收存起来之意。

**拓展故事**

**陶母封鱼**

晋朝时期有一个叫陶侃的人，是朝中有名的贤臣，为人勤奋好学，清正廉洁。据史书记载，陶侃的母亲对他的教育非常严格。他的母亲姓湛，是新干人，人称湛氏，被尊为中国古代“四大贤母”之一。陶侃小时候家里很穷，湛氏很注意对儿子学识和品行的培养。

后来，陶侃做了地方上一个管理渔业的小吏，有一次他利用职务之便，弄到了一坛上好的腌鱼，让人捎给了母亲，以表孝心。陶母见后，立即封好了腌鱼，派家人原物送回，并写了一封信责备儿子说：“你作为朝廷一个官吏，拿国家俸禄，当上报国家，下济百姓，怎么可以拿了公家的财物给我，你这样做不但不能使我满意，反而增加了我的忧虑啊！”陶侃看到母亲的信后，羞愧不已。此后，陶侃牢记母训，清廉正直，忠于职守，克己奉公，后来官至征西大将军、荆江两州刺史、都督八州诸军事等要职，成为东晋初期的重臣之一。

## 贪小便宜的故事

小孩子在小的时候都非常好奇，喜欢一些新奇的东西，对自己和他人归属概念并不十分明确，只知好玩，自我意识比较明显。这时候需要家长正确地引导，明确告之别人的东西不能拿，拿别人东西是不好的行为。时间长了，孩子就会知道。

曾经有一个小朋友放学回家，母亲帮她收拾书包，她连忙拿走，不让母亲看，母亲觉得她神色不对，就追问她怎么回事，是不是书包里有什么东西不想让母亲看到。这个孩子拧不过母亲，就把书包里一支很漂亮的笔拿出来给母亲看，还连忙解释说，是掉在地上的，没人认，自己就拿回来了。母亲看着女儿的神色说：“孩子，你是不是也很喜欢这支笔呢？”孩子老实地承认是这样的。母亲严肃地说：“孩子，如果你喜欢这样的笔，妈妈可以买给你，但是掉到教室里的笔一定是别人的，如果没人认领，你可以把它交给老师，但绝不能拿到家里来。明天你一定把这支笔交给老师。”这个孩子看到母亲坚决的表情，心灵受到很大的触动，以后再也没把捡到的东西拿回家。

**【评析】**

古代社会，子女和父母同住。家里的财物属于家庭公共财产。家庭里一般都是父母当家。如果是家族合居，会选出合适的父母长辈来管理家族事务。如果不和父母或家族管理事务的人说一声就把东西私藏起来，会引起大家的误会，也会有不好的影响。所以“物虽小，勿私藏”从某种意义上来说是捍卫家庭秩序的规范。大家也都会尽力遵守。“苟私藏，亲心伤”是从亲情的角度告诉大家，如果在家庭中有私心，把属于大家共有的财物据为己有，会让父母亲伤心难过，因为这有损德行。正如后文指出的“用人物，需明求，倘不问，即为偷”，偷的行为是会让家人丢脸，被别人耻笑的行为。

家庭中，我们不能把公物私藏起来，据为己有；在社会上，我们更不能把别人的东西私藏起来，据为己有。伊索寓言中记载了这样一个故事：一个孩子在学校里偷了同学一块写字板，拿回家里交给母亲，母亲不但没有批评孩子，反而大大地赞赏他能干。第二次这个孩子又偷回家一件大衣，交给了母亲，母亲很满意，又夸奖了孩子。小孩子长成了大小伙子，便开始去偷更大的东西，有一次他被当场捉住，被反绑住双手将要被押送到刑场，他的母亲跟在后面，捶胸顿足，痛哭流涕。这时，小偷说：“我想见见母亲，和她说句贴心的话。”行刑的人同意了，小偷的母亲走到前边，把自己的耳朵贴在儿子的嘴边，等着儿子和自己说悄悄话。可是儿子一下子猛地用力咬住了母亲的耳朵，并用力撕咬，直到咬掉。母亲痛得大声骂儿子不孝，犯了杀头的罪还不够，还要害母亲致残。儿子说道：“如果当初我第一次偷东西回来，你能打我一顿或者教育我不要这样做，今天我也不至于落得这么悲惨，我怎么会被押去受死呢？”古语常说“小时偷针，大了偷金”，不把别人的东西或公共的东西据为己有，从小养成公私分明的生活习惯，长大了面对来自外界的种种诱惑才能有自觉抵制的能力，以避免自己犯错误。贪婪是诱发社会腐败的根源。从这里我们可以看出《弟子规》原文在“入则孝”这一章不仅仅是教儿女如何尽“孝”，也是在教为人父母如何教育自己的孩子，也在潜移默化中教给人们良好的生活习惯、积极的生活态度、乐观的生活方式等。

现在社会虽然一般父母和子女都不住在一起，即使住在一起，父母和子女一般都有自己独立的生活空间，所以也会有专属自己的私人物品。但是家里如果有大家公用的物品，在拿来取用之前要和其他人打声招呼，这也是避免彼此产生误会的一种最合理的方式。

当然"物虽小，勿私藏，苟私藏，亲心伤"这一句中的"物"也可指社会公物或单位的公共财物。社会公物或单位的公共财产若是公用，一定不要据为己有，公物是为大众服务的，如果我们把它私自藏匿起来，就有损我们的德行，被他人知道，小则丢了颜面，大则触犯社会规章制度和法律，这不仅会让自己德行受损，也会让父母脸上无光。所以要养成公私分明的习惯，能够做到公私分明是人生至高无上的境界。

**【思考】**

想一想，在我们的生活中，有没有贪小便宜的情况呢？有没有把别人的东西顺手牵羊据为己有的情况呢？有没有贪婪的表现呢？

俗语有云：贪小便宜吃大亏。在同学、同事面前贪图小便宜的人，让人看不起，不会有太大的发展。

在工作中贪便宜，假公济私，损公肥私，中饱私囊，早晚有一天会受到党纪国法的惩处。许多事例都证明了这一点。

记得前几年，一位因贪污而依法受到查办的高官忏悔说："假如还能让我再重新来过一次的话，我宁愿守着山里的二亩良田终老一生，我不会因贪婪收受别人的贿赂，让我八十岁的老母在乡亲们面前抬不起头，我希望还能有机会呼吸到家乡自由的空气，我今后再不能奉养我的父母了。"

有些东西，只有失去了，人们才知道它可贵。有些东西，失去了，就不会有任何的机会弥补。所以古人才会利用各种机会告诫后人，不能贪婪。

**名言欣赏**

1. 不贵难得之货，使民不为盗。——老子《道德经第三章》
2. 夫君子之行，静以修身，俭以养德，非淡泊无以明志，非宁静无以致远。——诸葛亮《诫子书》
3. 君子以见善则迁，有过则改。——《易·益》

## 2.11　亲所好　力为具

**【译文】**

父母亲所喜欢的事，我们当儿女的要尽心尽力去做，并努力达到父母所要求的目标。

**【注释】**

好：读 hào，喜欢，喜好之意。力：努力，尽力。为：读 wèi，替，给之意。这里指替父母实现或达到心意。具：办，达到。这里有完备，详尽之意，指儿女对父母的要求要考虑周全，尽力达到一百分地让父母满意。

### 拓展故事

**戏彩娱亲**

据史书上记载，老莱子，是春秋时期楚国的隐士，为躲避世间的纷乱，隐居在蒙山南麓。老莱子非常孝顺父母，尽自己最大可能拣美味食品供奉双亲，自己年岁已经70了，但为了不让父母伤心，还经常说自己不老。为了让父母亲开心，经常穿着色彩斑斓的彩色衣服，打扮得像小孩子般在堂前戏耍，以此博取父母亲的开怀大笑。有一次，他为双亲送水，进屋时跌了一跤，他怕父母担心，索性就躺在地上像小孩子一样大声撒娇啼哭，他的父母看到儿子这样孝顺，欣慰地笑起来。

孔子曰：父母老，常言不称老，为其伤老也。若老莱子，可谓不失孺子之心矣。孺子，就是儿童。父母年纪大了，做儿女的和他们说话时就要注意，不能常说“老”字，为的是怕父母听到后忧伤、惶惑。如若像老莱子那样，能够体会父母心意，尽心侍奉双亲，可以说是尽到了做儿女的本分，不失做儿女的孝道了。

有一首诗形象地描述了老莱子的孝行：

戏舞学娇痴，春风动彩衣。双亲开口笑，喜气满庭帏。

希望天下儿女都能善体亲心，让父母晚年生活开心快乐！

## 东北老哥俩推着母亲去香港的故事①

这个故事发生在2007年。有这样一对老哥俩，哥哥王凯56岁，弟弟王锐54岁，家住黑龙江省兰西县。他们的父亲叫王树堂，是曾经南下的干部，在昆明当兵，从部队转业后回到原籍。王父年龄大了，腿脚不便，但很怀念自己曾经战斗过的地方。退休后曾提议让两个儿子制作一辆三轮车，拉着自己和老伴去昆明看看老部队，沿路看看祖国风光。兄弟两人感觉应该完成父亲的心愿，就开始制作房车，准备送父亲到昆明，好使他一路观赏祖国大好河山。然而车还未做完，父亲就在2006年11月份因心脏病突发去世，这也给王凯、王锐兄弟两人留下无法弥补的遗憾。父亲走后，母亲的话变得很少，每天也吃不下去多少饭。兄弟俩难过不已，欲将78岁的母亲王玉霞送到香港，让母亲代父亲实现观赏祖国大好河山的遗愿。由于母亲晕车，于是兄弟俩便做出了“感恩号”人力推拉房车。该车长两米，宽1.8米，外皮是钢板，内层是泡沫塑料。该车行走时，母亲在里面可坐可躺；睡觉时，活动顶棚可升高60厘米，上铺的空间就出来了。弟弟和母亲睡下铺，哥哥睡上铺。儿子带着母亲游走全国的想法家人并不赞同，在王玉霞的坚持和兄弟俩的一再争取下，2007年9月24日，母子三人从兰西县出发，兄弟俩一个在前面拉，一个在后面推，走向香港。他们一路走来，不少人都被他们感动，不断有好心人帮助他们，鼓励他们一路走下去。

兄弟两人为了能够实现推母亲去香港的愿望，提前半年就开始做准备，每天步行6小时，锻炼身体。然而，他们也是一把年纪的人了，真正开始行程的时候，还是遇到了很多困难。因为祖国的大好河山并不是一马平川，有高山，有丘陵，有峡谷，有平原。王家兄弟每天清晨四五点钟就出发，预计每天走40公里，用300天时间走完全程。然而，让他们没有想到的是，在出发5天后，他们遇到了最大的困难——身体到了疲劳期。当时他们正走在双城通向沈阳方向的102国道。这段路处于丘陵地带，每遇到一个山坡，兄弟俩都要一个在前拉着，一个在后推着，300公斤重的车子缓慢而艰难地前行，车里的母亲心疼地看看前面的大儿子，又看看后面的小儿子，心里不住地责怪自己多事，干嘛要跑出来折磨两个孩子？这样的山路，大大减缓了行走的速度，一天只能走10多公里。每爬完一个山坡，就像经历了一场战斗，兄弟俩都要停下来大口喘息一会。尽管母子三人一度想放弃行程，但最终还是坚持下来，度过了疲劳期，接下来的路途，哥俩有了经验，需要的就是坚持和抵住诱惑。

在路上，很多媒体争相报导他们的事迹。有老板被他们的孝心感动，要送他们小车，更多的是捐钱，均一一被他们拒绝。

王锐说：“这一路走来，能和母亲一起看到了祖国的大好河山，心里感觉无比自豪。”

王凯说：“如果我们的行动能够影响一批人，能够感动一些人，或者说教育一批人，我们觉得

① 本文参考丹东公益论坛及网络。

再苦再累也是心甘情愿，也无怨无悔。”

从兰西县到香港，大约4000公里，年过50的哥俩拉着重达300多公斤的“房车”带着母亲走完了这段不寻常的感恩之路，途经吉林、辽宁、河北、河南、湖北、湖南，广东。

王凯、王锐的故事，让整天为钱为权匆忙工作而不顾父母的人汗颜。他们放下安逸，克服各种困难，就为了让母亲开心。他们质朴的行为感天动地，令人佩服。

【评析】

“悠悠寸草心，报得三春晖”。老莱子的故事，让我们体会到身体力行让健在的双亲时时感受儿女的孝心孝行是对他们抚养教育最好的报答。

当然我们还应体会到：

1. 父母在时，要尽心尽力，不要把没尽孝的遗憾留给自己。常言道：树欲静而风不止，子欲养而亲不待。我们常说，等我有了钱，我要……可是等你有了钱，也许父母已经不在，或是风中残年，无力消受你的孝顺。我们常想，等忙过这阵子，就回家看父母，殊不知，父母在家翘首盼望儿女的到来。善“体”亲心是孝，善“养”亲心是大孝，善“事”亲心是至孝。愿普天下的儿女都能听到父母心灵的呼唤，让父母开心快乐，并努力实现父母的愿望。

2. 孝顺父母要坚持。要有持之以恒的毅力和决心。在身体和心理承受都达到底限的时候，还能坚持下来，才成就了“感恩号”南下北归的心灵之旅，也成就了哥俩孝母的行为。

3. 孝顺父母需要有好的身体，健康是财富。老哥俩的千里感恩之旅，老莱子的古稀之孝，都不仅需要毅力、勇气和决心，更需要健康的身体，只有这样，才会在任何情况下侍奉双亲。

4. 好心情是最好的药方。王母身体不好。“感恩号”出发前，批评和阻止的声音比支持的声音要多很多，甚至很多人都担心母亲会因旅途的颠簸而病在半路，但是母亲不仅到了香港，还去了澳门，也游览了伟大祖国的首都北京，去了那么多知名的、不知名的城市和乡村，这一路上看遍祖国大好河山，游览南北名胜古迹，母亲身体不仅很好，甚至临行前准备的500多块钱的药，一片都没有吃，而且精神矍铄。由此可见，要孝顺父母，先让他们开心起来，因为好心情是最好的药方。

【思考】

人生中很多美好的品行都和“孝”有关，所以才有了那句“孝是众善之始。”

在感动之余，我们不禁要反思一下，我们能不能做得到“亲所好，力为具”呢？

在学生时代，父母最大的希望就是要我们好好学习，各位学生，您想到了吗？您做得到吗？

在工作阶段，父母最大的希望就是让我们能努力工作，踏实做人，各位读者，您能做到吗？

在日常生活中，父母最大的希望就是儿女能够做一个社会合格的公民，遵纪守法，与人为善，做有道德的人。各位亲爱的朋友，你能让父母开心吗？

除此之外，“亲所好，力为具”字面意义也不能忽视：父母喜欢的东西，我们做儿女的尽力帮父母得到了吗？父母喜欢吃的东西，做儿女的尽力买回来满足父母的要求了吗？父母希望我们常回家看看，做儿女的常回家陪他们说说话，看看有什么自己可以去帮忙了吗？

为人子女，要常思考：父母亲最挂念我们的是什么事呢？父母希望儿女身体健康，有一个体面的能养得起自己的工作，如果可能，要努力向上，积极进取，获得事业的成功和家庭的幸福！这也许是天下父母共同的心愿。所以对于生活在当下的现代人来说，我们要孝顺父母，就要将这份孝心落实在我们生活的点点滴滴，中国人做事“论心不论迹”。也就是说，我们所做的每一件事是否考虑到这是否是我们父母的喜好？例如作为学生，父母一定希望我们在学校能够好好学习，那我们就要尽自己全部力量努力学习，即使成绩难以把握，也要尽全力去做。再比如，父母希望我们将来能够出人头地，光耀门楣，光宗耀祖。那我们就要努力奋斗，至少掌握一项技能，让父母不为我们担心，并继续努力，尽量让父母为我们而自豪。

父母的希望是我们前行的方向和动力。正因为如此，司马迁宫刑受辱成就《史记》巨著，周公旦殚精竭虑促成周朝八百年盛世。人生时光短暂，如何让人生充实而有意义，需要人们常常思考，要如何成就自己，报答父母，回馈国家。我们要趁着父母亲俱在时，多做让他们欣慰或引以为自豪的事情。因为人生有许多不可承受之重，有些遗憾发生了就再也没法弥补。

**名言欣赏**

1．还有什么比父母心中蕴藏着的情感更为神圣的呢？父母的心，是最仁慈的法官，是最贴心的朋友，是爱的太阳，它的光焰照耀、温暖着凝聚在我们心灵深处的意向！——马克思

2．要用希望孩子对待你的方式去对待父母。——苏格拉底

3．慈善行及至亲，但不应仅此为止。——富勒

## 2.12 亲所恶 谨为去

【译文】

父母亲不喜欢的事，甚至讨厌、憎恶的事（包括事物），我们当儿女的要谨慎小心地远离，避免。

【注释】

恶：wù 憎恶，讨厌之意。谨：谨慎，小心，含有恭敬，郑重之意。去：除掉，减除之意，这里指父母不喜欢我们做的事，我们要尽量远离，避免，以免让父母伤心。

### 拓展故事

**父母的期盼**

有一个小女孩，家在山东，高中毕业考上了东北的一家大学，大学四年，每一年的假期她都会和同学约好去各地旅行，所以大学四年，也没怎么回老家，每次回去也是匆匆忙忙。

毕业后她应聘在东北一家公司工作，忙忙碌碌的工作，两点一线的生活，让她无暇顾及远在老家的父母，甚至电话也少了很多。不久，她交了男朋友，时间就更紧了，几乎每个下班后的黄昏都是和男朋友在一起度过的。

这一年五一，她和男友约好要一起去爬黄山。她发了个短信给爸爸，说今年五一不回家了，要去爬黄山。发完短信也没有多想，不一会儿，爸爸的短信回来了，没有多说，只一句“槐树开花了”。想到小时候年年槐树开花的时候，自己和爸爸妈妈在树下玩耍的情景，想起母亲用槐花做的糕饼，女孩泪如泉涌，推掉了与男友的约定，回到家里……

后来，女孩辞掉了工作，回到了家乡，在家乡找到了一份安稳的工作，陪在父母的身边。

【评析】

“亲所恶，谨为去”，父母不喜欢的事，也包括不喜欢我们自身存在的坏习惯，我们做儿女的要小心谨慎地去除，尽力达到父母满意。

父母亲随着年龄的增长，养成了各种各样的习惯。我们做儿女的，要细心观察，父母有哪些嗜好，有哪些忌讳。如果是父母亲不喜欢的，我们一定要小心谨慎不去触碰。

比如，父母亲不喜欢震耳欲聋的激烈的音乐，我们平时播放歌曲的时候，尽量不要播放重金属摇滚乐和嘈杂的打击乐，可以播放一些舒缓的轻音乐、古筝曲，也可以播放一些经典的怀旧老歌。

再比如，父母亲牙齿可能不像年轻人那样好，不爱吃一些炒得很硬的蔬菜，由于身体机能下降，也不太爱吃油腻的鱼、肉等，我们为人子女，尽量把菜煮得烂一些，并且要荤素搭配，合理膳食，让父母亲身体得到适当的营养。

还有，父母亲不喜欢儿女晚上很晚不回家，我们下班后尽量不要或减少在外面的应酬，早点回家，以免父母亲惦记。

上学的孩子，父母亲更不会喜欢你放了学就钻到网吧、游戏厅。为了不让父母亲牵挂，放学后，孩子一定要赶快回家，以免父母惦念。

曾经有一个小孩，小时候非常淘气，在外惹是生非，他的父亲经常被他气得吃不下饭，睡不好觉，积郁成疾，患了重病，不久就撒手人寰。父亲最大的牵挂就是这个孩子，他希望儿子能够懂事，放下少年的顽劣，树立正确的人生理想，做有志之人。在送走父亲之后，这个孩子开始反思自己的行为，痛恨自己曾经的种种不是，决定痛改前非，过正常人的生活。但是他的父亲已经不在了。在祭奠父亲的时候，这个孩子流下了悔恨的眼泪。

父母亲对儿女的身体健康也是最关注的，一切有损身体健康的事，父母亲都不愿让儿女做，例如抽烟、吸毒、酗酒等，不仅对身体造成伤害，还会对生活、工作等造成影响，所以作为儿女，要小心谨慎地远离这些不良习惯，如果不慎沾染，要小心摒除。

父母亲对儿女的生活质量也是非常牵挂的，经常的打扑克、打麻将、上网、打游戏、赌博等，会给自己的生活带来负面影响，也会伤害到自己的家人，作为儿女，玩也要适可而止，不要影响自己的生活。尽量让健康积极的正能量影响自己的生活，不要让父母为自己操心。

父母亲对儿女的工作也是很惦念的，上班经常迟到早退，不务正业，也会让父母担心。作为儿女，对待工作要认真，守时守纪，有负责任敢担当的态度，在任何单位都要让父母放心。

“亲所恶，谨为去”，让我们远离缺点、毛病、错误、犯罪，不仅能提升自身的能力，加强个人修养，还能让父母对我们少操心，何乐而不为呢？

**【思考】**

从我们呱呱坠地起就与父母亲朝夕相处，父母亲是儿女在这个世界上最亲的人，问问自己的心，我们了解自己父母的喜怒哀乐吗？我们了解自己父母的生活起居吗？我们了解自己父母亲的喜好吗？即使是不了解，如果是父母说出自己的讨厌之处，我们能否顺从他们的心意，小心地避免呢？

对照上述的行为，我们还可以把孝亲的概念扩大，父母亲的不喜欢，我们了解了，其他人的不喜欢，我们用心了解了吗？人生活在天地之间，在不同的环境下，分别扮演了不同的角色，学生、单位员工和社会公民等。在学校，我们是学生，作为学生，我们了解自己老师讨厌的行为是什么吗？在单位，我们是企事业单位的员工，作为员工，我们了解自己单位的员工守则吗？我们了解老板的要求吗？我们还是社会公民，作为公民，我们了解社会大众对于公德和良知的认同底限吗？小“孝”孝于庭闱，中“孝”孝于企业，大“孝”孝于社会。

结合上一节的内容，孝子会用心感受父母的爱与恨，父母喜欢的事，尽力去做，父母讨厌的事，会小心摒除。学生会用心体会老师的要求、学校的要求，努力学习，刻苦钻研。单位员工会兢兢业业、遵规守纪、出色完成任务。社会公民会安于本分、乐于奉献、遵纪守法、做合格的公民。

### 名言欣赏

1．智慧之子使父亲欢乐，愚昧之子使母亲蒙羞。——所罗门

2．对孩子来说，父母慈善的价值在于它比任何别的情感都更加可靠和值得信赖。——罗素

3．在孩子的嘴上和心中，母亲就是上帝。——萨克雷

# 2.13　身有伤　贻亲忧

【译文】

做子女的要爱护自己的身体，如果身体受到伤害，得了病，会令父母忧虑、担心。

【注释】

伤：这里指因某种致病因素导致身体上得病了，小到伤风感冒，大到器官疾病等。贻：遗留，留下。这里指给父母留下，使父母受到……影响之意。忧：担忧，焦虑。

## 拓展故事

### 生命的延续

那是在2010年8月7日，甘肃的舟曲县，发生了特大泥石流灾害。泥石流冲进县城，并形成堰塞湖。突如其来的大量泥浆冲进了学校、单位、还有老百姓的家里，许多人因此而遇难。在一个救援地点，子弟兵们仔细地搜救，寻找着生命的气息。终于听到一个小女孩微弱的声音，官兵们赶紧组织救援，终于把小女孩救了出来。然后小女孩哭着说："叔叔，下面还有人，我妈妈在下面。"当把小女孩妈妈的尸体挖出来时，这些坚强的子弟兵都哭了，因为这个小女孩的妈妈直直地站着，双手呈向上托举的姿势，两个手臂都直直地僵在那里，虽然已经没有了呼吸，但姿势还保持着托举的样子。正是母亲的双手将女儿托举在自己的头上，让女儿有了生的希望。正当子弟兵们准备去寻找别的生命时，这个小女孩又说："叔叔，下边，下边还有人，还有我的爸爸。"子弟兵接着再挖，直到将女孩的父亲也挖了出来，女孩的父亲也是站着的姿势，双手向上在自己的肩膀上呈抓举的姿势。子弟兵们看到这里，已经泣不成声，他们想象着在泥石流爆发冲进来的那一刻，而只可能有一个人活下来，父母把生的希望留给了自己爱着的女儿，用自己的肩膀和双手托起了女儿生的希望。

这就是我们的父爱，这就是我们的母爱！父母的爱比天高，比海深。

### 大灾有大爱

2008年5月12日，汶川发生了史无前例的9.0级大地震，有69227人遇难，374643人受伤，17923人失踪。这是一场空前的灾难和浩劫。在这场灾难面前，发生了许多令我们感动的真情故事。有生死关头将自己的乳头塞进女儿嘴里的母亲，有用自己的身躯为女儿搭起生命小屋的父母，还有双臂护住四个学生的老师，有勇敢救护灾民的人民子弟兵，还有可爱的志愿者。

在这些人的故事中，有一个故事感染了许多人。

救援人员从倒塌的房子里挖出的女人死的姿势很特别。她双膝跪地，双手扶地，四肢坚强地支撑着身体，身体呈弯弓形撑着压下来的废墟。这种特别的姿势，让救援人员感觉很奇怪。救援队员伸手向女人身底下摸索，他惊讶地发现，这位年轻的母亲身下有个孩子，而且还活着。他赶紧和队员们齐心合力把挡在母亲身上的废墟清理掉，把这个年轻的母亲小心地搬开。呈现在人们眼前的竟然是一个三四个月大的孩子，身子被包在一条红色带黄花的小被子里。他显然还没有感受到这个世界突如其来的灾难。因为母亲身体的庇护，孩子毫发未伤，抱出来的时候，他还安静地睡着，他熟睡的脸让所有在场的人感到温暖。随行的医生过来解开被子准备给这个孩子做些检查，当打开孩子的被子时，医生发现了一部塞在被子里的手机。医生下意识地按亮了手机屏幕，屏幕上出现的是一条已经写好的短信"亲爱的宝贝，如果你能活着，一定要记住妈妈永远爱你！"救援人员想象着这位令人尊敬的母亲，在临死之前是怎样艰难地将手机屏幕打开，为自己深爱的孩子留下遗言，让母亲的爱陪伴孩子坚强地活下去。看惯了生离死别的医生、看惯了阴阳两隔的救护队员，看到这里都落泪了。

在关键的一刻，母亲用血肉之躯为孩子留下了生存的机会，为她深爱的宝贝撑起了一方安全的空间。

**【评析】**

有一个寓言这样说：每一个孩子都是上帝派到人间的天使。据说上帝在把天使派到人间之前，天使们也是很忐忑的。天使们担心人间的喜怒哀乐，疾疫困苦，担心到了人间就会失去那种无忧无虑的生活，担心不知道如何面对。上帝温柔地对每一位天使说："孩子，去吧，不必担忧，我早已派了保护神先到人间去保护你，使你们免受苦难。"听后天使们都非常欣喜，问上帝："保护神在哪，我如何能找到他呢？"上帝慈爱地说："孩子，你只要轻轻地喊一声'妈妈'，你的保护神就会出现在你的身边。"

"身有伤，贻亲忧"，道出了儿女是父母最大的牵挂，儿女的身体健康和平安是父母最放心不下的事。孔夫子说："父母唯其疾之忧。"我们经常听做父母的说不指望儿女有多大富大贵，只要是健康平安就可以了。作为子女，我们要时刻体谅父母的心意，不要让父母为我们的身体健康担心。在我们没有能力给予父母衣食上的供养和精神上的滋养时，如果我们能够做到不让父母担心和牵挂自己的健康，这也是孝顺的一种表现。

**【思考】**

父母恩重如山，儿女怎样做到保持自己身体健康，以此回报给予我们生命、教会我们生存能力，辛苦了一辈子的父母呢？我们怎么能让父母晚年生活更加舒心，更加放心，对自己减少牵挂呢？

~~~~~~~~~~~~~~~~~~~~~~~~~~~~~~~~~~~~~~~~

《黄帝内经》上讲"因天之序，顺应四时"，顺应四季变化，顺应东西南北地域变化，而适当调节自己的穿着、饮食和起居，以保养自己，让自己一直处在健康的状态，这就是孝顺。

说到身体健康，我们不妨探察一些规律。我们都知道不幸的人、生病的人遇到的事千奇百怪，得的病也是五花八门。但是长寿的人、身体健康的人，如果我们深入探究他们长寿并健康的原因时，发现他们的生活是有规律可循的。他们大多能够合理饮食，简约而精致，起居、行住、坐卧都是有规律的，做事的态度大多谦恭谨慎，不以物喜，不以己悲，大多时候心胸宽阔，不贪意外之财，不饮过量之酒，守分安命，顺时听天，保有适当的乐趣以及对某方面工作的热情，有自己内心中固守的不见得是宗教的信仰。

如果细细琢磨，这些大多程式化的无波澜的生活经历和人生阅历，其实蕴含着健康和长寿的真谛，以及生活中深刻的道理，这其中也绝对不乏让自己一直健康的规律。细思量有些平淡，但绝对不失大道理。也许"大道至简"说的就是这些吧。

如果我们能够保持自己身体健康，就是孝顺父母最基本的表现。换个角度阐述，如果你都不能保证自己身体健康，今天感冒，明天头痛，老是让父母牵挂，又如何孝敬自己的父母呢？

当然，父母挂念的何止我们的健康，还有很多，比如学业、工作、事业、家庭，我们所有的一切，父母都惦念牵挂。儿女应更进一步体会，父母内心中真切的希望是自己的儿女能出人头地，在某些方面有所成就，做儿女的要能体会到"读书志在圣贤，为官心存君国"，让父母感到自己的孩子很争气，很懂事，这会使老人家在众乡亲、邻居、同事面前很有面子，那么父母就会少更多的挂念。

所以说，我们如果真的想做"孝子"，要从不让父母牵挂开始。
~~~~~~~~~~~~~~~~~~~~~~~~~~~~~~~~~~~~~~~~

**名言欣赏**

1．身体发肤，受之父母，不敢毁伤，孝之始也。——《孝经》

2．父母之心，人皆有之。——《孟子·滕文公下》

3．儿行千里母担忧。——清·褚人获《隋唐演义》

## 2.14 德有伤 贻亲羞

【译文】

如果子女的德行有所欠缺损伤，会令父母亲脸上蒙羞。

【注释】

德：品德，道德。传统文化中指按照自然规律、天理生活的行为。羞：难为情，不好意思，感到羞愧、耻辱。

### 拓展故事

**马加爵事件①**

马加爵，男，广西宾阳人，云南大学2000级学生。2004年在云南大学宿舍用钝器击打连杀四人，引发了轰动全国的“马加爵事件”，2月25日至3月1日，云南省公安厅、广西壮族自治区公安厅、公安部分别发出A级通缉令，悬赏18万元、5万元、20万元人民币在全国范围内公开通缉捉拿云南大学凶杀案犯罪嫌疑人马加爵，4名受害学生均为马加爵同学。

3月6日马加爵父亲接受记者采访时，写下一封家书，劝儿自首。他在信中说：“你平时都说长大了要报答父母恩，现在从你失踪后，我们每天都放声大哭，你母亲已经病得很重了，她是多么想看见你啊……儿子，你从小就是一个孝敬父母的好孩子，我们相信，你不会让我们永远去承受这种痛苦的。”

3月15日晚7时30分左右，马加爵在海南省三亚市河西区落网。

4月22日，昆明中院公开审理了马加爵涉嫌故意杀人、附带民事诉讼一案，并于4月24日作出判决，认定马加爵犯故意杀人罪，判处死刑，剥夺政治权利终身；判令马加爵赔偿受害人家属每人人民币两万元。宣判后，在法定期限内，马加爵没有提出上诉，昆明中院即依法报送云南省高级法院核准对马加爵的死刑判决。

2004年6月17日上午9时，云南省高级人民法院裁定核准了昆明市中级人民法院以故意杀人罪判处马加爵死刑，剥夺政治权利终身的刑事判决。宣判结束，马加爵即被押赴刑场执行死刑。

马加爵的忏悔

夜已经很深了，面对着这高墙铁网，我无法入眠，思绪像灰。几年的大学生活仿佛就在眼前，但我此刻却是在这样一个地方。表面上看我很平静，但到了这种境地，试问谁又能做到心如止水呢？

两个月前我的身份是一名重点大学的大学生。一名即将进入社会展示自己才能的毕业生，家人和国家都对我寄予厚望，而我本人又何尝不是满腔热血地想为祖国的现代化建设作出一份贡献，实现自己的人生价值。我的母校在整个云南省当中是名气最高、实力最强的高校，就业前景是很看好

① 来源 http://baike.baidu.com/view/4136.htm。

的，这些我都从师兄师妹（老乡）和老师那里打听得很清楚了，所以很多报纸上所渲染的大学生就业压力我是从来没有感受到的。

写到这里我真的很痛苦。可以说这“天之骄子”的身份是国家给予的，也可以说是我个人经过十二年努力奋斗而得来的，但我当初怎么就轻易地毁了这一切呢？那四名被害者也和我一样，家里都有父亲母亲，兄弟姐妹，也和我一样经历了多少年的寒窗苦读，也和我一样对未来充满期待。但我当初怎么就那么轻易地毁了他们呢？人云：凡事都是有原因的，又说：事物的发展总有内因和外因，而内因是占主导地位的，所以现在每天我都努力思索，试图从自己身上寻求原因，一个合理的解释，但此刻我亦很糊涂，只能说当初很偶然！

就因为一次打牌吵架，决定了我走上这条路。现在我以一个旁观者的身份看，这是多么荒谬，多么无知啊！这是多么的悲哀，多么的残酷啊！难道生命就这么脆弱？难道这世界上就没有什么值得留恋的吗？不是的！现在我是这么想的，以前也是！但是那几天我的心里只有苦恼，只有恨，诸多后果都未曾设想。很多事情来不及思考，就这样发生了。事后才知道造成的影响是多么大，才知道给亲人造成了多么大的伤害。也才明白伤心难过的远远不止我的亲人朋友。后悔啊，但木已成舟，我是无力挽回的了。我是想对整个社会说声对不起，想对那四名同学的亲人朋友说对不起，但你们会接受么？对于这么一个恶魔，你们会接受么？

……

编者的话：

马加爵的可怜之处在于缺乏基本的道德伦理底限，在杀人前没有考虑父母多年的养育之恩，和自己杀人后会带给父母什么感受。马加爵的可怜之处还在于太以自我意识为中心，骄傲，旁若无人，他始终觉得自己是天之骄子，他是最聪明的人，没有人可以战胜他，无论是学习还是游戏。马加爵的可怜之处更在于他对于人性的蔑视，对于做人的原则和是非善恶的标准的扭曲，在他面前，人的价值和尊严轻贱如鸿毛，他出身贫寒，在仇富的同时，也看低和他一样出身的同学。最后，他在还没有弄清楚人生中什么是重要的时候，以让亲人、受害者家属、旁观者都伤痛的方式匆匆收场，走完短暂而悲惨的一生。

## 德行感化

有一个年轻人，从小就特别淘气，仗着自己人高马大，欺负别的小朋友，待到年纪增长，就开始在外面结交一些不三不四的朋友，一起喝酒吃肉，欺弱凌强，终于在一次抢劫杀人后被逮捕入狱。他那善良的母亲一夜之间愁白了头。后来他在狱中反省认识到自己从小到大所犯的错误，发现母亲从小到大看他的神情都是焦虑担心的。母亲老早就曾告诫他，要走正路，但他任性专横，习性难改。母亲紧锁的双眉，深陷的双眼，伤心的神情令他寝食难安，夜不成寐，从此他下定决心，痛改前非，重新做人。等到他从监狱里出来，并开始步入正常的生活轨迹，母亲才渐渐从羞辱和伤痛中走出来，从此有了笑容。

**【评析】**

父母对于儿女的牵挂，不仅仅是儿女的身体健康和平安，在“身有伤，贻亲忧”之后，夫子又进一步提出“德有伤，贻亲羞”。这句话是告诫后辈学子，要尽力做善良的人，做有道德的人，做一个思想纯净，积极向上的好人。如果你做不到这一点，让品德上有所缺失，那么父母亲会因此觉得自己教子无方，会觉得在邻里乡党面前抬不起头来，会觉得自己很惭愧，就像是自己做了什么错事一样，或者是感觉自己受到了羞辱，心里会十分难过压抑。如果是这样的话，就失去了做“孝子”的本意，那样即使儿女给父母再多的珍馐美食的供养，也不会让父母心安，父母依然会时时牵挂，事事烦心，如果这样，又怎么能算是孝顺呢？

从这一点上来说，我们也可以看出古人对德行的重视程度有多深。古人把德行看得比生命还要重要，因为这是关乎是否孝顺父母、敬畏先祖的头等大事。古人认为儿女在外所表现的品德，也是父母生命和德行的延续。一个人的表现不仅仅代表的是自己的形象，还代表父母的形象，更代表家族的形象，甚至是祖先的形象。所以既然我们要孝顺父母，要荣耀门楣，要光显家族，要告慰先祖，那我们就一定要保有德行，努力行善，以社会道义和责任为动力，以天下苍生幸福为本分，以弘扬"仁爱和平"为己任，"穷则独善其身，达则兼济天下"。当然至少要诚意正心，不要做缺德的事，不做有悖伦理道德之事，以免让父母亲伤心，让家人因此而抬不起头，让祖先蒙羞。

【思考】

说到人的品德，我们不妨拿一件小事举例：假如我们自己走在大街上，行人很少，你会因一个红灯而停下脚步吗？我们是不是抱着沾沾自喜的心态，在自己的心里开一个绿灯，而大摇大摆地走过去呢？这时候可能我们不觉得这是一个怎样的错误，可是，这事如果恰好被一个交警看到，联合协勤人员把你拉住，并且一定要让你在那个路口站一个小时帮助协勤，你会有什么感受呢？我们不妨再进一步思考，如果你在马路上协勤时，恰好路遇你父母家的邻居或朋友，你觉得会怎么样？是啊，我们就会像做了错事的孩子，不想让别人看到，更不想让父母知道，我们会觉得让熟悉的人看到，是一件很丢脸的事情。但是，别人没看到，就等于我们没做吗？中国有一句话叫："不欺暗室，不履邪径。"说的是即使在幽暗的空屋子里，我们也要保有我们自身的君子品格，不做自欺欺人的事。如果我们能够在大众关注的情况下和私下里做到表里如一，才是真君子，不是伪丈夫。而只有这样才真正能够让父母为我们骄傲，否则就会让父母感到羞愧。所以中国古代特别注重家族的承传，子女做了一件好事，叫光耀门楣，子女做了一件道德败坏的事，叫有辱先祖，说的也是这个道理。所以才有了《孝经》中那句名传千古的"立身行道，扬名于后世，以显父母，孝之终也"。

**名言欣赏**

1. 见富贵而生谄容者，最可耻；遇贫穷而作骄态者，贱莫甚。——《朱子治家格言》

2. 爱亲者，不敢恶于人；敬亲者，不敢慢于人。——《孝经·天子章第二》

3. 一个人如果使自己的母亲伤心，无论他的地位多么显赫，无论他多么有名，他都是一个卑劣的人。——（意大利）亚米契斯

## 2.15 亲爱我 孝何难

【译文】

父母亲关心子女，爱护子女，做子女的孝养自己的父母是理所应当的事，这又有什么难的呢？

【注释】

爱：对人或事物有深挚的感情。爱护，喜欢。难：不容易，不大可能做到，做起来费事。

### 拓展故事

**拾葚供母**

蔡顺，东汉时期安城人，字君仲。幼年时，父亲就去世了。母亲含辛茹苦把蔡顺抚养长大。蔡顺对母亲也是极其孝顺。王莽之乱的时候，连年饥荒，各地暴发了起义。口粮不足，蔡顺为供养母

亲，采拾桑葚用来充饥，他在采拾的时候，正好被赤眉军遇见，赤眉军对他用不同的容器来盛放不同颜色的桑葚很奇怪。便问他："为什么桑葚要分开来盛放？"蔡顺说："黑色的桑葚是比较成熟的，口味甘甜，给母亲吃，红色的桑葚还不是很成熟，口味酸一些，给自己吃。"赤眉军大多出身贫苦人家，怜悯他的孝顺，就给了他白米三斗、牛蹄一只。蔡顺孝心纯厚，让人感动。后来母亲去世了，人们推荐他出来当官，他也不肯，说不愿远离父母的坟墓。

作为儿子，蔡顺做到了用心去照顾母亲，也做到了有好东西先给母亲享用。正是因为他的一片赤诚的孝子之心，才获得了赤眉军的认同和尊重，并且送给他一些粮食和肉，来供养侍奉母亲。自古以来，孝顺子弟必定受人尊重，甚至被重用。古代举孝廉的本义正是由此得来。

桑葚虽然成熟时甘甜鲜美，是非常好吃的野果，但是在荒年，贫苦人要拿它来充饥，真是让人感到辛酸。这个故事也让许多只知向父母索取，不知为父母付出的人汗颜。

有一首诗形象地描述了蔡顺异器供母的孝行。

黑葚奉萱闱，啼饥泪满衣。赤眉知孝顺，牛米赠君归。

**【评析】**

让我们静下心来，回想从小到大，父母给予我们的爱。

儿女从出生开始，到长大成人，父母给予儿女的深恩如海。

十月怀胎，初为人母的惊喜被强烈的妊娠反应折磨，还要负重忍痛，一朝分娩，才诞下懵懵懂懂的儿女；从小，儿女喝母亲的乳汁以为营养，屎尿需要父母清理，如果没有父母的呵护照顾，衣不蔽体，食不饱腹，很难活下来；等到长大一点，父母手把手教走路，不知道摔了多少跤，被鼓励了多少次，才可以脱离父母的手臂，独立行走；怎能忘父母重复了千百次才让我们字正腔圆地喊上一声"妈妈"、"爸爸"，慢慢地，我们学会了所有流利的表达，也学会了用语言顶撞……父母是儿女的第一任老师，教给儿女基本的生存能力，穿衣吃饭，洗漱清洁，与人交流，和人共处；父母无论贫穷还是富有，都要送自己的孩子学习，以此让儿女懂得更多，因为在他们心中，学习总会有所收获，希望儿女接受科学文化，历练心智，思想进步，思维开阔，不求儿女闻达于天下，但求儿女苟全生活于世上；无论自己多么节俭，也要在学业上、生活上支持孩子；儿女成绩好，父母会倍感欣慰，快乐满足，儿女成绩不好，父母会着急上火，吃不下睡不香；有一天，儿女长大了，考上了大学，父母在高兴之余，也会由衷地感伤，因为和自己朝夕相伴的儿女要离开父母亲，过大学的生活啦，也许从此再不会长久地回到自己的身旁。曾经有一位从不喝酒的妈妈在儿子考上大学的庆祝宴上，喝得酩酊大醉，还流了很多的眼泪，很多人以为她是高兴才会这样，走近了，才听清楚她嘴里嘟嘟囔囔地说："儿子长大了，就要离开我了。"大家一边替她擦眼泪，一边自己也跟着流泪……

父母的爱护并没有因为儿女的长大减少半分，儿行千日，母忧八百，父母的心始终在牵挂着儿女，那发自内心的惦念化成了电话里声声的嘱咐和期盼；儿女工作了，无论路途远近，父母也要问长问短，工作是否称心，生活是否如意，如有需要，他们会立刻陪伴在儿女的左右；成家前操心儿女的工作、婚事，成家了，操心儿女的生活，操心孙儿外孙。那份惦念和牵挂一直让父母魂牵梦绕，直到父母老了，直到父母故去，才尘埃落定。

面对父母对我们的好，作为儿女，付出真诚的至善的爱心，对待自己的父母，又有什么难的呢？

所以很多人说，在顺利的环境中和在父母爱的包围下成长的儿女，是必须知道感恩的，因为父母的呵护天高地厚。所以有的人在上班后，发的第一个月工资，是发给父母的，以感谢父母多年的培养。在家庭经济条件不太好的家庭里成长的孩子，虽然没有富庶的物质，但是父母的爱仍然包围着儿女，所以有的人会说，等我有了钱，我要给父母买大房子，我要给母亲买新衣服，买金项链，我要带父母去旅游。这也是一种纯朴的孝的表现。这些方式的孝顺是无可厚非的，因为它代表了大多数人的情感。

父母对儿女好，无论从亲情角度，还是从道德角度，儿女都要报答。

【思考】

我们的祖先一直把孝行放在德行的首位。一个受到父母喜爱、呵护的孩子，能成为孝顺父母的人的几率很大，因为爱自己的父母是人的天性。爱一直以来喜爱和呵护自己的父母更是本能。

虽然孝顺父母是人的天性或本能，可是，仍然有许多人对如何孝父母不知所措，仍然停留在理念的状态。究竟怎样做才是对待父母的孝呢？

每个人生存的状态和环境不大一样，但孝心是相通的。要想孝顺父母，需要让自己跳出自己现在的角色，设身处地地想想父母的感受，每个人都能找到孝顺自己父母的方式。

现代社会媒体信息的发达，让我们经常在报纸等媒体中看到大量不孝敬父母的现象。父母亲爱护子女几十年不计回报，生育之恩、抚养呵护之恩、辛苦教育之恩、培养提携之恩、我们难以回报，那么，在父母生命老去，渐渐走向他们人生的终点时，我们对他们多关心些、细心照顾些、让他们吃饱穿暖，心情舒畅，有儿女的挂念，不应该是难事吧？

**名言欣赏**

1．父母生之，续莫大焉。君亲临之，厚莫重焉。——《孝经·圣治章第九》

2．母爱乃世界上最伟大的势力。——阿瑟·米

3．父母的美德是一笔巨大的财富。——贺拉斯

## 2.16 亲憎我，孝方贤

【译文】

父母亲讨厌子女，甚至憎恨子女，做子女的在这种情况下，还能做到孝养自己的父母，方才显出孝的行为的难能可贵，这才是真正贤德的人啊。

【注释】

憎：恨，讨厌，厌恶。贤：品德高尚，有道德的，有才能的。这里指贤德之意。

### 拓展故事

**闵损芦衣的故事**

闵①损，字子骞②，春秋时期鲁国人，是孔夫子的弟子。在闵子骞很小的时候，母亲就不幸过世了。父亲又娶了一位妻子。后母和父亲又生了两个男孩。子骞的后母对待孩子有很大的差别，对自己生的孩子嘘寒问暖，百般呵护，吃最好的东西，但对子骞生活上不管不顾，让子骞小小年纪就担水砍柴，稍有怠慢，就严厉责罚，甚至不让吃饭。冬天，后母给自己亲生的两个孩子做的是用棉花做的棉衣，两个小孩子就算是在户外玩耍也感觉不到冷。为了不让别人看到她对子骞不好，后母也给子骞做了棉衣，只是这件棉衣是用芦花做成的，看起来比两个弟弟的都要厚，但是不保暖。数九寒天，寒风刺骨，子骞经常被冻得四肢僵硬、脸色发紫。父亲看到后，很是疑惑，为什么看起来穿的薄的不冷，穿的厚的反而冷呢？后母为了掩盖虐待子骞的事实，就在丈夫面前抱怨子骞偷奸耍滑，好吃懒做，后母不好当等等的话。父亲安慰后母，对待三个儿子要一视同仁，子骞有了过错，也要

① 闵，读mǐn。
② 骞，读qiān。

管教。

在一个严寒的冬天，闵子骞的父亲外出办事，要子骞驾车。冰天雪地，子骞身上芦苇花做的衣服哪里能抵挡住冬天的寒冷呢？双手被冻僵了，嘴唇冻紫了。一阵寒风吹过，子骞剧烈抖动的身体实在没法抓紧缰绳，一失手，缰绳脱落了，引起了马车很大的晃动。坐在车子里的父亲和弟弟受到巨大冲击，摇晃摔倒，差一点磕伤了。因为子骞平时驾车的技术很好，联想到妻子“子骞经常偷奸耍滑，好吃懒做”的话，父亲非常生气，觉得子骞在偷奸耍滑，就抢过马鞭，抽打子骞，想教训他一顿。没想到他几鞭子落下去，子骞单薄的衣服就破了，芦苇花从破洞边缘飞了出来，配合着漫天的白色飞雪，飘起了白色的芦苇花，子骞的弟弟看到这么漂亮的情景，高兴得手舞足蹈：“太漂亮啦，真好看，真好看。”父亲却惊呆在雪地中，把子骞的“棉衣”从破的地方撕开来，看到里面全都是一丝丝的芦苇花，没有一片棉丝絮的影子！父亲看到这里，脸色变得沉痛而哀伤，眼泪顺着脸颊流了下来，这样寒冷的天气，子骞怎么能忍受得了呢。让孩子在数九寒天里冻成这样，遭这么大的罪，是自己没有尽到做父亲的责任啊！在埋怨自己的同时，想到妻子平时在自己面前一再强调“三个孩子都一样”的花言巧语，背地里却对继子如此歹毒。一旁不懂事的小儿子还学着娘的样子说：“娘说，哥哥不怕冷。”

子骞的父亲当初续弦也是为了能更好地照顾子骞，没想到却让自己的儿子受了这么大的委屈。他带着两个儿子匆匆回家，要为儿子主持公道。看到自己的龌龊行为败露，子骞后母羞愧难当，只求丈夫能原谅自己，子骞的父亲却坚决要把妻子休了，气急之下，写下休书扔给后母。看到因为自己，父亲要赶走继母，子骞扑通跪倒在地，含泪抱着父亲，请求父亲再给继母一次机会，不要让继母走。他悲泣说：“有母亲在，是我一个人挨冻受罪，可是一旦母亲走了，我们三兄弟都要挨冻受罪啊，请求父母为了弟弟们，留下母亲吧！”感天动地的哀求，淳厚善良的肺腑之言，让父亲流下了眼泪，也让后母深深懊悔，向子骞和父亲认错。父亲也不再赶继母走了，后母从此把子骞当成自己的亲生孩子一样疼爱！

“母在一子寒，母去三子单”，也成为流传千古的名言。这个故事，这句话，让无数后代子孙看到或听到后感动落泪。闵子骞的纯洁、善良、孝行，让铁石心肠的人也会为之感动。曾有诗云：孝哉闵子，衣芦御车，感父救母，千古令誉。

## 王祥的故事

王祥，晋朝人，从小母亲就去世了，父亲续弦娶了朱氏。后母凶悍跋扈，常在父母跟前造谣说王祥的坏话，父亲受到影响，渐渐对王祥产生了成见。王祥失去了父爱，在家中更无地位可言。后母经常找各种莫须有的罪名毒打王祥。可怜的王祥在这样的家庭环境中成长，从不怨恨父亲、后母，只是希望有一天后母能够接纳他。

《世说新语》上记载了王祥的故事。后母经常找一些常人看来无法完成的任务交给王祥，以此来责难王祥。后花园中有一棵李树，结的果实很多，后母让王祥照料那棵李树，还要照料挂在树上的果子，不能让果子掉下来。风和日丽的日子还好说，赶上风雨交加的日子，可怜的小王祥担心果子会掉下来，就会跑到果树下，抱着大树痛哭，哀求果子不要掉下来，否则他就会遭受严厉的惩罚！说也奇怪，也许是老天在冥冥中护佑着王祥，果树上的果子也没有掉几个！

有一年冬天，后母朱氏想吃新鲜的鱼。隆冬时节，天寒地冻，江湖里的水都结了厚厚的冰，到哪里去弄新鲜的鱼呢？ 王祥为了满足继母的要求，不顾寒冷跑到河边，怎样才能捕到鱼呢？传说他为了捕到鱼将自己的外衣脱去，光着身子躺在冰上，想用身体的热量去融化寒冰。就在他已被冻得麻木不堪的时候，奇迹出现了，冰面自动裂开了一条缝，两条活蹦乱跳的鲤鱼蹦出了冰面。王祥捉住鲤鱼，心里别提有多高兴了，赶紧回家，给后母做了一顿鲜美可口的鲤鱼汤。能够让后母高兴，就是王祥最幸福的事啦。当然，传说很让人感到辛酸，但无可否认的是王祥的一片至诚的孝心，让我们后人看了很感动。

王祥的后母总是想找机会害死王祥，幸好，王祥有一个同父异母的弟弟很是敬重哥哥，一直在暗中保护照顾王祥，这个弟弟就是王览。母亲在责罚哥哥王祥时，弟弟总是用身体护助哥哥，让母亲打他或是争着代哥哥受罚。有一次，王祥在床上睡觉，后母拿着一把大斧子要砍死王祥，幸好王祥那时起床小便，后母重重砍下的斧子落在了被子上，王祥回来看到了这一幕，知道母亲要置自己于死地，没有得逞一定心有不甘，就跪在地上请求母亲砍死自己，就在这时，王览跑过来死死抱住母亲的大腿，请求母亲砍死自己，不要加害哥哥。母亲见亲生儿子这样护着王祥，也没有办法，只得放弃。

还有一次，后母朱氏想用毒酒毒死王祥，不料却被亲生儿子王览发觉了，就在千钧一发之际，王览抢下王祥将要喝下的毒酒，就在王览要喝下毒酒的一霎那，朱氏打掉了那杯毒酒，良心发现的母亲抱着亲生儿子失声痛哭。朱氏一生袒护王览，无所不用地想致王祥于死地，想不到竟然差一点就将自己的亲生骨肉毒死。自己这样狠毒，儿子却这么善良，愿意替哥哥去死，这种共患难的兄弟之情，任凭铁石心肠的人看到这一幕也会感动落泪。这种人间的温情让心肠歹毒的后母朱氏震撼，也悔恨交加，三个人抱在一起痛哭，从此化去了一家人的阴霾，后母待王祥的态度也开始转变过来。兄弟二人的感情更加深厚了。

史上记载，王祥、王览兄弟二人都非常长寿，活到九十多岁，一生当中，患难与共，相互扶持，相互照顾，相互提携。特别是王祥、王览因德行出众，被推荐做官，在晋朝权位极高，非常有建树。王祥刚任官职时，一位朝廷老臣赏识王祥的为人，赠送他一把镇宅宝剑，告诉王祥，它将带来一家的吉祥与兴旺。知道这是一把吉祥的宝剑后，王祥并没有把宝剑留给自己珍藏，而是赶紧转送给弟弟王览，并将老者的期许告诉给了弟弟。从这里我们能看出，王祥、王览二兄弟手足之情深厚。

**【评析】**

舜帝令人崇敬，闵子骞令人心暖，王祥令人佩服，源于他们终其一生，都在为成就父母的欢欣，成就家庭的和谐而努力。尽管艰难，尽管历经风险，尽管吃尽苦头，但他们在曲折中练就了智慧，锻炼了意志，磨炼了品质，成就了孝德，也以此赢得了天下。所以古人才有了“修身、齐家、治国、平天下”的人生次第。

正是因为对不爱自己的亲人，也能发自真心的爱是最难的，所以舜的孝、闵子的孝、王祥的孝，才是最难能可贵的。很少有人能做出这种行为，我们的祖先做出了表率，堪称是天下第一孝。

孟子曰：“舜，何人也？予，何人也？有为者，亦若是！”舜、闵子、王祥所做到的孝顺，我们也是能够做到的，因为我们每个人的天性中都有一颗纯善、纯净、仁德、慈爱的本心，只要我们把握本心，只要我们想成为“舜帝”那样的人，以“舜”等为榜样，真正尽到“孝亲顺亲”的本分，一定能将家庭营造得幸福美满，温馨和谐，也一定会有所建树，有所作为。正所谓“孝悌也者，其为人之本与，君子务本，本立而道生”。换句话说，孝是人的天性中第一道德，一个人把孝道做圆满了，这个人也就做圆满了，相应的他将因此在其他方面获得圆满的成功。

**【思考】**

如果我们生长在不爱自己的家庭环境当中，我们应该怎样处理和父母的关系呢？《弟子规》中给了我们一个答案——“亲憎我，孝方贤”。经典告诉我们，如果我们生长在不爱自己的家庭中，也应该要懂得尽量孝顺父母，与父母亲好好地相处，避免与父母发生冲撞，产生不必要的矛盾和造成彼此不愉快。每个人内心深处都有善的一面，只要我们肯努力，发自内心对父母孝顺奉养，父母再怎么不好，也都会有感悟的一天！如果我们能做到这一点，离圣贤人的标准也就不远了！

当然，“亲憎我，孝方贤”，也包含了父母亲如果对子女管教过于严厉的时候，作为儿女的态度。如果这时，子女能够深刻反省自己，体会父母的心意，努力改过并且做得更好，这样的孝顺也是最难能可贵的。我们当今社会，有许多孩子在父母管教过于严厉的时候，动不动就离家出走，甚至以死相逼，让父母着急痛苦，束手无策。有的孩子还对父母乱发脾气，父母不知道用什么办法才能管教好自己的孩子，真是打又打不得，骂又骂不得，甚至还没打没骂，人家就跑了，父母反过来还要向子女认错道歉，子女才肯回家。这是社会伦常的颠倒，是社会风气的腐化。当然也可能是父母太溺爱自己的孩子了，才会让子女对父母乱发脾气，甚至离家出走。“父慈子孝”，本身就包含着两个方面：不管儿女孝不孝，当父母的对儿女要做到慈爱，才是真正的慈爱；不管父母慈不慈，当儿女的，要做到孝顺，才是真正的孝。这是家里的伦常道，只有这样，和谐家庭才真正能够建立起来，各位朋友，我们做到了吗？

**名言欣赏**

1. 子曰：“五刑之属三千，而罪莫大于不孝。”——《孝经·五刑章第十一》
2. 故不爱其亲而爱他人者，谓之悖德；不敬其亲而敬他人者，谓之悖礼。——《孝经·圣治章第九》
3. 慈孝之心，人皆有之。——苏辙

## 2.17 亲有过 谏使更 怡吾色 柔吾声 谏不入 悦复谏 号泣随 挞无怨

**【译文】**

父母亲有了过失的时候，做儿女的，要想办法小心地劝导自己的父母改正过来，做正确的事。劝谏的方法是要和颜悦色，声调要柔和，让父母能够接受。父母不听我们的劝谏，我们仍要找机会劝谏，还应该注意在父母面前要脸色柔和，内心诚恳，想办法劝他们改正过失或不良习气，如果父母还是不能接受我们的意见，我们更要态度恳切，内心恭敬，即使因此而痛哭流涕，甚至惹恼父母，自己遭受到责罚，也无怨无悔，因为只有这样，我们才不会陷父母于不义之中，才不会让父母一错再错，铸成无法挽回的遗憾。

**【注释】**

过：过错，过失。谏：规劝。更：改变，改换。怡：和悦，愉快。色：脸上表现出的神气、样子。这里指脸色，即对待父母的态度。柔：温和，柔顺。入：进，由外到内，这里指采纳。悦：高兴，愉快。这里还指父母高兴时再次规劝他们改正过失。复：再次。号：拖长声音大声呼叫，或大声哭叫。泣：指眼泪。这里代表抽泣，哭诉。一般指小声哭泣。随：有跟从之意，这里指顺从。无论父母对我们劝谏有什么样的反应，我们都要随顺父母，不能有态度上的不恭，仍然要尊敬父母。挞：用鞭棍打人之意，意即鞭挞。

### 拓展故事

**劝父亲戒烟的故事①**

黑龙江有这样一位老师，她的父亲抽了一辈子的烟，经常咳嗽。作为女儿听到父亲很大的咳嗽声，心里很不是滋味。特别是半夜的时候，总有那么一小段时间，父亲咳嗽得特别利害，看医生请专家，都没有什么好办法，都说是吸烟引发的气管炎症。大家都劝老爷子戒烟，老爷子说，要是让

① 本故事来源于丹东公益论坛。

他戒烟，那还不如要他的命，还说，抽了一辈子了，不戒了，爱怎么样就怎么样吧。老人的意思是说，要是因为这个得了什么毛病也认了。反正是不戒，家里人因为这个也没少劝老人，但老人就是固执，不肯接受别人的意见。这位老师也跟着着急，她就想，用什么办法能让父亲回心转意呢？她就想，父亲最疼爱她了，一定不愿意让她难过。她就摸准父亲咳嗽的规律，一到父亲要咳嗽的时间，就跑到父亲住的屋子里，拿着水啊，纸啊，等在父亲面前。等到父亲咳嗽得厉害了，就一边侍奉父亲喝水、吐痰，一边就哭，哭得很伤心。她这样地尽心服侍父亲，到半夜也不睡，只要父亲屋里有动静，马上跑到父亲的屋里，侍奉着父亲。看到父亲咳嗽，她就哭得特别伤心，一直坚持了一段时间。她的父亲一看她老是这样，有一天就说了："好了，我这个烟啊，以后再也不抽了！"大家想一想，为什么父亲会自己说这个烟以后不抽了呢？是的，他不希望自己的这个状态让女儿这样担心啊。儿媳妇用自己的行为感动了父亲，从此不再抽烟。父亲配合着治疗，身体也慢慢地好起来。

这位老师对自己的父亲是用心地孝顺，感动了父亲不再抽烟。对自己的公爹，也想方设法，让他戒烟。她的公爹也非常喜欢抽烟，儿女也多次劝说，老人不听劝阻。这位老师又想了一个办法，她用将近两个月的工资，为公爹买了一包香烟，找了一个公爹高兴的时机，送给公爹，并且诚恳地告诉公爹说："爸，您老想抽烟，做儿媳妇的，能理解，抽了一辈子的烟了，不抽，心里空落落的。但是，烟确实对人身体有很大的伤害，可是您又想抽，那就抽好烟吧，好烟那些有害的成分能少点，对身体的伤害程度相对来说少一点。"老人看着这位老师拿着的高价烟，当时心里就急啦，这么好的烟，那得多少钱啊，老人生性节俭，如果是自己来买，坚决不会买这么贵的烟的。这位老师赶紧又非常真诚地说："爸，您就尽管抽，抽完了，我再给您买，以后我的工资就给你买烟。"这下，老人受不了了，急忙说："哎呀，我老了老了，怎么还能这么不懂事呢，这么高价的烟，哪里是我们这个阶层消费得了的？好吧，从今后，我这烟哪，是不抽了！"老人为什么能够说出"从此后不再抽烟"的话，也是心疼儿子儿媳妇的原因啊，他是不希望自己给儿子儿媳妇的经济上添负担啊！

从这个故事中，我们也可以看到，劝父母改过，也是一个很艰难很智慧的过程，因为直接说，父母不见得会接受；不直接说，父母还不见得明白。那就需要找到一个切实可行的切入点，想办法让父母能自己明白过来，改正错误。

但是大家想一想，如果黑龙江的这位老师劝其父亲戒烟和劝公爹戒烟采用相同的方法，会有效吗？当然不行，我们规劝父母、劝解他人的时候，方法应该因人而异，不能一概而论。因为每个人的个性不同，用在一个人身上的方法有益，用在另一个人身上也许未必管用。这就需要我们用心体会，只要我们有一个至诚的态度，真心为他人着想，必然会得到对方的理解。

**【评析】**

"亲有过，谏使更"，这里提到的是父母亲有了过失，做儿女的有责任提醒，令其改正。这里的过失，可能是处理事情时的态度不够恭敬，也许是与人交往说话时言语上比较粗俗，也许是参与社会活动时，举止不够得当，还可能是某一方面的坏习惯，例如抽烟酗酒等，还有可能是违背社会公德或国家法律。

其实对于这句经典的理解，我们也可以把这个"亲"的意义延伸一下，扩大一下，就是我们所有的亲人和朋友，包括父母、兄弟姐妹、亲戚、朋友和同事等，如果和我们亲近的这些人有了过失，我们也可以去提醒、规劝。

当然，如果我们要劝谏，就要讲究劝谏的方法、态度。因为劝谏的方法和态度决定了劝谏的效果。《弟子规》告诉我们，要想让被劝的人真正接受你的观点，那就要"怡吾色，柔吾声"，即和悦的脸色、温柔的声音，当然还包括诚恳的态度、平和的语言，人家才肯接受。所以说，劝谏是很有艺术的，我们要掌握好时机，在人家高兴的时候，你去提这件事，才会比较容易让人接受。

当然，即使我们这样做了，也可能不被父母或其他被劝的人接受，那是不是就不劝了呢？对于父母，或是兄弟姐妹，我们当然还要劝下去，只是还要找准合适的机会，仍然要和颜悦色地规劝，即使是因此声泪俱下，甚至痛哭哀号，甚至遭受责罚鞭打，也要让父母懂得你的诚意，你的真挚，不能让父母的过错继续下去，从而造成更大的过错。

除了父母、亲人之外，对待别人的错误，我们也要像对待父母一样去规劝吗？这个问题在《弟子规》中没说，我们可以参考《弟子规》，也可以具体问题具体分析，不能以一当十，匆忙决定去规劝或提意见。

儒家经典篇章《论语·里仁》给出了另一种解释："事君数①，斯辱矣，朋友数，斯疏矣。"君，在古代社会指国君，在现代社会可以指上级。这句话是说同样的建议，给上级多次提出来，可能会给自己带来羞辱；同样的建议，给朋友多次提出来，也可能会使彼此之间的关系疏远。即使这个国君是个贤德的明君，即使这个上级是一个很开明的领导，即使这个朋友是我们非常要好的朋友，假如我们一直在他面前唠叨个没完，重复同样的意见，也可能会招来对方的反感。所以我们对别人提出自己的观点，即使是非常正确的意见，也不能没完没了，重复多次经常提。若是必须得提，也要掌握分寸，把握火候，按照"不同事不同办，不同人不同法"的原则，才不至在领导面前遭遇冷眼，不至朋友之间疏远。

【思考】

父母有了过失，做儿女的，如何劝父母呢？《弟子规》中的话，让我们每个做儿女的人都要反思，我们的父母犯了错，儿女有没有尽全力尽到提醒和劝谏的义务呢？

在当今社会大力倡导"孝"的风气指引下，很多人极端地认为父母不管怎么想，儿女都应该听从父母的安排；父母不管做什么事，儿女都应该认为是对的；父母想要做的，儿女都应该要努力帮助父母完成；一味地从各种角度顺从父母的心意，认为这就是孝顺了。这样做，这样想，就真的是正确的孝顺吗？

这种观点当然有失偏颇。《孝经》中有一句话："父有争子，则身不陷于不义。"说的是，父亲要是有一个时刻提醒自己的、劝谏自己的儿子，父亲就更能把握住人生的方向，而不会陷自己于不义之中。人无完人，孰能无过。人有了过失，需要有人及时地指正，作为儿女，我们做得到吗？

**名言欣赏**

1. 天子有争臣七人，虽无道，不失其天下。诸侯有争臣五人，虽无道，不失其国。大夫有争臣三人，虽无道，不失其家。士有争友，则身不离于令名。——《孝经·谏诤章第十五》

2. 用意深而劝戒切，为言信而善恶明也。——欧阳修《魏梁解》

3. 事父母，几谏，见志不从，又敬不违，劳而不怨。——《论语》

## 2.18 亲有疾 药先尝 昼夜侍 不离床

【译文】

父母亲有病了，做儿女的要照顾好父母，带医生来给他们看病，喂给父母吃的汤药，儿女可以先尝尝药是不是太烫，假如不太烫，再端给自己的父母吃。

父母卧病在床，做儿女的要日夜侍奉，不能随便离开。只有这样，才能真正体察父母病中

① 读作 shuò 时，常用于古文中，多为副词，如数见不鲜等。这里的"数"，表"多次"的意思。

的需要，真正尽到做儿女的本分。

【注释】

亲：父母双亲。疾：身体不舒服，疾病，疼痛。尝：辨别滋味的意思，即品尝。昼：白天。侍：伺候，在旁边陪着，意即服侍之意。离：离开。床：这里指父母的病榻。

## 拓展故事

### 仁孝节俭，德感天下

——汉文帝的故事

“亲尝汤药的故事”，是历史上著名的孝道故事，说的是西汉时期汉文帝刘恒侍奉母亲薄太后的故事。刘恒，是汉高祖刘邦的儿子，从小就奉行孝道。刘恒被封为代王时，生母薄氏跟随他住在一起。刘恒与母亲感情深厚，总是倾心地侍奉母亲，尽力让她感到快乐和满足。然而薄氏身体虚弱，常常患病，连续三年都卧病在床。三年里，刘恒每日勤理朝政，下朝后便衣不解带地陪伴在母亲病床前。给母亲煎好的汤药，他总要亲自尝过才放心让母亲服用，唯恐药饵失调。三年里，刘恒往往通宵达旦，陪伴在母亲身边。三年后，母亲的身体终于康复。我国古代成语“目不交睫”、“衣不解带”说的就是汉文帝奉母的故事。

汉文帝不仅侍奉母亲至孝，而且为人“贤智温良”，对待朝中大事，有智谋，对待朝中老人，非常敬重，他当政以后，规定朝中老人，由政府赡养，80岁以上的老人，国家要按月发放生活补贴、粮食、肉、酒等。90岁以上的老人，国家还要定时发放麻布、绸缎和丝棉，给他们做衣服。

汉文帝为人朴素节俭，即使当了皇帝也不例外，著名的“履不藉以视朝”说的就是汉文帝的故事。草鞋最早的名字叫“履”，汉代称之为“不藉”。汉朝时，虽然已经有了布鞋，但由于草鞋非常经济，而且制作草鞋的材料以草和麻为主，取之不尽，用之不竭，因此平民百姓仍然都很喜欢穿草鞋。“履不藉以视朝”，说的是汉文帝平时就穿着草鞋上宫殿办公，给臣子和天下百姓做节俭的表率。不仅如此，汉文帝就连他的龙袍破了，也只是让皇后给他补一补，然后再穿。汉文帝自己不穿绫罗绸缎，只穿粗布衣服，他后宫的嫔妃也都跟着他一样崇尚朴素节俭，他最宠爱的慎夫人，穿的衣服也不长到拖地，帷帐也没有绣花图案。

古代皇帝即位后，一般大都兴建宫殿，汉文帝当政二十三年，居然没有盖宫殿，没有修园林，更没有增添车辆仪仗，甚至连狗马都没有增添，凡事先替百姓着想，若百姓不便，一定不做。有一次，汉文帝想造一个露台，他找到工匠，让他们算算要花多少钱。工匠们说：“不算多，一百斤金子就够了。”汉文帝大吃一惊，又摇头又摆手，说：“一百斤的黄金，相当于中等收入家庭10家的财产了，我守着祖宗的宫室，常常还怕玷污了它，我还建露台有什么用呢？”

古代皇帝都会花大量钱财大兴土木，为自己兴建豪华的陵寝。汉文帝则不然，为防止子孙为他大办丧事，在他死前，自己下发遗诏，把自己的丧事安排好了。他在遗诏中斥责了厚葬的陋俗，要求子孙为自己从简办丧事，他颁布诏令，让天下官民，哭临祭礼，以三天为限，三天之后，解除丧服，要求官府不能禁止人民娶媳妇，嫁女儿，祭祀，饮酒，吃肉……文帝在遗诏中还具体规定了服丧时间、祭奠时间、穿着丧服不能奢侈等。文帝对自己百年后的陵寝，也要求从简，明确提出“皆以瓦器，不得以金银铜锡为饰，不治坟，欲为省，毋烦民”。另外，陵寝依霸陵本地山川地貌原来走向而建，不加以更改。文帝还要求自己死后后宫中的嫔妃，除皇后外，所有嫔妃都送回家，体现了他一种进步的理念。汉文帝的这种亲民和廉洁，让老百姓非常敬重和爱戴他，也成就了“文景之治”的盛世。

【评析】

网上流传了一首很感人的小诗，据说文章摘选自墨西哥《数字家庭》杂志。

当我老了

当我老了，不再是原来的我。请理解我，对我有一点儿耐心。

当我把菜汤洒到自己的衣服上时，当我忘记怎样系鞋带时，请想一想当初我是如何手把手地教你。

当我一遍又一遍地重复你早已听腻的话语，请耐心地听我说，不要打断我。你小的时候，我不得不重复那个讲过千百遍的故事，直到你进入梦乡。

当我需要你帮我洗澡时，请不要责备我。还记得小时候我千方百计哄你洗澡的情形吗?

当我对新科技和新事物不知所措时，请不要嘲笑我。想一想当初我怎样耐心地回答你的每一个“为什么”。

当我由于双腿疲劳而无法行走时，请伸出你年轻有力的手搀扶我。就像你小时候学习走路时，我扶你那样。

当我忽然忘记我们谈话的主题，请给我一些时间让我回想。其实对我来说，谈论什么并不重要，只要你能在一旁听我说，我就很满足。

当你看着老去的我，请不要悲伤。理解我，支持我，就像你刚刚开始学习如何生活时我对你那样。当初我引导你走上人生路，如今请陪伴我走完最后的路。给我你的爱和耐心，我会报以感激的微笑，这微笑中凝结着我对你无限的爱。

生老病死，是自然的规律，谁也不能改变。无论父母亲年轻时身体是多么健康，终有一天，父母也会老去，有一天，父母亲也可能生病，不再健康。中国人讲：养儿为防老。养儿女最大的作用，是当父母老了的时候，父母生病的时候，儿女能够体贴，关怀，照顾父母，让父母老有所依，病有所养。

中国古代是没有西医的，人们生病后一般都找中医看病，中医通过望、闻、问、切，对病人进行诊断，如果病情轻的，用食补、拔罐、按摩、针灸等物理疗法就能祛病，稍重的通过切脉诊断，开出药方，熬制汤药调理，调动人体自身的免疫系统，达到祛病健身的目标。

从这里，我们能看到，古人所谓的吃药都是中药汤。中药要起到最佳的药效，一般都是需要规定时间的熬制，滚烫的药汤盛在容器中，直接端给父母喝，儿女很不放心，因为怕烫到父母，所以就自己先尝尝，看烫不烫。这也无可厚非，这是儿女对父母尽心孝顺的一个表现。

父母亲有了疾病，做儿女的日夜牵挂，昼夜侍奉，生怕因照顾不周，酿成终身的遗憾。

从本节中，我们至少可以看到两点：一是父母病了，儿女要细心考虑，用什么方法才能让父母尽快好起来。也许父母的病并没有那么重，儿女也不必非得让父母一天到晚躺在床上，自己守在床前。但是儿女可以寻找最好的方法，为父母解除病痛之苦，哪怕是伤风感冒，哪怕是脏腑之痛。二是父母亲病了，儿女要好好服侍，宽慰父母，让他们尽快地好起来。

从某种意义上说，快乐的情绪是一味最好的灵药。儿女在父母病时，尽量让老人开心，细心的照顾、正确的方法，能够帮助父母早日摆脱病痛的折磨。

【思考】

“亲有疾，药先尝，昼夜侍，不离床”。这一节的内容让我们体会到了古人对父母亲健康的关注和爱护，这份浓浓的爱意，既让人佩服，又让人羡慕。当然，也会有人疑问，古人有那么多的时间来照顾生病的父母，我们是现代人，生活节奏如此之快，生活压力如此之大，我们如何能够照顾好自己生病的父母呢？

在宋朝时陈元靓就在《事林广记》中说："养儿防老，积谷防饥。"在平日里，儿女对父母亲嘘寒问暖，"晨省昏定"，恭敬孝顺是孝，在父母亲生病时，儿女更应该花心思和时间在父母身边照顾尽孝。如果我们不能长年早晚尽孝，也要尽最大可能花最多精力陪在父母身边。

世上许多事都可以等，唯有"行孝"不能等，莫让无法弥补的遗憾发生在自己的身上。

**名言欣赏**

1．大孝终身慕父母。唯孝顺父母可以解忧。——孟轲
2．时时体贴爹娘意，莫教爹娘心挂牵。——《劝报亲恩篇》
3．羊有跪乳之恩，鸦有反哺之义。——《增广贤文》

## 2.19 丧三年 常悲咽 居处变 酒肉绝

**【译文】**

父母亲去世之后，作为儿女在守孝期间（古代礼节是守孝三年），会常常追思、感怀父母教养的恩德，流露悲伤哀痛之情。孝子的生活起居会调整改变，力求俭朴简约，因为追思父母的恩德，不能贪图物质上的享受，不能贪图口腹之欲。古人在守孝期间，还应该戒绝酒肉，因为古人认为，孝子应该为父母积善修福，这是对已过世父母最好的报答。

**【注释】**

丧：父母亡故。悲：伤心，哀痛之意。咽：声音因哀痛阻塞而低沉。居：住。居处：住的地方。变：调整，改变。绝：这里指"断"的意思，表示在守孝期间要戒绝酒肉。

### 拓展故事

**子贡守孝**

端木赐，字子贡，春秋末期卫国人，是历史上著名的政治家，也是儒商之鼻祖，官至鲁、卫两国之相。子贡是孔子的得意门生，是孔门七十二贤之一。子贡言语巧妙措辞犀利，善于雄辩，是经天纬地之才，且办事通达善于应变。子贡还善于经商，反应敏捷，能及时了解行情，善于预测市场走向，并及时转行经商，在孔夫子周游列国时，为一行人提供多次财物资助。

相传，子贡和孔夫子师生情谊深重，如同父子，孔子病危时，子贡奉命在外没能及时赶回。孔老夫子去世后，子贡悲痛欲绝，他和其他很多弟子都在老师的墓前结庐而居，为老师守墓。夫子去世三年，服"心丧"期满，其他的弟子相继离开，临走前他们都到子贡的草庐前，同子贡作揖道别，互诉离情。子贡因思念老师，不肯离去，又在老师墓前整整守了三年，才洒泪而去。

据史料记载，在将孔夫子入土安葬时，子贡哀伤难以自持，拄了两根哀杖支撑自己，两截哀杖插进土里拔不出来。子贡守墓守了 6 年，那两截哀杖竟然生根发芽、茁壮成长起来。感念恩师的高风亮节、博学善教，是天下人的楷模，于是将这两根小树命名为"楷树"，以表孔子之楷模流芳千古之意。这也是楷模典故的由来。

子贡守墓期满回老家时，为永远缅怀恩师，就将一株楷树带回家乡栽到庭园中。据说，2500 余年间，楷树根深叶茂，枝干纵横，树干 4 人方可合抱。每到仲春时节，花开似锦，布满枝头，楷树花能治病，每到楷树开花，群众都前往采集收藏。但人多花少，没得到楷树花的人折枝割皮，树体损伤严

重，这棵“子贡手植楷”于1940年慢慢枯萎，光秃秃的树干再也见不到昔日旺盛。

### 子路的故事

子路是孔夫子最得意的学生之一。年轻的时候，家里非常贫穷，常常是吃野菜，喝稀粥。子路为了照顾父母饮食起居，常常想方设法让父母吃到可口的饭菜，为了能让父母吃上干饭粮食，曾到百里之外的地方去担米回来奉养父母，为了及时回到家，以免父母惦念，一路上急急赶路，不敢休息，只靠脚力一天就赶了回来。后来子路做了楚国的大官，出门坐八个人抬的轿子，在家有众多仆人侍候，珍馐美味，绫罗绸缎应有尽有。这时候子路的父母都已经不在世了。子路思念父母，想起曾百里负米孝事双亲，常常哀痛地说：“纵有这么多的享受，纵使现在这样富足，又有什么用呢？我的父母亲都不在了，想要在父母膝下尽孝，是再也不可能的事啦！”

**【评析】**

在父母去世的时候，作为儿女，心情可想而知，是非常悲痛的，在这个时候，即使美味的食物放在眼前，华丽的衣服穿在身上，也不见得就能够感受到快乐。所以古人守孝三年，时常悲伤痛哭，甚至不思美服，珍馐难咽，都是一种真情的自然流露和表达，是真实情感的外在表现。这一点无论古代还是现代，人们的表现和心思都是一样的。至于守孝的礼节，最初只是根据人们失去亲人后的常理表现，而总结出来的生活习惯。当然，做到丧礼礼节，这是对逝者的追思、缅怀和纪念，也是生者对逝者做的最后事宜。当然崇尚自然的儒家思想并不主张没有悲伤，硬是表面装出哀痛。这从一件小事就可以看出来。孔子的弟子宰我有一次问孔夫子：“父母过世后，孝子一定要守孝吗？”孔子说：“人在出生的时候，不会说话，不会走路，没有牙齿，不会寻找食物，连基本的生存本能都没有，父母倾尽心力照顾抚育，待年纪及长，又尽心培养教育，使其成长，父母为了儿女，全身心地付出，而不求一点回报。父母去世，儿女为父母守孝，时常悲伤痛哭，是为人子女思念父母的一种真情流露。如果在守丧期间追求快乐，心就不会安宁，而只有痛哭悲伤，子女的内心才会得到安宁，甚至满足。”这个弟子又问：“那守孝非得三年吗？不到三年不行吗？”孔夫子就说：“你在父母去世后，不按常理守孝三年，你心安吗？”弟子说：“心安。”夫子就说：“好吧，那你就做吧。”从这里我们可以看到，孔夫子所推崇的丧礼并不与人们追求快乐，崇尚自然的生活相矛盾，他也在力推自然，只要做子女的心理上觉得自己已经做好了，心安了，那你这么做就可以啦。因此，对于现代人来说，由于当代社会状况和古代有很大差异。比如，我们可能在处理好父母的后事后，几天内就要上班，生活还要回到原来的轨道上，继续下去，那我们可能就没有守孝三年的条件。这时候，我们虽不能时时悲伤哀痛，不能时时把失去亲人的痛苦挂在脸上，但我们可以把追忆的父母亲人放在心上。在父母刚去世的一段时间里，衣着服饰上要力求简单朴素，尽量少或不出席宴会或聚餐，在工作上要努力进取，在生活上要照顾好自己和家人，要懂得父母的心意，尽自己最大的努力完成父母生前未完成的心愿。在父母的祭日、纪念节日，要严肃庄重，尽儿女本分表达哀思。也许，这是现代人应该做到的孝吧。

**【思考】**

这一节是《弟子规》中最具争议的一件事。对于追求时尚，追求刺激，忙忙碌碌的现代人来说，能够做到三天内对父母追思感怀就是很不容易了，还要三年，一般是不可能的。从上面的评析中，我们可以看到，孔夫子的公案中，也并没有要求弟子们都能做到三年守孝。在当代社会，能够正确看待父母亲人的逝去，以自己最大的努力把自己父母的身后事处理好，并仍能按照父母生前对自己的教诲努力做事，踏实做人，安分守己工作，在自己所擅长的领域要有所建树，为父母争光，这应该是父母最大的心愿，各位读者，你能做到吗？如果我们能够朝这个目标永不懈怠地努力，即使并没有达到父母理想的状态，我们也在自己的心里上有了一份安慰和自豪，以此告慰家里逝去的亲人，不也是一种幸福吗？

**名言欣赏**

1．孝子之丧亲也，哭不偯，礼无容。言不文，服美不安，闻乐不乐，食旨不甘，此哀戚之情也。——《孝经》

2．蓼蓼者莪，匪莪伊蒿。哀哀父母，生我劬劳！[①]

蓼蓼者莪，匪莪伊蔚。哀哀父母，生我劳瘁！

瓶之罄矣，维罍之耻。鲜民之生，不如死之久矣。

无父何怙？无母何恃？出则衔恤，入则靡至。

父兮生我，母兮鞠我。抚我畜我，长我育我。

顾我复我，出入腹我。欲报之德。昊天罔极！

南山烈烈，飘风发发。民莫不穀，我独何害！

南山律律，飘风弗弗。民莫不穀，我独不卒！

——《诗经·谷风·蓼莪》

3．一个老年人的死亡，等于倾倒了一座博物馆。——高尔基

## 2.20 丧尽礼　祭尽诚　事死者　如事生

**【译文】**

作为儿女，在父母过世后，要操持办理父母亲的丧事，办理丧事要尽量合乎丧礼礼节，不能草率马虎，要以诚敬之心对待父母丧礼过程。对待已经去世的父母，要如同生前一样恭敬、诚心。当然，也不要为了面子把丧礼办得铺张浪费，这违背父母节俭的本意。对待父母亲的事要恭敬，对待父母亲谆谆的教诲，儿女要能接受、听从并做到，无论是父母健在，还是父母故去，这才是真孝顺。

**【注释】**

礼：礼仪，礼节。由风俗习惯或道德传统演变而来的仪式。也可用来表示尊敬的态度和行为。祭：祭祀。诚：恳切，尊敬。事：这里是动词，对待父母的事的处理上，办理父母交办的事上。

### 拓展故事

**王裒泣墓**

王裒，是魏末晋初人，以高风亮节和仁孝著称于世。他父亲王仪是司马昭帐下司马，因进军东吴与司马昭意见发生分歧，司马昭借故杀害王仪。王裒因哀痛父亲死于非命，就隐居起来，以教授学生为生。晋的首都在他居住的地方西面，他就誓死不向西坐，后来朝廷平反了王仪的冤案，三征七聘请王裒到朝廷做官，王裒坚决不就。后来他母亲去世，据史料记载，王裒的母亲生前非常害怕打雷，每次下雨打雷的时候，王裒就跑到母亲的墓前，跪在母亲墓前，哭着说：“裒儿在此，母亲不要害怕。”王裒造茅屋在父母墓前，早晚到墓前跪拜，扶着墓前的松柏悲泣，眼泪就落到树下，时间久了，墓前的松柏都枯了。

王裒教授学生读《诗经》，每读到“哀哀父母，生我劬劳”，就会哀伤流泪，痛哭不止。时间长了，他的弟子每读《诗经》，总会跳过这一段，以免让先生伤心。

**【评析】**

父母给予我们生命，抚养我们长大，教育我们成才，常常为我们的成长倾尽心力，鞠躬尽瘁，

① 蓼：lù，莪：é，劬：qú，罍：léi

耽精竭虑。父母在，父母就是儿女的天和地；父母在，父母就是儿女温暖的家。在家里温馨的相聚，在外时殷殷的祈盼，无论何时挚诚无私的惦念，无论何地魂梦缠绕的牵挂，那就是我们的父母啊，那就是生我们养我们的人。总想着，等日子好了，我们要好好孝顺父母，总想着，等忙过这段日子，我们就去看看爹娘……山高水长啊，人生苦短啊，不知不觉间，我们有一天猛然发现，父母的双鬓已经染上了雪白，父母的眼角已经有了皱纹，强壮的爸爸那曾经宽广挺拔的脊背，已经不再挺拔，爱干净的妈妈已经开始邋遢。那一刻，我们还在一起欢笑，这一刻，却是生死永隔，天各一方，不能再见啊，永不能再见啊，那梦中牵起的手啊，怎么就这样再拾不起，空欢喜一场。

网上流传了这样一句话：世界上最遥远的距离，不是形同陌路，而是天人永隔；世界上最大的悲哀，不是不亲不孝，而是子欲养而亲不待。倾尽毕生精力对我们最好，最关注的那个人啊，我们的父母，真的离我们而去啦！无论多少恩情，无论多么不舍，再也不能挽回父母的生命，再也不能在父母膝下承欢，堂前嬉闹……作为儿女，想再去好好孝顺父母，让他们感受你的情谊已经不可能啦，对于父母的身后事，做儿女的要怎么做呢？《弟子规》在《入则孝》这一章告诉读者：丧尽礼，祭尽诚，事死者，如事生。丧礼尽力做到隆重而严肃，俭朴而合礼，祭祀要真诚而恭敬，尊重信仰，合乎社会公德和道义，以此缅怀故去的亲人，也算是抚慰自己因失去亲人的伤痛啦！正如论语中有一句话：“生，事之以礼，死，葬之以礼，祭之以礼。”

**【思考】**

茫茫的生命长河，有的时候真的体会到人类生命的渺小，特别是在生死面前，任凭我们有再大的本事，也无力挽留亲人的生命，只能看着他们撒手人寰，没有任何办法。佛经上说，父母对我们有十重恩，第一、 怀胎守护恩；第二、临产受苦恩；第三、 生子忘忧恩；第四、咽苦吐甘恩；第五、 回干就湿恩；第六、 哺乳养育恩；第七、洗濯不净恩；第八、 远行忆念恩；第九、 深加体恤恩；第十、究竟怜愍恩。父母对我们的恩情，我们永远也报答不完。在父母故去后，我们怎样处理丧事和自己的生活呢？

～～～～～～～～～～～～～～～～～～～～～～～～～～～～～～～～～～～

对待亲人的突如其来的变故，有的人常常痛哭流涕，久久难以平复内心的创痛，甚至哀伤过度而生病；有的人虚情假意，走走过场，干嚎无泪，甚至雇佣别人祭祀哀号，来充场面；有的人无所适从，木然应对，最后压抑内心，默默承受。对待丧礼，有的人做到诚敬恳切，朴实隆重，有的人极尽奢侈，排场铺张。逝者已去，生者之如何？论语中有一句话：“祭如在，祭神如神在。”对于这些众生百态，冷眼看来，没有什么对错之分，关键是对待父母丧礼的态度，祭祀父母如敬神，发自内心的诚敬的态度，能让死者安心，生者安慰，这远比形式上的排场来得实在。

当然，从这一节中，我们如果能体会到生命的不可复制性或是不能追回性，我们更应警醒，在父母活着的时候，尽自己最大的努力，孝顺父母，不待父母离去再追悔莫及，那就不会有太多的人生遗憾啦！

### 名言欣赏

1．三日而食，教民无以死伤生，毁不灭性，此圣人之政也。丧不过三年示民有终也。
——《孝经》

2．为之宗庙，以鬼享之。春秋祭祀，以时思之。
——《孝经》

3．生事爱敬，死事哀戚，生民之本尽矣，死生之义备矣，孝子之事亲终矣。——《孝经》

# 第3章 出则弟

本章共13节，告诉人们，能够友爱兄弟，与兄弟姊妹和睦相处，也是从另一个角度诠释孝道。由此及彼，以友爱兄弟的心，对待在生活、工作中接触到的平辈人，以尊敬自家长辈的心，尊重理解天下老人，这是人生中最朴素的与人相处之道，也是最现实和实用的交往之道，其实，这就是我们所说的交往之礼。这些浅显的道理和规则，无论是在单纯质朴的古代社会，还是人际关系复杂的现代社会，都同样可以给人以启迪和参考。但是，就是这样简单的道理，我们现在人都明白吗？都能做到吗？请看《弟子规之智慧人生·出则弟》。

## 知识要点

1. 理解“悌”道的总的纲要和具体要求。
2. 理解“悌”的目标。
3. 基本掌握友爱兄弟、恭敬尊长的思路。

## 能力要点

学习本章，了解古人对五伦关系中第二伦关系—兄友弟恭、长幼有序的最基本的标准和理念，推己及人，了解古人对于尊重、关心、爱护大众的心量，充分理解“悌”的真正含义，以此指导自己的行为习惯。

## 课堂训练

**学前小测试**

1. 在现代社会，您认为“长幼有序，兄弟和睦”是有必要的吗？（　　）

　A. 有　　　　　　　　　　　　B. 没有

2. 兄弟之间和睦相处有助于家庭和谐，您认为这种说法对吗？（　　）

　A. 对　　　　　　　　　　　　B. 不对

3. 你觉得在以下哪些方面会有伤兄弟和睦？（　　）

　A. 过于看重财产和物品

　B. 语言上想占据主导地位

　C. 计较自己在家庭及社会中的地位

　D. 逞强斗狠

　E. 缺乏内心对彼此真正的尊重

4. 一个能和自己兄弟和睦相处的人，您觉得他在哪些方面也会有所作为？（　　）

　A. 孝敬父母　　　　　　　　　B. 关爱他人

　C. 朋友交往　　　　　　　　　D. 工作上会很顺利

　E. 能和陌生人从容交流　　　　F. 能够安排好自己的生活

5. 你觉得有哪些方式可以处理好和兄弟姊妹之间的关系？可以举例说明。

《弟子规》在《总叙》中就将做人的根本纲领提炼出来，并把“孝”、“悌”放在首位，大家都知道孝顺父母是人的基本修养，也是人必须具备的品德，那么“悌”为什么也这样重要呢？如何做到“悌”道呢？做到了“悌”道会让我们的生活发生什么样的改变呢？

## 3.1　兄道友　弟道恭　兄弟睦　孝在中

**【译文】**

作为哥哥姐姐的道，是要友爱关心弟弟妹妹；作为弟弟妹妹的道，是要懂得恭敬尊重哥哥姐姐，兄弟姊妹之间的相处要能做到和睦融洽，父母自然欢喜高兴，孝敬之道就在其中了。

**【注释】**

兄：指同父母（或只同父，只同母）或同族同辈而年龄比自己大的男子。也指亲戚中同辈而年纪比自己大的男子和称呼年纪跟自己差不多的男子。这里可理解为哥哥姐姐。弟：读 dì 指同父母（或只同父，只同母）或同族同辈而年龄比自己小的男子。也指亲戚中同辈而年纪比自己小的男子和称呼年纪跟自己差不多的男子。这里可理解为弟弟妹妹。与本章标题中的“弟”不同，本章标题中的“弟”通“悌”，表示悌道，即兄弟姊妹之间的相处之道。道：自然界的自然规律，社会大众应遵守的规则。这里指人们生活所应遵守的伦理道德。友：友爱。恭：恭敬。睦：和睦。

## 拓展故事

### 泰伯采药

诗曰：泰伯让国，曲顺其亲，之荆采药，披发纹身。

商朝末年，诸侯周太王有三个儿子，长子姬泰伯，次子姬仲雍，三子姬季历。

季历的儿子姬昌，就是后来的周文王。文王刚出生的时候，有一对赤色的雀子嘴里衔了丹书，停在门户上，古人认为这是祥瑞，表示圣人要出世。周太王看到了季历生儿子时有瑞相，再看到这个小孙子姬昌的确有不凡之才，所以太王有意将王位传给季历，再由季历传位给姬昌。

泰伯孝顺父母，友爱兄弟，德行深厚，知道父亲的意思，就和大弟仲雍商量约定，应该顺从亲意。这时，刚好周太王生病了，于是泰伯和仲雍以采药为名离开周国，到南方荆蛮之地，一是逃避父王派人追查；二是表示自己希望把周国的王位让给季历。他父亲去世的时候，泰伯和仲雍也没有回去奔丧，这样就顺理成章让季历继承了王位。当时有许多人到荆蛮寻找泰伯，泰伯为了不被人认出来，就披发纹身，表明自己不想接替王位的决心。季历也是非常仁慈厚道，他看到两个哥哥如此礼让他，就不负众望，把国家治理得非常好，最后把王位传给姬昌，就是历史上很闻名的周文王。

“泰伯三以天下让①”，他以自己的行动成全了父母的心愿，也成就了周朝八百年的盛世，同时也带动了整个社会谦让孝贤风气的形成。后来，孔子对泰伯评价，说他已经做到了至德的地步。

### 刘善人重义②

黑龙江省有一位非常令人敬重的老人，他叫刘有声，人称刘善人。

刘善人三十几岁时，哥哥因病去世，留下三儿两女五个孩子，家境贫困。年迈的老母为此特别忧愁，刘善人当时家里也并不富裕，但想到手足之情，想到父母，就决心挑起哥哥家的生活重担。他和夫人商量，要帮助嫂嫂，引领侄子们渡过难关。夫人说：“那好，咱家的事情一概不用你管，爹妈和嫂子那你能管好就行。”刘善人专门负责父母嫂子五个孩子和一个妹妹共九口人的生活，将近两年。后来，嫂子为不拖累刘善人一家决定带孩子改嫁。但不久，两个孩子自己回来了，并且说啥也不走了，要和叔叔奶奶一起生活，刘善人和夫人一商量，就把这两个孩子留了下来。虽然生活有些艰难，但是刘善人一家依然过得其乐融融。可是没过多久，又有两个孩子回来了，也说啥不走了，还是要和叔叔奶奶一起生活，刘善人的夫人真是善解丈夫的心，虽然自己的生活并不富裕，但还是将侄子们留了下来。为了全家能一起生活，刘善人的夫人还亲自去把嫂子连同丈夫一家人都接了回来。后来，刘善人和人合伙开了一个粉房，起早贪黑，辛辛苦苦挣了几年钱，把日子过得红红火火。分别给儿子和侄子都娶上了媳妇。刘善人和夫人在兄弟情上，可以说做到了仁至义尽，令儿子佩服，侄子感动，老母欢心。

几个孩子都结婚后，刘善人和夫人一直和自己的二侄住在一起，侄媳妇对刘善人和夫人就像是对自己的父母一样孝顺。这都是刘善人和夫人多年来用自己的行动感染了自己孩子们的结果。一家人在一起快乐幸福，感动了很多人，给我们当代社会做出了兄友弟恭的榜样。

**【评析】**

《弟子规·出则弟》通篇都在讲与人相处之道。出，是相对“入则孝”中的“入”而言的。出：有三层意思。第一层，离开自己的房间；第二层，离开自己的家庭；第三层，离开自己的家族。这就涉及一个人与除自己父母外的不同类型的人群交往相处的问题，所以用了一个“出”。

按照中国人的说法，修身，齐家，治国，平天下。一个人要想在人生中获得成功，就要先从修身开始，然后与家里的人能够和谐相处，家里最近的人是谁呢？当然是父母，所以《弟子规》第一

---

① 泰伯三以天下让：一生让，太王病，采药不归；二死让，死不奔丧；三又一让，断发纹身，示不可用，终不归。

② 本文参考《让阳光自然播洒：刘有声演讲录》及刘善人各地公益论坛讲话视频。

要义讲了“入则孝”。人们会生出疑问：和自己父母相处还有什么方法或技巧吗？当然，和任何人相处或交往都应该有方法。这就是人伦关系中的“道”，也是“沟通”。其实《弟子规》也是一门重要的沟通学。那么和自己的父母本着什么原则来相处呢？那就是要本着“孝”道的原则。就是说，儿女和自己的父母相处，无论父母是否尽到“慈”道，做子女的要做到“孝”。如果儿女是本着这个原则与父母相处的，那儿女一定能够做得很好。

和自己的父母相处本着“孝”道，那和自己的兄弟姐妹如何相处呢，那就是“弟”道，这里的“弟”通“悌”，指友爱团结，即用心感受兄弟之间的情谊。也就是要关心爱护弟弟妹妹，引领提携弟弟妹妹成长；也要尊重敬爱哥哥姐姐，要关心照顾哥哥姐姐的工作生活。如果你能做到了这些，如果你能对自己的兄弟姐妹这样用心，就做到了家里面的“弟”道。我们再把“弟”扩大到在社会上交往的同辈之中，比如亲戚家族的兄弟姐妹、一起学习、工作、生活的同学、同事、朋友，我们都能用心交往，本着关心爱护、尊重恭敬的角度去交往，我们一定可以获得更多的兄弟姐妹。正如高适所云：“莫愁前路无知己，天下谁人不识君？”

在泰伯的故事中，还有人会问：“为什么‘断发纹身’的人不能被任用呢？”因为早在夏商周时期，中国就已经是一个文明的国度。古人对父母是非常尊敬和孝顺的。古人非常爱惜自己的身体，他们一般从出生开始就不剪头发，如果头发长了，就把头发挽起来，编起来，用簪子把头发束起来，用布包起来。除非洗头洗澡的时候，头发是不可以披散开给别人看的。古人认为受之父母的身体，甚至毛发甚至皮肤，都是父母生命和希望的延续，不能轻易伤害它，所以决不能做出纹身等伤害身体的事来。正因为如此，古人才把崇尚披头散发，纹身的民族称为“蛮夷”，即野蛮粗鄙的民族。而泰伯为了成就父亲的“慈”道，跑到当时被称为“荆蛮之地”的南方，学着少数民族的风俗，把头发剪短，披散开来，在身上纹上图案，让别人认为自己已经不能够也不应该被任用，宁可被人误解，也要成就父亲的心愿和“慈”道，真是太仁德了。所以孔夫子评价泰伯：“泰伯，其可谓至德也矣，三以天下让，民无得而称焉！”

**【思考】**

现代社会，特别是当今社会，对于独生子女而言，如何落实“弟”道呢？

其实这是一个社会问题，而不是单纯的家庭交往问题。我们先不看如何落实“弟”道，而看每个人出门在外如何与人交往或相处？现代社会提倡和谐，即和谐家庭，和谐校园，和谐集体，和谐社区，和谐社会，和谐国家，和谐的概念或许会给我们一些启示，其实在我们所提倡的诸多和谐中，人与人之间的和谐是最基本的和谐。因为人是社会的细胞，人与人之间和谐了，上述几个方面就都不难做到了。

人要想能够和他人和睦相处，必须学会谦恭、礼让、尊敬、理解。本着这样的原则，想做到和谐相处就不难了。

当代社会“弟”道也促使现代人思考独生子女怎样体会浓浓的兄弟姐妹之情？

独生子女从小就在没有兄弟姐妹的环境中长大，他们比一般人更加渴望兄弟言欢的快乐。那就必须放大“弟”道，先与生活中能接触到的家族中的兄弟姐妹好好相处，再与校园生活中的同学、工作单位中的同事，社会交往中的朋友和睦相处。相处的原则：敬重而不谄媚，恭顺而不失原则，礼貌而不卑不亢。如果我们能够做到这些，那我们一定能够获得如兄弟般的情谊！正如孔夫子的学生子夏所云：“君子敬而无失，与人恭而有礼，四海之内皆兄弟也。君子何患乎无兄弟？”[①]

① 出自《论语·颜渊》。

人生处处是修行，人生时时是提升，如果我们都能以“悌”道与周围的人相处，这个社会将是多么和谐。小悌孝亲，中悌兴企，大悌爱国，我们能在家庭中厉行“悌”道，可以让家里的老人开心欣慰，我们在企业中厉行“弟”道，可以让你所在的团队、企业和谐，我们在所在的生活环境中处处厉行悌道，就可以改变你生活环境的气场，让你生活的环境变得和谐，气氛融洽，这从另一个角度说，不也是爱国吗？

**名言欣赏**

1. 兄弟不睦则子侄不爱，子侄不爱则羣从疏薄，羣从疏薄则僮仆为雠敌矣。——《颜氏家训·兄弟》
2. 世间最难得者兄弟。——清 程允升《幼学琼林·兄弟》
3. 兄弟和顺家必昌。——清 史襄哉

## 3.2 财物轻 怨何生

【译文】

在与人相处时，能够不贪图财物，那么怨恨就无从生起，相处起来彼此都会感到融洽。

【注释】

财：金钱和物资。物：人以外的具体的东西。轻：轻视，不认为重要。怨：仇恨，不满意。

**拓展故事**

### 朱显焚券

诗曰：朱显兄弟，祖产已分，不敢异处，取券尽焚。

元朝时，河北正定有一位德行深厚的人，名叫朱显。朱显的祖父在世时，将家产按等份分给子孙，并立下了字据。朱显一家就按祖父的遗愿把家产分了。后来，朱显的哥哥不幸过世，留下了几个嗷嗷待哺的孩子。朱显看到侄子们孤苦无依，非常难过，于是，在日常生活当中，他对侄儿彦昉等人有了特别的照顾，视如己出，关怀备至。考虑到几个侄儿的教育和前程问题，朱显深感自己责任重大，自己和哥哥曾经感情深厚，决不能就这样放任不管。想到这些，朱显就对他的弟弟朱耀说：“父子兄弟，本就同气连枝，不可分离。现在，哥哥不在了，他的孩子那么小，无论是情理还是道义上，我们都需要代替哥哥，来履行长````````````辈应有的责任，照料好侄子们的生活，督导好侄子们的教育。”朱显和弟弟商量能不能全家合居，以便互相照顾。弟弟被朱显深重的情义所感动也决定和哥哥一起担负起照顾晚辈的责任，并愿意合居。于是，他们一同来到祖父的墓前，把祖父留下来的分产证明全部焚毁。从此之后，这一家继续其乐融融地共同生活在一起，互相关怀照顾，非常温馨。

### 许武传奇

许武教弟，半读半耕，取多与寡，以成弟名。

汉朝时候，有姓许的一户人家，父母亲已死，哥三个一起过日子，哥哥叫许武，有两个弟弟，一个叫许晏，一个叫许普，年纪都还小。许武种地耕田，与弟弟相依为命，每当他在耕田的时候，总是叫他两个弟弟站在旁边看着，以便来教两个弟弟耕田的技术，到了晚上许武教他两个弟弟读书写字。小孩子也有淘气不听他教训的时候，许武就会自己去跪在家庙里，向祖先告罪，说自己没当好哥哥，没有管教好两个弟弟。这样两个弟弟也就听话啦。

许武到了壮年还没有娶妻，有人劝他，他说："我怕娶到不贤德的妻子，反而伤了我们兄弟间的感情。"

渐渐地，许武在乡里的名声大了，人们都赞颂他的贤德，于是被地方官推荐，举了孝廉。

许武把两个弟弟叫来，把家里的财产分做三份，自己要了最肥美的田地和广大的房屋，不太好的田地、破旧的房屋统统给了两个弟弟。乡邻看到许武的做法，都觉得许武以前所做都是假的，是为了博得好的名声。许武的两个弟弟，却并不是这样想，他们觉得哥哥多年来教育自己、辛苦付出不容易，自己现在已经长大，应该靠自己努力奋斗才能享受外界的物质财富。所以对许武更加敬重，对许武的名声更加以维护，以报许武多年养育的恩德。因此乡邻们都觉得两个弟弟德行更加深厚，如果当官更令人信服，所以就推举两个弟弟为孝廉。

许普、许晏两人都被推举为孝廉后，许武来到祖庙跪在先祖灵前痛哭流涕，将喜事告诉先祖，终于将两个弟弟培养成人了。然后许武又招集宗族长辈和所有亲戚，哭着说明当时要给他弟弟显扬名声的缘故，才把好的田产拿走，以成就弟弟的贤德。并且当众把所有的家产，都让给了两个弟弟。

许武后来当上了"议郎"的官职，声望显赫。后来，他辞官回乡，先为两位弟弟主持婚事，而后才自己娶了妻子，兄弟们生活在一起，非常融洽。

古语云："长兄如父。"在古代，父亲过世后，身为兄长，必须肩负起家庭的重任，不但要负责照顾弟弟妹妹的生活，还要担负起引领教育弟弟妹妹的责任。这也是家学、家风能够得以延续的前提。

许武作为哥哥，为了弟弟的前途和未来，可以说尽到了自己最大的努力，他的美名也流芳千古。

**【评析】**

无论是古代社会，还是现代社会，人与人交往产生隔阂，发生怨恨，最后甚至反目成仇，大部分的原因都是钱财上的纠葛。很多人在钱财面前失去做人的根本，自我意识膨胀，总觉得应该自己多拿点，不应该给别人。除了自己之外，任何人得到都是对自己的占有，哪怕是父母，哪怕是兄弟姐妹。《大学》中传诵千古的名言：德者本①也，财者末②也。钱财是每个人维持基本生活水平的保障，但君子爱财，取之有道，"故君子先慎乎德"，德是根本，"本立而道生"，有了德行的根本，钱财自然会随之而来。

少年丧父，这本是人生至痛的悲哀。在侄子们最艰难的时候，朱显极尽亲情的人伦关怀和照顾，还当众焚毁了代表财产归属的分产证明，以解侄儿们的后顾之忧。朱显不但尽了兄弟应有的手足情义，也是对祖父孝心的最大体现。兄弟姊妹同气连枝，对父母而言，儿女都是父母的亲生骨肉，对祖父而言，所有的儿孙都是他们最疼爱的人，害怕儿孙因家产分配而反目，祖父才会临终前立券分家，儿孙能和睦相处，互相照顾，互相关爱，承担祖宗的基业，并将其发扬光大，是对先祖的大孝，所以朱显的做法是可取的，祖父如若知道，也不会因此而生气。

**【思考】**

看轻财物，在乎兄弟情谊，是兄弟和睦的第一守则，也是儿女尽孝的根本，那么如何才能做到看轻财物，重视兄弟和睦的情谊呢？

古往今来，多少人看不破，对财物看得过重，造成兄弟阋墙、父母无人孝养、流离失所的状态。看轻财物，需要有大的心量，需要有发自内心的人文关怀，把兄弟的情谊放在第一位，其他的放其次。例如朱显，能够在家产已分的情况下，考虑到哥哥的孩子无人照顾、抚养，没有长辈的日日提

---

① 本：草木的根，喻事物的本源。

② 末：读 mò，事物的尖端，树梢之意，不是根本的、重要的事物，跟"本"相对。

携引领，不知道会长成什么样子，所以能够焚烧一切分产证明，让天地鉴察自己无私的态度。

对财物看轻还要有公正的品格。像张闰一家八世同堂，对别人的孩子也像对自己的孩子一样，要绝对的公正，绝对的无私，大家不私藏任何东西，公共财物都放在一个大仓库中，孩子都放在一起来抚养，如果能够做到了这样，怎么会有怨恨呢？

有多少兄弟不和，因一点财产问题，反目成仇，古来有之，今人亦有之。

著名的《墙头记》，讲述的是清末民初一家兄弟因老人赡养和财产归属等事将父亲推上高高的院墙的故事，可悲，可怜，可叹，其实人心如果沦落到只有拿钱才会满足，那才是真的可怜，那么，这样的亲情不要也罢。然而，这种放手的亲情真的会让人心痛啊。

**名言欣赏**

1. 仁人之于弟也，不藏怒焉，不宿怨焉，亲爱之而已矣。——《孟子·万章上》
2. 父子笃，兄弟睦，夫妇合，家之肥也。——《礼记·礼运》
3. 小时是兄弟，长大各乡里。——《增广贤文》

## 3.3 言语忍 忿自泯

**【译文】**

与人相处时，在言语上要能够彼此包容忍让，不纠结于个别字眼，谈话要平心静气、心平气和，就不会与别人发生冲突，即使曾经有冲突，也会自然化解，已有的怨恨也会自然消失。

**【注释】**

言：说的话。古人一般将自己说的话称为“言”。语：说的话。古人一般将他人说的话称为“语”。忍：耐住性子把感情压住不表现出来。忿：生气，怨恨。自：自己，自然，自行。泯：消失，丧失。

### 拓展故事

**郑濂碎梨**

诗曰：郑濂碎梨，食者千余，不听妇语，七世同居。

明朝时有一个叫郑濂的人，七代以来家里人一直住在一起，二百多年不曾分家。整个家族聚居在一处，被天下人称奇，当地太守为他们家题匾“天下第一家”，目的是鼓励这一家人，同时也鼓励邻里向他们学习。明太祖即位后，也觉得家庭能如此和睦，很不容易，就把郑濂召到京都，问道：“你家凭什么称作‘天下第一家’？”郑濂回答说：“臣全族合灶共食，至今已有十一代了。太守认为可以鼓励，树立好风俗，所以题了这个匾名。”皇上说：“你家吃饭的有多少人？”郑濂回答：“一千多人。”皇上说：“千余人同居，真是天下第一家。”于是就让他退下。马皇后正巧在屏风后，听了之后对皇上说：“陛下当初一个人发动起义，就取得了天下，现在郑氏一家千余人，假使发动起义，不是更容易了吗？”明太祖听后吃了一惊，命太监再召郑濂入宫，问道：“你管理家事有什么规矩吗？”郑濂回答：“也没什么，只是不听妇言[1]而已。”皇上听了哈哈大笑。

---

① 妇言：古代时候，妇女一般只是在家里学些女红，很少接受教育，没有什么大气的见解，心胸狭隘。所以，在古代，读书明理的人都有一个原则，就是不听妇言，以免影响自己正确的思路和见解。今天的社会，妇言不仅指无知的妇女之言，那些心胸狭窄、自私自利的男人之言也叫妇言。

正逢河南进贡香梨，皇上就送给郑濂两个香梨。郑濂拜谢后，接受了梨子回到家里。这时太祖皇帝叫校尉暗地里跟他去，看他有什么举动。

郑濂一到了家里，就召集了全家一千多人，一齐出来谢恩。谢恩后，郑濂就搬出两个大水缸，放了两大缸的清水，把大水梨一边一个敲碎，使整个果汁渗到水缸里去，然后，每人分一碗梨水，全家人都得到皇帝的赏赐。太祖皇帝得知这件事，非常高兴。

由此可知，郑濂真是一个非常有智慧之人。他懂得领导家庭、懂得大公无私，也懂得怎样去持家，才能做到公平。只有做到了公平，人心才会平，心平了才能谈到和，和谐安乐，其乐融融。

## 世恩夜待

诗曰：世恩待弟，问食问衣，尽情忧恤，弟不暮归。

陈世恩，明神宗万历年间的进士。陈家兄弟三人，陈世恩排行老二。哥哥为人孝顺廉洁，学问道德样样都好，得到乡邻的尊重敬爱。陈世恩虽然当时还没有成就，但是德行也如兄长一样为众人所称许，尤其是他那种谦逊有礼、平易近人的态度，更让人敬佩。

三兄弟从小感情深厚，大哥、二哥待三弟非常爱护、关照，加上三弟与他们相隔的岁数比较大，父母对这个小儿子也不免有些宠爱。三弟长大后整日无所事事，东游西逛，结交了一帮不好的朋友，在社会上游荡，经常整天不见人影，深更半夜才回来。俗话说：长兄如父。三弟的年少轻狂大哥看在眼里，急在心头。于是，只要有机会，大哥就把三弟叫到一边，苦口婆心地劝他："三弟呀！不要再在外面游荡了！要早点回家免得让家人担心啊！"三弟正是年轻气盛的时候，大哥劝一、两次还罢，次数多了，他不但听不进去，还对大哥反感起来。以后他见到大哥就躲，实在躲不过，勉强听着，也是左耳朵进，右耳朵出，只要有机会还是会溜出去玩，不到三更半夜决不回家。

陈世恩兄弟两个看到三弟这样我行我素，心里很不是滋味。特别是大哥非常痛苦，好像是自己做错了事一样难过。陈世恩见到哥哥这样，决心一定要让弟弟回头。于是，他开始每天晚上在院门前等弟弟回来。第一晚，夜深人静了，终于在月色之下等来了回家的三弟，陈世恩忙高兴地招呼三弟进院，并亲自把院门关上。弟弟以为二哥也要教训他，没想到听到的是陈世恩亲切的问候："你吃晚饭了没有？冷不冷？""弟弟不敢说什么，就匆匆回自己房间去了。第二天一大早，弟弟又出去了，仍然是一整天也没有回来，陈世恩和前一天一样，晚上仍在院门口等弟弟。弟弟没想到二哥又在等他，不免有些心虚，站在院子外不好意思进来。陈世恩笑着说："自己家门都不进了吗？进来吧，我好锁门。"弟弟进门后，陈世恩照旧把院门锁好，他闻到弟弟身上有一股酒气，关切地说："喝酒了，难不难受？我刚好泡了一杯浓茶，你喝了可以解解酒。"说罢，世恩就把弟弟带到自己房间，看他喝了茶，漱了口，嘱咐他早点歇息。这下弟弟可有些睡不着了！假如二哥也像大哥那样骂自己几句，自己倒觉得无所谓，但是二哥却半点也没责怪自己。弟弟回想起自己在外面花天酒地的情形，觉得脸上有些发烧。又回想起哥哥，从小到大对自己无微不至地照顾。此后的几天，弟弟在外面开始待不住了，眼前尽是哥哥深夜翘首期盼自己归家的情形。他想离开他的那帮朋友，又怕他们的嘲笑，只好又和他们玩到天黑，赶回家一看，二哥又是一脸关切地等着自己。弟弟不觉羞愧交加，感到太对不起哥哥和家里人了。他心头一酸，"哇"地一下哭出声来，跪下对二哥说："我错了！请二哥责罚！"陈世恩也感动不已，他高兴地说："好！好！回来就好！哥哥知道你会自己改正的！"从此以后，弟弟再不和那一帮朋友混了，认真学习，发愤图强，又有两位哥哥的精心教导，他终于成为德才兼备的人。

以道理来说教，态度强硬，让弟弟产生反感。发自内心地关怀，以身作则让弟弟心灵受到触动，从而回头，这是最好的方法。俗语讲，家庭是一个人温暖的港湾，兄弟和睦，家庭幸福，人生的路上才会有人和你一起风雨同舟，共度甘苦！

这个故事也告诉我们，劝人也是一门很高的艺术，由此我想到了在《弟子规·入则孝》中有一件事，“父母过，谏使更，贻吾色，柔吾声，谏不入，悦复谏，号泣随，挞无怨”，这也是劝谏。我们从世恩劝弟弟的方法中是否可以得到一些启示，并获得一些参考呢？

【评析】

在孔氏门中，教育学生的科目有四个方面：德行、言语、政事、文学。可见言语在学习修养提升的过程中有多么重要。然而，在与人交往的过程中，因为言语而发生的冲突和矛盾却经常发生。某人上公交车，不小心踩到前面女士，马上说：“实在对不起，疼吗？”对方即使疼得龇牙咧嘴，见你这么诚心道歉，也不好意思生气。一场争端就会避免。前几年在一个家族聚会上，见到了一个多年不见的表弟，他从小就是一个非常帅气的孩子。大眼睛，高鼻梁，漂亮的脸型透着几分自信的神情，常让人联想着，这么帅气的孩子将来一定是个非常俊的男子汉。然而，站在我面前的这个男孩右边脸上从颧骨下边一厘米处开始到嘴角边长长的伤疤让人恐惧而震惊，这是我认识的那个表弟吗？那有些躲闪的眼神明显透着陌生和自卑，言语中不再有神采飞扬，不再是年少轻狂，倒显得有些老成，听家族中的长辈提起这孩子。哎，都是年轻时不懂事啊！原来，他毕业后，一次在酒店和同学聚会时，大家都喝了很多，在酒店吵吵闹闹到很晚。临桌也有几个年轻人，看他们那样大喊大叫的样子，就挑逗他们，结果两桌年轻人仗着酒劲就打了起来。对方敲碎了酒瓶子，砸向他们，结果，他们这桌被打伤了，对方跑了。这件事后，表弟的同学有人受了伤，表弟脸上留下了长长的伤疤，因为他比较靠近临桌，所以他的伤是最重的。最可怜的是表弟的妈妈，在这件事后，受到的打击非常大，整日以泪洗面，人也老了好多。后来很长一段时间，全家人才从这件事的阴影之中走出来。表弟虽然肢体无碍，但脸上的伤疤一直都是他心里难以逾越的痛。试想，如果不是当年的少不更事，如果不去喝酒，如果不喝那么多，如果不和对方争吵，如果不打起来，如果能够忍住心性，表弟和他同学的人生也许会更加踏实和满足。

【思考】

在我们的人生中，在不同的时间，在不同的地点，我们会遇到形形色色不同层次、不同的性格、不同品质的人，他们说话的方式也许并不是我们平时习惯的方式，这种情况下，我们如何与这些人相处呢？

～～～～～～～～～～～～～～～～～～～～～～～～～～～～～～～～～

其实，这是一个交友之道的问题，我们自己说出的话叫“言”，要考虑对方的感受，在乎对方的面子，处处替对方着想，时间久了，对方也能感受到你的善良与真诚，这样你可能就会多交了一个朋友。别人说出来的话叫“语”，对于和自己谈话的对象，我们要用心地倾听，让他表达出来，如果是善意的，我们报以微笑和感激，如果是恶意的，我们不要太在意，如果是难以接受的责难，我们就当是自己师长的教诲，有则改之，无则加勉，尽量避免与他人发生冲突和矛盾。

世界变小了，我们现在住的是地球村，我们都是一个星球上同气连枝的兄弟，放大悌道，不要因为小事起争端，就是为和谐全球送的最好礼物。法昭禅师有一首诗形象地诠释了兄弟情：“兄弟连枝各自荣，些些言语莫伤情。一回相见一回老，能得几时为弟兄。同气连枝忍便安，莫因毫末起争端。修身克己成道业，留于后学作样看。”

**名言欣赏**

1．本是同根生，相煎何太急？——曹植

2．兄弟敦和睦，朋友笃信诚。——陈子昂

## 3.4　或饮食　或坐走　长者先　幼者后

【译文】

在与人相处时，不论是喝酒吃饭时，还是坐下休息起来行走时，都应该做到谦虚礼让，长幼有序，让年长者在先，年幼者在后。

【注释】

或：表不定的词。饮：过去指喝，有时特指喝酒。古人认为，喝酒时要有规矩，年龄大的人可以先举杯，年龄小的人不可以先举杯。现在可以指喝水、喝饮料等一切喝的东西。食：吃，这里指吃东西的时候。坐：是古人休息的一种方式。随着字形的变化，变成了两个人坐在土堆上。古人常常席地而坐，坐的时候双膝着地，把臀部靠在脚后跟上，这是“坐”的本义，后来泛指臀部着物，就是我们通常说的坐着。走：本意是“奔跑”，现在主要指行，步行。长：辈分高或年纪大的。者：代词，指代人。幼：辈分低或年纪小的。

### 拓展故事

#### 孔融让梨

孔融，东汉末年人，是中国历史上著名的文学家，孔夫子的第 20 世孙。他宽容正直，尊贤礼士，有谁当面指出他的缺点，他在背后便要称道这个人的优点；如果了解别人的才能而未加荐举，就认为是自己的过失；其余哪怕有一毫之善者，也无不受到他的礼遇。他小的时候就非常聪明好学，才思敏捷，巧言妙答，是个非常讨人喜欢的小孩。

4 岁时的孔融，已能背诵许多诗词歌赋，并且懂得很多礼节，大家都夸他是个神童。

有一天，父亲买了一些梨，特地拣了一个最大的梨给年龄小的孔融吃，孔融拿着梨摇摇头，又把梨放了回去，另拣了一个最小的梨吃，父亲很奇怪地问他：“孔融啊，我给你的大梨，你怎么不吃，偏偏又拣个小的吃呢？”孔融见父亲问，就说：“我年纪小，应该吃小的梨，那个大梨应该给哥哥吃。”父亲听后十分惊喜，又问：“那个小梨应该给弟弟呀，你怎么只拣最小的呢？”孔融又说：“我是哥哥，应该把大梨让给弟弟，我吃小梨就好。”父亲一把搂过孔融，亲了又亲，夸他是一个懂事的好孩子。孔融让梨的故事，很快传遍了乡里，并且一直流传了下来，成了兄友弟恭的典范。

说到孔融，还有个“一门争议”的故事，也是很令人感动的。

东汉末期，受“党锢之祸”的影响，宦官把持朝政，大肆搜捕、诛杀正直之士。张俭因得罪宦官侯览遭到通缉。孔融的哥哥孔褒是张俭的好友，于是张俭便去投奔他。不巧孔褒不在家，孔融当时只有十六岁。张俭因为孔融年纪太小，没有把实情告诉给他。孔融见张俭形色慌张，就说：“虽然我哥哥没在，我难道就不能为你做点什么吗？”于是便把张俭留了下来。但是后来这件事被官府知道了，张俭自己逃走了，孔融、孔褒却被逮捕入狱。孔融面对官府的审责，说：“人是我留下的，我该负责，跟我哥哥无关。”孔褒却说：“张俭是来求我的，不是我弟弟的错。”孔褒坚持要由他负责。孔母对官府说：“我是家长，我该负责。”闹得“一门争死”。郡县官吏也拿不定主意了，只好如实上报朝廷。最后皇帝定了孔褒的罪，下令杀死了他。孔融因此名声大噪。州郡几次辟举他为官，都被辞谢了。

由此可知，孔融一家都是很令人尊敬的。

### 缪肜自挞

汉朝时，有个叫缪[1]肜的人，在他很小的时候，父亲就去世了。他们兄弟四人住在一起。等到后来各自娶了妻子，家里人口多了，几个妇女们就要求分家，闹了几次，甚至争吵时而发生。缪肜见此情景很感叹，就把自己关在一个屋子里，自己打着自己说道："缪肜呀缪肜，你勤修苦学，言行谨慎，志在圣贤，想要齐家治国，为什么不能够让自己家风纯正呢。"他的弟弟们和那几个妇女听到了，感动得不知说什么好，都觉得十分惭愧，就一齐在门外叩头谢罪，请求缪肜原谅，缪肜这才开了门出来。缪家几弟兄也越发敬重缪肜这位长兄。从此以后，他们一家在一起和睦相处，再也没有闹过分家。缪家的家风淳厚，受世人敬仰，缪肜的美德也从此流芳千古。

**【评析】**

在我国古代的家庭中，有这样一个传统，吃饭的时候，一定是年纪最大的人先坐在主人的位置，然后按照辈分，其他所有的人才可以依次分别落座。在菜上桌后，年长的人要先动筷子，先夹第一口，其他的人才准吃，喝酒也是一样，年轻的人要敬年长的人，敬酒时，年长的人不喝，年轻的人不可以先喝的。年长的人如果没有吃完，小辈是不可以先下桌的，一定要陪着年长的人把饭吃完了，才能下桌。

即使在不吃饭的时候，大家如果坐在一块儿喝茶休息时，也一定是年长的人先坐下来，其他人才会依次坐到自己该坐下的位置，在喝茶的时候，年长的人要先端起杯子，先喝第一口，其他的人才可以陪着喝。在和长者一起散步时，也要秉承"长幼有序"，一般长者在前，后辈要错开半步一般不能与长辈并肩前行。当然，现代社会，领导一般都很亲民，所以愿意和下属坐在一起，或并肩谈话，这时也不应太拘泥礼节，而显得格格不入，毕恭毕敬，也完全没有必要。

当然，如果是和长辈在一起，也遵从以上礼节。

这其实不仅仅是表面的礼节问题，从另一个意义上来说，也是深植于中国人道统血脉中的民族情感，很多人都会有意无意地遵守这样的礼节，甚至会视不太合规矩的人或不太合规矩的事为叛逆，也会有意无意地教训不太合规矩的人，甚至会说这人没家教，可见能够做到"长幼有序"不仅是个人修养和礼貌的问题，也是家庭责任亦或是家族荣誉的大问题。所以几乎没有人愿意为此背负这样的骂名，中国人还是很懂得这样的礼节的。

**【思考】**

既然"长幼有序"这样重要，那如何能做到在长辈面前不失礼，做到知礼懂礼，又合时宜呢？

要做到不失礼，长幼有序，除了做到上述要求外，我们还应在不同的场合，特别是从未到过的场合，多观察，看看别人是怎么做的，尽量取长补短。大的原则就是长者行，幼者后。一般不仅不会失礼，还会为你赢得别人的尊重，在礼节的情分上又加了一分。我们看现在的许多比赛，也会在正常的分数上，加上评委的印象分，这其实就是人们不易觉察的礼貌。这种力量往往会成为一个人潜在的机缘，而这种机缘当时不见得生根，却为本人种下了一粒善的种子，这粒种子会在你成长的某一时刻，遇到合适的土壤，生根，发芽，最终长成参天大树。

**名言欣赏**

1. 兄之所贵者，友也；弟之所贵者，恭也。——朱熹《家训》
2. 长幼有序，不可紊乱。——《东周列国志》
3. 长幼有序，则事业捷成而有所休。——荀子《荀子·君子篇》

① 缪，读[miào]，姓。

## 3.5　长呼人　即代叫　人不在　己即到

【译文】

长辈或年纪大的人有事呼唤人的时候，作为晚辈或年纪小的人，应该代为传达呼唤，如果那个人不在，自己应该主动去询问是什么事，如果可以帮忙就一定帮忙，不能帮忙时则代为转告。

【注释】

呼：喊，唤，叫。即：立即，马上，当时当地之意。代：替。己：自己。

### 拓展故事

#### 释之敬老

张释之是汉朝文帝景帝时期著名的大臣，官居廷尉，是中国历史上有名的以法治国的代表人物，他治理国家，以法治国，无论什么样的人犯罪，都以法律条文为准绳治罪。他认为“法者，天子所与天下公共也”。即使是皇帝也不能以个人意志随意修改或废止法律，如果是那样，那么“是法不信于民也”。他的言行在皇帝专制、言出法随的时代是非常难能可贵的。时人赞“张释之为廷尉，天下无冤民”。张释之对文景之治的实现，是有非常大的贡献的。

他虽然贵为大臣，却知书达理，尤其对长辈非常尊重。

有一次，朝廷举行隆重的朝会，许多达官贵人都应邀前来参加，场面十分热闹。这时有位叫王生的老人走到张释之面前，对张释之说：“张大人，我袜子的带子松开了，你给我绑上吧。”在他们身边的人，都惊呆了，心想张释之非发火不可，谁也没想到，张释之竟然二话没说，很坦然地跪下来，在众目睽睽之下，恭恭敬敬地给这位老人绑好了袜子。

张释之身为高官，能如此礼贤下士，敬老尊贤，群臣无不称赞，他的美名很快传扬出去，从此他的威信更高了。

#### 敬老的阿婆

亲戚家有一个老阿婆，已经六十多岁的人了，常常说自己不老，别人问她身体怎么样，她总是说：“我好着呢！”其实了解她的人都知道她身体一般，她这么说只不过是不让自己的老母亲担心，同时也给自己一个强大的自信和心理安慰。阿婆的母亲九十岁的高龄，虽然身体还算硬朗，但几年前的脑血栓，让她不会讲话了，很少走出房门，更不用说下楼了。阿婆只要有空就会去母亲家，帮助与母亲合住的弟弟照料母亲，给母亲买她爱吃的糕饼、酸奶、水果等。阿婆买来的东西，一定是要松软的母亲能咬动的那种，阿婆做的饭一定是母亲爱吃的那种偏软的口味，阿婆买东西一定是多买，足够弟弟一家吃的。阿婆经常陪着母亲散步，聊天，给母亲讲笑话，读报纸。隔三差五还会当着母亲的面给常年在外忙于工作的妹妹打打电话，互报平安，叙叙家常，让母亲放心。也会偶尔叫上孙子辈重孙子辈的年轻人来看看母亲，让她放心。为了母亲，阿婆拒绝了女儿搬到条件更好的房子里去的建议，宁愿住在母亲附近的老屋里。

阿婆对母亲的孝顺，让年轻人感动。母亲虽不能说话了，但母亲内心中想说的、想做的、想要的，阿婆都懂，不用母亲说，阿婆都会去替母亲完成。正是这样一种心灵的沟通让母亲满足，而正是这种满足让阿婆的母亲恬淡安静、颐养天年，健康长寿。

每次见到阿婆和她的母亲，都会让经常依赖高科技而迷失心灵的我们汗颜，因为他们母女间的这种心灵的沟通比任何现代通讯工具都来得更强大。

【评析】

这一节所讲的“长呼人，即代叫，人不在，己即到”，也是讲小辈与长辈如何相处之道。在我们的日常生活中，如果碰到长辈或年纪比自己大的人要想找人，我们应该代为传达。如果被叫的人临时有事不能及时到来，代为传达的人也要及时回复长辈并看看自己能否帮助长辈解决什么问题，以宽慰长辈的心。

当然年长的人叫小辈到近前来，有的时候是有事需要和要叫的人商量，有时候也许只是让小辈来看看他，以解思念之情。在身边的小辈明了了长辈的意思，传达时让长辈呼唤的人理解长辈的意思，完成长辈心愿是最终目标。当然，有可能长辈要呼唤的人不能马上去到长辈的身边，这时候，你这个代为传达的人，也要替被传达的人表达好自己目前的处境，不能到长辈身边的原因，别让长辈惦念。同时，作为传达人也可问问长辈，看自己能够替他做些什么，尽量让长辈满意。这就是“人不在，己即到”的真实含义。

“长”，可以理解为“尊长”。单位的领导，一起工作的年长的前辈，也是让我们尊敬的人。他们如果有事，正好让我们去找个人来，我们要尽力去帮忙传达。传达不到，也要尽量帮助分担尊长的工作或忧虑。

长时间坚持这样做，我们不仅可以帮助领导、前辈分担忧愁，而且可能还会有意想不到的机会等着自己。

当然，如前所述，用心体会父母领导前辈的心意，并尽力达成，也是“长呼人，即代叫，人不在，己即到”的最高境界。父母领导前辈可能并没有把自己的意思表达得明明白白，但是作为晚辈下属，能够体会得到，就直接去做或请示后再做，以解父母领导或前辈的忧心，这才是最优秀的下属。

其实，在现实的工作生活中，非常优秀的下属、非常善解人意的晚辈都能够体会领导长辈的意思，把自己的本职工作做好。

【思考】

在我们成长的过程中，老师也是我们遇到的最重要的师长。我们在学生时代，也可以用心体会老师的希望是什么，作为学生，我们怎样做才能让老师高兴呢？

记得几年前，学校在教室里贴在墙上的口号是“好好学习，天天向上”，当过学生的朋友，我们用心体会这句口号后面的真实希望了吗？

“好好学习，天天向上”这句口号是我们中华人民共和国的开国主席毛泽东在多年前向后辈学人提出的一句希望。我们用心体会一下，他老人家的希望是什么呢？

当年，我们的祖国从一百多年的战乱和动荡中走了出来，建立了社会主义的新中国，我们终于可以坐在宽敞明亮的教室里接受教育，安安静静地上课，学习科学文化知识了。当时的祖国一贫如洗，百废待兴，毛主席他老人家当然希望我们祖国的下一代能够珍惜来之不易的幸福生活，努力学习知识和技能，将来有机会报效国家，报效人民。正如“苟日新，日日新，又日新”的盘铭所喻，我们每天都要有新的目标，新的提升，即使没有新的提升，也要有提升的理念，这才是“天天向上”。把它挂在教室的墙上，自然也是希望后辈学人能够努力学习，掌握知识，获得技能，每天都要有新的突破，每天都要为目标向前迈进，这也是老师对学生的最大希望，所以才会有“好好学习，天天向上”，各位后辈学人，我们做到了吗？

“举一隅而三反”，用心思考，父母、领导、老师、长辈希望我们做到什么？

这让我想起几年前看过的一个电影，尽管名字不大记得，但电影的情节依然印象深刻，影片讲述了一个在文学方面有才华的女孩，在金融危机的情况下，找不到自己心仪的文字编辑的工作，生活所迫到一家时尚杂志当服装助理。本来就不擅长穿着打扮的她在同事和领导面前出尽了洋相，但同事的帮助点醒了她天生不服输的个性，她决定留下来，并做到更好。聪明的她不断突破领导的要求和同事的希望，经过努力，她不仅赢得了大家的尊重，还成为领导身边不可或缺的人。当然，她也收到了自己倾心的杂志社主管的邀请函。从这里我们可以看出，《弟子规》原文就像鞭策我们进步的盘铭，只要我们逐条去践行，一定可以提升自己的品德修养，获得更多的机会，锻炼更多的能力。

**名言欣赏**

1．若知四海皆兄弟，何处相逢非故人。——陈刚中

2．财不如义高，势不如德尊。——刘向

3．人生贵相知，何必金与钱。——李白

## 3.6　称尊长　勿呼名

**【译文】**

称呼有地位的人、受人尊敬的人、辈分高的人或年长的人，不能直接称呼人家的姓名。要按辈分称呼。

**【注释】**

称：说，叫做。尊：地位高或辈分高的人，比“长”又多了一层含义。在古代，尊表示双手捧起酒樽，送给受人尊敬的客人。所以这里也可指代受人尊敬的人。长：辈分高或是年纪大的人。勿：不要，不能。名：人或事物的称谓。这里指人的名。中国古代，人通常有两个名字，一个是名，一个是字。名，是人出生的时候，父母所起，只有两种人可以叫一个人的名，那就是父母和老师。字，是人成年后，师长或朋友送的字，除父母或老师外，其他的人只能叫这个人的字。直接称别人的名，是不尊重对方的表现。

### 拓展故事

**中国人名的故事**

华夏民族是一个历史悠久的礼仪之邦。古老的城市是历史，参天的古树是历史，斑驳的青砖瓦舍是历史，清澈的涓流小溪也是历史。就连中国人起名字也是很看重家族历史，很有讲究的。因为，在中国人看来，祖宗创造文字，无一字无出处，无一字不经典。所以古人在起名字时都很慎重，一个名字必定渊源深厚，以示博古通今，一个名字也必是引经据典，彰显家学家风。为了让家族绵延不衰，古人一般还会为家族后代子孙规定出起名的要求，即排字排辈，后代子孙要按照家族辈分和行字给孩子起名字。

按辈排字的人，一般都是家族德高望重之人所立，要经家族全体家长同意，写进家谱，也可能是请家族之外德高望重之人给立。比如孔夫子后人，孔氏族人的名字从四十五代后是由明朝皇帝朱元璋所赐，共 10 字 10 辈即“希言公彦承，宏闻贞尚胤”。1629 年（明崇祯二年）孔夫子第六十五代孙衍圣公孔胤植，报经当时皇帝恩准，又立“兴毓传继广，昭宪庆繁祥”10 字 10 辈。1863 年（清同治二年）孔夫子第七十五代孙衍圣公孔祥珂经皇帝核准再立“令德维垂佑，钦绍念显扬”10 字 10

辈。1919年（民国8年）孔夫子第七十六代孙衍圣公孔令贻由内务部核准备案续立20字20辈，即“建道敦安定，懋修肇彝常，裕文焕景瑞，永锡世绪昌”。共计50字50辈[①]。古时有些名望的家族，都会立家谱，立字排辈。

孩子长大后，到了读书的年龄，家族长辈还会请先生郑重地给这个孩子起个字。字是男子的正式称呼，从此后，除先生或父母等极亲近的人外，其他人都要称这个人的字，而不能称名，以表示尊重。如果随便叫别人的名字是对对方不尊重的表现。即使是皇帝也不能随意称呼别人的名字。当然有时自称也可用名。有些人还会有号，这是在名和字以外另起的别号，可以是自己起的，也可以是别人给起的。比如唐代伟大的浪漫主义诗人李白，字太白，号青莲居士。再比如旅行家徐霞客，名弘祖，字振之，号霞客，又号霞逸。他的好友陈继儒因他酷爱旅行，经常风餐露宿于山林野泽之间，为他取号“霞客”。徐霞客的名字恐怕很少有人知道，多数人知道的是他的“号”。

现在我们再看古装片时，看到古人的称谓，一定会明白了吧。

外国人也会有几个名字，比如在古罗马，人们也有三个名字，cognomen是家族的名字，nomen是族系的姓，praenomen是基督教的教名，有时也另外加一个名字agnomen，用上面的四个单词对应中国的姓，氏，名，字，便有一丝古朴深奥气息，让人联想到古老的文化传统。

生活在当下的现代中国人在起名字时，虽然不见得按照家谱排辈论字了，但通常也很慎重，一般也还会找有学问有声望的人来起。有一些讲究人，还会请懂《周易》的人，排八卦讲五行。这就是我们这个民族，这就是中国人。所以每个人在解释自己名字的时候一定能说上几句，让人印象深刻。说起来，都有一份来历。但也有人起名字很随意，觉得那只是个记号，叫啥都行，特别是一些上了年纪的老年人，还认为起个赖名字好养活，叫阿猫、阿狗、小五、小六也不在少数。

## 当义工敬老十年如一日

有一对夫妇是敬老院长期的义工，他们每个周日都会到敬老院帮助敬老院为老人服务。他们为了能够让老人安心，特意记下了所有老人的姓名，为的就是在称呼老人的时候能够有所区别，虽然都称大娘、大爷、老师，但每次他们都会把姓放在前面，以表示对她们的尊重。他们为老人服务恭恭敬敬，不嫌脏，不嫌累，就像是对自己家的父母一样。男的会理发，他经常为老人们理发，女的是中医师，为老人诊脉看病。他们经常自己出钱，为老人购置生活日用品，也会为老人拿去自家诊所的药，逢年过节还会为老人买些应季的衣服和水果。遇到老人头痛脑热，也会几天守在病床前，遇到老人生命走到尽头，他们二人都尽心侍候在身边，做临终的关怀。一年52个星期，这对义工夫妇一干就是十几年，从未间断，真正把敬老院的老人当成了自家的老人。

老人们称颂他们夫妇二人，是当代的孝子贤人。

**【评析】**

这件事是讲小辈在和长辈相处时，要尊重长辈，不能直接称呼尊长的大名。在现代社会，很多家长不太注重对孩子这方面的培养，有些家长还宠惯着自己的孩子，让他叫自己大名，认为这是民主的、开放的。民主的方式有利有弊，利就是孩子学得越来越开放，弊端就是孩子的家庭观念开始淡薄，对自己父母的亲情逐渐减少，对自己父母的尊重也越来越少。对自己父母的尊重少了，对兄弟姐妹的尊重就会更少。所以现代的孩子自私的情况比较严重。也有些父母让孩子把自己当成哥们，这也是有很多弊端的。对自己的父母当哥们，父母是唯一的，哥们是很多的，还是可以选择的，珍惜的成分就少了很多。所以，这种称呼都不及我们传统文化中对父母的称呼，来得温馨和实在。比如，对母亲，我们通常称为“娘”，娘，从字面的意思看，就是善良的女子。那个吃苦受罪也不喊

① 参考书目：山东省曲阜市史志编纂委员会编1993年7月第1次印刷《曲阜市志》。

累的女人，就是娘。我们学过传统文化的人在看到这个字的时候，那种对母亲的尊重、理解和孝顺之情就会从心底升起。这就是我们的中国汉字。当然，娘在传统家庭中承担了大部分的家务以及教育儿女成才的重任。一声对父母的呼唤，是发自心底最深切的尊重和爱戴，表达了中华民族水乳交融的深切家族情感，所以是不可以直接称呼父母名字的，更不能给自己的父母起外号，或称兄道弟。也有一些老师曾经号召天下儿女都把称呼“母亲”的“妈”改称为“娘”，因为，“妈”是为儿女当牛做马，“娘”才是敬称。当然称呼“妈”也好，称呼“娘”也好，最重要的是由儿女内心深处由感而发的尊敬和爱戴，称呼的重要程度自然小于称呼之外的尊重之情。

由此及彼，我们也要把尊长的概念扩大，尊长不仅指我们自己家的父母，还包括和父母同辈的叔叔伯伯、舅舅姑姨等，也包括自己祖父母辈的长者，我们同样不能直呼其名。古代社会，家族的观念和辈分的观念在每个人的心中扎根是非常深的。父母的同辈或长辈是有义务和责任帮助、教育、扶持晚辈的。如果你年龄比较大，就要想着提携晚辈，如果你是小辈，也要想着照顾和尊敬长辈。所以，对长辈的尊重在小辈的礼节中就显得非常重要。尊重首先要从称呼开始。当然，能够得到长辈的提携、引领，也是晚辈的荣幸，所以，在长辈面前是不能直接称呼长辈名字的，即使长辈不在，谈及长辈也不能直接呼名，要把这份尊重放在心上。

对于自己家族的哥哥姐姐，我们也要尊重，我们一般也都不能这样称呼他们的名字。古代社会，父母不在，长兄如父，哥哥姐姐是可以代替父母教育照顾弟弟妹妹的。也就是说，哥哥要有哥哥的样子，要照顾关心爱护弟弟妹妹，弟弟要尊重哥哥。古代就曾有一个人，哥哥让他去取个东西，就因为他拿慢了，他的哥哥当着客人的面，伸出巴掌就打了弟弟，弟弟就毕恭毕敬站在那里等着哥哥责罚。这就是礼，连哥哥打他，都不敢说什么，也要恭敬承受，何况是提到哥哥的名字，如果直接说出来，绝对是对哥哥的大不敬，坚决不能提的。当然，这也包含了对哥哥的尊重和爱戴。

对自己家庭的哥哥这样，对家族中的哥哥是不是也要注意称谓呢？对同门师兄是不是也要注意称谓呢？当然是这样的，古代人起名字排辈是按整个家族来进行的，比方说，你大伯家有两个男孩子，你家有三个男孩子，你是家里第二个男孩子，按年龄在整个家族中排行老四，人家可能就称你为老四，而不是老二。在古代社会大家族之间的辈分和亲情是非常受重视的，特别是住在一起的大家族，所以在称呼上，也当然含着很多尊重的成分在里面。古代同门师兄弟之间的感情也相当深厚，情同骨肉，称呼上也是很讲究的。现代社会可能更注重的是小家庭的亲情，淡漠了大家族的亲情，但是，在与亲戚交往中，合适的称呼总是让人倍感亲切，体现了中国式的脉脉亲情。

【思考】

这件事，让我们也常常引发思考，在社会交往中，我们要和朋友交往，要与领导同事交往，有时我们遇到的人年龄很小，但是却很受人尊敬，究竟称呼他们什么比较合适呢？

现代社会，各行各业自成体系，有独到之处，都令人尊敬，值得学习，如果你要和他们打交道，如果不知道如何称呼，不妨称呼他的职务，这样也许比较合适。比如李编辑，王主任，赵经理，周董事长……当然，如果实在不知道对方的职务，谦虚地称他为“老师”也比较适合。

在与陌生人打交道时，称呼对方“同志”，也是对对方的一种尊敬。比方说到一个地方，问路的时候，你也可以称对方为“同志”，“老乡”；看着年龄相仿，是同辈人，也可以称对方“大哥”，“大姐”，“老弟”，“妹妹”；如果是长辈，也可称对方“叔叔”，“阿姨”，“爷爷”，“奶奶”；如果你能够知道当地人称呼上的习惯，用当地人的习惯称呼他们，他们更觉得亲切，比如“婆婆”、“阿婆”；成都的年轻人喜欢别人叫他们“帅哥”“美女”，但如果你自己是一个年轻的帅哥，这样叫人家就不合适，所以保守一点，叫人家“大哥”、“妹妹”等按亲戚的称呼就比较让人接受，或是“同志”，“老乡”这样的通称也是可让人接受的。

在和领导同事相处时也一定要注意称呼上的分寸，这件事在我们的职场中至关重要。如果我们刚到一个单位，对领导，我们自然要称呼他的职称，比如张经理，王校长，刘主任；对同事，我们也要尊重地称呼，例如马老师，张姐，唐哥；特别是对职位比自己低的人，也要尊重，比如你可以称清扫卫生的为“阿姨”，安保人员为“大哥”；如果年龄相仿，也可以直接称呼名字，可以用她名字的后两字，也可亲昵地叫对方小名，也可以叫“小张”、“小李”。总之，在与朋友交往中，在与领导同事交往中，尊重是必不可少的。建立在尊重基础上的交往，才有进一步发展友谊的空间，这才是“称尊长，勿呼名”隐含的真实含义。

**名言欣赏**

1．孝子事亲，不可使其亲有冷淡心，烦恼心，惊怖心，愁闷心，难言心，愧恨心。——袁采

2．我们体贴老人，要像对待孩子一样。——歌德

3．你希望子女怎样对待你，你就怎样对待你的父母。——伊索克拉底

## 3.7 对尊长 勿见能

**【译文】**

在有地位的人、受人尊敬的人、辈分高的人或年长的人面前，要表现得谦虚有礼，不能随意炫耀自己的才能，流露轻浮张狂的状态，以免让自己难堪。

**【注释】**

对：朝着，向着，有答话之意，这里表在尊长面前。见：在古代，见，读“现”[xiàn]，表显露出来，被看到之意。能：才干，本事，才华，能力。

### 拓展故事

#### 车夫的故事

春秋时候，齐国宰相晏婴因为功高权重，与外国交往不卑不亢，治理国家有方，且为人谦恭节俭，礼贤下士，很受百姓爱戴。

晏婴的车夫叫吕成，他见晏婴权势很大，就依仗主人的权势，非常骄傲自大，驾着车出府时就非常傲慢，一副不可一世的样子。有一次吕成驾车出府，正好被他的妻子看到。等他回到家后，妻子表示要离开他。吕成很吃惊，就问：“我为宰相晏婴赶车，是多么体面啊！身在相府，工资也高，我们不愁吃穿，你为什么还要离开我呢？”妻子说：“你还知道自己是个车夫啊，你看晏大人虽然贵为宰相，但为人谦卑，从不在百姓面前摆架子，更没有像你那样的招摇和炫耀，你身为宰相的车夫，在众乡亲面前轻浮招摇，傲慢无礼，真是太丢人啦……”听完妻子的批评，吕成感到很惭愧。从此痛改前非，变成了谨慎诚敬、对人谦恭有礼的人。后来在晏子的推荐下，吕成当上了大夫，成就了一番事业，受到人们的尊敬。

#### 骄横的小皇帝

现在的孩子，大多是家里的独生子，从小被父母和爷爷奶奶、姥姥姥爷的宠爱包围着，要星星不给月亮，养成了他们的骄横跋扈、张扬自私、不顾及他人感受的坏习惯。

在大学的课堂，我们经常能看到这样的情景：老师口若悬河在讲台侃侃而谈，学生在下面聊天，吃东西，接打电话，出出进进，旁若无人。

细究原因，还是缘于他们从小对尊长没有形成尊敬的意识。

记得几年前，在游泳馆的外面看到过一幕。一个长得敦实的胖胖的男孩，正在那里犯飙打横，出口大骂教练。周围围了很多要游泳的人，细听才知道，是教练对他进行指导、管教。他觉得教练过于严厉，有意为难他，就在那里耍赖撒泼，顶撞教练。本来，带他来的长辈看到这里，拿出长辈的威严说他几句，也就能够平息事态。细想想，教练如老师，一个要求、一个规范，都是为了弟子能够练出技术，说几句无可厚非，训练也是为了孩子的进步。明白事理的家长会配合教练，把孩子教好。但令人没想到的是，带他来的爷爷非但不管，也和孙子一样蛮横不讲理，还打电话叫来孩子的父母，要和教练打架。事态大有一发不可收拾的程度，旁边的人都在议论，这样的孩子，谁还愿意教？谁还敢教？这样的家长，谁还愿意和他们打交道？幸好孩子的母亲及时赶到，连声向教练赔罪，说回去一定要教育自己的孩子。但这个孩子在上车前还大声骂教练，要让他好看，被他母亲拽上了车。他们走后，看热闹的人中就有人说，这样的人，再来，也不要了，让他退了吧，这样的人，管又管不了，要是来了，也是惹事，何苦呢？

细思量，社会上这种蔓延的病态又是谁造成的呢？是不是平时被太多爱的光环围绕，让孩子们慢慢抬高了自己的地位，把自己变成了傲慢的公主、骄横的皇帝？这种状态使本应有的对长辈的尊重，对教师的尊敬，变得越来越流于口号的层次。孩子越来越不好管，教师越来越不敢教，做父母的抱怨，做老师的也抱怨。在抱怨的同时，我们是不是要找找自身的原因，其中，没有给孩子机会体会对长辈的尊重是不是也是原因之一呢？

**【评析】**

这件事相比上一件事，又高了一个层次，在尊长面前，不能主动地表现自己的才能，有两方面的含义。其一，是对长辈的尊重。我们不能在长辈面前太多表现自己多有能力，多有才华。比自己年龄大的人，经常会感叹年华已逝，有“我老了”的感觉，作为小辈要能理解长辈意味深长的叹息中，有多少无奈和不舍。曾经有一个哲人对晚辈说：“世界是你们的，也是我们的，但最终是你们的。”也曾有大哲人这样说过，未来的世界永远属于后辈学人。正因为这样，我们才不能在尊长面前，过多地表现自己的能力，这里面饱含对长辈的理解和尊重的真挚情感，也有不让尊长伤心的情意在里面。其二，是谦虚的表现。在长辈面前，不能太张狂，因为，长辈走过了很多或是灿烂或是辉煌或是失意或是彷徨的人生路程。正所谓历事炼心，在长辈的身上有许多宝贵的人生经验值得我们学习。作为晚辈，我们要以谦逊虚心的态度，不失时机地向长辈请教，才能够在以后的工作和生活中避免走弯路，也才可能得到长辈更多的提携和引领，而不是在长辈面前过多地炫耀自己的不见得厚重的才能，否则就可能因此让长辈误解你的浮躁，而瞧不上你。

**【思考】**

在尊长面前，是不是一味地采取低三下四讨好的态度，一点也不显示自己的能力，就是好的呢？

当然不是，我们不能从一个极端跑到另一个极端去。这里的“勿见能”，只是不要逞能的意思。正常地表达自己的实力和能力还是可以的。但是，要注意说话的方式和态度，要用一种能够让长辈接受的态度。“让我试试”，“这个方面，我以前做过”，“我了解的情况是这样的”，这就比较容易让人接受。在遇到特殊情况时，我们也可以“毛遂自荐”，把自己的能力客观地展示给他人看。当代社会，再不是那种“酒香不怕巷子深”的时代，好的才能需要正确的展示，才会被社会大众接受和认可。比如到用人单位应聘，我们就不能隐藏实力，一定要把自己的能力展示出来。这都不能算是“见能”，而是正常的表现自己，超越和提升自己。这种“见能”，无论是在古代社会还是在当代社会，都是受到大众欢迎和喜欢的。我们学习传统文化和推广传统文化，决不能停留在表面字义里，要看到字面内的本质含义，传播正确的理念和思想，让更多的炎黄子孙理解自己的文化。

**名言欣赏**

1. 爹娘面前能尽孝，一孝就是好儿男；翁婆身上能尽孝，又落孝来又落贤。——《劝报亲恩篇》
2. 慢人亲者，不敬其亲者也。——《三国志·魏书》
3. 亲亲，仁也；敬长，义也。——《孟子·尽心上》

# 3.8 路遇长　疾趋揖　长无言　退恭立

【译文】

在路上，如果遇见有地位、受人尊敬的人，或是辈分比自己高的人或年长的人，我们应赶紧向前鞠躬问好，长辈或是尊长没和自己说话，没有其他的事后，我们可以恭敬地退后站立一旁。

【注释】

路：道路。遇：相逢，碰到，会见。疾：快，迅速。趋：向前快走。揖：古代人见面时的拱手礼。退：向后移动，与“进”相对。恭：谦逊有礼貌。立：站。

## 拓展故事

### 张良拜师

张良（？—前 186 年），是西汉高祖刘邦的军师，他的祖先是韩国人。在秦灭韩后，张良立志为韩国报仇。有一次，因刺杀秦始皇未遂，受到追捕而避居到下邳。

张良在下邳闲暇无事。有一天他到下邳桥上散步，碰到一个老人，穿着粗布短衣，走到张良旁边，故意把他的鞋子掉到桥下。然后回过头来冲着张良说：“孩子！下桥去给我把鞋子拾上来！”张良听了一愣，很想打他一下，但一看他是个老人，就强忍着怒气，到桥下把鞋拾了上来。那老人竟又命令说：“把鞋子给我穿上！”张良一想，既然已经给他拾来了鞋子，不如就给他穿上吧，于是就跪在地上给他穿鞋。那老人把脚伸着，让张良给他穿好后，就笑嘻嘻地走了。张良一直用惊奇的目光注视着他的去向。那老人走了一段路，又折回身来，对张良说：“你这个孩子是能培养成才的。五天以后的早上，天一亮，就到这里来同我会面！”张良跪下来说：“是。”第五天天刚亮，张良就到了下邳桥上。不料那老人已经等在那里了，见了张良就生气地说：“和老人约会，怎么迟到了？以后的第五天早上再来相会！”说完就离去了。到第五天早上，鸡一叫，张良就赶去，可是那老人又等在那里了，见了张良又生气地说：“怎么又落在我后面了？过了五天再早点来！”说完又走了。到第五天，张良没到半夜就赶到桥上，等了好久，那老人也来了，他高兴地说：“这样才好。”然后他拿出一本书来，指着说道：“认真研读这本书，就能做帝王的老师了！过十年，天下形势有变，你就会发迹了。”

原来老人授给张良的书竟是天下奇书《太公兵法》（辅佐周武王伐纣的姜太公的兵书）！张良拿回那本书十分珍爱，经常仔细研读，反复地学习揣摩。十年过去了，陈胜等人起兵反秦，张良也聚集了 100 多人响应。沛公刘邦率领了几千人马，在下邳的西面攻占了一些地方，张良就归附于他，成为他的部属。张良根据《太公兵法》经常向沛公献计献策，沛公认为很好，常常采用他的计谋，后来张良成了刘邦运筹帷幄、决胜千里的军师。刘邦称帝后，封他为留侯。那个授给张良兵法的老人就是著名的学者黄石公。张良始终不忘老师黄石公，后来制作牌位供奉，按时祭祀，直到他去世。

### 懂礼的子路

仲由，字子路，又字季路，春秋末期鲁国人。子路是孔夫子的得意门生，以政事见称。子路的性格爽直率真，有勇力才艺，“闻过则喜”，事亲至孝，做事果断，信守诺言，勇于进取，跟随孔夫子周游列国 14 年，是孔门七十二贤之一。

子路是孔子的学生中非常懂礼的人。

有一天，孔子从屋子里走出来，走到庭院中，要到门外去。恰好子路在庭院里读书，他看到老师，立刻放下手中的书本，对老师行鞠躬礼。凑巧的是，当时满院子的樱花绽放，香飘四溢，这漂亮的景色立即吸引了孔子，注意力就集中在了樱花上，光欣赏樱花没有看到子路。子路因为老师没发话，就一直拱手鞠躬站在那里，等到孔子看到子路的时候，子路的身体已经酸麻了，孔子连忙让子路起身，并称赞他说：“子路真是一个懂礼貌的好学生啊！”

在子路生活的时代，师道尊严并没有后世史书中记载那样严格，我们经常看到《论语》中，子路及众多弟子和老师在一起亲热探讨聊天的情景，诙谐、乐观、幽默、豁达中习得了知识，结下了情谊。子路与他的同学们和老师在一起，既是敬而有礼的师生关系，又像威而又亲的父子关系，还像苦乐相伴的朋友关系，让后世读者看着就若亲临杏坛，亲切，自然，又倍感真实。

只是后世中，不怀好意者，才将不正常的师生关系强加给孔夫子，让他老人家为后世的人背了黑锅。

**【评析】**

在古代，“路遇长，疾趋揖”这件事，是晚辈在路上与长辈见面时的一种很平常的礼节，也可以引申为与尊长见面，甚至职位或地位比自己高的人见面的一种礼节。我们在遇到长辈时，要快步走过去，行见面礼，问好。如果长辈没有什么要吩咐的，要主动退到一边，等长辈吩咐，再离开。当然，当代社会，我们作为晚辈也要活学活问，不见得拘泥于形式，比如我们在林荫小路看到长辈或熟悉的尊长，如果自己恰好没有什么紧要的事，就可以上前问好，和长辈攀谈，向长辈请教。如果自己有急事，也不见得非得等到尊长离开，我们再离开，我们可以有礼貌地和长辈打个招呼，说自己还有事要去办，就可以离开，也不算失礼。

当然，如果在校园里，我们看到老师，也可以快步迎上前去，和老师问好。现在的校园，我们可以看到，越是年龄小的，越知道和老师问好，比如小学、初中、高中，大多数的学生还能和老师问好，但是在大学的校园里，还能和老师主动问好的学生，已经不多了！笔者在一所中专任职，前几年，走在学校的走廊里，如果是下课时间，你会听到一串串和老师问好的声音，同学们见到老师基本上都是 90 度鞠躬礼。在校园里或是走廊里，学生遇到老师在和某位老师或同学谈话，经过这里的学生基本上会绕开很远，以免打扰。这几年能和老师问好，并行 90 度鞠躬礼的孩子显然少了很多，更别说会绕开老师，怕打扰到老师了。有些学生径直走到老师面前，不可避免地面对面时，眼神还会直接飘移到别处，这在前几年是绝不会有的现象。这显然并不仅仅是校园问题，而是社会风气的问题。现在有多少人受着外界的物质诱惑，而忽略了师长之间、长幼之间的情谊。

小孩子的心是最纯净的，没有污染的，家长和老师的教诲，他们是听一句，受用一句。所以要想教孩子守礼，从孩童教起是最恰当选择。越是大了，受社会不良习气的影响，心都开始僵硬了，对自家长辈的尊敬都少了很多，更何况是家族长辈，社会上年龄大的人，还有企业的领导，学校的老师，推此及彼，所以我们的社会才会有那么多的问题出现，比如公交车上给老人让座的问题，比如赡养老人的问题，比如企业人员流动大的问题，比如学生不尊敬老师的问题。如果这个社会对尊长的尊敬是每个公民发自内心的自然流露，这些社会问题一定不可能出现。

当然，古代人见面时相互之间的九十度鞠躬礼、拱手礼等，毕竟对于现代人来说有些不合时宜。

我们可以分不同的情况，行不同的礼，这也是很必要的。比如，见到平辈的和自己年龄相仿的，就可以相互握手问礼，见到长辈也可以行鞠躬礼，但此时的鞠躬礼在中国一般都是行前倾45度的鞠躬礼，只有非常隆重庄严的场合才适合行前倾90度鞠躬礼。见到平辈的比自己年龄大的人，我们也可以点头行礼、握手行礼、摆手行礼、拱手行礼，这些都是很好的表达方式。既热情又亲切，这要看对方和你的关系或是辈分而定，也是要讲究艺术的。

【思考】

现代社会有一个现象，有人受西方思想观念影响，提出废止古礼，全面采用西方的握手礼。并美其名曰时尚跟潮，这种声音到底对不对呢？

~~~~~~~~~~~~~~~~~~~~~~~~~~~~~~~~~~~~~~~~

我们生活在多元文化的现代社会，当然要与时俱进，与时携行，遇到一些有修养很讲究的人我们要用握手礼亦或是拱手礼，和一些学习中国武术或功夫的人在一起要学会用抱拳礼，此外，和大众交往握手礼、摆手礼也很常见。见到长辈，鞠躬礼、跪拜礼、磕头礼也不可丢弃，隆重庄严的场合，也是表达内心情感的一种很好的方式。当然，除了肢体上的表达，还有就是语言上的问好，比如“您好”、“你好”，这都比较常见。如果是和比较亲近的长辈或领导，还要加上称呼。

现代社会，交通工具和通信工具发达，远隔千里的人也可能一天之内相见，要多学习各国各地的风俗礼仪，文化传统，以便彼此见面时恰当相处，愉快交流，避免因不懂礼造成不必要的误会和尴尬。

**名言欣赏**

1. 任贤使能以清官道，尊老慈幼以厚风俗。——陈亮
2. 人人亲其亲，长其长，而天下平。——孟子
3. 礼，经国家，定社稷，序民人，利后嗣。——《左传》

## 3.9 骑下马 乘下车 过犹待 百步余

【译文】

路上遇见尊长，不论骑马或乘车，均应下马或下车问候，要目送长者离开得远一点了，大约百步之后，才可以离开。

【注释】

骑：跨坐在牲畜或其他东西上，这里指坐在马上。因为古人的交通工具基本上是马和车。乘：骑、坐在车上。犹：仍然。待：等，等候。余：多出来的。这里指比百步还要多。

### 拓展故事

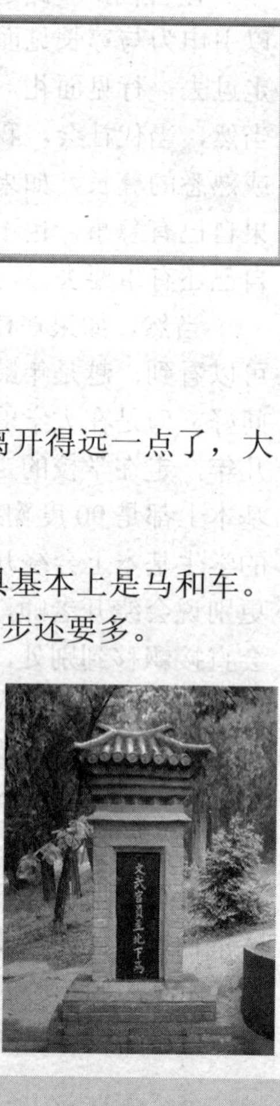

#### 下马石

“骑下马，乘下车”，这不禁让笔者想起评书中经常提到的“文官下轿，武将下马”，“官员人等至此下马”，这个礼遇一般出现在古代帝王的皇宫、国子监或孔庙或帝王庙宇的门前，也可能是坐落在皇宫、国子监或孔庙所在的街道两侧，古朴的巨大石碑牌坊，庄严的深色镌刻，无不透着严肃和尊重。史
~~~~~~~~~~~~~~~~~~~~~~~~~~~~~~~~~~~~~~~~

料记载，为宋王朝鞠躬尽瘁、舍生取义、贡献了多位家庭成员的天波杨府也获此殊荣。无论如何，我们从这个碑中可以看出那个时代对于皇权的膜拜，对于文化的崇敬和对于英雄的尊重。

这里找到黄帝陵前的下马石碑的记载，以示对中华先祖的尊重。

黄帝陵是中华民族的祖先轩辕黄帝的陵园，位于陕西省延安市黄陵县城北约 0.5 公里的桥山之上，是国务院公布保护的第 1 号古墓葬。

汉司马迁《史记》称："黄帝崩，葬桥山。"桥山黄帝陵相传创自汉代，唐大历年间（公元 770 年前后）在城北桥山西麓建黄帝庙。元代、明代、清代数次重修，均有碑记载或录于县志中。黄帝是中华民族历史文化的渊祖，直到今天，每年清明节仍有祭祀活动。

沿着神道拾阶而上，两侧古柏参天，形态各异，翠色长驻。在距黄帝陵约 200 米的神道旁，一座明朝嘉靖年间垂立的下马石悄然静立，上刻"文武官员至此下马"八个大字，令人肃然起敬。古代山路崎岖，谒祖祭陵者多骑马坐轿，行至此处，均下马下轿，整理衣冠，恭行至陵前。现代人虽不骑马坐轿，多为步行上山，但接近陵园，恭敬肃然与古人是一致的；乘车上山者，也不可直达陵园，同样也须在此下车，以示敬意。

对于古代黄帝，我们应该尊重，对于上了年纪的老人，我们也应怀有尊敬之心。

汉朝文帝时期，就规定要给上了年纪的长者一定的生活费，官府要定期给他们送去肉、粮等，在宋朝时，就有规定"六十不打，七十不骂"，这都是敬老尊贤的一种表现。

**【评析】**

古代是很讲究礼仪的，特别是晚辈对长辈的尊敬。在路上遇到尊长，无论你在干什么，都要过来和长辈打声招呼，以示礼貌。这一节中告诉我们，如果你是骑着马走在街上，要从马上下来，恭恭敬敬地走到长辈前行礼问好。如果你是坐在车上，也要从车上下来，过来和长辈打了招呼，而且要等到长辈走过去很远了，才能再上车。走多远呢，一般大约是一百步，你才能离开。

其实这一节，无外乎也是要求晚辈对长辈要处处体现尊敬，即使是在路上遇到也要有这样的一种礼仪。即使是长辈已经走过去了，也要有一个谨慎的态度，以免失礼。

可是现代社会，如果你在大马路上，正开着车，看到尊长在前面小路上走，你再停下车，跑过去和长辈打个招呼，后面一长串的车都拥堵在那里，这种情况显然不合时宜，所以我们要看情况而定，不能把经典用死了，做出不好的行为还以为自己是表率而不自知。

另外，"骑下马，乘下车"也让现代人思考社会进步和文明标志的问题。

社会进步的标准是什么？是科技的进步？是鳞次栉比的高楼大厦？从某种意义上来说，对于文化的尊重程度才是人类社会文明和进步的标志之一。从元明清开始就有的国子监，是那个时代的最高学府，相当于今天的大学，它的存在为那个时代培养了大量的青年人才。在国子监门前设立上马碑、下马石，从某种意义上说代表了古人对待文化的态度、对待学问的崇敬，这无疑就是要给世人一个标尺，那就是学习和发展，才能不断促进社会的进步和文明的提升。

所以，古人是很重视学习的，也是很尊重道德学问的。古人对文化的赞同和对有学问的人的尊重，值得今人学习。

其实，无论是昔日的国子监，还是今天的大学，都承载了为国家选拔人才、培养人才的重任。从某种意义上来说，大学之理念也是一个国家的未来，一个民族的希望。

在这样的场所中，也应该祥和安静，而不是车马喧嚣，锣鼓震天。然而今天校园里到处都是疾驰而过的汽车，随处可听汽车喇叭的轰鸣。是的，今天的校园已经沾染了太多俗世的庸碌，莘莘学子怎能出淤泥而不染？大学要想还原原有的纯净，不妨也学学古代的"文官下轿、武将下马"，任你再高级别的官员，到这里也应心怀尊敬，小心谨慎地走过，这也是对文化表达敬意的一种恰当方式。真如这样，也许"我爹是某某"等人就不会这么嚣张。真如这样，建立在道德底限之上的权利就会有所约束，真如这样，我们的大学校园又会多几个伟才、奇才、德才兼备之人，也未可知。

所以古人的礼节，在某种程度上说，还是维护了时代的发展和文明的进步。

【思考】

中华民族是崇尚礼仪的民族，自古以来，尊老，敬老，就是我们的传统美德。这一节内容和上一节内容都让我们感受到古人尊老敬老的脉脉温情。现代社会和尊长相处不失礼，又让尊长感到有温度，也是年轻人应该思考的问题。

在路上看到尊长，和尊长打声招呼，尽管没有了拱手作揖，也总是让人倍感安慰。要是没有什么要紧的事，向尊长问候问候，聊聊工作和学习，向长辈讨教一二，能够让他们感到更加亲切。现代社会物质相对从前已经更加丰富，老人对物质的追求相对不高，他们关注更多的是浓浓的以人为本的情谊，正因为如此，古人才有“过犹待，百步余”的礼节。这种礼节并不过时，因为让与你相遇的尊长感到温馨，是一门很有学问的艺术。

现代社会年轻人要在社会上有所作为，少不了长辈的提携引领。在茶余饭后、散步途中、锻炼健身的时候，都可能会遇到尊长。无论在哪里，看到比自己年长的人，有礼貌地打声招呼，问声您好。闲来无事，聊聊家常，讨教学问。坚持这样做，时间久了，在对方的心目中，对你可能就多了一份了解，对方也会感到你的一份诚意，你可能就多交了一个朋友。如果能够左右逢源，我们的人生跑道上就会有很多助力，让我们的人生走得更加顺利和从容，何乐而不为呢？

**名言欣赏**

1. 人生交契无老少，论交何必先同调。——杜甫
2. 老吾老，以及人之老；幼吾幼，以及人之幼。天下可运于掌。——《孟子·离娄上》
3. 安上治民，莫善于礼。——《孝经》

## 3.10 长者立 幼勿坐 长者坐 命乃坐

【译文】

在与尊长交往的过程中，尊长站立时，我们应该陪着站立，自己不能先坐下，如果尊长坐下了，吩咐我们坐下，我们才可以坐。

【注释】

命：这里指尊长对于小辈的指示。乃：才。

### 拓展故事

**程门立雪**

宋代著名学者杨时，从小聪明伶俐，四岁开始入私塾求学，七岁能写诗，八岁能作赋，人称神童。他十五岁时攻读经史，后考取进士。他一生立志弘扬儒学，曾在许多地方讲学，备受欢迎。

有一年，杨时赴浏阳县任县令，中途不辞劳苦，绕道到洛阳，拜程颐为师，进一步深造。

有一天，杨时与他的学友游酢，去老师家请教。时值隆冬，天

寒地冻，他们来到程颐家时，恰好赶上先生正坐在椅子上闭目休息。杨时二人不敢惊动打扰老师，就恭恭敬敬侍立在门外，等候先生醒来。哪里知道，程先生不大一会儿的工夫就睡着了。杨时和同学不敢打扰，依然恭敬侍立。过了良久，程颐一觉醒来，从窗口发现侍立在风雪中的杨时，只见他通身披雪，脚下的积雪已一尺多厚了，赶忙起身迎他俩进屋。

这就是著名的“程门立雪”的故事。杨时对老师一片至诚的恭敬感动了很多后世的读书人，东南学者推杨时为“程学正宗”，世称“龟山先生”。

此后，“程门立雪”的故事就成为尊师重道的千古美谈。但据史书记载杨时二人不是立于门外，而是立于门里，并未受到风雪的侵袭，但立于堂上能一直恭敬地等老师醒来确是有其事。无论怎样，杨时对老师的挚诚和尊敬，也令后人敬仰。

**玄奘听经**

唐朝时著名的高僧学者陈玄奘，小的时候勤学好问，谦恭有礼。八岁的时候，父亲给他讲《孝经》，其中有一段说的是：“曾子听老师讲至德要道的时候，问他话时，他就恭恭敬敬地站起来向老师请教。为什么要站起来呢？是因为要对老师尊敬。天地君亲师，老师和天、地、领导、父母一样，都是值得我们尊敬的人。”父亲边讲孝经，边给玄奘讲人生的道理，讲着讲着，抬头看玄奘时，他早已离开座位，恭恭敬敬地站在前面呢。父亲问他为什么站起来了。他说：“曾子听老师讲书站着，表示对老师尊敬，我听父亲讲书怎么敢坐着听呢？”父亲见儿子能这样学以致用，非常欣慰，鼓励他将来一定会有所作为。

果然陈玄奘二十八岁时，从京城出发，到天竺取经，将印度古老的佛教经典带回中国，并翻译成汉语，为佛教智慧在中国大地的传播做出了巨大的贡献，名垂千古。

**【评析】**

古代社会，对于和长辈相处的点滴小事都规定了很细的礼节，本节内容讲述的是小辈与长辈在就坐上的礼节。当长者站着的时候，年龄小的晚辈或是辈分小的人不能坐下，也要陪着长辈站着。长辈若是坐下了，我们也不能随随便便就可以坐下，只有等到尊长发话了，小辈才可以坐下。如果尊长长时间没有让我们坐，也可能是他忘了让我们坐下，我们也可以申请就坐，得到尊长的允许后，我们再坐下。这件事和现代的礼节是很一致的，现代社会，我们在和尊长相处时，也要注意这个细节。比如你到长辈的家里拜访，进门了，人家会说，快请进，请坐，你才可以按照人家的指示，坐在某个位置。如果长辈还没坐，或还没让你坐，你一下子坐到沙发里，或人家的床上，都是很失礼的。再比如，学生到老师办公室请教，必须恭恭敬敬地站在老师面前，老师没有坐下，学生是不能随随便便坐下的。老师即使坐下了，学生也不能马上就坐下，要等到老师发话让坐下，学生才能坐下。坐下了，也要以恭谨的态度，仔细聆听老师的教诲，这样才是懂礼貌的孩子。如果老师没让座，特别是老师还没坐下的情况下，学生就大大咧咧地坐下，很可能会被老师认为没有礼貌。

同样，在工作单位中，我们难免要与领导接触，也要遵循这个原则。在领导办公室，领导站着，下属员工不能坐着，领导坐下了，让下属坐下，下属才能坐下，而且要找准自己应该在的位置，不能失礼。细节决定成败，有可能坐座位这样的一件小事决定你在领导心中的印象。

**【思考】**

身在礼仪之邦的华夏儿女，很多人都有先祖遗留下来知礼懂礼的优秀品质。

“长者立，幼勿坐，长者坐，命乃坐”的理念，我们经常在生活中看到。比如，长者在和晚辈谈话，站了很久，长者后来坐下了，但没有叫这位晚辈坐下，长者的头一直仰着与这位晚辈说话，头僵直了很久，还很酸，但一般都会直到长者说：“你快点坐下吧，要不然，我的头会一直仰着，很酸的！”这时这位晚辈才敢坐下来。有的时候，长者让晚辈坐，晚辈也推辞不坐。

在任何时候都要“长者立，幼勿坐”吗？

大多数时候都是这样的，但是也有例外，比如上述情况。

其实，我们生活中遇到类似的情况会很多，即使长者不请晚辈坐下，作为晚辈，可以问“我是否可以坐下来”，以免让长者脖子发酸，脑袋发胀。

再比如开会的时候，领导讲话，领导一般都会站着讲，我们作为下属不能一看领导站着呢，也都起立听讲，这就没必要了。还有，老师讲课，现代课堂老师讲课都是站着讲的，我们作为学生，听老师讲课，也不能因为老师没坐，我们就都齐刷刷地站着听课呀。但是可以在上课的时候，下课的时候，以问好的方式表达我们的敬意。

学习经典，要学以致用，更要活学活用。不能死抠文字，咬文嚼字，要因时而异，因地制宜，这才是万全之策。我们学的是儒家文化先进的内涵，而不是表面功夫。只有这样，我们的工作、生活才会变得更加多姿多彩。

**名言欣赏**

1．一个天生自然的人爱他的孩子，一个有教养的人定爱他的父母。——林语堂

2．孝敬父母经常可以代替最高贵的感情。——孟子

3．有事，弟子服其劳；有酒食，先生馔。曾是以为孝乎？——《论语》

## 3.11 尊长前 声要低 低不闻 却非宜

【译文】

在与尊长交谈时，声音要尽量柔和适中，回答的音量放低一些，但低得让人听不清楚，就不是恰当的表现。

【注释】

声：声音。这里指和长辈交谈说话的声音。低：“低”其实是一个程度副词，这里表示说话的声音要比正常说话声音低一些。也表示适度的意思。即在和尊长说话时，声音适中，要让尊长听清。非：不，不是。宜：适合，适当。

### 拓展故事

**田文劝父**

《史记·孟尝君列传》中记载了田文劝父的故事。

田文，就是战国时期著名的孟尝君，四公子之一，齐国宗室大臣，鸡鸣狗盗、狡兔三窟的典故说的就是他的事。

田文的父亲叫田婴。当初，田婴有四十多个儿子，他的小妾生了个儿子叫文，田文是五月五日出生的。田婴告诉田文的母亲说：“不要养活他。”可是田文的母亲还是偷偷把他养活了。等他长大后，他的母亲便通过田文的兄弟把田文引见给田婴。田婴见了这个孩子愤怒地对他母亲说：“我让你把这个孩子扔了，你竟敢把他养活了，这是为什么？”田文的母亲还没回答，田文立即叩头大拜，接着反问田婴说：“您不让养育五月生的孩子，是什么缘故？”田婴回答说：“五月出生的孩

子，长大了身长跟门户一样高，会害父害母的。”田文说：“人的命运是由上天授予呢？还是由门户授予呢？”田婴不知怎么回答好，便沉默不语。田文接着说：“如果是由上天授予的，您何必忧虑呢？如果是由门户授予的，那么只要加高门户就可以了，谁还能长到那么高呢！”田婴无言以对，但从此就不再排斥他了。

过了一些时候，田文趁空问他父亲说：“儿子的儿子叫什么？”田婴答道：“叫孙子。”田文接着问：“孙子的孙子叫什么？”田婴答道：“叫玄孙。”田文又问：“玄孙的孙子叫什么？”田婴说：“我不知道了。”田文说：“您执掌大权担任齐国宰相，到如今已经历三代君王了，可是齐国的领土没有增广，您的私家却积贮了万金的财富，门下也看不到一位贤能之士。我听说，将军的门庭必出将军，宰相的门庭必有宰相。您的姬妾可以践踏绫罗绸缎，而贤士却穿不上粗布短衣；您的男仆女奴有剩余的饭食肉羹，而贤士却连糠菜也吃不饱。您还一个劲地加多积贮，想留给那些连称呼都叫不上来的人，却忘记国家在诸侯中一天天失势。我私下是很奇怪的。”从此以后，田婴改变了对田文的态度，器重他，让他主持家政，接待宾客。宾客来往不断，日益增多，田文的名声随之传播到各诸侯国中。各诸侯国都派人来请求田婴立田文为太子，田婴答应下来。田婴去世后，田文果然在薛邑继承了田婴的爵位，这就是孟尝君。

**【评析】**

和尊长讲话的时候，要将音量稍微压低一些，音色放得和缓柔软一些，以表明我们对尊长尊敬的态度。

我们年长的父母，我们的祖辈，年龄一天天地增长，因为他们年龄的缘故，听觉随着身体状况减退，可能不能准确听清楚你的话，脑子不能准确分析出你要表达的意思，为了让长辈明白你所要表达的意思，我们在和他们说话时，一定要态度恭谨，语调柔和，一方面表明自己的诚敬，一方面要让对方听清楚。

我们在和领导说话时，特别是要陈述建议、表达意见时，虽然领导的年龄不见得很大，但是和缓的语气，谦敬的态度，会让领导更容易接受，也更愿意倾听你的表述。

我们在和老师说话时，特别是要向老师请教时，也应该尊敬我们的老师，以恭敬的心对待老师。古人在向老师提问时，都要站起来，行拱手礼，得到老师允许后，才会以谦恭的态度请教。这和我们当代中国课堂中，先举手，得到老师允许，再发言或提问有些相似，都是要表达对老师的礼貌。

**【思考】**

我们在与尊长说话的时候，当然不能张扬，不能无礼，但是非得压低音量、卑躬屈膝吗？当然不是，这件事，应该与后文“凡道字，重且舒，勿急疾，勿模糊”一起来理解。李夫子告诉我们“低不闻，却非宜”，声音除比正常声音稍稍低一些外，还有一定要适当的问题，适当到什么程度呢？即能够让和你对话的尊长听得非常清楚，还能充分表达自己的意见。如果低到对方听不清你的表述，就顾此失彼，太片面，不合事宜了。但也不能高声喊叫，仗着年少张狂，就不顾及尊长的感受，高谈阔论，大声喊叫，甚至和尊长争吵，这都是不合时宜的。

曾经有一个孝子推着母亲去旅游，我说他是孝子，是因为他能给母亲买轮椅，还能推着母亲去旅游。有一次在一个旅游景点售票点前，对着母亲高声喊叫，逼母亲喝下半瓶可乐。他大喊大叫的样子引来了很多路人的围观和指责，说他不该对母亲那样，究其原因才知道，他们要进那个景区，而景区规定，游人在进入景区前不能带任何吃的喝的，否则不让进。这位孝子也是要让母亲喝下最后半瓶可乐，以免白白丢弃，浪费了，情急之下才逼母亲喝下。母亲可能不能理解儿子为什么一下子让她喝下那么多的饮料，也可能是给儿子留着，所以自己坚决不喝，引起了儿子的大声咆哮，引来路人的指责。我们想，如果这对母子看了我们李夫子的经文，理解了原意，一定会处理得更好一些。正确的语言、合适的态度是开解心灵窗户的钥匙，要想和你所接触到的尊长有良好的沟通，借助语言的力量，才是最正确的选择。相信上面提到的儿子如果能够用正确的言语表述清楚自己的观点，一定会换来母亲的理解，也就不会受到众人的指责了。

**名言欣赏**

1．侍于亲长，声容易肃。——周秉清

2．长者问，对勿欺；长者令，行勿迟；长者赐，不敢辞。——周秉清

3. 所有杰出的非凡人物都有出色的母亲，到了晚年都十分尊敬自己的母亲，把她们当作最好的朋友。——（英）狄更斯

## 3.12 进必趋 退必迟 问起对 视勿移

【译文】

如果有事要到尊长面前禀告，晚辈应该快步向前走到尊长面前，交谈后告退回去时，必须放慢一些步子才合乎礼节。当长辈问话时，应当站起来回答，长辈讲话时，要专注聆听，眼睛看着尊长，不可以东张西望，左顾右盼。

【注释】

趋：向前快走。迟：迟缓。起：站起来对：回答视：视线。移：漂移，移动。指眼睛要看着尊长，不能左顾右盼。

### 拓展故事

**张苍敬老**

张苍是汉朝的丞相，他是一个非常尊敬长辈的人，在他年轻的时候，曾经得到过王陵的许多照顾。后来张苍当官后，为了感谢王陵，常常像对待父亲一样照顾他。王陵死后，他的老母还健在。虽然当时张苍已是丞相，公务很忙，但他总是抽空去照顾王陵的母亲，甚至亲自伺候王母吃饭。张苍贵为丞相，能这样谨慎地照顾长辈，足见其为人尊老。

**孔子有礼**

孔夫子曾在鲁国做过司寇，代理相国的职务，他言传身教，事侍君王非常尽礼。他每次上朝时，和上大夫交谈，态度中正自然；和下大夫交谈，态度和乐轻松。进入国君的宫门时，低头弯腰，态度恭敬；快到国君面前时，小步快行，态度端谨。他每次走进周公的庙里，见到每一种事情，都要向人询问，这样不仅避免失礼，还为后辈学人做了提醒。现代人也应以孔夫子为榜样，到一个新的环境时，首先要询问此地的礼仪和规矩，决不能随心所欲，要做一个谨慎谦恭，有德有礼的人。

【评析】

古代社会，小辈在去见尊长时，要面朝尊长快步向前走过去，稽首行礼，开始交谈，在回来时，是要缓慢退步走出厅堂才可以转身的。这些礼节，都是为了表达对尊长的尊敬。

如果在外面，某个公众场合，见到尊长，也要面朝尊长走过去，谈后，也是要退几步，停在边上，等尊长走了，才可以转身走的。

无论在哪个场合，和尊长谈话，眼睛都要看着对方，不能左顾右盼，东张西望，甚至贼眉鼠眼，上下打量，这就是“视勿移”。这种礼节除表达对尊长尊重，也表现自身良好的修养。

在古代，要去拜访长辈，要换上比较体面的衣服出行，不能随意穿着。拜见尊长，向父母亲问安，向长辈问好，向受尊敬的人请教，场合庄重亲切，绝对不能失礼。现代社会，言辞合宜，举止文雅，衣着得体，也会让尊长心生欢喜，促进彼此感情增长。

有一位学生，每次到老师家来之前，或是去曾经就读的学校，都会先去洗个澡，换身干净体面的衣服，换上平时不大穿的皮鞋，然后仔细地收拾好，才去拜见老师。他以这样的态度去拜见老师，老师见了他也一定会很高兴，因为这不仅是对老师的尊重，也体现了自己做人处事的态度。老师也会倾尽自己毕生心得调教他的弟子。

对尊长的尊重，还可以从你同尊长的谈话、眼神和肢体语言中表现出来的，例如用心倾听，眼神专注，赞许地点头等，都可以让尊长和你的谈话成为温馨的场面。

【思考】

对待与你有过交往的或熟悉或陌生的人，本节内容是不是也给我们一些启示呢？

～～～～～～～～～～～～～～～～～～～～～～～～～～～～～～～～～～～～～～～～～～

在工作岗位，难免要去和领导汇报工作，到领导办公室门口要敲门。等领导允许进了，我们再进到领导办公室，礼貌地问好后，请示领导有没有时间听你的汇报，如果领导允许，就可以准确表述自己要汇报的工作。这就是“进必趋”，“趋”是快速从容，是要知道自己要说什么，思路清晰，语言干净，态度谦恭，表达清楚。在向领导汇报完后，礼貌地问领导是否还有其他的事，如果没有，就向领导告退。这就是“退必迟”，“迟”不仅指行动上要迟缓，而且也是说不仅要把你自己要处理的事处理完，也要等领导说没事啦，你再告退。

能够很好地理解“进必趋，退必迟”，将会有助于我们在社会中与领导、长辈的相处。

“问起对，视勿移”，又进一步说明我们和尊长交往的态度。比如我们在领导办公室和领导交流，除了要很好地表达自己的观点，汇报自己的工作外，有时领导也会问你一些工作上的内容，提出一些设想，布置一些工作。我们不见得像古代人那样，必须起身回答，也要看情况，怀着尊重的态度，认真地倾听，眼睛看着对方，并善于捕捉到领导说话中的中心点，恰当地表述自己的见解，并要思考怎样完成工作，并把自己的想法告诉领导，请领导指点。每一次交流，都是一次机会，让领导在这不经意的交流中看到你的优点。

**名言欣赏**

1．一家有事百家忙。——道原

2．内睦者家道昌，外睦者人事济。——林逋

3．孝，天之经也，地之义也，民之行也。——《孝经·开宗明义章》

## 3.13 事诸父 如事父 事诸兄 如事兄

【译文】

对待与父母同辈的叔叔、伯伯、舅舅、姑父等长辈以及其他尊长，甚至天下所有的父辈，我们都要如同对待自己的父母亲一般恭敬尊重，对待同族的哥哥姐姐，以及工作生活中遇到的同辈年长的人，我们都要如同对待自己的哥哥姐姐一样爱护尊敬。

【注释】

事：服侍，这里指对待尊长的态度。诸：众，许多。这里指所有的。父：指代父母。这里

是指对和父母同辈的所有长辈的称呼。兄：一般指哥哥，在弟子规中指兄弟姊妹。这里指所有同辈。

## 拓展故事

### 孝亲敬老是大善

在古代有这么个人，潜心修行，要在此生获得究竟。于是，他告别家中高堂老母，远赴他乡，寻找得道之人，想得到修行的真法。终于千里迢迢，走了大半年，到一仙山，见到了得道的高僧，他祈求说："师傅啊，我想获得人生的究竟，如何才能修得人生的真谛呢？"师傅看了他一眼，见他风尘仆仆，满身疲惫，眼里却含着热切的期待，于是点拨他说："你回去吧。这里没有你要找的东西，在这里修行也不会得到人生的圆满。"这个人不死心，还是求师傅说一说，师傅说："你回去的时候，看到一个反披衣服倒穿鞋子的人，那个人才是你要找的人。"师傅说完转身离开了，这个人没办法只好回家，一路风餐露宿，因为急着赶路，他两个多月就到家了。到家的那天，正是三更半夜。他敲门的时候，母亲刚刚睡下，听到有人敲门，还以为是小偷。后来听到儿子的声音，因为盼儿心切，急急地拿起身边的衣服，顾不得看反正，胡乱地披上，因为天黑，鞋子的反正也没有顾上看好，就趿拉着赶到门口给儿子开门。门开了，儿子看到面前的母亲，衣服反披着鞋子倒趿拉着，突然醒悟，眼前老娘不就是自己要找的真人吗！扑通一声跪到地上，给母亲磕头，说："妈，儿子回来了，儿子再不走啦，以后一定好好孝顺您。"从此以后，这个人真的是像换了一个人一样，对待母亲尽心侍奉，直到终老。安葬母亲后，他又将一位捡拾垃圾的老人请回家，尽心侍奉，就像对待亲生母亲一样，也让这位老人享受了人间天伦，直到终老。像这个人这样，照顾自己的母亲，还能照顾他人母亲的行为就是人间大爱。

孝敬父母神仙敬，活佛自在家中坐，要问他是哪一个，堂上父母即活佛。

家有一老，如有一宝，孝亲敬老即是大善。

### 传递正能量

郭明义，鞍钢矿业公司的一名普通员工，他却做了感动整个中国的善举。16 年间，他为希望工程、身边工友和灾区群众捐款 12 万元，先后资助了 180 多名特困生，还坚持义务献血。郭明义和妻子的收入都不高，而且上有年迈父母，下有上学的女儿，家庭负担很重。但是他却将希望工程活动看做一项事业和不容推卸的责任，执著而坚定。可他自己却是处处节俭，他的家不足 40 平方米，一室一厅，水泥地、双人床、木制门窗，简陋得不能再从屋子里搬走任何一样物件，而更令人心酸的是一个不足 3 平方米的门厅，还摆着一张单人床，这既是餐厅也是女儿的卧室。郭明义平时省吃俭用、节衣缩食，甚至连午饭的钱都不舍得花，要徒步走上几里地回家吃饭，一年四季都穿工作服，一件旧棉衣能穿 10 年。工友们说："别看老郭对自己抠门，但他帮助困难同志决不吝惜。"2002 年，手机逐渐普及，直到 2007 年，矿上奖励郭明义一部手机并明确要求他是工作需要不能捐献后，他才有了自己的手机。2008 年鞍山团市委听说他自己捐出了 3 台电视，自己家却连电视都不舍得买，就为他买了一台送去，并告诉他这是固定资产不能捐献，这时他家才有了一件像样的家电。2009 年春节，矿上奖励他一台数码相机，他找同事换了钱，全部捐献。2010 年，郭明义被评为鞍钢劳动模范，获得一万元嘉奖，他又全部捐献了。16 年来，郭明义不仅把生活费捐了，而且把各种补贴一分不留地全部捐献。郭明义的善举影响了整个中国，撼动了所有中国人的内心。

郭明义以自己人格魅力感染了很多人，他们在这个社会上不断释放着正能量。

【评析】

这件事是"出则弟"的最后一节，也是本章最后一件事，它把对自己父母孝顺的亲情，对兄弟姐妹友爱的亲情，升华为对人世间所有为人父母和为人兄弟姐妹的大爱之情。

对待家族中的长辈，对待家族外的长辈，都保有尊敬、谦逊的态度，要永远保持一颗毕恭毕敬之心。对待家族中的兄弟姐妹，对待家族外的兄弟姐妹，也要保有关爱、照顾的态度，要永远保持一颗和谐恭敬之心。

如果我们所有的家庭都能孝敬父母，那么每个家庭都是和谐家庭；如果我们所在的家族能够都关爱老人，照顾兄弟姐妹，我们的家族就是和谐家族；如果我们社区所有成员都能够像爱自己父母一样尊重照顾长辈，关心爱护小辈，那么我们的社区就是和谐社区；如果我们所在的单位能够尊敬拥护领导，照顾扶持下属，团结包容同事，那么我们的单位就是和谐单位；如果我们的学校学生都能尊敬亲近师长，老师都能关爱引领学生，那么我们的学校就是和谐校园；如果我们的社会每位公民都能在各自位置扮演好各自的角色，各尽本职，这个社会不就是和谐社会吗!

**【思考】**

"事诸父，如事父，事诸兄，如事兄"，这对于很多人来说，并不容易做到，要孝敬自己的老人都不容易，何况是别人的老人。在这个"独生子"时代，要和自己家族的兄弟姐妹相处都不容易，更何况要和社会上同一辈的人，包括同学、朋友、同事和谐相处，是很不容易做到的。那怎样落实这件事呢？

人生就是修行，广聚善缘，多种福田。古人讲"积善之家，必有余庆，积不善之家，必有余殃"，我们都愿做有德之人，那从哪里开始呢？就从我们身边经历的点滴小事开始。

人生的舞台，从人一出生开始，每天都在上演或喜或悲或欢或忧的人生大戏。人生是没有彩排的，每一天都是精彩的直播。我们的德行是越来越夯实厚重，还是越来越浅薄轻浮，都是我们自己在不经意间铸就的。正如本书开头引用的古语有云："行善修福，如春园之草，不见其长，日有所增；行恶损功，如磨刀之石，不见其损，日有所亏。"我们要提高德行，先从身边的力所能及的事做起，孝敬父母，尊重领导，关爱长辈，尊敬老师，多陪父母说说话，实在太忙就打打电话，力不从心真心祝福也好，只要是发自内心，即使是一个心念的力量，也能让尊长感受到。从自己家里做起，从身边做起，再到身边的邻居，社区的老人，再到这个社会需要关心照顾的弱势群体，只要能够想到的，可能举手之劳就会让身边的人感受到温暖。

当然在佛家还有一种境界我们应该学习，那就是"一切男人为我父，一切女人为我母"，这种境界和本书之中提及的"事诸父，如事父，事诸兄，如事兄"及后边提及的"泛爱众"都是一种更高境界的胸怀。我们学习中华传统文化，学习经典的儒家思想，不见得一下子都能达到那种境界，但那毕竟是人生的一种目标，一种胸怀，一种担当，我们可以朝着那个目标努力追求，提升从一点一滴做起，从行住坐卧做起，从举手投足做起，从起心动念做起。如果地球上的每个人真能那样做，为自己、为身边的人、为这个世界行善积福，这个国家将是和谐的国家，这个社会将是大同的社会，这个世界将是和谐的世界。为了这个目标，我们努力吧！

**名言欣赏**

1. 人皆可以为尧舜。——《孟子·告子下》
2. 诗书立业，孝悌做人。——王永彬
3. 大德必得其寿。——《礼记·中庸》

# 第4章 谨

本章共23节，讲述的是古人生活中的习惯，这些习惯如今我们应该怎样理解？好的习惯对我们养成好的性格非常重要，我们都注意到了吗？

本章告诉我们做事、说话一定要谨言慎行，一言可兴邦，一言也可丧邦。一个人要注意自己的言行，养成良好的习惯，就能避免很多错误，学习和工作就会更容易取得成绩。本章教育我们要形成三个方面的能力：第一个是自制力；第二个是独立生活的能力；第三个是做事的能力。这三种能力需要我们从小的时候就开始培养，拥有了这些能力，人生会很充实。

## 知识要点

1. 知道拥有健康身体的重要性。
2. 理解生活中应具有好习惯。
3. 理解古人慎独的思想和行为。
4. 知道“礼”的重要性。

## 能力要点

学习本章，了解古人在日常生活中慎重、敬事、爱物、惜时的观念，充分了解养成好习惯的必要性，形成优良的性格，改变自己的命运。

## 课堂训练

**学前小测试**

1. 你每天能早早起床吗？（　　）

A. 能　　B. 不能

2. 你能把自己的东西摆放整齐吗？（　　）

A. 能　　B. 不能

3. 你会自己洗衣服吗？（　　）

A. 会　　B. 不会

4. 你觉得仪表、举止对人来说重要吗？（　　）

A. 重要　　B. 不重要　　C. 无所谓

5. 你吃饭时偏食吗？（　　）

A. 是的　　B. 不是

6. 你认为什么样的人是优秀的？（　　）

A. 做事小心谨慎、谦卑勤奋的人　　B. 珍惜时间的人

C. 有礼貌的人　　D. 服装得体的人

E. 不畏惧困难的人　　F. 有好习惯的人

G. 不怨人、不恨人、不嫉妒人有好性格的人

通过这个学前小测试可以看出我们平时所欠缺的部分，从现在起培养好的行为习惯和修养，成为社会中受欢迎的人，为我们精彩的人生添上美丽的一笔。

## 4.1　朝起早　夜眠迟　老易至　惜此时

【译文】

清晨要早起，晚上要晚些睡。人的一生很短暂，转眼间从少年就到了老年，所以每个人都要珍惜此刻的宝贵时光。

【注释】

朝：早晨。眠：睡觉。迟：晚。易至：很快就到。惜：珍惜。此：此刻。时：光阴。

### 拓展故事

**范仲淹的故事**

范仲淹是北宋著名的政治家、思想家、军事家和文学家，他在很多方面做出了卓越的成绩。

范仲淹两岁的时候，父亲就去世了，母亲一个人带着他贫困无依，改嫁到山东朱家。朱家虽然很富有，但范仲淹立志要好好读书，就到醴泉寺寄宿读书。那时，他的生活极其艰苦，一边干活，一边苦读，经常读到深夜，困了就用冷水洗脸。最让他难以忍受的就是每天的饭菜，不要说吃上好吃的饭菜，就连吃饱也很不容易。他每天只好煮一碗粥，等到冷凝了以后，分成四块，早晚各取两块，就用咸菜下肚。即使生活如此艰苦，范仲淹也从没在意过，他把全部的精力放在读书中，以读书为乐趣。

范仲淹珍惜每一分、每一秒的读书时间，从不愿把时间浪费到别的事情上去。有一次宋真中率领文武百官到亳州[1]去朝拜太清宫。浩浩荡荡的车队经过南京，整个城市热闹非凡，人们拥挤着争相观看唯恐错过龙颜。范仲淹的同学也都顾不得看书了，争先恐后地跑去看皇上，唯有范仲淹闭门不出，仍然埋头读书。有个要好的同学特地跑来劝他："快去看，这是个千载难逢的机会，千万不要错过！"范仲淹只随口说了句："不急！不急！将来再见也不晚。"便头也不抬地继续读他的书了。果然，第二年他就中了进士，见到了皇帝。后来还当上了宰相，成为了著名的大学问家。

【评析】

"朝起早，夜眠迟"，这句话告诉我们要早些起床，晚些睡觉。其实古人这么说的真正意义是让人们能够充分地利用时间，不要浪费时间，而且还要养成良好的生活习惯。古代和我们现代社会相比，他们没有电视、电话、手机、电脑这些可供消遣的高科技产物；他们也没有饭店、商场、歌厅、舞厅、酒吧等这些娱乐场所。古人生活很简单，过的是"日出而作，日落而息"的生活，多数人晚上六七点钟天一黑就睡觉了，"夜眠迟"是针对古人的这种情况，鼓励古人在晚上的时候晚一点睡，多利用晚上的时间做一些有用的事情。我们现在提倡"早睡早起"，但两者其实并不矛盾，最终的目的是让我们形成一个良好的习惯，生活要有规律，要懂得珍惜时间。古人从不过没有规律、没有节制的生活，这点是值得我们去学习和效仿的。合理的安排好学习和娱乐的时间，不能只有娱乐没有学习，也不能只有学习没有娱乐。所以说有规律、有节制的生活习惯是非常重要的。

"老易至，惜此时"，告诉我们人生很短暂，一个人很容易就从少年变成了老人，等到你变老的时候才想到要珍惜时间就晚了，所以说"少壮不努力，老大徒伤悲"。我们要珍惜现在的每一寸光阴，要知道"一寸光阴一寸金，寸金难买寸光阴"。人生如此短暂，我们就更应该好好地、有效地利用时间，要抓紧可以利用的一切时间，来勤奋地学习。范仲淹不为生活困难所烦恼，仍坚持苦读；大家都去看皇上的车队时，他不为所动，仍坚持读书。这种坚持和惜时，让他最终获得成功。皇上可以以后再看，可时间过去了就不会再回来；我们现在很多东西可以以后再享受，时间是不会等你享受完后再走。珍惜时间吧，做该做的事，不要为不必要的事浪费时间。

【思考】

一年有四季，春生、夏长、秋收、冬藏，这是自然界的规律，不能违背。人的生命也一样，白天工作、学习，晚上休息、养精蓄锐，也同样是不能违背的。现在有很多人喜欢白天睡觉，晚上起来活动，过着黑白颠倒的生活；还有一些人，由于学习、工作的压力，晚上学习、工作到很晚。这些生活方式都违背了自然规律，人长期处于这种不规律的生活状态下，身体得不到休息，精力得不到复原，必然会对健康造成威胁。大家有没有想过，一个人如果没有好的身体，那什么都无法去做，什么目标都无法实现，多么美好的生活也无法去享受。尤其是年轻人，你现在透支你的体力，那么你将来怎么办？所以我们每个人都要检省一下自己：你的生活规律吗？你做到"早睡早起"了吗？你有不良的生活习惯吗？你在透支你的体力吗？要是你的生活不规律，体力在透支得不到恢复，那就赶紧养成良好的生活习惯吧。

有了好的生活习惯，我们就会拥有好的身体，有了好的身体，我们要懂得珍惜时光，去努力学习，做有意义的事。尤其是年少时，更应该珍惜好时光，努力学习。晋朝的盲人乐师劝谏晋平公时曾经这样说过："年少时好学，好比初升的太阳，阳气充足；壮年时好学，好比正午的太阳，光辉炽热；年老时好学，好比燃烛的光亮。蜡烛的光亮虽不及太阳的光辉，但与黑暗中行走相比，哪一个更好些呢？"人要活到老学到老，但年少时学习就好像初升的太阳，这个时候的人没有太多的事情羁绊，一门心思就在学习上，学习的精力旺盛，是人最佳的学习时间。而我们现在有很多年轻人，

[1] 亳州：（bó）今安徽省亳州市。

无法抵御外界的诱惑，网络、游戏深深地吸引着他们。他们把时间浪费在上网打游戏上，浪费在吃喝玩乐上，用在学习上的时间就少之又少了。如果你对学习一点兴趣也没有，那就不要浪费时间，提早规划自己的人生吧。要记住“老易至”，人生是很短暂的，转眼间年华就会逝去。同学们，珍惜现在宝贵的时间，努力学习，你做到了吗？

**名言欣赏**

1. 有规律的生活原是健康与长寿的秘诀。——巴尔扎克
2. 人生的最大悲痛莫过于辜负青春。——薄伽丘
3. 敢于浪费哪怕一个钟头时间的人，说明他还不懂得珍惜生命的全部价值。——达尔文

## 4.2 晨必盥　兼漱口　便溺回　辄净手

【译文】

早晨起床后，一定要洗脸刷牙。每次上完厕所后，一定要洗手，养成良好的卫生习惯，才能确保健康。

【注释】

晨：早晨。必：必须；一定要。盥：洗脸洗手。兼：同时，一起。漱口：刷牙漱口。便溺：溺，同“尿”。指上厕所。辄：每次。净手：洗手。

### 拓展故事

**不讲卫生的王安石**

王安石是北宋的政治家、文学家，他是“唐宋八大家”之一。在文学创作上，他对后世有着深远的影响，给我们留下了很多不朽的作品；在政治上，他官至丞相，实行变法为社会进步做出了贡献。就是这样一位卓有成就的大家，在个人卫生、衣着穿戴方面却从不在意，极为随便，给世人留下很多笑谈。

王安石平时不修边幅，衣服很少换洗。苏洵曾经描述他：“衣臣掳之衣，食犬彘之食，囚首垢面，而谈史书。”他经常不洗脸，以致脸上时常是黑一块白一块，不知道他底细的人还以为他生有皮肤病。有一次，吕惠卿①对王安石说：“先生你脸上长有黑斑，用花园里的荽②草泡水来洗，可以去黑斑。”王安石说：“我脸皮本来就长得黑，不是什么黑斑。”吕惠卿又说：“荽草也能使脸皮变白。”王安石笑道：“我的皮肤天生就黑，用荽草洗又有什么用？”后来，王安石的门人见王安石的面色黧黑③，以为他生病了，请了郎中来给他看病。郎中一看说：“这哪儿是病啊，只是脸上泥土太厚，洗一下就好了。”家人端来了热水让他洗脸，他不领情地说：“我天生就长得黑，再怎么洗也白不了，别浪费工夫了！”

还有一次，王安石面见宋神宗，由于他经常不洗脸、不洗澡，身上长了虱子。就在他面见宋神宗的时候，虱子爬到了他的胡须上，宋神宗看到后忍不住笑出了声，王安石还不知道是怎么回事，等出了朝堂问过同僚，他才弄明白原来是虱子爬到了自己的胡须上。王安石不以为然，让手下把虱

① 吕惠卿：字吉甫，泉州晋江人，北宋的政治家、改革家。嘉佑二年进士，王安石变法的第二号人物。
② 荽：suī。
③ 黧黑：（lí）黑里带黄的颜色。

子抓走。同僚趁机挖苦他说："宰相脸上的虱子是被皇上亲自鉴赏过的，怎么能轻而易举抓走哇！"

王安石不讲卫生，常把自己弄得酸臭难闻，所以同僚们都尽量离他远一点，他的家人也经常抱怨他，但王安石依然我行我素，丝毫没有要改掉这个毛病的意思。王安石有两个"铁哥们儿"——吴仲卿和韩维，他俩对王安石的邋遢形象实在看不过去了，又不好直说，就与王安石订了一个"盟约"：三人每月同日同时到寺院谈论诗书政治，谈得差不多了，两位哥们儿就邀王安石去洗澡，并安排服侍老僧趁王安石洗澡时把他的脏衣服拿走，然后换一套新衣服摆在那儿。王安石洗完澡后见新衣服就穿，从来也不问新衣服从哪里来。一切现成，乐得享受，几次洗过，觉得轻松爽快，精神舒畅。同僚们也不再躲避他了，家人也不抱怨他了，王安石尝到了洗澡的甜头，也就变"盟约"为自觉行动了。不讲卫生的恶习也就渐渐地改掉了。

【评析】

"晨必盥，兼漱口"，告诉我们早上起来的时候要洗脸、漱口、刷牙，让自身变得清洁。这是一个良好的卫生习惯，父母们要在孩子很小的时候，就要教育他们养成这样的好习惯。我们的祖先在这方面已经做得很好了，这样做既让自己有一个清爽的开始，也给别人以尊重，尤其是当你与别人接触时，这显得尤为重要。我们生活在现代社会，人和人之间的交往很频繁，无论你做什么，你都要和别人有接触。每个人在一生中，都会有一些重要的场合要参加，参加这样重要的场合，就要求我们更注重自己的形象。个人形象中最重要的是整洁、干净，试想一个邋里邋遢、不洗脸、不刷牙、满身气味的人，又怎么会给人留下好印象呢？别人也不会愿意和他交往，甚至会离他远远的，唯恐避之不及。

"便溺回，辄净手"，这也是要我们养成一个良好的讲卫生的习惯。我们现在常说"饭前便后要洗手"，其实也就是这个意思。双手是我们身体中暴露在外面时间最长的器官，也是接触物体最多的器官，每天会接触到很多细菌。所以不仅餐前便后要洗手，在接触生食前后，给小孩喂食之前，佩戴隐形眼镜之前，实施治理或急救前后，手看起来脏的时候，为婴儿换尿布之后，触摸动物或宠物身体之后，接触血液或其他体液之后、咳嗽、打喷嚏、擤鼻涕或挠鼻子后，从室外进入室内，接触可能被污染的物体后，都要马上洗手。如果我们没能做到及时洗手，就会"病从口入"，威胁我们的健康。健康对于我们来说是最重要的，身体是革命的本钱，身体不好什么事情也不能做，人生也就不会有成功。

王安石因为没有良好的卫生习惯，而受到同僚的厌烦，身边的朋友很少。而当他改掉了不讲卫生的坏习惯，身边的朋友就多起来了。不单纯是这样，因为讲卫生整个人也会变得很清爽，心情也会跟着快乐起来，做事情也会充满自信。因为你整个人干净清爽，也会赢得别人的尊重，也会为你的学业和事业增加成功的几率。

【思考】

现在很多人的生活习惯很不好。对于年轻人来说，一方面是工作学习的压力，一方面是高科技电子产品、丰富多彩的娱乐项目的诱惑，大多数年轻人习惯晚上活动到很晚，然后睡懒觉，到早上又不爱起床，起床后又急着上班。所以早上的洗脸刷牙就显得很匆忙，有的人甚至来不及刷牙洗脸，拖着疲惫的身体去上班。这一天对于他来说，清新的早上已经没有了，精力充沛的一天也离他远去了。老年人因为他们生活的那个年代，温饱对于他们来说很重要，整天为了生计辛勤地工作着，忙完工作又要忙家里的事，所以他们对卫生的要求就相对差一些。小孩子还小他们讲卫生的意识不强烈，甚至还不太清楚什么东西干净，什么东西不干净。

所以说要拥有一个健康的体魄，就要养成良好的卫生习惯。年轻人要改掉上网熬夜的坏习惯，早睡早起，神清气爽地迎接每一天的到来；老年人要增强讲卫生的意识，对个人卫生的要求要高一些；小孩子需要家长的督促，让他们从小就养成讲卫生的好习惯。

我们每个人都要想一想，自己在讲卫生方面做得到不到位？有没有不好的习惯？有没有做到早上起来刷牙洗脸？有没有做到经常洗手？你洗手的方法对不对？

**名言欣赏**

1. 防病如防火，防之于先，则不救之于后。——熊式
2. 不要以为自己健康就忽视卫生与养性，必须安不忘危，还注意预防诸病。——培根
3. 人生对生理卫生的认识，也是最好的一种保健药品。——培根

## 4.3 冠必正 纽必结 袜与履 俱紧切

**【译文】**

戴帽子时，一定要把帽子戴正，衣服的纽扣一定要扣好；袜子和鞋子都要穿整齐，鞋带要系紧。

**【注释】**

冠：帽子。必：必定，必然。正：符合标准的方向（跟“歪”相对）。纽：同“钮”，纽扣。结：系，扣上。履：鞋。俱：全；都。紧切：绑紧、绑牢。

### 拓展故事

#### 子路正冠

子路是春秋时期的鲁国人，他既是孔子的学生，又是孔子的朋友。子路年轻时是个好勇斗狠的混混，后来被孔子的学问和道德折服，成为了孔子的学生，两个人经常在一起探讨问题。子路是个很有政治才能的人，他数次为官，治理的浦城连孔子看了都赞叹不已。他深得孔子的赏识，是孔子最得意的门生之一。

子路这个人非常讲究仪表，对自己的穿戴很是注意，尤其注重自己的帽子。他去见孔子的时候，总是穿戴整齐，把帽子戴得端端正正的。他认为如果不穿戴端正，那就是对别人不尊重，尤其是见老师，不注重仪表就是对老师的不尊重。子路不光是在去见孔子的时候穿戴整齐，在平时的生活中，他也是非常注重自己的穿戴的。

后来卫国发生了内乱，父子争权，国内战乱不断。当时子路正在外面游学，不在国内，当他听说国内正发生内乱后，就急忙往回赶，要去解救卫国国君。有人劝子路不要回去：“现在卫国内十分危险，回去了很有可能遭受灾祸。”子路说：“拿了国家的俸禄，就不能躲避祸难。”于是子路毅然决然地回到卫国，竭力帮助卫国国君平定国内的叛乱。但后来因寡不敌众，中了敌人的暗算，被敌人的武士击中，身负重伤，连帽子上的缨带也被割断了。子路知道自己难逃一死，立即停止搏斗，对敌人说道：“君子虽死，但不能让帽子脱落而失礼。”于是他从容地把帽子戴正，并系好帽带子，英勇地为卫国牺牲了自己的生命。

子路死去的消息传到孔子那里后，孔子非常伤心，为了子路，从此不再吃肉。

**【评析】**

“冠必正，纽必结；袜与履，俱紧切”，这是告诉我们要注重自己的仪表，衣服鞋帽都要穿戴整

齐，不要以一副邋遢不整洁的仪容去面对别人，这也是对别人的不尊重，反过来别人也不会尊重你。古代的人很注重仪容，他们时时提醒自己要做到“三正”：第一个帽带要正，第二个裤带要正，第三个鞋带要正。古人把帽子看得很重要，就像是自己的头一样。子路在知道自己难逃一死的时候，他停下来，扶正自己的帽子，君子虽死，但不能掉了自己的帽子而失去了礼节。足见古人认为仪容整齐对于一个人来说有多么重要。

中国有“文质彬彬，而后君子”的古训，与人会面不可以不修饰，不修饰就会显得不整洁，不整洁就显得对人不尊重，对人不尊重就等于失礼，失礼就无法立足于世。仪容仪表是一个人涵养的外在表现，它决定着别人对你的第一印象。在与人交往的过程中，这是一张没有文字却形象生动的名片。整洁的衣冠给人以舒服的感觉，而好的第一印象往往是至关重要的。比如你去一家公司应聘，面试的领导首先看的是你的仪容仪表，看它是否得体，看你穿戴是否整齐，这也是你给面试领导的最直接的印象。至于品德和技能，那是需要深入的交谈了解，才能够掌握的。如果你以一副衣冠不整、不修边幅、憔悴潦倒的形象去面试，只能让别人认为你是个生活懒散、作风拖沓、责任感不强、不尊重他人的人，如果你以一副穿戴整齐、衣帽端正、神清气爽的形象去面试，你就会给别人留下一个生活规律、雷厉风行、责任感很强，又懂得尊重他人的好印象。

注重仪表是自尊自爱的表现，是我们必须要注意的事情。子路因注重仪表，而深受老师孔子的喜爱，老师能够为了他而不再吃肉；赵宣子因注重仪表，而感动要刺杀的凶手，让凶手为救他而牺牲自己的生命；乔·吉拉德因注重仪表，而赢得了客户的尊重，让他成为世界汽车销售界最伟大的推销员。我们注重仪表，或许不会做出这么惊天动地的大事，但是我们会让自己身边的人赏心悦目，会得到别人的尊重，会为自己赢得自信，也同样会有成功的机会。

**【思考】**

一个人“成于中，形于外”，就是说一个人内要有素质，外要有形象，所以说穿戴的事就显得尤为重要。所说的重要并不是要你满身都穿名牌，戴满金银首饰。而是要你做到“正、结、紧”，也就是帽子要戴正、扣子要系好、鞋带要系紧。让人感觉到的是你的精气神，而不是松松垮垮的萎靡不振。

我们在现实生活中经常能看到有些人在穿着方面闹出笑话：有把衣服穿反的、有裤子或裙子的拉链没有拉上的，有两只脚穿不同款式鞋子的。这些人去参加公众集会，出席公众场合，结果笑倒一群人，让自己无地自容。试想如果你是一位老师，或者是一位演讲者，当你衣冠不整地站在台前，给学生讲课或者是夸夸其谈地进行演讲，下面的学生或听众对你是什么样的看法？蔡礼旭老师曾讲过他有一次给人讲课出丑的事。有一次在海口，蔡老师要去上课时间来不及了，就坐了海口特有的交通工具——摩的，到了以后，就进去上课，没迟到。讲完课，走下来就去厕所，结果一照镜子发现头发是翘起来的。因为一路坐车被风吹起的，他在那讲了两个小时，居然没有人告诉他，他就一直糗了两个小时。所以我们处处要谨慎仪容，才不会出现这些糗事。周围的人也应该善意地去提醒在仪表上出问题的人，如果有人提醒蔡老师，他也就不会在台上糗两个小时。

一个人养成良好的生活习惯，对他的一生都会有影响。像那些不注重仪表的事所引起的尴尬和笑话还只是小事情，严重的将会给自己的事业和前途造成危害。良好习惯的养成要从小做起，从学生时代做起。小的时候家长们就要督促自己的孩子，帽子要戴正，不要歪戴帽子，让自己显得流气；穿衣服的时候纽扣都要扣好，不要衣冠不整，让人感觉你不整齐；袜子要穿整齐，鞋带要系紧，不要松松垮垮，让人觉得你走路没有精神。

大家有没有想过，你注重你的仪表吗？你有没有因为衣冠不整而出过丑？你有没有因为衣冠整齐而让你大放光彩呢？

**名言欣赏**

1．美丽的相貌和优雅的风度是一封长效的推荐信。——伊莎贝拉

2．外表会显示出你的个性。——原一平

3．衣服不利索是精神萎靡的表现。——塞万提斯

## 4.4 置冠服 有定位 勿乱顿 致污秽

【译文】

脱下来的衣服和帽子，要放置在一个固定的地方，不能到处乱丢，以免把衣帽弄脏。

【注释】

置：摆，放。冠：帽子。服：衣服。定：固定。位：位置。勿：不要。乱顿：胡乱丢置。致：以致，导致。污秽：脏。

### 拓展故事

**大唐宰相张九龄**

张九龄是唐代一位著名的诗人、文学家。开元十九年，唐玄宗将学识渊博的张九龄召回京师，不久他就成为大唐名副其实的宰相。张九龄主理朝政时，刚直不阿，疾恶如仇，敢于向皇帝直言进谏。他曾经多次劝诫唐玄宗整顿朝纲，革除社会弊端，革新吏治，选贤任能，对维护大唐盛世做出了重要贡献，被后世誉为“开元三大清贞宰相”之一。

张九龄人格高尚，政绩卓著，诗歌和文学造诣很高，他还是一位风度翩翩、仪表堂堂的伟岸男子。张九龄非常注重自己的仪表和生活细节，他每天都把衣服穿得整整齐齐、一丝不苟。在家里物品摆放得规规整整，从不把东西随处乱放。而且他的物品都有固定的摆放的地方。就比如说，当时大臣上朝议事，手里都拿着一个象牙做的笏板①，笏板上面记着自己要在朝堂上向皇帝禀奏的事情。但是大臣们从来都不在意笏板的拿法，也不会讲究笏板的摆放位置，当大臣们不用笏板时，往往随便往腰间一插，样子很不雅观。只有张九龄在这个方面做得与众不同，他让家人给笏板做一个很精致的袋子，专门用来放笏板，每当用完笏板，他就会把笏板放在这个固定用来装它的袋子里。这样一来笏板不易被磨损，用起来也很方便，看起来也很雅观。唐玄宗对张九龄此举就非常赞赏，后来，张九龄被罢相后，唐玄宗每次碰到大臣推荐新人，他都会追问一句：“这个人的风度能比得上张九龄吗？”由此可见，张九龄在唐玄宗心目中的形象有多重要。

【评析】

“置冠服，有定位；勿乱顿，致污秽”，这句话是要告诉我们每一样东西要有固定放置它的位置，不要随意地乱放。如果乱放，不但会把物品弄脏，等到用它的时候也不容易找到。当东西都有固定的位置，生活就会有条不紊，做起事来就能循规蹈矩，你给别人的印象也会是个做事有条有理的人。

我们很多人都有过军训的经历，在军训的时候，教官会对你的内务作出详细的要求。什么东西放在什么地方都有指定的位置，而且都要叠放整齐了再放到固定的位置。那么大家回想一下，那个时候想要用什么的时候是不是很顺手，想要找什么的时候也是很容易就能找到了，而且寝室也很整

① 笏板：（hù）古代大臣上朝奏事拿的手板（用于记事）。

齐，教官们的宿舍也是让你很羡慕。因为什么呢？因为他们做到了“物有定位”，而且摆放整齐。

我们去商场也是一样，琳琅满目的商品摆放整齐，让你一点也感觉不到乱。顾客随便想要哪件商品，服务员都能很准、很快地帮你把它找出来。因为什么？因为“物有定位”，服务员很熟悉它摆放在哪里。

大型的公司对员工们的要求都很高，会要求员工们按位摆放物品。我们在影视作品中、在现实生活中，经常看到有企业的员工因物品没有摆放在固定的位置，领导要用的时候怎么也找不到，而受到领导批评的。还有因此而耽误重要的事情的，就像故事中的小亮，因简历没有放在固定位置，而影响了自己的应聘。而古人就做得很好，就像大宰相张九龄，他能注意到这个小小的笏板，足见他在各方面也一定都是很讲究的人。

所以说“物有定位”会让你的生活受益匪浅，也可以看出一个人真正的修养品德。这样好的素质我们要从小就开始培养，让我们从自己的事情做起，而不是什么事情都由我们的家人来代劳，让孩子们自己动手，养成好的习惯将受益终生。

**【思考】**

大家想一想，你有没有什么东西放到什么地方，长时间不用以后，等用时却怎么也找不到了的时候？东西找不到又急着用，不但要浪费我们很多时间去找，还要着急上火。如果我们都能做到“物有定位”，那就简单得多了。上学的孩子，每天晚上学习完后，把书包整理好，把明天要穿的衣服找出来，和书包放到一起，这样第二天上学的时候就不会手忙脚乱地找这找那。也不会因为忙乱忘了该带的东西，到时候还得让爸爸、妈妈请假到学校给你送去。上班的人，每天晚上睡觉之前，把明天上班要用的东西，要穿的衣服准备好，就不会因为第二天晚起几分钟，给孩子做饭而没有时间找衣服，只好穿昨天已经穿过的，让人产生你不注重仪表的感觉。

我们现在有很多学生不会做到把东西放在固定的位置，在教室里不把垃圾放到垃圾桶里，书本没有放在桌子上，校服不是穿在身上而是放在桌子上。整个教室看起来非常凌乱，就没有学习的氛围。手机本是通话的工具，便于与家人朋友联系，学生们却把它拿到课堂上来，用它来玩游戏。物品出现在了它不该出现的位置，就不能正确地发挥它的作用。

请大家想一想“物有定位”的好处，看看自己有没有做到这一点？看看你周围的人有没有做到这一点？你是不是自己的事都由长辈代做的那个人？你会成为企业领导赏识的人吗？

**名言欣赏**

1. 习惯的力量比理智更加有恒，更加简单。——洛光
2. 强有力者莫大于习惯。——奥维德
3. 少成若天性，习惯如自然。——班固

## 4.5 衣贵洁 不贵华 上循分 下称家

**【译文】**

穿的衣服贵在整洁大方，而不在于华丽。衣服要符合自己的身份，还要和自己的家庭条件相适合。

**【注释】**

贵：以……为贵。洁：整齐清洁。华：高贵华丽。上：先、前面。循分：遵循自己的身份。循，遵守，依照。分，身份。下：后。称家：与家庭的地位条件相称。称，相称。家，家境。

## 拓展故事

### 鹤立鸡群的嵇[1]绍

嵇绍是魏晋时期“竹林七贤”[2]之一嵇康的儿子，他体态魁梧伟岸，聪明英俊，在同伴中非常突出。晋惠帝时，嵇绍官为侍中。嵇绍非常注重自己的仪表，穿衣服也非常注重场合，当时就有人称嵇绍“气宇轩昂如同野鹤立鸡群之中”。

有一次，齐王司马冏与董艾等人在宫中闲聊，畅谈国家大事。嵇绍穿着朝服求见齐王，齐王和董艾这些人不拘小节。看到嵇绍来求见，董艾就对齐王说：“听说嵇绍非常擅长弹琴，齐王何不命他弹琴给大家，让大家伙乐乐。”司马冏也正有此意，于是就命人抬琴进来，请嵇绍为大家演奏。嵇绍不愿意，司马冏对嵇绍说：“今天大家都很高兴，你又何必如此扫兴呢？”嵇绍庄重地回答道：“齐王您是主持政事的君王，更应该讲究礼仪，端正秩序。我今天穿着整整齐齐的礼服前来见您，是要来谈政事的，您怎能让我做些乐工要做的事呢？如果我今天穿的是便服，来参加您的私人宴会，那我就不敢推辞了。”古时，在什么场合，见什么人，穿什么衣服，做什么事，都有严格的规定，所以齐王和董艾等人听了此话后，都很惭愧，让嵇绍弹琴的事也就不好意思再提了。

“八王之乱”时，有一次都城发生变乱，嵇绍奋不顾身奔进宫去。守卫宫门的侍卫张弓搭箭，准备要射他。侍卫官看到嵇绍正气凛然的仪表，连忙阻止侍卫，并把弓上的箭抢了下来。后来，嵇绍在跟随晋惠帝出兵迎战于汤阳时，为保护晋惠帝血溅帝衣而亡。

### 玛蒂尔德的项链

在法国著名作家莫泊桑的笔下有这样一个小人物，她叫玛蒂尔德，她出生在一个小职员的家庭。她和教育部的一个小职员结婚了，她的丈夫没有可继承的财产，自己赚的也不多，没有可以供她穿好、吃好、玩好的资本。但玛蒂尔德却整天幻想着自己能够穿上漂亮的衣服、住上漂亮的房子、有仆人伺候着、享受可口的美食。她喜欢漂亮的衣服，喜欢华贵的珠宝首饰。

有一天，她的丈夫有幸得到两张教育部舞会的门票，可以让她和丈夫去上流社会的舞会去见识一下，让她过一次上流社会的日子。起初她很高兴，可是后来她就开始为参加舞会的衣服犯愁了。丈夫让她穿着那件看戏时穿的裙子，可是她觉得那件衣服根本穿不出手，不够华丽，会被人看不起的。非要让她的丈夫给她买一件新的礼服，这件新礼服花去了她丈夫的积蓄。可是她还是发愁，因为她没有和这件衣服相配的珠宝首饰，她觉得没有足够的体面去参加这次宴会。

但是她的丈夫也实在是再也拿不出一分钱去给她买一件像样的首饰来配她的这件衣服。忽然，她的丈夫想起来玛蒂尔德有一位非常有钱的朋友，他让玛蒂尔德到她的朋友那里去碰碰运气，看看能不能在她的朋友那借到一件像样的首饰。

玛蒂尔德听了她丈夫的话，去了她的朋友那，向朋友说明了自己的来意。她的朋友答应借给她首饰，并让她在自己的首饰里随便挑选。最后玛蒂尔德选到了一挂钻石项链。玛蒂尔德穿着花掉了丈夫所有积蓄买来的礼服，带着借来的钻石项链，去参加了这次舞会。在舞会上，玛蒂尔德成了焦点，她的虚荣心得到了满足。

可是不幸却降临了，当舞会结束时，玛蒂尔德发现她向朋友借的那挂钻石项链不见了。她和她的丈夫找遍了所有的地方都没有找到。他们报警、登报，但一点希望也没有。后来他们准备买一挂

---

① 嵇：（jī）姓。
② 竹林七贤：嵇康、阮籍、山涛、向秀、刘伶、王戎、阮咸七人的合称。他们是当时魏晋玄学的代表人物，在生活上不拘礼法，清静无为，主张老庄之学经常在竹林喝酒、纵歌，所以世称“竹林七贤”。

一模一样的项链还给她的朋友，这让他们负债累累。从那以后，玛蒂尔德开始干各种各样的粗活、累活，只要能赚到钱的活她都去干，因为她要偿还因为她的虚荣而欠下的债。

十年后，当她还清所有的债务后，她也老了，一时穿着上的享受，让她失掉了十年的青春。

**【评析】**

“衣贵洁，不贵华；上循分，下称家”，是说穿衣服需要注重整洁，不必讲究昂贵、名牌、华丽；穿衣服还要注重自己的身份、家里的境况以及你要出席的场合；不要让自己的穿着让你变得庸俗，也不要让你的虚荣心，浪费你的钱财。

穿衣服须注重整洁，不必讲究昂贵、名牌、华丽。穿着应考虑自己的身份及场合，更要衡量家中的经济状况，才是持家之道。不要为了面子，更不要让虚荣心做主，无谓的开销就是浪费。

爱美是人的天性，但是真正美丽的人并不是靠华贵的衣服而被人认可的。如果一个人没有高尚的品格，穿着华贵的衣服，却做出有损道德的事，即使他的衣服再贵，也不能说明他这个人有多高贵；相反，如果一个人品格高尚，穿很平常的衣服，只要服装干净得体，他也是高贵的，别人也会尊重他。所以说服饰之美在于内在气质与外在形式的和谐统一。如果只追求外表光鲜靓丽，忽视内在修养，不仅浪费大量的金钱和精力，时间久了，也会因金玉其外、败絮其中而失去真正的美丽。作为学生，校服、运动服更加符合学生的身份，不要一味追求名牌或奇装异服，更不能为了攀比、为了自己所谓的面子强迫家长购买力所不能及的服装，这样不仅有损自己的形象，也会增加父母的经济负担。衣服只要保暖、得体就可以了。

故事中的玛蒂尔德就是因为爱慕虚荣，认为只有穿着的衣服和戴着的首饰昂贵，才能让她漂亮起来，成为舞会的焦点。却忽略了人内在本质的作用，她用十年的青春为代价，换来了脚踏实地的生活。漂亮衣服和首饰并没有让她摆脱生活的困境，反而让她负债累累。但是对朋友的诚信，却让她这十年生活得充实。我们现在那些追求名牌的学生们，是不是也跟当初的玛蒂尔德一样，贪慕虚荣、追求名利，难道你们真的也要向玛蒂尔德那样撞了南墙才回头吗？才会相信这些追求都是不切合实际的吗？

一个人的穿戴表示了他的身份和地位，展示出他的气质和修养，反映了他的爱好和追求。穿戴整洁、优美、高雅还是脏污、丑陋、庸俗，这不仅关系到一个人的形象，有时还会关系到工作前途。有很多公司在招录员工的时候，很注重应聘者的穿着，穿着邋遢不修边幅的常常不会被录取；穿着一身名牌，洒了一身香水的常常也不会被录取；应聘技术工人的穿得西装笔挺的去面试，也不会被录取；应聘管理岗位的穿着运动服去应聘，同样也不会被录取。所以说穿衣要符合自己的身份，还要注意自己要参加的场合，衣服不用贵，只要干净、得体、符合身份、符合场合，就是最好的。这样我们的学生也不会因为衣着不当而被挡在机会的门外了。

**【思考】**

什么才是真正的美呢？一个人如果具有了内在的德行这就是真正的美，如果能够做到内外兼修，那就是美上加美。达·芬奇曾说过“人的美德的荣誉比他财富的名誉不知大多少倍”，可见美德对于一个人来说有多重要。而衣服只是外在的一个修饰，穿着得体会让你更受人尊重；穿着不得体，反而会影响别人对你的印象。我们要做一个真正心灵美的人，争取做到“六好”：好儿子好女儿、好学生、好公民、好姑爷好儿媳、好父亲好母亲、好先生好妻子。如果能够真正做到这“六好”，你绝对是世界上心灵美的人，也是最值得尊重的人。

现在有的学生不听学校的管理，蓄着长发、穿着奇装异服、佩戴金银首饰，有的同学虽然穿校服，但是却将校服改成了自己喜欢的时装款，上体育课的时候一点也不方便。有的学生在上学的时候浓妆艳抹、穿露脐的服装，这一点也不符合学生的身份，看起来格外显眼，与周围的环境和氛围格格不入。很显然，他们这也是一种追求美的表现，但出现的场合不对，和自己的身份不相符，那么这种美就不对了。学生的主要任务是学习，应该从自己的仪表上显示出学生的谦逊和温和，而不是桀骜不驯的样子；不刻意模仿流行前卫的打扮，而是要符合身份地着装。与穿着相比，学生更要凭借自己非凡的才华，来表现自我、展示个性。

**名言欣赏**

1. 最朴素的往往是最华丽的，最简单的往往是最时髦，素装淡抹常常胜过浓妆艳服。——莫罗阿
2. 使人成为君子的并不是讲究的衣着。——富勒
3. 舒适自然的打扮，其实才是对个人生命最大的认识和尊敬。——三毛

## 4.6 对饮食 勿拣择 食适可 勿过则

**【译文】**

对待饮食，不要挑挑拣拣，吃东西要适可而止，不可吃得过饱，每顿吃七八分饱即可。

**【注释】**

对：对于、对待。饮：喝的东西。食：吃的东西。拣，择：挑选，选择。适：切合，相合。可：适合。过：超过。则：法则、规则。

### 拓展故事

**养生“三有”**

“三有”：《黄帝内经》中明确提到，人体保持健康要做到“三有”，即饮食有节，起居有常，劳作有序。

饮食有节，即吃饭有节制，时间有规律，定时定量，不过饥过饱，不过冷过热，不暴饮暴食，不挑食，不偏食，做到精粗兼备，荤素搭配。

起居有常，即一日之中的起、食、劳、睡等，必须有一定的时间规律，做到动静结合，张弛有度。

劳作有序，即因人而异，或工作，或务农，或读书求学，或处理公务，或操持家务，无论从事体力劳动或脑力劳动，在连续劳作之间要适当地休息。用脑和用体要互相调节，用脑者要多做运动，增加活动量；用体者要注意休息，勿过疲劳。

总之，节饮食，慎起居，不妄劳作，可强身延寿，安享天年。

**嵇康养生**

嵇康（224—263，一说223—262），字叔夜，是三国时期魏国谯郡铚县①人，著名思想家、音乐家、文学家。嵇康身处乱世，但崇尚老庄，讲究服食养生之道，有自己的养生诀窍。他的《养生论》是中国养生学史上第一篇较全面、较系统的养生专论。后世养生大家如陶弘景、孙思邈等对他的养生思想都有借鉴。《嵇康集》十卷书中，篇篇含养生之理，提出“越名教而任自然”的养生看法。魏晋时，养生之学大兴，但当时有两种相对立的思想存在：一是认为修道可成仙，长生不老；二是认为“生死全由天，半分不由人”。嵇康针对这种现象，指出神仙不可能，如果导养得理，则安期、彭祖之论可及的看法。在他的重要著作《养生论》中，他以导养得理可寿的总论点，提出了以下观点：

① 铚县：今安徽省宿州市西。

一、形神兼养，重在养神。他举例说明精神对人体的强大作用，指出“由此言之，精神之于形骸，犹国之有君也”。而中医学也认为人以神为根本，神灭则形灭。嵇康在此抓住了养生的根本。

二、养生要重一功元益，慎一过之害，全面进行。嵇康认为万物禀天地而生，后天给予的养护不同，寿命也不尽相同，勿以益小而不为，勿以过小而为之，防微杜渐，提早预防，积极争取长寿。

三、指出若不注重养生，耽声色，溺滋味，七情太过，则易夭折。“夫以蕞[1]尔之躯，攻之者非一涂；易竭之身，而内外受敌，身非木石，其能久乎？”

四、嵇康还告诫养生者要有信心，坚持不懈，否则就不会有效。还要以善养生者为榜样，积极吸取好的养生方法，清心寡欲，守一抱真，并“蒸以灵芝，润以醴泉，晞以朝阳，绥以五弦”，就可以“与羡门比寿，与王乔争年”。

嵇康自己也身体力行，其友人言：“与康居二十年，未尝见其喜愠之色。”他自己提的理论，几乎条条做到。

【评析】

这四句话告诉我们正确对待饮食的要求。“对饮食，勿拣择”告诉我们在日常饮食上要注重营养均衡，多吃蔬菜水果，少吃肉，不要挑食、偏食，饮食是为了获取能量而不是享受。“食适可，勿过则”告诉我们饮食要避免过量，要合理膳食，以免造成身体负担，危害身体。

世界卫生组织于1992年发表的《维多利亚宣言》中提出了健康的四大基石：合理膳食、适量运动、戒烟限酒、心理平衡。由此可见，合理膳食是保持健康的重要环节。对我们现代人而言，不挑食偏食，坚持合理膳食，及时、全面地补充身体所需的各种营养元素，才能塑造强健体魄，保持身体健康。对待饮食，我们都愿意多吃喜欢的食物，不喜欢的总是避让三舍，这是一种不好的饮食习惯。对待食物不要挑挑拣拣，因为人的生命活动需要多方面的营养物质，我们要保持均衡营养，对待我们不喜欢吃的但是对生命活动有益的营养物质也要多方面地摄入，偏食会造成营养过剩或不良，导致生病。很多人愿意吃大鱼大肉而忽视了粗粮的摄入，结果肥胖、糖尿病、心血管病等疾病随之而来。没有大鱼大肉，我们也要快乐地生活，积极乐观地享受人生。孔子曾表扬他的弟子颜回是一个“一箪食，一瓢饮”而“其乐”的人，能不挑食，能苦中作乐，确实不是一件容易的事。老子曾云：“圣人为腹不为目。”意即圣人饮食是为了填饱肚子，而不是为了满足口目，这是正确的。但是吃到什么程度为饱为好呢，就是“食适可，勿过则”。吃东西要适可而止，不要过饱，七八分饱即可。面对自己喜欢的食物总是喜欢多吃一点，但是不要暴饮暴食，长期暴饮暴食会加重胃的负担，会打乱胃肠道正常的消化吸收，会诱发胃肠道疾病的产生。饮食是一种文化，中华民族的饮食文化源远流长，暴饮暴食是不正确的行为。在现代生活条件大好的年代，我们在改善物质生活的同时更要纠正暴饮暴食等不正确的饮食方法，提倡合理膳食，保持生命活动的正常运行。身体是革命的本钱，身体健康是个人和家人的幸福，只要我们按照科学规律生活、均衡营养、合理膳食，我们就能健康享受每一天，为国家社会多做贡献。

【思考】

现在的孩子大多数都是家里的小王子、小公主，对饮食挑三拣四是普遍的现象。父母的溺爱，娇之纵之，结果孩子越来越挑剔，舌头成为大脑的主人。小食品、油炸食品、汽水可乐等垃圾食品伴随着他们长大，正常的饮食被这些垃圾食品代替，严重影响他们的身体健康。对此你有什么看法？

舌尖上的美味众多，但是不能让舌头成为大脑的主人，营养均衡、合理膳食才是正确的饮食方法。作为家长，疼爱孩子没有错，但是为了孩子的身体健康，要给孩子讲清楚垃圾食品的危害，引导孩子养成好的饮食习惯。

---

① 蕞：读（zuì），小。

**名言欣赏**

1. 嗜甘则思节，酣旨则思戒。——徐祯稷《耻言》
2. 凡饮食之物，勿争较多少美恶。——朱熹《童蒙须知》
3. 凡饮食，有则食之，无则不可思索。——朱熹《童蒙须知》

## 4.7 年方少 勿饮酒 饮酒醉 最为丑

【译文】

青少年不要饮酒，一旦喝醉酒，就会丑态百出。

【注释】

年：年纪，年龄。方：正在；正当。少：年纪轻。丑：可厌恶的，可耻的。

### 拓展故事

#### 禁酒令

在中国历史上，夏禹可能是最早提出禁酒的帝王。相传“帝女令仪狄作酒而美，进之禹，禹饮而甘之，遂疏仪狄而绝旨酒。曰，后世必有以酒亡其国者”。在此，“绝旨酒”可以理解为自己不饮酒，但作为最高统治者，“绝旨酒”的目的大概不仅仅局限于此，而是表明自己要以身作则，不被美酒所诱惑，同时大概也包含有禁止民众过度饮酒的想法。

事实证明夏禹的预见是正确的。夏朝和商朝的末君都是因为酒而引来杀身之祸而导致亡国的。从史料记载及出土的大量酒器来看，夏商二代统治者饮酒的风气十分盛行。夏桀“作瑶台，罢民力，殚民财，为酒池糟。纵靡靡之乐，一鼓而牛饮者三千人”。夏桀最后被商汤放逐。商代贵族的饮酒风气并未收敛，反而越演越烈。出土的酒器不仅数量多，种类繁，而且其制作巧夺天工，堪称世界之最。这充分说明统治者是如何沉湎于酒的。据说商纣王饮酒七天七夜不歇，酒糟堆成小山丘，酒池里可行舟。据研究商代的贵族们因长期用含铅的青铜器饮酒，造成慢性中毒，致使战斗力下降。酗酒成风被普遍认为是商代灭亡的重要原因。西周统治者在推翻商代的统治之后，发布了我国最早的禁酒令《酒诰》。其中说到不要经常饮酒，只有祭祀时才能饮酒。对于那些聚众饮酒的人，抓起来杀掉。在这种情况下，西周初中期，酗酒的风气有所收敛。这点可从出土的器物中，酒器所占的比重减少得到证明。《酒诰》中禁酒之教基本上可归结为无彝酒、执群饮、戒缅酒，并认为酒是大乱丧德、亡国的根源。这构成了中国禁酒的主导思想之一，成为后世人们引经据典的典范。

西汉前期实行“禁群饮”的制度，相国萧何制定的律令规定：“三人以上无故群饮酒，罚金四两。”这大概是西汉初，新王朝刚刚建立，统治者为杜绝反对势力聚众闹事，故有此规定。禁群饮，这实际上是根据《酒诰》而制定的。

禁酒时，由朝廷发布禁酒令。禁酒也分为数种，一种是绝对禁酒，即官私皆禁，整个社会都不允许酒的生产和流通；另一种是局部地区禁酒，这在有些朝代如元朝较为普遍，主要原因是不同地区，粮食丰歉程度不一。还有一种是禁酒曲而不禁酒，这是一种特殊的方式，即酒曲是官府专卖品，不允许私人制造，属于禁止之列。没有酒曲，酿酒自然就无法进行。还有一种禁酒是在国家实行专卖时，禁止私人酿酒、运酒和卖酒。

在历史上禁酒极为普遍，除了以上的政治原因外，更多的还是因为粮食问题引起的。每当碰上天灾人祸、粮食紧张之时，朝廷就会发布禁酒令。而当粮食丰收，禁酒令就会解除。禁酒时，会有严格的惩罚措施。如发现私酒，轻则罚没酒曲或酿酒工具，重则处以极刑。

**喝酒误国**

子反（？—前 575 年），即公子侧，字子反，春秋时期楚国司马，楚穆王之子，楚庄王之弟。公元前 575 年，晋楚鄢陵之战爆发，楚共王被魏锜射瞎一只眼，兵败。子反想整顿再战，晋军放楚国俘虏回来，瓦解了军心。楚共王想撤退，召子反前来商量。不料子反喝了酒，沉醉不起。楚共王只得对天长叹，说"天败我也"。于是，楚共王撤军。

**【评析】**

这四句话告诉青少年不要饮酒，因为醉酒的样子是很难看的。

我国酒文化历史悠久，是世界上酿酒最早的国家之一。人们往往用酒来调节欢聚的气氛，因此酒自产生之日起就深受人们的喜爱。杜康、欢伯、杯中物、金波都是它的别称，寄以人们的美好愿望。适当饮酒能激发人们的某种情绪，给人们释放的空间。对成年人而言，他们可以适度饮酒，不能过量饮酒。对于年纪小的人，就不要饮酒了。年纪小的人正处于身心发展的最佳时期，饮酒会刺激心脑血管，影响人的正常发育。所以“年方少，勿饮酒”。在这里我们可以借鉴曾被明太祖朱元璋亲赐“江南第一家”的郑氏家族的做法。郑氏家族对饮酒有着严格的家规，凡郑氏子孙年纪不到三十的，不许喝酒，壮年时可以少喝些，但不能贪杯，嗜酒无度，吵吵闹闹，不顾尊长，凡违反这一条例的，要用棍子打，鞭子抽以示惩罚。郑氏家规同时也告诉我们不能过量饮酒，嗜酒无度。无数的事实证明了“饮酒醉，最为丑”这个事实。

在《大智度论》中列出了饮酒有多种过失：现世的财务空虚耗尽；产生众病的根源；打斗争讼的根本；和动物一样没有羞耻心；醉后跳舞骂座，恶名在外，令人讨厌嫌弃，不尊敬他人；蒙蔽了智慧；应该得到的东西却得不到，已经得到的东西，却又遗失了；匿事全都说了出来，醒了之后，则又追悔；种种的事业荒废做不成功；醉酒为忧愁的根本；身体变得软弱无力；不知道尊敬父亲、母亲、伯叔及尊长；与恶人结党闹事；疏远贤明善良的人；喜怒哀乐爱恶六种感情，没有办法控制；放纵色欲而无节制；为众人所厌恶，大家都不喜欢见到他；不为有智慧的人所信任……

这些都是饮酒过量造成的过失，各种丑态，原形毕露。作为祖国未来的建设者——青少年，要引以为戒，不要饮酒，更不能饮酒过量，以致丑态百出。

**【思考】**

现在人们聚会的时候总会饮酒来助兴，酒杯一碰，人际关系就会进一步，是不是不饮酒就不是好朋友呢，真正的好朋友是用饮酒的多少来衡量吗？古人云：“君子之交淡如水，小人之交甘若醴。”你对这句话是怎样理解的？

交朋友不一定要通过酒来增加友谊。真正的友谊是建立在诚信和道义的基础上，这样的朋友才能天长地久；建立在酒肉基础上的朋友，以利益为目的，不会长久。

**名言欣赏**

1. 酒多必失言。——奥维德
2. 每一杯过量的酒都是魔鬼酿成的毒汁。——莎士比亚
3. 夫酒，所以行礼，养性命欢乐也，过则为患，不可不慎。——王肃《家戒》

## 4.8　步从容　立端正

【译文】

走路的时候要步态从容，不慌不忙，不急不缓；站立时要身子端正，做到站有站相。

【注释】

步：走路。从容：神态自若、不慌不忙的样子。立：站立。端正：不歪斜。

### 拓展故事

#### 古人的举止之礼

中国传统伦理道德向来重视人们的行为举止之礼，要求一举一动都要有式有度，主张“站如松，坐如钟，行如风”，即站有站相、坐有坐相、走有走相。

站有站相。《礼记·曲礼上》规定：“立必正方。”站立时，应当身体直立，颈项向上抬起，收腹挺胸，两臂自然下垂。这样做，才能给人一种挺拔笔直、舒展俊美、玉树临风的美感。相反，塌腰耸肩、探脖曲腿、摇摇晃晃则会给人留下不好的印象。

坐有坐相。《幼仪杂箴》规定：“坐，背直，貌端庄，手拱臆[1]。仰为骄，俯为戚。毋箕以踞，敧[2]以侧。坚若山乃恒德。”古人的坐姿与现代人不同，古人常席地而坐，即双膝着地，跪坐在脚上，脊背挺直，面容端庄。在现代生活中优雅的坐姿传递着自信、友好、热情的信息，同时也显示出高雅庄重的良好风范。

走有走相。《千字文》规定：“距步引颈，俯仰朝后，束带矜庄，徘徊瞻眺。”这就是说，走路要抬头挺胸，目视前方，穿戴整齐，如同在朝廷中祭拜一样庄重。古人不仅对走姿有讲究，对行走的速度也有讲究：两足进叫做行，徐行叫做步，疾行叫做趋，疾趋叫做走，不同场合采取不同的走相才不会有失礼之处。

【评析】

“步从容，立端正”告诉我们正确的走路和站立姿势，走步时要从容不迫，站立时要站有站相。在朱熹《童蒙须知》中提到“凡行步趋跄，须是端正，不可疾走跳踯”。意思是但凡走路，无论快走、慢走，都应该稳稳当当，不可蹦蹦跳跳。这个规矩对现代人而言也是有借鉴意义的。一个人的身体姿势是无声的语言，反映着一个人的道德修养和生活态度。举止优雅、风度翩翩、礼貌有加的人，受人尊重。相反，一个人不修边幅、不拘小节、举止随便，是对别人不尊重的表现。军人之所以受人尊重，其中一点就是英姿飒爽，真正做到了走有走相、站有站相，无论到哪里，英姿不减。

那么我们怎样走路和站立呢？现代礼仪告诉我们走步时步子的大小要适中，速度不快不慢，自然摆臂，不要摇头晃肩、扭屁股，更不要东张西望、乱蹦乱跳；站立时挺直身体，收腹挺胸，双肩拉平，两臂自然下垂，眼睛平视前方，面带笑容。不要歪脖、斜腰、屈腿等，在一些正式场合不要将手插在裤袋里或交叉在胸前，更不要下意识地做些小动作。《古人的举止之礼》不仅详细地介绍了站有站相和走有走相，更是为坐有坐相做了具体的介绍。这一点值得我们学习。

【思考】

在校园里，我们经常会看到这样的现象：三五成群的学生，在校园里疯跑打闹；上操时有的学生东倒西歪；站军姿时不能挺胸抬头，腿站不直；给老师问好时歪着脖子……

---

① 臆：胸前。
② 敧：不正。

看到这一景象时你有什么感想？说说你的看法。

“站如松，坐如钟，行如风，卧如弓”是古人对站、坐、行、卧这四种日常生活中最佳的人体姿势的描述，千百年来一直被人们奉为圭臬。青少年正处于身体发育的最佳时期，也是形体动作养成的最佳时期。要训练自己良好的动作行为，做到站似一棵松，挺拔俊逸；坐似一座钟，端庄稳重；行似一阵风，强健有力；卧似一张弓，张弛有度。古人尚且如此要求自己，何况我们现代人呢？严格要求自己，规范自己的形体动作，不仅自己受益终生，而且在就业面试中也会给面试官很好的印象，增加就业机会。

**名言欣赏**

1. 友善的言行、得体的举止、优雅的风度，这些都是走进他人心灵的通行证。——塞缪尔·斯迈尔斯
2. 美是一朵鲜艳的花，风度是一棵常青的树；时间是美的敌人，却是风度的朋友。——汪国真
3. 若父母长上有所唤召，却当疾走而前，不可舒缓。——朱熹《童蒙须知》

## 4.9 揖深圆　拜恭敬

**【译文】**

问候他人时，无论是拱手行礼或跪拜，都要真诚恭敬，不能敷衍了事。

**【注释】**

揖：作揖，拱手行礼。深圆：指弯腰鞠躬的姿势到位。拜：下跪叩头。两腿跪地，两手扶地，低头。

### 拓展故事

**汉明帝敬师**

桓荣，字春卿，东汉沛郡龙亢[①]人，东汉时期大臣、名儒。汉明帝刘庄做太子时，博士桓荣是他的老师，后来他继位做了皇帝“犹尊桓荣以师礼”，给老师磕头。他曾亲自到太常府去，让桓荣坐东面，设置几杖，像当年讲学一样，聆听老师的指教。他还将朝中百官和桓荣教过的数百名学生召到太常府，向桓荣行弟子礼。桓荣生病，明帝就派人专程慰问，甚至亲自登门看望，每次探望老师，明帝都是一进街口便下车步行前往，以表尊敬。进门后，往往拉着老师枯瘦的手，默默垂泪，良久乃去。当朝皇帝对桓荣如此，所以“诸侯、将军、大夫问疾者，不敢复乘车到门，皆拜床下”。桓荣去世时，明帝还换了衣服，亲自临丧送葬，并将其子女做了妥善安排。

**作揖还辱的郦食其**

汉高祖刘邦年轻时不喜欢读书人，所以有一次故意在召见读书人郦食其时坐在自己的床上，叫婢女帮他洗脚，借此来羞辱郦食其。郦食其看了以后并不生气，反而很有礼貌地向他拱手作揖，说道：“您若想推翻秦朝，就不应该这样无理地接见客人。”刘邦听了十分惭愧，就马上将郦食其请上坐，向他请教治国之道。

---

① 龙亢：今安徽怀远县龙亢镇。

【评析】

“揖深圆”告诉我们在拱手作揖的时候要毕恭毕敬，姿势要到位。“拜恭敬”告诉我们在跪拜的时候，内心要真诚恭敬，心无旁骛。

古人云：“诚于中，形于外。”意思是内心真诚，会在行动上表现出来。我们的头是最尊贵的部位，把自己最尊贵的头部低下去，这代表一个人内心对他人那份至诚的恭敬。中华民族是礼仪之邦，礼是人们对对方发自内心的尊重、感恩和仁爱的外在表现。对人恭敬就是对己恭敬。当我们揖深圆、拜恭敬的时候，别人也会对我们恭敬有加。那么古人怎么作揖呢？作揖的正确手势是：右手握拳，左手成掌，对右拳或包或盖，这样的作揖手势是“吉拜”，反之则为凶拜，可用于吊丧。目前作揖有两种情况，一种是平辈之间的，一种是长幼之间的。平辈之间作揖时，双手合抱就可以了，但是晚辈给长辈作揖时必须弯腰，以示恭敬。那么什么是跪拜礼呢？跪拜礼是一种肢体语言的礼节，跪而磕头，要用虔诚的心、到位的动作来表示自己的恭敬之情、恭敬之意。汉明帝刘庄对老师桓荣行跪拜礼，就是表示自己对老师的恭敬之心，他成为我们尊师重教的典范。我国偏远农村还有过年跪拜宗谱或者祭祖的习俗，其原因无非是借此表示对祖先的恭敬和缅怀。尽管现在很少行跪拜礼了，但是作为传统礼仪我们不能丢弃。

【思考】

作揖行礼是中国人特有的见面礼节，目前几乎已经被握手所代替。作为国际上最普通的社交礼仪——握手，是用来表示友谊、热情、良好祝愿或慰问的一种礼节，是从外国引进过来的。中国人正逐渐忘记作揖这一礼节，你对这种现象有什么感想？

“握手”之礼是随鸦片战争时进入中国的，中国人脱下黄马褂穿上西装革履，也逐渐接受了握手这一礼节。握手有其方便性和增加感情的作用，但是也有不足之处，譬如说细菌的传播。而作揖正好避免了这一不足，作揖有卫生、文雅、自主性强的优点，不应该被国人所忘记。但是如前所述把普遍的握手改成普遍的作揖已经不可能了。作为传统礼节的作揖，我们应该因时而用，把握手和作揖联合起来使用，需要握手的时候就用握手，以示友好；需要用作揖的时候就用作揖表示自己的恭敬，显示我们的民族特色。

**名言欣赏**

1. 凡相揖，必折腰。——朱熹《童蒙须知》
2. 人无礼则不生，事无礼则不成，国家无礼则不宁。——荀子《修身》
3. 礼貌之风为每一个人带来文明、温暖和愉快。——诺·文·皮尔

## 4.10 勿践阈 勿跛倚 勿箕踞 勿摇髀

【译文】

进出门时不要踩到门槛上，站立要端正，不能歪歪斜斜，更不能靠墙而立；坐的时候不要张开两腿，大腿不可晃来晃去，因为这些都是很轻浮、傲慢的行为，不文雅。

【注释】

践：踩。阈：门槛。倚，偏斜。跛：站立时重心偏于某只脚上。箕踞：两脚张开，两膝微曲地坐着，形状像箕。这是一种不拘礼节的坐法，比喻轻慢傲视对方。箕，簸箕，又称畚箕、畚斗，用来扬去米糠或盛垃圾、尘土的竹器，呈 U 字形，谷物容易進入。箕：名词作状语。摇：

摇晃。髀：大腿。

## 拓展故事

### 箕踞失礼

郭解[1]，字翁伯，汉族，河内轵[2]人，西汉时期游侠。郭解年轻时有一次出门，见有个人姿势不端地坐在路旁，很不礼貌地看着他。门人看见了很生气，想杀了那个人。郭解说："在家乡得不到尊重，是我的修行不够呀。"暗地里，他叮嘱尉吏说："这个人我很看重，到践更[3]时放过他。"践更数次，都没有人找那个人。那个人觉得很奇怪，一问，才知是郭解替他解脱。于是他袒胸露腹地前去谢罪。郭解此举，得到少年们的敬佩。

### 贯高密谋刘邦

赵王张敖是赵王张耳的儿子，也是刘邦的女儿鲁元公主的夫婿，是驸马，与刘邦外托君臣内属翁婿。

汉七年，高祖刘邦从平城经过赵地，赵王张敖早晚亲自供给刘邦饭食，礼节十分卑下，尽女婿之礼。高祖却席地而坐，像簸箕一样，伸开两只脚责骂他，对他非常傲慢。赵国国相贯高、赵午时年六十多，曾经是张耳的门客，看到后很生气，说："我们的大王太懦弱！"建议张敖说："天下豪杰四起，有能力者先立为主，现在大王对待皇上十分恭敬，而皇上对大王却十分无理，我们请为大王杀了他。"张敖咬破手指回答说："先生说的大错特错！先王亡国，多亏皇上才得以恢复，使恩德传至后代，一丝一毫都是陛下所致，请先生别再说了。"贯高等十余人商量："我们错了，大王是个忠厚长者，不肯背叛道义。但我们不能受辱，现在皇上侮辱大王，所以我们想杀他，和大王无关。事情成功归于大王，失败了我们自己承担。"

汉八年刘邦第二次路过赵国，贯高等人没有再跟张敖商量，而是直接在赵国的柏人县馆舍里安排刺客，直接行事。然而这次却被刘邦莫名其妙地躲了过去。

汉九年，贯高的仇家发现了他们的阴谋，向刘邦秘密报告贯高谋反之事。于是刘邦下令逮捕赵国谋反之人。赵午等十余人都争着要自杀，惟独贯高骂道："谁让你们如此！现在大王并未预谋，却要一并逮捕，你们死了，谁来为大王开脱？"于是与赵王张敖一起被囚车押往长安。贯高被捕后，被鞭笞了数千，浑身也被铁器刺了一遍，身上已经没有可打的地方了，仍然坚持说赵王张敖并没有参加谋反。汉高祖知道后，认为贯高是个壮士，让中大夫泄公以私交去问贯高赵王张敖是否参与谋反之事。贯高说："谁有不爱自己父母妻儿的？现在我被灭三族了，难道会为了保赵王而牺牲亲人的命吗？只是因为赵王真的没造反，造反的事就是我们自己干的。"汉高祖得知后，释放了赵王张敖，也赦免了贯高，并让泄公去劝贯高为自己服务。当泄公把汉高祖的意思告诉贯高后，贯高摇摇头，说："我之所以被打得体无完肤还不自杀，就是为了告诉皇帝赵王没有造反。现在赵王已经出来了，我的使命也就完成了。何况我有弑君的罪名，哪有什么脸面去见皇帝啊！纵然皇帝不杀我，我心里难道就不惭愧吗？"在泄公离开不久，心中没有任何牵挂的贯高就自杀了。

贯高的事迹很快就传遍了朝野上下，人人为之叹息，就连汉高祖刘邦也感慨良多，久久不能释怀。

【评析】

"勿践阈"告诉我们进出门时不要踩门槛。门槛是门框下部挨着地面的横木或长石，门槛是用来挡雨水的，后引申为挡财气挡命。因此古人是不喜欢踩门槛的，认为踩门槛是一种不礼貌的做法，

---

① 解：读（xiè）。
② 轵：今济源东南。
③ 践更：当时一种徭役，受钱代人服役者称践更。每月一次。

不尊重别人。

“勿跛倚”告诉我们站立时不要歪歪斜斜或者靠在墙上，姿势不美观而且给人以一种傲慢的印象。长期站立歪歪斜斜会使脊柱变形，不利于个人成长；站立时挺直身体，给人一种尊重他人的印象。

“勿箕踞”告诉我们坐的时候不要张开两腿，否则看起来就很不文雅，女性更不可以。箕踞，是不礼貌的坐姿。刘邦接见张敖的时候坐得像簸箕，因此引起了贯高等人的不满，进而想要密谋杀害刘邦。实际上就是因为刘邦不尊重别人，傲视别人。即使是帝王，也要礼贤下士，方能使国家长治久安。

“勿摇髀”告诉我们坐的时候大腿不要晃来晃去。我们在日常生活中经常会看到一些人坐的时候大腿晃来晃去，非常轻浮，也显示这个人很浮躁不安。这是不好的习惯，希望我们改掉。

这四句话列举了四种不文雅的行为，希望我们能引以为戒。

【思考】

践阈、跛倚、箕踞、摇髀都是不文雅的行为，除此之外，你在生活中看到的不礼貌的行为还有哪些呢？

～～～～～～～～～～～～～～～～～～～～～～～～～～～～～～～～～～～～～～～～～

随地吐痰，随地小便，乱涂乱画，不爱护花草树木和公共财物，乱丢垃圾，往楼下泼污水、扔东西，晚间大声唱歌……这些行为都是不文雅的行为，需要引起我们的注意，文明从我做起。勿以善小而不为，勿以恶小而为之。

**名言欣赏**

1．有司跛倚以临祭，其为不敬大矣。——《礼记·礼器》

2．宾入不中门，不履阈。——《礼记·玉藻》

3．立不中门，行不履阈。——《论语·乡党》

## 4.11　缓揭帘　勿有声

【译文】

进出门的时候掀开帘子的动作要轻柔缓慢，尽量不发出大响声。

【注释】

缓：慢慢地。揭：掀开。帘：门前挂的竹帘或布帘，除遮挡蚊蝇尘土外，还需透风透明。勿：不要。

### 拓展故事

**苏嘉折辕**

苏嘉是西汉著名大臣苏武的哥哥，曾经负责给皇帝驾车。有一次皇帝外出，苏嘉给皇帝驾车，从都城长安来到郊外的行宫。当皇帝正要下车时，苏嘉因为不小心，一下子把车辕撞到了门前的柱子上。车辕被折断了，皇帝也受了惊吓。结果，苏嘉被判为大不敬的罪责，只好自杀。看来，做任何事情都应该小心谨慎，看起来一件小事如果处理不好，有时也会酿成大祸。

### 宁喜遭诛杀

春秋时，卫献公想回国恢复王位，他便去请当时掌握卫国朝政的贵族宁喜帮忙。宁喜得知此事时正在下棋，他想也没想就很爽快地答应了。太叔文子知道此事后说："帮助一个国君复位是一件大事，而宁喜全家是九代当朝高官的家族，他对待重立君王的事却这么不慎重。"果然，卫献公登位后不思回报，反而因为宁喜是前朝重臣，而把他全族诛杀了。

正是因为宁喜不懂得"事缓则圆"的道理，做事急躁未经考虑，不注重自己的言行，才遭致杀身之祸的。

【评析】

"缓揭帘，勿有声。"此句出自《童蒙须知·杂细事宜第五》中的"凡开门揭帘，须徐徐轻手，不可令震惊声响。"在古代我国的建筑，房间的间隔，有时往往不是用门，就是用竹帘或布帘。所以古人教育自己的子女，从小在掀开这个帘子的时候，要"勿有声"，不可以很大声，不可以一拨，后面刚好有人走进去，就打到后面的人。我们现在没有帘子，我们有窗帘，就要教导子女，拉窗帘的时候，不可以很粗鲁，应该轻轻地拉，拉得急了，可能窗帘的绳子就会断。

日常生活中，不仅要做到"缓揭帘"，做任何事情动作都要细腻，不可以很粗鲁，不能够急躁。譬如说整理家事、搬东西，我们都不可以很大声。如果你很大声，动作很大，那就表示你的行为非常粗鄙，不用心，不专心。做事急躁往往就会做事不成功。所以古人提醒我们，事缓则圆，做事缓一步往往能够做得圆满，急于求成，往往都是败事。这都是我们从"缓揭帘"中悟到的人生的学问。看一个人能否做大事，就要看他的心是否安定。慌张忙乱怎可能担负起大业？所以古人云："每临大事有静气。"愈是大事来临时心愈静，这样就能成功。所以，从"缓揭帘"开始，我们做任何事情都应该谨慎，不应该很粗鲁，更不要急躁。

【思考】

《弟子规》中提到的"缓揭帘"，还有"宽转弯"，无一不告诉我们，在家庭生活中，我们都要动作、态度轻盈，不可以很粗鲁，动作很大，也就是说从小就要培养谨慎之心、恭敬之心。在《礼记》里有一句，"曲礼曰：毋不敬，假若思，安定辞。"意思是没有一样不恭敬，就是一切都要恭敬。恭敬什么？恭敬是尊重，尊重自己，尊重他人，尊重世间万事万物。心里有尊重，表现在外面自然是恭敬的样子，这叫礼节。所以，若不注重礼节，掀帘子时哗啦作响，咚咚敲门，就会让人觉得傲慢无礼，未见其人已心生反感。

那么如何做到具有恭敬之心的人呢？

~~~~~~~~~~~~~~~~~~~~~~~~~~~~~~~~~~~~~~~~

我们应做到待人如待己，接人待物彬彬有礼，不可傲慢待人，对于门帘、桌椅板凳该恭敬，即是对主人的恭敬。在当今社会中，对待父母、同事、朋友更应学会恭敬和善。

**名言欣赏**

1. 君子之事上也，必忠以敬，其接下也，必谦以和。——《孟子·礼》
2. 小人则相反，对上阿谀奉承，对下则傲慢无礼。——《格言联璧》
3. 礼贵从宜，事难泥古。——王安石

## 4.12 宽转弯 勿触棱

【译文】

走路转弯或是转身的时候，幅度拐得大一些，保持较宽的距离，离有棱角的物体要远一点，
~~~~~~~~~~~~~~~~~~~~~~~~~~~~~~~~~~~~~~~~

才不会碰到棱角伤了身体。

【注释】

宽转弯：转弯的时候角度大一些。触：碰到。棱：棱角。

## 拓展故事

### 巧当御林军总管

朱元璋当上了皇帝。一天，有位穷朋友来见他，一见朱元璋，就说："我主万岁！还记得我吗？从前咱们替人家放牛，有一天我们在芦花荡里，把偷来的豆子放在瓦罐里煮。还没有煮熟，大家就抢着吃，把罐子打破了，撒了一地豆子，汤也泼了。你只顾满地抓豆子吃，不小心连红草叶子也送进嘴里，叶子卡在喉咙里，还是我叫你用青菜叶把红草叶子给你带下肚的呢……"还没说完，朱元璋就不耐烦了，生气地说："哪来的疯子快轰出去！"后来，另外一个穷朋友来见朱元璋，说："吾皇万岁万万岁！当年微臣随驾扫荡芦州府，打破罐州城，汤元帅在逃，拿住了豆将军，红孩儿挡关，多亏了蔡将军。"朱元璋一听，不禁大笑，他巧妙暗示小时候一起玩耍的事而高兴，于是叫他做了御林军总管。看来，不仅走路时要善于绕开障碍，说话做事也要懂得巧妙婉转，免得四处碰壁。

### 每逢大事有静气

东晋时期，前秦苻坚统一北方后，决心调集百万大军，乘势一举消灭东晋，统一全中国。在这股强大军事势力的打击下，东晋的许多将领相继败退，朝中大臣惶恐不安。当时，只有宰相谢安处变不惊，他派侄儿谢玄率八万晋军去迎敌。上阵之前，当谢玄向他询问退敌之计，他回答："一切已安排妥当。"谢玄不敢再多问，但又放心不下，只好再派张玄继续询问。谢安见到张玄，仍然不谈军事，却要张玄和他下围棋。平日里下棋，总是张玄赢得多。当时，张玄为军情而担忧，心神不定，很快就输给了谢安。下完棋，谢安又出外游玩到深夜才回家。之后，他才召集众将领，分派任务，面授机宜。很多人都不理解谢安的举动。但是，正因为他镇定自若，再加上军力布置得当，才在其后的淝水大战中，最终战胜了前秦军队。捷报传来时，谢安正与宾客下棋，他看到战报后不发一言。宾客问他发生了何事，他才慢条斯理地答道："小子们已经打败了贼军（指前秦军队）。"

从这件事中，我们不难看出：谢安有过人的胆识，能临危不惧，处变不惊，喜怒不形于色，又能审时度势，运筹帷幄，泰然自若地处理好所面临的棘手问题。

【评析】

"宽转弯，勿触棱"是说在日常生活中，当你转弯或回身的时候，桌子有个棱角，突出来的地方，为避免撞到棱角上，就得宽着转，幅度大一点且动作慢一点。若转得太急，靠得太近，碰到身体，往往就会撞伤自己，有时也会碰坏东西。屋内如此，室外亦如此。所以"宽转弯"告诫我们，走路要小心，不但步伐要轻盈，做任何事情都要懂得轻盈缓慢。而"勿触棱"则是告诫我们，棱角是很危险的，千万不要触碰到。而"棱"可指物，亦可指人。走路如此，开车亦如此，碰到转弯处有"棱"的地方，要放慢速度，"宽"着转，以免碰到它物或他人。当然，从前面我们可以看到，爱护身体就是尊重孝顺父母。此条规，不仅告诫我们要小心谨慎，更要养成爱惜身体的好习惯。因此要谨转慎行。

此外，"勿触棱"这个"棱"字，也可引申为痛处。是非之地、人家痛处你不可以去碰，你碰了的话，触了棱，往往就会产生很多不愉快，甚至丢掉性命。如果我们能做到为人处世小心谨慎，就会避免使自己陷入到这种尴尬的境地。所以要宽宽地转弯，特别是当讲话讲得激烈的时候，要稍缓和一点。说话要讲究技巧，对待事情应态度谨慎。如果平时我们懂得任何环境都要小心，都要注意的话，有很多灾祸都是可以避免的。

【思考】

古人讲“缓揭帘”、“宽转弯”，不仅是说动作要“缓”和“宽”，更是在告诉我们：做事要有静气，事态越紧急，心态越要镇定。我们应如何做到“静”？静，不仅是一种修养，更是一种智慧。大事当前，临危不乱，自能产生出无限智慧，化解困难；心浮气躁之人，非但不能解决问题，反而误事。唯有静，才能驾驭自己，专注思考，从而发现成功之道。谨慎坚守善良的本性，则心灵安定，收敛抑制浮躁之气，则心气平和。安静能克服浮动，沉潜能克服浮躁，宽和能克服褊狭，舒缓能克服急躁。天地间的真谛，只有心静的人才能体会。天地间的玄妙，只有心静的人才能看明白。

少一点躁动，多一点静气！人生则会更加美好！

**名言欣赏**

1. 处难处之事愈宜宽，处难处之人愈宜厚，处至急之事愈宜缓，处至大之事愈宜平，处疑难之际愈宜无意。——《格言联璧》

2. 敬守此心，则心定；敛抑其气，则气平。——《格言联璧》

3. 静能制动，沉能制浮，宽能制褊，缓能制急。——《格言联璧》

## 4.13 执虚器 如执盈

【译文】

手中拿着空的器皿，就好像在拿着盛满东西的器皿一样小心翼翼。

【注释】

执：持，拿着。虚：空。器：器皿，器具。如：像。盈：满。

### 拓展故事

**表里如一**

晏殊是北宋时期著名的文学家和政治家。他5岁就能做诗，有“神童”之称。景德元年（1004），江南安抚张知白听说晏殊的事迹，极力推荐他进京赶考。次年，14岁的晏殊赴京参加考试，从容应试，援笔立成，并一举从千名考生中脱颖而出，受到真宗的嘉赏，赐同进士出身。后来他又参加了殿试，事情十分凑巧，复试“赋”时，发现此赋题自己以前曾做过。晏殊非但没有暗自窃喜反而将此事禀告皇帝，并请求另改它题。其诚实与才华，更受到真宗的赞赏，授其秘书省正事，留秘阁读书深造。他学习勤奋，交游持重，慎言慎行深得直使馆陈彭年的器重。三年，召试中书，任太常寺奉礼郎。晏殊当官后，每日办完公事，总是回到家里闭门读书，拒绝各种宴请郊游，洁身自好。后来真宗了解到这个情况，称赞他能够抵御诱惑，安心读书。晏殊却说：“我不是不想去宴饮游乐，只是因为家贫无钱，才不去参加。我是有愧于皇上的夸奖的。”

晏殊实话实说，他的这种诚实秉性，表里如一，不但没有得罪皇帝，反而得到重用。不久，他就当上了宰相，成为国家的栋梁。

### 许衡义不摘梨

元代著名学者许衡早年曾经跟很多人一起逃难，经过河阳（今河南省孟州市），由于行走长远路途，天气又热，喉干口渴。同行的人发现道路附近有一棵梨树，树上结满了梨子，大家都争先恐后地去摘梨来解渴，只有许衡一人端坐在树下，连动也不动。大家觉得很奇怪，有人便问许衡说："你怎么不去摘梨来吃呢？"许衡回答说："那梨树不是我的，我怎么可以随便去摘来吃呢？"那人说："纵然梨树没有主人，难道我的心也没有主人吗？"这个故事被称为"许衡义不摘梨"，它和"孔融让梨"一样，千百年来被人们广为传颂。

**【评析】**

"执虚器，如执盈。"此句出自《朱子童蒙须知·杂细事宜第五》中的"执器皿，必端严，惟恐有失。"虚器，就是未盛它物的器皿，如空盘、空碗之类。"盈"即满的意思。"执虚器，如执盈"是说手里拿着空的器皿时，也要像盛满东西时一样小心翼翼，不可轻视忽略，必须端庄严谨，唯恐有个闪失。手拿空气皿的人尚且懂得如此谨慎小心，唯恐失手，若端着一个盛满东西的器皿则会加倍小心。

日常生活中就是这份看似细微的小心，却显示了人与人之间做事的区别；看似多此一举的谨慎，却反映出一个人的道德修养水平。不要小看了这种类似于多此一举的小心谨慎，它却造就了一个人事事小心、处处谨慎的为人处世态度，为将来的工作和事业磨炼的一种心境。时刻保持警觉，正所谓："练兵千日，用在一时。"

此外，"执虚器，如执盈"，也可引申为把器物比喻成人，虚器好比腹中如草莽、无知无德之人，而盈器乃饱学文雅之士，能以待饱学之礼待无知之人，难道不正是道德修养的一种升华吗？正如许多所谓的博学鸿儒，他们瞧不起那些出身寒门、苦学求知的白丁，殊不知，管夷吾鲍叔牙贫贱之交，俞伯牙钟子期摔琴之义又是何等让人向往！

每个人都有独处的时候，往往这个时候也最考验一个人的道德修养。

**【思考】**

当今社会，信誉被认为是最昂贵的资本；而诚实守信，表里如一则是获得良好信誉的基本途径。若不讲诚信，即使一句微不足道的谎言，一旦被拆穿，就有可能导致名誉扫地。有位作家曾说过，"诚实守信，表里如一是最好的策略，最大的智慧。"这句话值得我们深思。如何做到诚信？如何做到表里如一？《弟子规》所言："事虽小，勿擅为。物虽小，勿私藏"、"执虚器，如执盈"，从小事做起，从细节做起，做到人前人后、台上台下一个样，始终保持内外一致，表里如一。"执虚器，如执盈"，只有时时小心，处处警醒，不断提升自己的修养水平，竭力保持宁静的操守，在义与利的选择面前，如临深渊，如履薄冰，才能阻止我们滑向贪欲的深沟险壑，才能让我们踏实做事，坦荡为人，才能做到处事问心无愧。

**名言欣赏**

1. 旋乾转坤的经纶，自临深履薄处缲出。——《菜根谭》
2. 心一松散，万事不可收拾。心一疏忽，万事不入耳目。心一执著，万事不得自然。——《格言联璧》

## 4.14　入虚室　如有人

**【译文】**

进入到无人的房间，就好像原本房间里就有人一样。

【注释】

室：房间。

## 拓展故事

### 暮夜无知

杨震是东汉时的名士，人称“关西孔子”。他做官后，十分清廉，从不接受别人的贿赂。有一次，杨震赴任东莱太守时途经昌邑，被他推荐为昌邑县令的学生王密夜晚来拜见恩师。王密带着十斤黄金来见杨震，他坚决不要。王密说：“半夜里是没有人知道这件事的。”杨震却说：“天知道，地知道，你知道，我知道，怎么说没有人知道呢？”王密听后十分惭愧，只好告退。从此，人们都知道杨震是一个清廉无私的人，而杨震的这种慎独自律，不为金钱所动的气节，也因此留下千古美谈。后人称他为“四知先生”，杨震更可以说是古代慎独的典范了。

### 孤独之旅

一个普通的乡村邮递员，一个长年累月与天地为伴孤独的人，一匹驮着邮件不停翻山越岭的骡马，一条崎岖不平充满艰险的跋涉之路，他就是2005年感动中国的王顺友，就是当代恪守“慎独”的典范。他一个人20多年来，在雪域高原跋涉26万公里的寂寞邮路，这20多年来，他每月有28天行走在大山深处，风霜雪雨，日月为伴。尽管生存环境和工作条件十分恶劣，但他没有延误过一个班期，没有丢失过一封邮件，按班准时地将一封封信件、一本本杂志、一份份报纸送达用户手中，投递准确率达100%。他说：“一是不能丢失邮件；二是不准打湿邮件；三是不准冒领贪污汇款、不准私拆信件；四是必须准班准点将邮件送到，这就是我恪守的责任。”在漫漫“孤独之旅”上他对自己的严格要求，在“一个人的长征”中，他服务于无数山里人的执著行为，为人类创造了一笔笔宝贵的精神财富。正因为王顺友的严于律己，恪尽职守，他被誉为“雪域高原的忠诚信使”。

【评析】

“入虚室，如有人”一句是说，走进无人的空房子，也要像主人在家中一样约束自己，注意自己的举止，不能随随便便。也就是说，不论何时何地，或明或暗，人前还是独处，都要时刻保持警惕、戒惧，做到谨慎不苟。这讲的不正是一个慎独的道理吗？

“慎独”是我国传统优秀文化在道德修养方面一个高度概括的准则和方法，是衡量一个人道德水准的试金石。《礼记·中庸》最早提出“慎独”的思想：“君子戒慎乎其所不睹，恐惧乎其所不闻。莫见乎隐，莫见乎微，故君子慎其独也。”意思是说，品德高尚的人在没有人看见的地方也一样警惕审慎，在没有人听见的时候也一样担心害怕。没有什么比隐秘之处，细微之处更容易暴露出一个人的内心了。所以，品德高尚的人在一个人独处时也非常谨慎。

《大学》在解释 “修身”的四个先决条件之一“诚意”时说：“诚其意者，毋自欺也。故君子必慎其独也！”是说，意念诚实的人，不要自己欺骗自己。品德高尚的人在没人监督的情况下更要小心谨慎。“小人闲居为不善，无所不至；见君子而后厌然，掩其不善而著其善；人之视己，如见其肺肝然，则何益矣？”这一句则是说，小人平时什么坏事都干得出来。见到君子后还一副遮遮掩掩、躲躲闪闪的样子，掩饰其不好的一面，彰显其好的一面。但在别人眼中，能清清楚楚地看透他的肺和肝，有什么用呢？小人在人面前也会装模作样地做得比君子还“君子”，没人的时候则会“去伪存真”，肆无忌惮，“真小人”的面目昭然若揭。所以，“此谓诚于中，形于外。故君子必慎其独也。”是说，自身修养高的君子即使在一个人独处时也要严格约束自己，做到谨慎又谨慎，小心又小心，不可以放纵自己，恣意妄为。

【思考】

对于我们个人来说，“慎独”是人生的至高境界。当我们面对一切世间沉浮荣枯时，我们的内心世界是千头万绪、盘根错节的；当我们无拘无束、无人看管时，便会产生一种恣肆放纵的情绪，而这种可怕的内在情绪，便会像魔鬼一样驱使我们去为所欲为。所以一个人独处的时候，便是考验他心境是否坦然，立场是否坚定，能力是否强大，修养是否高深的时候。正所谓：“君子坦荡荡，小人常戚戚，无私才能无畏，无畏才能无为，才能有所为有所不为甚至无所不为！”说的就是这个意思。

“慎独”是一面盾牌，它可以帮助我们抵御诱惑；“慎独”是一条忠犬，可以帮我们避开陷阱；“慎独”是一剂良药，可使我们内心清澈。对我们而言，无论是对现在还是将来，学习还是工作，人生还是事业，“慎独”都是十分必要且不可轻视的。

**名言欣赏**

1. 独之外别无本体，慎独之外别无功夫。——刘宗周《圣学宗要·阳明王子》
2. 言慎独，即是诚身。——王先谦《荀子集解·不苟篇》
3. 一个人在独立工作，无人监督，有做各种坏事的可能的时候，不做坏事，这就叫慎独。——刘少奇

## 4.15 事匆忙 忙多错

【译文】

做事不要慌张着急，一慌忙就容易出错。

【注释】

事：指人的所作所为以及遭遇到的情况。忙：本意是事情很多，此处慌张，着急，急促之意。错：差误。

### 拓展故事

**欲速则不达**

从前，有一位农夫挑着一担橘子进城赶集。太阳已经偏西，农夫必须在城门关闭之前赶到，否则便会白忙活一场。农夫焦急地跑着，正巧前面来了一位过路人，农夫立马停住了脚步，气喘吁吁地问道：“大哥，我是否能在太阳落山之前赶到城里？”可这位过路人却说：“你慢慢地走还来得及。”农夫一听，十分气愤，扭头就走，心想，那照你这么说，慢走可以到达，那快走就不行了吗?不以为然的农夫越走越快，越走越快，结果一不小心，摔了一跤，橘子散了一地，农夫只好一个一个地捡了起来。这时，天色已晚，当农夫到城门时，城门早就关闭了。可想而知，这位农夫最后是竹篮打水一场空!

**运筹帷幄**

西汉初年，天下已定，汉高祖刘邦在洛阳南宫举行盛大的宴会，喝了几轮酒后，他向群臣提出

一个问题："我为什么会取得胜利？项羽为什么会失败？"高起、王陵认为高祖派有才能的人攻占城池与战略要地，给立大功的人加官奉爵，所以能成大事业。而项羽恰恰相反，有人不用，立功不授奖，贤人遭疑惑，所以他才失败。汉高祖刘邦听后，认为他们说的有道理，但是最重要的取胜原因是能用人。他称赞张良说："夫运筹帷幄之中，决胜千里之外，吾不如子房。"意思是说，张良坐在军帐中运用计谋，就能决定千里之外战斗的胜利。这说明张良心计多，善用脑，善用兵。后来人们就用"运筹帷幄"表示善于策划用兵，指挥战争。张良每次谋划战略于军帐之中，却能无形中战胜敌人，为什么会这样？靠的不是名声和勇武，靠的是他处理容易的事情就像对待难题一样认真，事无巨细，一概认真对待，追求细节。

【评析】

"事勿忙，忙多错。"此句出自《小儿语》中的"一切言动，都要安详。十差九错，只为慌张。"是说，一切言行举动，都应该安稳详细，不要着急。很多事情做错，都是因为慌张着急。忙，一个心加一个亡字。心亡为忙。当我们"用心去做"一件事时就会做好；当我们已经心不在焉时，因没有预先筹划好，所以临急临忙往往就会不知所措，事情的结果便可想而知。中国人讲用"心"即充满信心，精于细心，稳于安心。

为人父母教子女也应如此，给他们学习和成长的机会，可以从简单的学习和劳动中去磨炼孩子的心志，培养孩子的独立性。比如，吃完饭教他们怎么收拾桌子，如何洗碗。作为父母不要因为孩子小爱护他们而剥夺他们学习的机会，没有机会让他们做事情，他们就没有做事的这种经验；没有经验，一旦碰到很多事情，他就很难料理，往往便会忙成一团。做家务如此，功课亦如此。要让孩子养成"今日事，今日毕"的习惯，否则功课积累多了，一旦要考试，就匆匆忙忙地临时抱佛脚，结果肯定是考不出好成绩来。

现代人家庭、工作压力很大，天天忙碌不堪，所以经常忙得焦头烂额，内心也经常惶恐不安。当我们读到这一条的时候，就应该学会谨慎小心，改正忙碌紧张的习惯，做事情更从容一些。有计划地进行，循序渐进，最终一定能达到成功的彼岸。

【思考】

"事勿忙"，告诫我们做任何事情不要慌忙。因忙，就会出乱。那么处理"乱"的方法是什么？要缓和。缓可以免悔，退可以免祸，有条不紊，从容不迫就不容易做错事。然后懂得进退，该退的时候不要强出头，可以免掉祸患上身。而后未雨绸缪，循序渐进，最后才有可能成功做好这件事。《大学》里讲："事有终始，知所先后，则近道矣。"凡事都有个开头结尾，都有个先后顺序，当你懂得先后顺序，什么事现在做，什么事将来做，自然就有条不紊。千万不可以等到时间非常紧迫的时候，才匆匆忙忙非常紧张地去做，结果"忙多错"，事与愿违，很容易出差错。所以，我们做任何事情，内心一定要清清楚楚，不要事情很多就忙乱得没有头绪。

**名言欣赏**

1. 事到手，且莫急，便要缓缓想。想得时，切莫缓，便要急急行。——《格言联璧》
2. 处世戒多言，言多必失。——《朱子治家格言》

## 4.16 勿畏难 勿轻略

【译文】

做事情不要因害怕艰难而顾虑重重，也不要因简单的问题而轻视忽略。

【注释】

畏：害怕。难：艰难，困难。轻：轻视，忽略。略：原意指忽略，此处指简单的问题。

## 拓展故事

### 温公警枕

公元 1066 年深秋的一天，司马光叩拜皇上："陛下，臣已编就《通志》共八卷。书中写了自公元前 403 年起至前 207 年止，共 195 年的七国（秦、魏、韩、赵、楚、燕、齐）兴亡史，请御览。"英宗问："往下的历史还准备写吗？""臣准备写下去，直到五代十国止。"英宗爱抚地说："朕知你忠心耿耿，不畏艰难，但要编好一大部通史，何止万难细略。"五年后，宋神宗召见司马光："你的《通志》写得很好，七国的盛衰写得详略清楚，可让后世汲取不少的历史经验，对于治理国家大有借鉴。朕以为《通志》之名过于普遍，不如改名《资治通鉴》。""谢陛下，臣一定尽力把它编好。"司马光不分白天黑夜，不畏艰难困苦，夜以继日地写，常顾不上吃饭睡觉。他害怕睡得过了头，就动手设计了一个圆木枕头，只要脑袋稍微一动，枕头就会滚到一边，把他惊醒。他把枕头叫"警枕"。在编写史实的过程中，他对重大事件人物，研究透了才动笔，从不忽视细节，于细微无声处写出惊雷来。司马光《资治通鉴》写了 19 年，记述了公元前 403 年至 959 年，共 1392 年的史实。一部 294 卷的编年史，参考了 300 种史书，共 300 万字。毛泽东通读《资治通鉴》17 遍，谓之国宝。

### 关羽大意失荆州

荆州是三国政治、经济、军事、文化的交叉汇聚点，赤壁鏖战曹操败北，刘备借荆州后无意归还，因此东吴对此事耿耿于怀，蜀丞相诸葛亮启用关羽据守荆州，可以说刘备已经将半壁江山托付给关羽。孙权为联合刘备抗击曹操，把自己的妹妹嫁给刘备，后欲娶关羽的女儿做子妇，本是巧妙的政治联姻，此时关羽也应以大局为重，应权衡利弊，即使不同意，也应婉言回绝。可是关羽缺乏远见卓识，不仅侮骂东吴来使，更说出"吾虎女岂配犬子"之言。如此做法，使得关羽与东吴的关系降至冰点。然而关羽在下属面前，又总是太骄横傲慢，东吴陆逊利用这一点，假意赞许关羽功劳，让其对自己放松警惕。果然关羽中计，撇下荆州北去抗曹，结果吕蒙借机白衣渡江，火速夺取荆州，荆州重回东吴之手，只落得关云长最后败走麦城。而关羽却不自知，正因他疏忽大意、傲慢轻略，目中无人才导致荆州失陷。荆州的失陷不仅给蜀造成了巨大的损失，也因此丢了卿卿性命。

【评析】

"勿畏难，勿轻略"就是说我们做任何事都不要畏惧困难而犹豫不前，也不可以草率，随便应付了事。往往一件事情不能成功有两大障碍：一个是"畏难"，一个是"轻略"。

"勿畏难"告诫我们做大事不应畏惧艰难，所谓失败是成功之母，我们不仅要懂得如何做一个善败者，在失败中总结吸取经验教训，还要有坚定的决心。为此，我们要想成功，就要有超越自己的能力和信心，要有勇于面对困难，努力战胜困难的决心，保持积极乐观的心态，并且持之以恒，直到成功。因为坚持就是胜利，只有坚持不懈地朝着既定目标前进，最终才能克服困难，获得成功。《中庸》里讲："人一能之己百之，人十能之己千之。果能此道矣，虽愚必明，虽柔必强。"是说，当别人的聪明智慧比我们好很多的时候，可能他一次就会了；但是我们如果用一百次的功夫来反复的训练，自己也一定可以达到，一定也会了。如果人家用十次功夫就会做到，就能达到，我们如果差一点，没有关系，我们不要怕困难，我们用一千次，说不定就可以完成。张海迪曾说过："在人生的道路上，谁都会遇到困难和挫折，就看你能不能战胜它。战胜了，你就是英雄，就是生活的强者。"法国作家雨果也曾说："上天给人一份困难时，同时也给人一份智慧。"

而这份智慧就是要人们在遇到艰难困苦时，不要轻言放弃，坚持不懈当中又要懂得小心谨慎，即“勿轻略”，不可以轻视忽略简要的问题，越是看似简单的问题越应注意，不可有投机取巧之心。当然，比别人更好的聪明人，也不可有骄慢的心态，所表现出来的就是轻慢，不懂得谦虚，更不会努力去学习，这种不谦虚的人做事往往草率，随便应付了事，自然也就不容易取得成功。

**【思考】**

“勿畏难，勿轻略”更是告诉我们为人处世的一种心态，也是相当重要的一种鼓励，要鼓励自己不要怕困难，要经常勉励自己，向自己挑战。因为，人生最大的敌人就是自暴自弃。只有超越自己才是真正的成功。果能如此，经常向自己挑战，你的才学就会慢慢地，得以提升。

要想克服困难，取得成功我们应当在它还容易的时候着手：要想实现远大的理想和抱负，我们就应当从细微处做起，“难事作于易，大事作于细。”天下的难事一定开始于简易；天下的大事一定从小事开始。因此，无论做人还是做事，都应踏踏实实，从实际出发，从小事做起，拒绝浮躁，摒弃好高骛远和不切实际的追求。办理任何事情，必须及早抓紧有利时机，做好准备，并且认真对待，不可麻痹大意，这样才能以小见大，以微显著。

正所谓：“大事难事看担当，逆境顺境看襟度。临喜临怒看涵养，群行群止看识见。”意思是，面临大事与难事，可看出一个人的责任担当；处顺境逆境，可看出一个人的胸襟气度；遇喜事怒事，看一个人的修身涵养；与同辈相处，可看一个人的见卓识。

**名言欣赏**

1.艰难困苦，玉汝于成。——张载《正蒙·乾称篇》

2.千磨万击还坚韧，任尔东南西北风。——郑板桥《竹石》

3.天将降大任于斯人也，必先苦其心志，劳其筋骨，饿其体肤，空乏其身，行拂乱其所为，所以动心忍性，增益其所不能。——《孟子·告下》

## 4.17 斗闹场 绝勿近

**【译文】**

凡是争斗闹事的场所，一定要远离，绝对不要靠近。

**【注释】**

斗：争斗，打架。闹：吵闹，争吵惹事。场：场所，地方，此处指空地或人多的地方。绝：绝对，一定。近：走近，靠近，接近。

### 拓展故事

**管宁割席**

管宁是三国时期人，他从小做事就认真专注，从不分心。有一次，管宁和朋友华歆坐在一张席子上读书。管宁十分认真，专心致志地阅读，可是华歆却不那么专注。忽然门外的大街上人声嘈杂，议论纷纷，说是一个有名的大官经过这里。华歆再也坐不住了，心想：出去看看也许可以交一个朋友。于是放下书本看热闹去了。管宁对这种三心二意不认真读书的态度很生气，于是拿出刀子，割断了坐在身下的席子，表示自己绝不和华歆一样，要和这种人绝交。

古人说："宁可终年不读书，不可一日近小人"，可见污染的破坏力是非常大的，我们要广结善缘，慎重交友。经营好的环境，就可以有潜移默化的力量！

**泡吧女大学生被挖肾脏**

四川有一个女大学生看到一家大型夜总会周末举办一个单身派对，可自愿参加。她颇为心动，精心装扮后如期而至。派对上，她喝了很多酒，和人谈笑风生，这时有个穿着入时的年轻男子，看起来温文儒雅而且好像很有钱的样子，坐在了她的前面。在男孩的赞美与挑逗下，该女生终于按捺不住寂寞，答应与这个男子去了一家附近酒店，并开了一间豪华包间。房间里，这个女大学生又在男子的恭维下喝了一些酒，慢慢地她开始觉得不清醒，然后就躺在男孩的怀里睡着了。当她再次醒来时，发现自己全身赤裸地躺在冰冷的浴缸中，而且浴缸里满满的都是冰。浴池旁边有张纸条，上面赫然用红字写着"快播120，否则你会死！"她的手机被放在了纸条旁边。她拨打了120，并向对方说明自己目前的情况。急救中心的人建议她立刻检查自己的背部，结果她发现有两条九寸长的割伤口在背部下方！急救人员要她马上躺回满是冰的浴缸里，告诉她不要动，等待急救队来救她。经检查，她的肾脏被偷了！那两条口，就是取出她的肾脏时留下的！法医判断，被害人所喝的酒中，可能不只是单纯的迷幻药，还有强效麻醉剂，而冰则起到镇痛的作用，所以被害人暂时不会感觉到疼痛。该女生在医院里在等待肾脏捐赠无果后死亡。警察忠告大家：这是一种新的犯罪正在发生，并且以女性和男生、旅游者、学生为目标。犯罪组织很有规模，而且犯罪分子都是训练有素的人员。加强警惕，少出去见陌生人！

当今社会在金钱利益的刺激和驱使下，犯罪分子是无所不用其极，为了我们的生命安全，我们应该加强防范和自我保护意识！尤其是那些人群聚集的场所，陌生人主动搭讪时一定要引起警觉，提高警惕，保持警醒！为了自身的安全一定要远离那些斗闹场！

**【评析】**

"斗闹场，绝勿近。"此句出自《朱子童梦须知·杂细事宜第五》中的"凡喧哄争斗之处，不可近。"意思是说，凡是喧哗吵闹、争斗的场所，绝对要远离。斗闹场大概可以归纳为以下几种场所：

斗场：因打架斗殴临时聚集起来的场所；斗鸡、斗蟋蟀一类的让动物相斗的场所，这些很多是游手好闲、不务正业的人干的；打麻将、纸牌一类的场所，这些场所很多都具有赌博性质。

闹场：因吵架临时聚集起来的场所；歌厅、舞厅一类出入人员复杂，喧哗吵闹的场所。此外还包括吸毒、色情等一些不健康的娱乐场所等。

这句话告诫我们，凡是不健康的场所都不要进入，更不要靠近，要远离。因为这些场所会污染我们的心，污染我们的本性。当我们看到人家在这个场所里面争斗胡闹，做这些不好的事情，即使自己不参与，也会受其影响，给人留下不好的印象，而这种印象往往若不及时防备，久而久之，近朱者赤近墨者黑，污染多了，自己可能不知不觉地也就深陷其中，深受其害，更有甚者会与之同流合污。尤其对身心未发育成熟的青少年，其价值观、人生观、世界观都会受到严重的影响。所以，石成金在《传家宝》中教子："至若纵酒行凶，奸淫赌博，兴词好讼，嫁害良人，诸如此类，尤当禁止。""不许他多言多语，则怨尤自息；不许他相骂相斗，则仇恨自无。""勿无端与人起口角纷争，当培育自己的道德学问"。

我们环顾四周，当有人埋怨与朋友一起出入声色场所从而陷入陷阱时，我们能否与管宁一样，有着自知的智慧，为避免进入是非、杂乱之地，不轻易地去尝试，为守住自己纯净之心而与爱凑热闹、三心二意、放弃学习的朋友割席断义。这样，便可以免去随波逐流、坠入欲望深渊的机会，从而避免许多过失的产生。

**【思考】**

远离"斗闹场"，我们又该去哪呢？

《孔子家语》里讲："与善人居，如入芝兰之室，久而不闻其香，即与之化矣。"是说跟善人一起，就像到了长满香花草的房子里，时间久了之后，也不觉得香了，因为已经与它同化。"与不善人居，如入鲍鱼之肆，久而不闻其臭，亦与之化矣。"如果常常在那些不好的地方，斗闹场，就如同走入出售鲍鱼的店里，时间久了，也不觉得臭了，因为也被它同化了。由此可见，自己所去的地方一定要谨慎。

所以我们要懂得择善固执，要接近善人，到善的地方去，让那些善人成为我们的朋友。多向他们请教学问，时间久了自然对自己的身心、品德、学问提升都会有很大的帮助，心也会变得愈加纯净、善良，反而当我们看到"斗闹场"时，自然就不愿意去跟他们进入，我们的心也就不会被污染，自然不知不觉当中自己就成了善人。

让我们记住《弟子规》中的这句话："斗闹场，绝勿近。"

**名言欣赏**

1. 勿吐无益身心之语，勿为无益身心之事，勿近无益身心之人，勿入无益身心之境，勿展无益身心之书。——《格言联璧》

2. 世俗烦恼处，要耐得下。胸怀牵缠处，要割得下。境地浓艳处，要淡得下。意气忿怒处，要降得下。——《格言联璧》

## 4.18 邪僻事 绝勿问

【译文】

那些邪恶怪癖的事，一定要远离，绝对不要去过问。

【注释】

邪：邪恶，不正当，不正派。此处指不正当的思想或行为。僻：怪僻，荒诞不经。问：过问，询问，打听。

### 拓展故事

#### 季路问鬼神

有一天，孔子的学生子路问老师怎样侍奉鬼神。孔子说："活人还侍奉不好呢，怎么能去侍奉鬼神呢？"子路问老师应如何对待鬼神？孔子回答说："敬鬼神而远之。"意思是先把人做好，再去研究鬼神的问题，如果连人还没有做好就想去了解鬼神之事，太远了。子路又说："我大胆地请问，死是怎么一回事？"孔子回答说："生的道理我还没弄明白呢，哪里知道死是怎么回事呢？"

孔子不仅巧妙地回答了学生关于生死和鬼神的话题，还意在告诫学生：正事还关心不过来呢，那些非正事、荒诞不稽的事关心它干什么？人间的事还关心不过来呢，那些非人间的、看不见摸不着的"人"和事，关心它有什么意思？也在暗示学生：只要我们活着的时候，好好活下去，把人做好，尽力活出人的本分就好。

#### 范仲淹赠座右铭

1045 年 9 月，邓州有位新科状元贾黯，回乡省亲，慕名来探望范仲淹。他以学生自居，施礼求教说："范大人是当朝名臣贤相，有勇有谋，晚辈深为敬仰，今日幸会，万望指教。"范仲淹推心置腹："我为官数十年，忧国忧民，虽然遭受过不少挫折，但我从不灰心。如今朝中还有些人诽谤我，污蔑我，对于他们那些邪僻怪诞且无中生有之事，于人于己我都不会去过问，也不会去打听，更不会去询问个究竟，清者自清，浊者自浊。保持一颗清净之心，心正则眼明。"贾黯深为佩服，又问道："范大人，学生初入仕途，应当怎样做才对？""为官就要忧国忧民，不然就难当好官。我以为官不在大小，都要上不欺君，下不欺民，为官清正。如果一心想爬上高位，不用欺骗手段是不行的。你是一位有志之士，我愿以'不欺'二字，送你作座右铭。"

【评析】

"邪僻事，绝勿问。"此句出自《朱子童梦须知·杂细事宜第五》中的"无益之事，不可为。""邪"就是不正、不正当的这些事情，"僻"就是怪僻、奇怪的，那些见不得人的事情。对于那些邪恶下流，色情暴力，妖魔鬼怪，一切能引起人好奇心却见不得人的事情千万别去问，也不要去听，否则会侵蚀人的良知，污染人的善良的本性。若人的本性被其污染，随波逐流，就会产生邪念，有甚者参与其中，不仅害人害己，更使祖宗蒙羞。孔子就从来不谈论怪异、勇力、叛乱、鬼神一类的事情，并告诫我们，凡是不合道理的都不要去看、去听、去说，更不要去行动。

【思考】

若能做到远离是非，不闻不问，便能够保持自己的心地清净，清净心生智慧。所以老子告诉我们："为学日增，为道日损。"意思是学习知识技术天天增加，不断丰富完善，精益求精；可是你修道，从理想到现实、从物质到精神过程中的阻隔障碍都要一一剪除，是一个去繁就简，华去而朴存的过程，以期求我与自然的便捷沟通，与道会合，实现艺术与人生的最佳状态。无论"为学"还是"为道"，我们都应该选择正确的方向引导孩子，教育孩子，让他们多读书，读好书，多向饱学之士请教，多与友善人士为朋，修身养性，实现自我人生的最佳状态。

**名言欣赏**

1.子孙不得惑于邪说，溺于淫祀，以邀福于鬼神。——《郑氏规范》

2.静默，宜从容，宜谨严，宜俭约，四者切已良箴。——《格言联璧》

3．人心贵乎光明洁净。——《左传 ·襄公三十一年》

## 4.19 将入门 问孰存

【译文】

在进入别人家大门之前，先问问家里都有谁，谁在家。

【注释】

将：将要。孰：谁，哪个。存：在。

### 拓展故事

**三顾茅庐**

三国时期，刘备为了让足智多谋的诸葛亮出山辅助，便带着关羽和张飞前去拜访。第一次拜访，诸葛亮外出了；第二次拜访诸葛亮，诸葛亮访友去了。当第三次前去时，张飞很不高兴地说："大哥别去了，让我用绳子把他绑来。"刘备责备张飞无礼。随后，他再去拜访诸葛亮。三人第三次到了隆中，离诸葛亮的草屋还有半里多地，刘备就下马步行。刘备走到柴门前，刚一敲门，那书童就出来了。书童告诉刘备，先生正在睡午觉。刘备吩咐两个弟弟在门外等着，自己轻轻走过去，恭恭敬敬地站在房门台阶下等孔明醒来。关羽、张飞在门外站了好长时间不见动静，便走进门来。见刘备还站着等，张飞气极了，对关羽说："这个先生怎么这样傲慢！等我到草屋后面放一把火，看他起不起来！"关羽一再相劝，张飞才没放火。又过了好长时间，诸葛亮才睡醒，得知有人求见，问是何人。刘备赶紧下拜说："在下刘备，久闻先生大名，曾经两次谒见，都没有遇到。"诸葛亮忙答礼说："将军光临草舍，没有及时迎接，实在惭愧！"两人礼让一番后，就坐在草堂上，边喝茶边谈论国家大事。刘备听了诸葛亮一番议论后，更敬佩诸葛亮了，他恳请诸葛亮出山帮助自己创立大业。诸葛亮看到刘备三顾茅庐，又肯虚心求教，就答应了。后来，诸葛亮辅佐刘备，打了许多胜仗。

### 毛泽东主席为什么要让老师徐特立坐上席

建国之初，毛泽东尽管政务繁忙，仍惦念着在南方的老师徐特立，身为共和国主席的毛泽东特地发电报邀请徐特立到北京会晤。徐老到京后，毛泽东在中南海的住所接待了他，毛泽东专门备了几样家乡菜为老师洗尘：一碗湘笋，一碗青椒，两菜一汤。毛泽东对老师说："没有好菜吃。"他表示歉意。徐老笑着说："人意好，水也甜嘛！"席前，徐老对毛泽东说："你是全国人民的主席应该坐上席。"毛泽东马上说："您是主席的老师。'一日为师，终身是父'，您更应该坐上席。"几日后，师生话别，毛泽东见徐老穿着仍像当年那样简朴，便随手把自己的一件呢子大衣送给徐老。徐老接衣在手，老泪纵横，激动不已。毛泽东拉着老师的手，依依不舍，送了一程又一程。徐老回到家，把大衣交给妻子收藏起来，只在庄重的场合才舍得穿上。

**【评析】**

"将入门，问孰存"，在日常生活中，当我们要去别人家拜访时，应当讲究礼貌，先敲门问问是否家里有人，是否方便进来，都谁在家，以此表示恭敬之心。如果找的人不在可留言给开门的人。如果不询问或擅自闯入，不但显得目中无人，让人讨厌，很有可能因家中只有女眷而招惹非议。更有甚者，也很容易落入被人设计陷阱。事虽小，礼贵敬。对于这句经典理解，我们也可将其引申至亘古不变的尊师重教。

古时的杨时立雪，刘备的三顾茅庐，现代的毛泽东敬师无不告诉我们应该尊敬老师，以礼为先。尊师重教是中华民族的传统美德。在中国历史上，凡见有作为的政治家、思想家、教育家无不重视教育，尊重教师。古人云："三教圣人，莫不有师；千古帝王，莫不有师。""不敬三师，是为忘恩，何能成道？"回顾从古到今先哲贤圣对尊师重教的精辟论述，应对我们有深刻启示。

**【思考】**

与人相处，礼敬当先，心中有人，人必爱我。那么我们要如何做到以礼为先，尊师重道呢？

~~~~~~~~~~~~~~~~~~~~~~~~~~~~~~~~~~~~~~~~~~~~~~~~~~~

尊师重道在行动。我们应该学会尊重老师的劳动，因为正是他们辛勤的哺育，孜孜不倦的培养才有无数国家栋梁之才为国效力，振兴民族，所以作为年轻一代的莘莘学子，应虚心学习，认真好老师的每堂课，取得良好的学习成绩，这是对老师最大的尊重。尊重老师的人格。古人曰："一日为师，终身为父。"作为学生我们应从心里敬重老师，尊重老师的人格。若有不同看法，可及时向老师请教、探讨并虚心接受老师批评，切勿当场顶撞老师。

礼仪行事。见到老师应问好或鞠躬行礼；上下课要起立迎送；进老师办公室时要轻轻敲门或喊报告，然后开门进去，行礼后说明来意，不能未经允许随意翻动老师的物品；休息时间最
~~~~~~~~~~~~~~~~~~~~~~~~~~~~~~~~~~~~~~~~~~~~~~~~~~~

好不打扰老师；到办公室或老师家不宜逗留过久，办完事应尽快离开等。扪心自问，我们是否能真正做到发自内心尊师重道，以礼为先呢？

**名言欣赏**

1. 恭敬之心，人皆有之。——《孟子·告子上》

2. 古人云："三教圣人，莫不有师；千古帝王，莫不有师。""不敬三师，是为忘恩，何能成道？"师严然后道尊，道尊然后民之敬学。——《礼记·学记》

3. 国将兴，必贵师而重傅……国将衰，必贱师而轻傅。——《荀子·大略》

## 4.20 将上堂 声必扬

**【译文】**

进入厅堂前，一定要大声告诉主人。

**【注释】**

上：进入。堂：厅堂。扬：大声，提高。

### 拓展故事

**《梦溪笔谈》说沈括**

沈括，字存中，北宋杭州钱塘县人。少有文名，二十岁进士及第。晚年巨著《梦溪笔谈》是不朽的科学读本，深受青少年喜爱。1073 年 6 月的一天，只见有一大臣在金殿外高声唱诺："臣乃三司使龙图阁直学士沈括，有事奏明吾皇，请传禀！吾皇万岁！万岁！万万岁！"声震环宇，字吐击钟。太监急出，引沈括进殿。"不知陛下登记民车，要来何用？"神宗自知理亏，低声道："北人擅长骑术，常用马队取胜。要抵御骑兵，非用兵车不可！"沈括说："古用兵车，叫做轻车，回旋轻便。今日民用运输车，笨重，用牛拉拽，一天也走不了 30 里，稍微下点雨雪，就会止步不前。在平时还好使用，恐怕一上战场就不行了。"神宗大悟，就把登记的数万辆民车圣旨废止。

**孟子休妻**

一天，孟子的妻子独自一人在屋里，踞坐在地上休息。"踞坐"又叫"箕踞"，就是两腿像八字形一样分开蹲坐于地，这种坐姿在古代是非常不礼貌的。古籍《猗觉寮杂记》里说：古人"席地而坐，坐则跪，行则膝前，足皆向后，以为是敬；若伸两足，则手据膝，故若箕状。箕踞为傲慢不敬之容"。例如，今天的韩国人还有席地而坐的习惯，其女子席地而坐的时候只能跪坐或双腿同时朝一面弯曲，而绝不能"踞坐"。恰恰在这时，孟子突然回家，猛然看见妻子踞坐于地的样子，在那个极重视礼仪的古代，孟子心里便非常不满，就向母亲说："这个妇人不讲礼仪，请准许我把她休了。"孟母便问道："什么原因？"孟子说："她踞坐在地上。"孟母又问："你怎么知道的？"孟子答道："我亲眼看见的。"

孟母知道事情原委后，便说："这是你不讲礼仪，而不是妻子不讲礼仪。《礼记》上不是这样说，将要进门的时候，必须先问谁在屋里；将要进厅堂的时候，必须先高声传扬，让里面的人知道；将进屋的时候，必须眼往下看。《礼记》之所以这样讲，为的就是不让人措手不及，无所防备。而今你到妻子闲居休息的地方去，进屋没有声响，人家不知道，因而让你看到了她踞坐在地上的样子。这是你不讲礼仪，而不是你的妻子不讲礼仪。”孟子听了孟母的教导后，立刻认识到此事表面上是妻子不对，实际上是自己有错，于是便责备自己而不再去指责妻子了。这个小故事告诉我们当与人发生矛盾时，在指责别人过错的同时要检醒自己是否有错在先，“己所不欲，勿施于人”，故事中孟子指责妻子看似有理，实则是自己错在先，幸而孟母指出了他的不足，才使他看到了自己的过错且知悔改。同时也可见孟母不愧为圣贤之母，知书达理，教子有方。

【评析】

“将上堂，声必扬。”此句出自《礼记·曲礼上》中的“将上堂，声必扬。户外有二言闻则入，言不闻则不入。”意思是将要上堂，必声扬之，不要蹑手蹑脚。户外有二履，并长者室内共有三人，三人声不外传，必有密谋，故不闻言不入也。今之进门先敲，应诺方进，也是这个意思。一则说去人家拜访时，进门后走入一个厅堂的时候，为避免这个堂上的人会突然被吓到，所以必须要出一点声音，让里头的人有所警戒，知道有人要进来。二则说从前的房子是大门、二门，大门一进去，一直到二门，这才是住宅。你敲了门，进了大门，迈了二门，才能进入到屋里去。而这个时间较长，距离也较远，里头的人有时不知道有客来，屋里或许有不方便的事情。“声必扬”，就是为避免这种尴尬，跟随主人进屋前，提高声音，怕屋内有女子，夏天衣衫不整，她不知道客来了，你这一扬声，她就会有所准备，或整理衣衫或避入内堂，这都是世故人情。

正如前文所讲“将入门，问孰存”，你是访客，若无主人引领或想拜访的人不在家时尽量不要进门。如果门开着，而敲门却也无人应答，你就应止步不前，若再敲门“问孰存”，还无人回应，那就干脆退出来；绝对不能未经允许擅自闯入，不然到时候人家家里若刚好丢了东西，或只有女眷在家，而一走进来刚好又碰到你，被人误认为非奸即盗，到时候就百口莫辩了。因此，在“入门”后，登堂入室前，定要出声，把声音抬高，说：“有人吗”或者说：“我来了”报个名。这样让人家有个心理准备，不至于失礼。《曲礼》中讲，去人家拜访，进入人家屋里要规规矩矩的，手不要乱动物品，眼睛也不要左顾右盼，恐怕冒犯主人的忌讳或洞察人家的隐私。进去时门是开着的就让它开着，若关着的，进屋后随手也应将其关上，要跟从主人的意图。这是应有的礼节，也是对别人的尊重，尊重别人就是尊重自己。

人的一生要很注重自己的名节，还有信誉，一不小心沾上污点，就不好了。

【思考】

“将上堂，声必扬”告诫我们，在“将入门，问孰存”后，上厅堂前要高声提醒他人“我是谁”，或者说“大家好”，让里面的人了解有人来了，这很重要，让人有所防备，让人感觉到舒服、感觉到受尊重，这是基本的礼仪。如果是求学期间，进入老师办公室前也可先敲门说“报告”，然后再进去，让里面的老师知道有学生要进来，这也是应有的礼貌。

如何才能让人感到受尊重？比如说话时声音要出得缓和，态度要显得诚恳，而诚恳的态度尤为重要。所以这条规矩要我们学什么？学诚恳、学真诚，学厚道、学笃实，就是让我们学礼。谨慎的态度就是礼的态度，自卑而尊人，放低自己，抬高别人，则恭敬心油然而生。尊重他人即尊重自己，简简单单，让自己快乐，让他人不尴尬。注重细节从身边小事做起。

**名言欣赏**

1. 不知礼，无以立也。——孔子《论语》
2. 人之有礼，犹鱼之有水也。——《礼记·曲礼》
3. 不以规矩，不能成方圆。——孟子《孟子·离娄上》

# 4.21 人问谁 对以名 吾与我 不分明

【译文】

屋子里的人询问是谁时，要把自己的名字告诉对方。如果只答“是我”或者“是吾”，那对方就弄不清楚到底是谁在外面了。

【注释】

对：回答，应答。以：用，拿，将。吾：就是我的意思，古人对自己的称呼。分明：清楚明了。

## 拓展故事

### 一朝天子一朝臣

三试后，秦大士金殿面试。乾隆爷问：“你果真是秦桧的后代吗？”这一问，出自皇上圣口，单刀直入，泾渭分明，违忌了“绝勿问”之训。主考官望着考生，心里嘀咕：看来这状元郎是当不成了。可秦大士跪拜道：“一朝天子一朝臣。”这个回答一来似乎在为秦桧辩解，他当时的所作所为都是奉宋高宗之命。二来则是暗示自己和秦桧是不一样的。秦大士绕开了皇帝的问题要害，直接阐述自己的观点，又顺带拍了皇帝的马屁，不露声色，恰到好处。乾隆何等聪明，哪会听不出“吾我不明”的弦外之音，更加欣赏他的过人才智，欣然点秦大士为新科状元。秦大士后来在西湖岳飞坟前题诗一首曰：“人从宋后羞名桧，我到坟前愧姓秦。”表明他是秦桧的后代。

### 宝玉误踢袭人

一日，外面下起了倾盆大雨，大观园怡红院内，宝玉的一群丫头和两个小戏子把院门紧关了起来，积了一院子的水，打着伞，把些鸭子、鸳鸯等捉的捉，赶的赶，缝了翅膀的便放在院内玩耍。玩得正欢时，宝玉淋着雨跑回来了，此时宝玉早已浑身湿透，寒颤不止，连打喷嚏，在外面把门拍得咚咚作响，敲了半天，那群疯玩的丫头才听见，但她们谁也料想不到此时此刻竟是宝玉回来了，还问：“是谁？”宝玉只答：“是我”，却没想到平日里这群和宝玉朝夕相处的丫头们谁也没听出来是宝玉的声音，还说：“谁这会子叫门，又不是二爷回来了，没人开去。”后来宝玉急得在外面连声大喊：“我是宝二爷，快开门！”袭人听到有人提“宝二爷”三字，隔着门缝一瞧才知是宝玉回来了，赶忙开门。宝玉在门外窝了一肚子火，见门一开，照着开门的丫头就一脚踢了上去，他原以为踢的是小丫头，没想到踢的却是他平时最为称心喜爱、也是伺候他最为体贴周到的大丫头袭人！

【评析】

“人问谁，对以名，吾与我，不分明。”这两句话告诉我们在跟人家交谈时，当人家问我们的名字，我们应该怎么回答。应该报出自己的真实名字。古代大臣去参见国君或下级拜见上级的时候，都要自己报上自己的名字，这样国君或上级就清楚是谁来了。只有很有威望或者与皇帝关系密切的人入朝求见，可不报自己的名字，这在古代叫做“赞拜不名”。史载汉朝丞相萧何就享有这一待遇。今天虽然上下级没那么严格了，但是在拜访别人时，还是要清楚地介绍自己，以便对方对你有一个初步的了解，便于进一步的人际交往。这也是我们日常生活应懂的礼节。

“人问谁”是说当人家问我叫什么名字时，“对以名”是说我要如实地报上自己的名字。如果只用“吾”和“我”来回答，那么就会“不分明”。若对方一旦忘了你的名字就会想半天无语，这样就很失礼，或者根本就不认识你，那么人家就无法分辨你是谁，这样就会很尴尬。在现实生活中我们经常会碰到这种情况，比如你给对方打电话，对方会问："你找谁？你是谁？请问你是哪一位？"如果你不报名字，只回答"是我，你不知道吗？你把我忘了？我的声音你都听不出来？"对方可能回答说"我就是听不出来，很抱歉我忘记了，确实想不出来……"诸如此类的话，这样反而会搞到尴尬的场面出现。再以按门铃为例，我们按门铃，当对方拿起话筒问"你是谁"时，我们一定要具名以告，让对方清楚地知道你是谁，然后再表明来意，那么主人肯定会开门的。切勿鲁莽行事，拼命地按门铃。这样不但会吵到别人，让人心生反感，而且会显得很没礼貌，有失尊重。所以，我们按门铃应该轻缓地去按，并停一会等候接听回复。所以说话要以分明清楚为准，这也是与人交往的基本礼仪，虽是细微之处，更应小心谨慎。由此可见，说话如此，做事亦如此，也要懂得分明，主次先后，轻重缓急，这既是一种礼仪，更是一种尊重。

【思考】

古人云："行不更名，坐不改姓。"便是说做事情要光明正大，堂堂正正，不弄虚作假，更不怕别人质疑抓住把柄，在任何时候都无愧天地鬼神，敢于报上大名。反观当今社会，如果每个人做任何事情，都敢于自报家门，大声报出自己的名号来，以名为荣，为誉而战，讲诚信，创品牌。而不是想方设法隐藏自己的身份或假借他人之名冒名顶替做坏事做虚假之事，做肮脏之事，害人害己，那么我们的社会将呈现出一片繁荣昌盛、和谐统一的景象，这个世界也因此会变得更加干净透彻。

可见在当今社会，《弟子规》中的"对以名"不仅是对人们言行举止的行为规范，更是对人们求真务实，回归本我的道德规范。

**名言欣赏**

1. 大丈夫行事，当礌（磊）落落，如日月皎然。——《晋书·右勒载记下》
2. 譬如人光明磊落底便是好人，昏昧迷暗底便不是好人。——朱熹《朱子语类》
3. 礼节是不妨碍他人的美德，是恭敬人的善行，也是自己行万事的通行证，是要通达践履的。——《常礼举要》

## 4.22 用人物 须明求 倘不问 即为偷

【译文】

如果要使用别人的东西，一定要明确地提出请求，如果不问一声就擅自拿去用，那就是偷窃。

【注释】

须：必须，一定。明：明确，明明白白。求：请求，求取。倘：如果，假如。即：就，便。偷：偷窃，偷盗。

### 拓展故事

**似曾相识燕归来**

一日，北宋宰相晏殊正在填一首《浣溪沙》，写到"无可奈何花落去"后，便再无思绪，久久无句可对，甚感惋惜。一年后的春初，文士王琪入府，偶然瞥见画屏上有一"无可奈何花落去"句，随意吟道："似曾相识燕归来"。这可乐坏了晏殊，忙给王琪行跪拜之礼："恩师在上，学生这厢有礼了。"堂堂一朝相爷，何破贵贱之分，竟给文士下跪？原来，晏殊要索取"似曾相识燕归来"一句来应对他的那句"无可奈何花落去"，将此句收入到他的创作当中，并愿以千金赠馈。王琪说："既然相爷明求，小生当以明对相送。”花的凋落，春的消逝，时光的流逝，都是不可抗拒的自然规律，即使惋惜留恋也无济于事，所以说“无可奈何”； 而令人欣慰的重现，那翩翩归来的燕子不就像是去年曾在此处安巢的旧时相识吗？此句还应对了“夕阳西下几时回”一句。此联一对显得工巧而浑成、流利而含蓄，在用虚字构成工整的对仗、唱叹传神方面无不给人以佳偶天成之感。同时花落、燕归虽是描写眼前景，但一经与“无可奈何”、“似曾相识”相联系，它们的内涵便变得非常广泛，带有美好事物的象征意味。在惋惜与欣慰的交织中，蕴含着某种生活哲理的沉思：一切必然要消逝的美好事物都无法阻止其消逝，但在消逝的同时又寄予它重现的微茫希望。生活不会因消逝而变得一片虚无，只能寄希望于它的东升再现，而时光的流逝、人事的变更，却再也无法重复，只是“似曾相识”罢了。缠绵的情致，谐婉的音调，工整的对仗，深刻的哲理使得晏殊的这两句“无可奈何花落去，似曾相识燕归来。”成为千古名句，并被赞誉为“天然奇偶”。

晏殊并没有因为自己的当朝宰相身份将词句强行据为己用，而是明求之，这个小故事也说明他尊重知识产权的可贵品行。

相关知识：《浣溪沙》原文

浣溪沙

一曲新词酒一杯，去年天气旧亭台。夕阳西下几时回？

无可奈何花落去，似曾相识燕归来。小园香径独徘徊。

## 查道访亲

宋朝时，查道有一天和仆人挑着礼物去拜访远方的亲戚。中午时分，他和仆人都饿了，路上一时又找不到吃饭的地方，又没带午饭，怎么办呢？仆人建议从送人的礼物中拿些食物吃。查道说：“这怎么行呢？这些礼物既然要送人，就是人家的东西了，我们怎么可以偷吃呢！”结果，两个人只好饿着肚子赶路。查道把送人的礼物当成人家的东西，不随便处理。那么借用别人的东西时，就更要征得主人的同意了。

**【评析】**

“用人物，须明求。”这句话告诫我们：当你需要使用别人的东西，要跟别人借东西，而自己又没有这样东西时，一定要明明白白地告诉对方，征求人家同意了才可以拿来使用。这里的“须”就强调了一定要先征得对方的意见，同意借你使用，你才可以动手去拿，若不同意，则不可取。这也是为人处世的基本礼仪。当今社会中有种不好的习惯，往往手先拿到对方的东西后，才说“请借我用一下”，而不是先经对方同意了，再动手去拿，若对方不借，反而尴尬。可见，这种先拿后讲的做法，既不礼貌也有失尊重。“倘不问，即为偷”，何为“偷”？即是盗，趁人不知时拿人东西。所以如果你没有问对方意见，在人家不知情的状况下拿了就用，就等于偷盗，和小偷没什么两样。

所以，我们要使用别人的东西，一定要事先告知对方，在征得对方的同意后，才可拿来使用。未经许可或在对方不在的情况下连招呼都不打就直接拿去用，即使不是出于偷盗之心，却也做出偷盗之事。

**【思考】**

礼仪之所以必要，就在于它能够使无序的社会变得井然有序，和谐统一。而礼仪的遵守，更多体现了道德上的自律与行为上的自我约束。坦荡为人，踏实做事，这是君子的作为；偷鸡摸狗，梁上君子，这是小人的德性。因此，学习礼节很重要。十年树木百年树人，若连最基本的礼节都做不到，就算获得再高的学历，你的人生还是会困难重重，会遇到很多挫折。“不学礼无以立”，不学礼节，就无法在社会上立足。

**名言欣赏**

1.礼起于何也？曰：人生而有欲，欲而不得，则不能无求。求而无度量分界，则不能不争；争则乱，乱则穷。先王恶其乱也，故制礼义以分之，以养人之欲，给人之求。使欲必不穷于物，物必不屈于欲。两者相持而长，是礼之所起也。——荀子《礼论》

2.礼者，人道之极也。——荀子

3.人有礼则安，无礼则危。——《礼记·曲礼》

## 4.23 借人物 及时还 后有急 借不难

【译文】

借用别人的东西，用完后一定要及时归还，以后碰到紧急用的时候，再借就不会有困难了。

【注释】

还：归还，交还。急：迫切，紧急；重要，紧要。难：困难，艰难，不容易。

### 拓展故事

**宋濂借书**

明朝有一位叫宋濂的人，少年时特别喜欢读书。但那时由于家里穷，根本买不起书，他为了学习知识，每一次都是从别人家里借书来读。许多富有的人家藏书很多，但是都不愿意借给他。有一次，宋濂又到一家富户借书看，这家人不愿意借给他，所以借的时候讲明十天之内要还回来，可十天根本就读不完那本书。到了第十天早晨，天下着鹅毛大雪，那家人以为宋濂不会来还书了，可是宋濂却冒雪把书送了回来。主人很感动，告诉宋濂以后可以随时来看书，不再给他限定借书时间了，而每次借书，他都按时归还，从不违约。因此，人们都乐意把书借给他。”后来，诚信求学的宋濂终于成为一代著名的学者。

**烽火戏诸侯**

西周末代君主周幽王，昏庸无道，好色成性。一天，褒人献来一名美女褒姒。褒姒闭月羞花，沉鱼落雁，令人沉迷，却唯独不爱笑，整日板着脸，是个典型的酷女。自从嫁给周幽王以来，褒姒就从没给过幽王一个笑脸，始终是冷冰冰的，酷酷的样子。这周幽王也十分奇怪，宫中美女如云，且个个对他毕恭毕敬，逢迎巴结，他偏偏不喜，却独独喜欢这个对他冷冰冰的褒姒。最让他伤心的是，这褒姒连笑脸都不肯给。周幽王不想强迫褒姒，他相信精诚所至金石为开的道理，所以他千方百计地博得美人一笑。他清楚地记得，他娶了这褒姒已经好几年了，在这几年里他没少费了心思讨这褒姒一笑，他扳着指头算了一下，自从褒姒嫁给他后，只笑过两次，第一次是他废了申侯封她为后的时候，第二次就是褒姒之子被他封为太子之时。时间过得真快，一晃时间就又过了几年了，从此再没见过这褒姒开口笑过，最后褒姒干脆把他赶出了自己的寝宫。回味起褒姒的两次开颜，周幽王感到意犹未尽，回味无穷。

俗话说，“重赏之下必有勇夫”，何不悬赏？周幽王想到这里又有了希望，于是便令人下告示：“凡有逗褒姒一笑者赏银万两。”一日，虢石父见到周幽王的告示，赶来禀道：“臣有办法令王后开心一笑。”周幽王大喜，抓住虢石父的双手激动地说：“假如爱卿能让寡人的爱妃一笑，寡人给你黄金万两。”次日，周幽王亲自去请褒姒郊游，一行人浩浩荡荡来到烽火台，周幽王搀扶着褒姒下车，又亲自搀扶褒姒一步步走上烽火台。二人迎风远眺，极目四望，果然是惬意无比。见褒姒兴致很高，周幽王令人点燃烽火，只见一股狼烟，直冲云霄，煞是壮观。过不大时，只见远处烟尘滚滚，原来是诸侯见烽火乍起，以为外敌来犯，派兵来救幽王。见诸侯上当，褒姒果然展颜一笑。幽王见褒姒开心，自是也笑得前仰后合。

为将官问道：“大王点燃烽火，可是有敌人来犯？”周幽王直笑得前气不接后气，说道：“寡人和你开玩笑的，你们还当真了，真是傻子。”为将官异常恼怒，但碍于他是大王，不好发怒，只好愤愤地挥手，领兵退去。

周幽王见褒姒嫣然一笑，大感受用，回味无穷。随后照葫芦画瓢又来了两次烽火戏诸侯的游戏。第二次诸侯们虽有了一次上当的经验，但怕周王室真的有什么事，还是派兵来了，来后发现再次上当，再次愤愤而去。第三次的时候，诸侯们便知道这只不过是周幽王的一个游戏而已，没人前来了，后来又怕出事，还是派兵来了，发现又上了当，再次愤愤而离。周幽王因宠爱褒姒，三戏诸侯，诸侯众叛亲离。后申侯串通西戎、戎狄入侵周朝，周幽王连忙命人点起烽火，但是早已无人理会，即使真的有外敌入侵，诸侯们也不愿借兵增援。周幽王由于没有援兵，最后给敌人围住，被乱箭射死在骊山。

烽火本是借兵之用，岂能儿戏，周幽王一再失信于诸侯，对诸侯极其不尊重，所以当他真正有危难之时，却没有了可借的援兵。

**【评析】**

“借人物，急时还”此句出自《朱子童蒙须知·洒扫涓洁第三》中的“凡借人文字，皆置簿抄录主名，及时取还。”原本是说，凡是借人书籍，都应当用个本子抄录主家的名字，用完后及时归还。此条规矩告诫我们：经人同意后向人家借用东西，用完了要想着及时归还。如果你没有及时归还，万一人家想要用却没有，心里就会对你产生不满，再到向我们来索回时就显得更为尴尬，将来你要再借恐怕人家就不会借给你了。南宋哲学家，文学家吕祖谦曾在其家训《辩志录》中告诫他的子孙们：“凡是借用别人的书册器物，如果可以不借的，就不要去借，若不得已借来了，则必须爱护它超过爱护自己的东西。借来的东西看完用完后，要马上归还，切不可以借的名义去占为己有，以及是别人的东西便不加以爱惜，以至于损坏。大抵有豪杰气概的人对自己的东西多不顾惜，但是借用别人的东西也能这样吗？借用别人的东西不顾惜，显示的不是豪杰，而是无德！”俗话说：“有借有还，再借不难。”所以当我们借用人家的东西，一定要想着及时归还，这要很谨慎。如果怕忘记，就记在本子上或日历上。按时归还了人家的东西，才会“后有急，借不难”，下次我们有急需的时候，别人才会再借给我们。这不仅是一个人谨慎行事的习惯和品行，更是对他人的尊重与敬意。

**【思考】**

“敬人者，人恒敬之”，对他人尊重即是对自己尊重；你若不尊敬人家，人家自然也就不会尊敬你。因此，“借人物，急时还。后有急，借不难。”这不正是在讲一个人的诚信吗？借尊重别人来赢得对方对自己的信任，正如《弟子规》：“次谨信”，就是在告诫我们：为人处世不但要谨慎小心，更要讲诚信。借人财物要懂得及时归还，不可以心生贪念，甚至有借无还，占为己有。孔子说：“人而无信不知其可也。”一个人如果没有了信用，也就失去了别人对他的信任，那还有什么呢？因此，在人际交往当中，我们要学会谨慎恭敬，对待小事谨言慎行，才能不断提升自己的素养，增加自信，借以赢得别人对自己的信任。

**名言欣赏**

1. 言必信，行必果。——《论语·子路》
2. 小信诚则大信立。——韩非子
3. 大信不约。——《礼记·学记》

# 第5章

## 信

信是人言、信是信义、信是义务。信是人在社会上的立足之本！信是炎黄子孙的职责！无信不立、无信不远、无信不安！本章共 15 节，教育人们明礼为先、诚信为本。诚信是人的修养，也是人必须具备的品德。讲诚信的人能够得到社会大众的尊重和认可，诚信的品德也能为自己在交往及工作中赢得一席之地。

### 知识要点

1. 理解“信”的总的纲要和具体要求。
2. 理解“信”的目标。
3. 基本掌握“信”的实质。

### 能力要点

学习本章，了解古人对“诚信为做人根本”这个道德层面最深层次的标准和理念，充分理解“信”的真正含义，以此指导自己的行为习惯。

**信的解读**

信 <意>（会意。从人，从言。人的言论应当是诚实的。本义：真心诚意）

诚 <形>（形声。从言，成声。本义：诚实，真诚）

信，诚也。——《说文解字》

诚，信也。——《说文解字》

**信的意义**

诚信——人的优良品德之一

对个人来说：立身、立命、安心

对企业来说：立足、口碑、效益

对社会来说：改善人际关系、改善社会风气、构建和谐社会

## 课堂训练

### 学前小测试

1. 你有失信于他人的时候吗？（ ）
   A. 有　B. 没有
2. 你有说过谎话吗？（ ）
   A. 有　B. 没有
3. 你认为诚信重要吗？（ ）
   A. 重要　B. 不重要　C. 无所谓
4. “言必出，行必果。”你能做到吗？（ ）
   A. 能　B. 不能
5. 你有留意过你的说话语速吗？
   A. 有　B. 没有
6. 犯了错误后，你的态度是怎样的？（ ）
   A. 知错就改　B. 故意掩饰错误　C. 明知故犯，不知悔改
7. 看到别人的善行，你会向他学习并努力去赶上他吗？（ ）
   A. 能向他学习，并努力赶上他
   B. 不能向他学习，也不会去赶上他
8. 看到别人的恶行，你会反省自己，并马上改正吗？（ ）
   A. 能　B. 不能
9. 你认为做人最重要的是什么？（ ）
   A. 道德、学问和才艺　B. 衣服和饮食
10. 当你的道德或才能不如别人的时候，你会勉励自己，尽力赶上吗？（ ）
    A. 会　B. 不会
11. 你愿意别人指出你的过错吗？（ ）
    A. 愿意　B. 不愿意
12. 你周围正直诚实、能指出你的过错、对你有益的朋友多吗？（ ）
    A. 多　B. 不多　C. 没有
13. 对“错”和“恶”你是怎样理解的？（ ）
    A. 有意去做的错事，是错；故意去做的错事，是恶
    B. 错与恶没有什么区别　C. 错事不改可能会变成恶

## 5.1 凡出言　信为先　诈与妄　奚可焉

**【译文】**

开口说话，诚信为先，答应他人的事情，一定要遵守承诺，没有能力做到的事不能随便答应，至于欺骗或花言巧语，更不能使用！

**【注释】**

出言：说出的话。信：信用。诈：欺骗。妄：胡说，乱讲。奚：为何、为什么，表示疑问的语气。焉：语气词，置句末表示疑问，相当于“呢”。

### 拓展故事

#### 郭伋亭候

东汉郭伋，是茂陵[①]人，在并州[①]做刺使，对待百姓们素来广结恩德，言出必行。有一次，他准

① 茂陵：今陕西兴丰。

备到管辖的西河郡[②]去巡视，有几百个小孩子，每人骑了一根竹竿做的“马”，在道路上迎着郭伋，欢送他，问他什么日子才能回来，郭伋就计算了一下，把回来的日子告诉了他们。郭伋巡视得很顺利，比告诉小孩们的预定日子早回来了一天。郭伋恐怕失了信，就在离城里还有一段距离的野亭里住了一宿，等到了第二天才进城，那些孩子们果然都在路上欢迎郭伋的归来。光武帝刘秀称赞他是个贤良太守，郭伋活到了八十六岁才去世。郭伋做到了童叟无欺，信之至极！

## 卓公行千里如期

卓恕，字公行，浙江上虞人。他为人笃实讲信义，答应办的事就立即去办；与人约会，纵然遇到暴风疾雨、雷电冰雪，也都没有不如期到达的。有一次，卓公行从建业回会稽[③]探家，去向太傅诸葛恪告辞，诸葛恪问道：“你什么时候返回呢？”卓公行回答说：“某日当再来亲自拜见。”

到了那天，诸葛恪想做东宴请一些宾客，不停地饮酒品菜，以便等候卓公行。当时，赴宴的宾客都以为，从会稽到建业相去千余里，路途之上又很难说不会遇到风波之险，怎么一定能如期到达呢？不管众宾客怎么说，诸葛恪坚持要等卓公行，因为他了解卓公行，知道他是一个诚信君子，他说今天到就一定会到。不一会儿，卓公行果然到了。所有的人都很惊诧。

诚实守信，践诺履约，言必信，行必果，是中国社会的传统美德。做不到就不要随便说，说出过的话就一定要做到。我们都应该做一个像卓公行那样的笃实守信之人。

**【评析】**

本节中“凡出言，信为先”中“言”指说出去的话。“信为先”指说话要以讲诚信说真话为首要准则。“诈与妄，奚可焉”中“诈”指欺骗，“妄”指胡乱讲话，没有依据。“奚可焉”，“奚”是为何、为什么？“可焉”，可以做。生活中我们人与人之间的沟通交流就是以语言为工具，因此我们讲话就要在互信的基础上，讲诚信，说真话。

**【思考】**

因此说话时，首先要以“信”为准则，要真诚，一定不要讲谎话，欺骗别人。生活中我们要把握好说话的原则，千万不要诈与妄，讲“狼来了”的谎话导致我们得不偿失。

生活中的小故事生活中的小故事

- 情节一：小孩子说谎，喊“狼来了”骗人。
- 情节二：有一天，孩子遇到一位老人，老人提醒小孩子，“狼就要来了”。
- 小孩子会：

A. 相信　　B. 不相信

故事的结局

情节三：后来，狼真的来了。

情节四：小孩子临死前，一直在后悔。

- 为什么自己不相信老人的话呢？

以下内容希望给大家启示，我们共勉。

对人：诚实，不欺骗、不怀疑（诚信、信用）

对己：成为可靠的人（值得相信、信任）

语言：勿轻言　勿妄言

行为：信必果

思想：不随意猜忌

品性：刚直不阿

---

① 并州：今山西省。
② 西河郡：今山西离石。
③ 会稽：今浙江绍兴。

**名言欣赏**

1. 信义著于四海。——陈寿《三国志》
2. 信者，诚也。专一不移也。——《白虎通》
3. 亲之信之。——诸葛亮《出师表》

## 5.2 话说多 不如少 惟其是 勿佞巧

**【译文】**

话多不如话少，话少不如话好。说话要恰到好处，该说的就说，不该说的绝对不说，立身处世应该谨言慎行，谈话内容要实事求是，不要花言巧语，好听却靠不住。

**【注释】**

惟：希望、祈使。佞巧：善于花言巧语巴结的人。佞，巧言善辩，谄媚。巧，狡诈，虚伪。

### 拓展故事

#### 妙语救人

诸葛瑾（174—241），字子瑜，汉族，琅邪阳都①人。三国时期吴国大臣，诸葛亮之兄，诸葛恪之父。经鲁肃推荐，为东吴效力。胸怀宽广，温厚诚信，得到孙权的信赖。诸葛瑾平时话不多，但常常在紧要关头，几句话就能解决问题。有一次校尉殷模被孙权误解，要被杀头，大臣们都向孙权求情。大臣们越说，孙权越生气，这样僵持了很久。当时只有诸葛瑾一言不发，孙权感到很奇怪，就问："为什么子瑜不说话？"诸葛瑾说："我和殷模的家乡遭遇战乱，所以才来投奔陛下。现在殷模不思进取，辜负了您，还求什么宽恕呢？"短短几句话，孙权就感到殷模不远千里来投奔自己，即使有什么过错也应该原谅，于是就把殷模赦免了。

#### 状元爷与状元楼的诚信由来

明朝嘉靖年间，有人在江苏清河县②衙门口建了一座"状元楼"，这是为当地一位状元修建的，这位状元叫丁士美。

明朝嘉靖三十八年即公元 1559 年，清河县的丁士美到京城赶考。途中，一位姓刘举人见丁士美衣着寒酸，就十分看不起他，当着丁士美的面说："瞧你那穷酸样，癞蛤蟆想吃天鹅肉，你要是能中进士，我刘举人就从你跨下钻过去。"

丁士美知道那个姓刘的举人是个狂妄的人，不愿意和他费口舌，只是笑了笑。刘举人见他不说话，还以为他胆小，不敢还嘴，于是就更加放肆地嘲弄他。丁士美这个人涵养很好，也不生气，只是笑笑。

丁士美从小家境贫寒，十年寒窗苦读，已经是个才华横溢的书生了。只是他性格内向，不喜欢当众表现自己，大家都不怎么了解他，以为他只是一个懦弱的穷书生。

可是丁士美对自己很有信心，他胸有成竹地参加了当年的科举考试。在三月初的殿试时，丁士美的文章被选为"十佳"文章之一，这十篇文章被送到皇上那里去审阅。皇上看了这十篇文章，觉得都很不错，很难定论，于是就决定把这十个人召到金殿上，进行口试。丁士美声音浑厚，口才出

① 琅邪阳都：今山东沂南。
②江苏清河县：今淮阴县。

众，当着皇上和文武百官的面滔滔不绝地讲他的治国良策。皇上听了，龙颜大悦，当时就把丁士美定为头名状元。

再说那姓刘的举人，虽然在那一年也考中了进士，可是他看见丁士美中了状元，想起当初自己狂妄的举动，既羞愧又害怕。羞的是当时的狂傲，怕的是丁士美伺机报复。于是他请同窗好友作陪，找丁士美赔礼道歉。丁士美很客气地接待了他，而且一点儿也没有记恨他的意思，那个姓刘的进士放心地回去了，为此他十分敬佩丁士美状元的为人，于是他决定履行当初诺言。

不久，这位姓刘的进士被派到清河县任知县。上任后，他立即让人在衙门口修了一座“状元楼”，意思是：状元住在上面，我出入衙门都要从状元身下经过。这既算是履行了当初的诺言，同时也告诉后人：做人要谦虚，比自己才能高的人有很多，不要无端地取笑别人。

【评析】

本节中“话说多，不如少”告诫我们说话要恰到好处，话多不如话少，话少不如话好。所谓言多必失，话确实不可以滔滔不绝。因为你滔滔不绝，很多话还没有思考清楚该不该说？可能就说出去了。结果说出来的话如泼出去的水，都是收不回来的。所以古人告诫后人要思而后行，思而后言，我们言语也要谨慎。“惟其是，勿佞巧”中“佞巧”指花言巧语。这点告诫我们立身处世应该谨言慎行，谈话内容要实事求是，该说的就说，不该说的绝对不说，不要花言巧语，好听却靠不住。

【思考】

在某些场合，能言善道是也许人们获得成功的一条捷径。但是，成功人士并非都会能言善道。说话要讲究技巧，话说多，不如少。我们可以思考话说的多是什么原因造成的呢？首先是说话思路不清晰；二是自信心不足。一个思路不清晰的人，很难让别人信任。连自己的事情都弄不清楚，如何帮助别人去做好事情。其次如果思路是清晰的，但话太多，表明这个人自信心不足，所说的不像他所描述的那样好，但他又想尽力让人相信他说的话。因此生活中我们要话说得少而且说得好，不要话说多，暴露自身弱点，不要话说错而后悔。

**名言欣赏**

1. 得黄金百斤，不如得季布一诺。——《史记》
2. 不欺人曰诚，不欺己曰信。——《六韬》
3. 君子一言，驷马难追。——《论语》

## 5.3 奸巧语 秽污词 市井气 切戒之

【译文】

奸诈取巧的语言，下流肮脏的话，以及街头无赖粗俗的口气，都要避免，不去沾染。

【注释】

奸：阴险，狡猾的意思。巧：虚浮不实，伪诈之意。秽：肮脏的、不干净。市井气：粗俗的口气。戒：改正。

### 拓展故事

**说话的艺术**

战国时期，服子言谈举止特别讲究礼貌。有一天他去拜访一位朋友，那家人非常客气，邀请了许多朋友陪他一起游玩。有一位客人想趁机向服子请教问题。服子很直率地说：“你有几个不足之处。”客人一愣，说：“请讲。”服子说：“恕我直言，你一见我就笑嘻嘻的，这是一种轻浮的表现，这是第一；第二，交谈中你不称我为老师，是不够尊敬我；第三，我们交情很浅，而你谈得很深，太随便了。”

**口蜜腹剑的李林甫**

李林甫是唐朝唐玄宗时著名的一个奸臣，为人阴险又狡诈。为了权力，专门暗算有才能的，对他有威胁的人。他算计别人的时候，嘴上甜，心肠却很毒辣。所以被当时的人称为“口有蜜，腹有剑”，成语“口蜜腹剑”即从他这里得出。

有一次，李林甫发现唐玄宗非常欣赏李适之的才华，他就对李适之说：“我特别欣赏你，希望你这样有才能的人赶紧得到提升。现在有一个出头的机会。华山发现了金矿，你赶紧向陛下提议开采，就可大大增加国家的财富，这是个立大功的机会。”李适之被捧得飘飘然，就真的向唐玄宗提议了。唐玄宗听了之后非常的高兴！结果隔天，唐玄宗向李林甫提到这件事时，李林甫说：“华山有金矿，这件事我早就知道了，然而华山是皇家龙脉所在，不能随便开采，一点儿黄金怎么能跟皇家的龙脉相比呢？”这么一弄，李适之就成了“居心叵测”，再也没有出头的机会了。

擅长“奸巧语”的李林甫人确实是得到了一时的风光，但是李林甫树敌太多了，挤兑一个又一个人，结果在他临死的时候想见一见皇上都被人阻止了。在他临死之前他的仇家追上门来谋反，他的尸体还没下葬，他的棺材就被打开，他身上的朝服就被扒掉，最后被他儿子以庶民之身，草草葬于郊外。

【评析】

本节中“奸巧语”指阴险，狡猾，虚浮不实，伪诈的话。“秽污词”指脏话。生活中切忌恶语伤人，无论说话的对象是谁，千万不要用不好的语言伤害别人，无论是为人父母也好，同学朋友之间都要注意。学校里同学之间也许因为“起外号”就有可能打架伤人。所以一定不要说奸巧语和秽污词。“市井气”是指街头无赖粗俗的口气。这里还有一层意思是缺乏涵养，说话尖酸刻薄。张家长李家短，背后传人谣言。因此务必要“切戒之”，要切实地改正过来，修正自己的行为，改造自己，让自己更好。

【思考】

平时生活中如果你去购物时，遇到心仪的物品，在购买前问价，比一比哪一个便宜。你觉得没有前面的摊位卖得便宜就走开了，就听到营业员在后面破口大骂。这样的例子不知道读者有没有遇到过？这样的营业员，你们觉得好不好？是不是凡是问价的人一定都要买她的东西？

我们做人不能像她这样，不管对方对我们有没有利，我们都要态度很好，天下人都是一家人。

**名言欣赏**

1．王者不辩，辩则少威焉。智者讷言，讷则惑敌焉。勇者无语，语则怯行焉。——《止学》

2．生活中少说多做，做事先做人。——《严介和新论语》

3．面谀之词，有识者未必悦心。背后之议，受憾者常若刻骨。——《史记》

## 5.4 见未真 勿轻言 知未的 勿轻传

【译文】

任何事情在没有看到真相之前，不要轻易发表意见，对事情了解得不够清楚时，不可以任意传播，以免造成不良后果。

【注释】

未：没有。轻：轻易、随便。的：的确、真实。

## 拓展故事

### 苏轼改诗

北宋时期，有一天，大文学家苏轼到丞相府去拜访王安石。因王安石正在接待别的客人，他就一个人坐在书房里等待。闲着没事，他随手翻阅起了王丞相书桌上的书籍，发现桌子上有一首王安石没有写完的诗："昨夜西风入园林，吹落黄花满地金"，读了以后，他笑了笑，在心里说："王丞相的诗把季节弄错了。菊花在秋天正值开放的时候，怎么会落呢？"于是他提笔续上了后两句"黄花不比秋花落，说于诗人仔细吟"，然后他就离去了。不久以后，恰逢秋天，他院子里的菊花落了一地的花瓣，他这才知道原来还真有在秋天开败的菊花。

我们从这个故事中应该吸取教训，不要自作聪明，骄傲自满，对于别人所作所为妄加评判，要有谦虚谨慎的态度，平和以待人，要牢记古训"满招损，谦受益"[①]。

### 孔子误会颜回的故事

颜回，爱学习，德性又好，是孔子的得意门生。

有一次孔子和颜回受困在陈蔡地区，已经七天没有尝过米饭的滋味。这天中午，他的弟子颜回讨来一些米煮稀饭。饭快要熟的时候，孔子看见颜回居然用手抓取锅中的饭吃。孔子故意装作没有看见，当颜回进来请孔子吃饭时，孔子站起来说："刚才梦里祖先告诉我，食物要先献给尊长才能进食，岂可自己先吃呢？"

颜回一听，连忙解释说：夫子误会了，刚才我是因看见有煤灰掉到锅中，所以把弄脏的饭粒拿起来吃了。

孔子叹息道：人可信的是眼睛，而眼睛也有不可靠的时候，所可依靠的是心，但心也有不足靠的时候。

【评析】

本节中"见未真，勿轻言"指任何事情在没有看到真相之前，不要轻易发表意见。"知未的，勿轻传"指对事情了解得不够清楚明白时，不可以任意传播，以免造成不良后果。俗语说："耳听为虚眼见为实"。其实更精确地说，眼见也不一定为实，要见得清，见得真才为实。因此生活中我们对传闻中的事情，流言，当不了解传播者的真实意图时，不要轻易再传给下一个人。对于别人所做的事情，不要主观评断，推测别人目的，再轻易地传播出去，不要道听途说。

【思考】

生活中如果流言蜚语袭击了你，不被信任的眼光刺痛了你，你的朋友们因为流言远离了你，你怎么办？

我们总是在流言蜚语的漩涡中，在提防自己陷进去的同时又有意无意地把别人推进去，流言的漩涡因而复始，怎么办？请相信"流言止于智者"。流言起于小人，是止于贤人的。我们要充满自信，做一个阻止流言的智者。

① 满招损，谦受益：骄傲自满不但自己受损，而且使别人讨厌；谦虚谨慎不但自己受益，而且也使别人高兴。

## 名言欣赏

1．子曰：“道听而途说，德之弃也。”——《论语》

2．夫传言不可不察，数传而白为黑，黑为白。——《吕氏春秋》

3．是非不可听，听之不可信，君听臣遭戮，父听子遭诛，夫妇听之离，亲戚听之疏，乡邻听之绝，人生七尺躯，谨防三寸舌，舌上有龙泉，杀人不见血。是非人皆有，不听自然无。——《格言联璧》

# 5.5　事非宜　勿轻诺　苟轻诺　进退错

【译文】

不合义理的事，不要轻易答应，如果轻易允诺，会造成做也不是，不做也不好，使自己进退两难。

【注释】

非宜：不适当。非，不。宜，适宜。诺：答应。苟：如果。

## 拓展故事

### 信守诺言

古时候，有一个叫赵柔的人，因学识渊博、品德高尚而闻名于世。有一次，赵柔和儿子一起到集市上卖犁，有个人准备出二十四绢买下犁。双方谈好价钱后，那个人回去取绢去了。这时，又来了一个商人，看到赵柔的犁质量好，立即要出三十四绢买下。

儿子听到商人的价钱高，就想卖给这个人。赵柔对儿子说：“说话要算数，怎么能因为有利可图而放弃信用呢？”后来，第一个买主来了，赵柔父子就把犁卖给了他。赵柔信守诺言，被人们传为佳话。

赵柔的这种做法，真正做到了以身作则，相信他的儿子将终生牢记父亲的教诲“不能因为利益而放弃信用”。

### 曾子杀猪

曾子是孔子的学生，他为人诚实，说话算数，即使对孩子也是同样。一天，曾子的妻子去赶集，儿子非缠着跟妈妈去集市不可。妈妈嫌带儿子去不方便，于是就哄他说：“别闹了，好好在家里玩，等娘回来了，让你爹给你杀猪吃。”曾子的妻子从集市上回来，见曾子真的要杀猪，就说自己在哄孩子，不要当真。曾子却说：“孩子小不懂事，一举一动都跟父母学，你今天骗他，他明天就会去骗别人，这怎么能行呢！”曾子最终坚持把猪杀了。他通过自己的行动，教育孩子一定要做守信用的人。

【评析】

本节中“事非宜”，“非宜”指不适当。生活中不合义理不恰当的事，不要轻易答应。在答应同意前要思考清楚。比如同学让你帮忙去打架。你要分析如果你也参与到打架中，你不是在帮助他，你是更进一步地在陷害他。所以，在别人有求于你的同时，你要评判这件事的对与错，不要快速轻易就答应许诺。如果轻易允诺，会造成做也不是，不做也不好，使自己进退两难。

【思考】

生活中如果你遇到朋友向你开口借贷财物，也许你会面临借与不借的窘境，那么怎么办呢？

如果他真是遇到困难，那你一定要雪中送炭帮助他；如果这件事还波及其他不良影响有危害性，那你一定要拒绝。

其次，与人接触的时候，我们都晓得人要有爱心，要有包容之心。在团体里，我们有时候要借助别人的帮忙，才有办法把事情做得圆满。所以，人与人之间的友好交往，互相帮助一定是很好的美德。

**名言欣赏**

1．盛喜中，勿许人物。盛怒中，勿答人书。——《弘一大师李叔同法语录》

2．遵守诺言就像保卫你的荣誉一样。——巴尔扎克

3．一言既出，驷马难追。——中国俗语

## 5.6 凡道字 重且舒 勿急疾 勿模糊

【译文】

凡是开口说话时要口齿清晰，咬字应该清楚，慢慢讲，不要太快，更不要模糊不清。这样就可以改变一个人急躁的个性。

【注释】

凡：概括词，指所有的、一切的。道字：说话。道，说。重：慎重、稳重。舒：缓慢、从容。急疾：急速。疾，急忙。模糊：不清楚。

### 拓展故事

**裴秀学礼**

裴秀是西晋时期的一位大臣，从小就知道勤奋学习，从不放过向人学习的机会。

裴秀出生于一个官僚贵族家庭，家中常常有客人来访。家中每次宴请客人时，母亲总是让他端饭送菜，服侍客人。裴秀把接待客人也当成一个学习的机会，在接待过程中，总是言语虔诚，举止有礼，借机和客人交谈几句。客人们见他如此虚心懂礼，也都很喜欢他。裴秀也因此形成了优雅的谈吐，他的名声很快就传开了。

**婉转曲折 说服太后**

公元前 265 年，秦军进攻赵国，赵国向齐国求救。齐国要求赵国用长安君当作人质方肯出兵。长安君是赵太后的小儿子，太后说什么也不答应。大臣们再三劝说，太后也不听。这时，左师触詟[①]去

① 詟：zhé

见太后，太后气呼呼地接见他。他先从太后的身体和饮食说起，使太后的气渐渐消了。接着又请求给自己的小儿子安排职务，说明了父母爱护子女，要为他做长远的打算，不要只顾眼前。最后，他才劝太后疼爱长安君，就要让他为国家建功立业，不然的话，一旦太后去世了，长安君凭什么在赵国立足呢？他这委婉曲折的一席话说服了太后，使太后终于答应让长安君去当人质。齐国这才出了兵，解了赵国之围。

【评析】

本节提到“凡道字”中“道字”指说话。“重且舒”中“重”有两个意思。一个指说话要把重点内容说出来；一个指说话态度，语气要慎重、稳重。“舒”指说话缓慢，从容。比如生活中，我们和朋友打电话时，有时也许因为说话的语气，语速，听错了说话内容，会错意。所以凡是开口说话时要口齿清晰，咬字应该清楚，慢慢讲。“勿急疾，勿模糊”。它就告诉我们，说话不要太快，更不要模糊不清。有时候因为急躁就有可能漏掉关键字从而造成了遗憾。因此我们在说话的时候要注重“舒”，就是要流畅，把你的言语要表达清楚，免得让人没办法理解你说话的目的和意思。

【思考】

如果生活中你说话语速特别快，怎么办？

答案就是说话要“重且舒”。生活中不加思考就冲口而出的行为都是建立在语速太快的问题上，因为你的语速太快，所以造成思维跟不上语速节奏，也就是我们常说的说话不经大脑。把语速放慢，力求说出来的每一个字都说的清楚，这样与你沟通的人听着也会舒适，从而也能在一定程度上提升人际关系。

**名言欣赏**

1．发言的原则：如果你没有把握有条理地表述一件事，就不要轻易开口。——现代公司格言
2．说话周到比雄辩好，措词适当比恭维好。——《人生格言》
3．真懂的人不需大声叫。——《人生格言》

## 5.7 彼说长 此说短 不关己 莫闲管

【译文】

遇到他人来说是非，听听就算了，要有智慧判断，不要受影响，不要介入是非，事不关己不必多管。

【注释】

彼说长，此说短：指说人是非。彼，那个。此，这个。长，长处、优点。短，短处、缺点。莫：不要。闲管：管闲事。

### 拓展故事

**三年不窥园**

西汉时期，董仲舒为了潜心学习，整天钻在书房里，什么事情也不过问，吃的、穿的也不讲究。据说在他家的旁边有一个菜园，但是他由于学习过于认真，有三年的时间竟没有踏进过那个菜园一

步。所以后人说他“不窥园中菜”。董仲舒后来成为我国古代著名的思想家，这和他专心学习、不为杂事所累的精神是分不开的。他对孔子所创立的儒家思想体系的延续和发展，做出了杰出贡献。所以，我们重要的是要做好自己的事情，不要整天东家长西家短地拨弄是非，这样于人于己都没有好处。

### 许敬宗答唐太宗问

唐太宗时期，许敬宗任中书侍郎，深为唐太宗李世民所器重。一天，太宗问许敬宗：“朕观群臣之中，惟卿最贤，有言非者何也？”意为：“我看这么多官员中，只有你最好，可是有人说你不好，这是为什么呢？”许敬宗对这个问题回答得很妙：“春雨如膏，滋长万物，农夫喜其润泽，行人恶其泥泞；秋月如镜，普照四方，佳人喜其玩赏，盗贼恶其光辉，天尚不能尽遂人愿，何况臣乎？”这就是说，春雨那么好，农民喜欢它，可行人却因路滑难走而厌恶它；秋天的月亮像镜子一样美丽，佳人十分欣赏，但盗贼讨厌其光辉。天都不能遂人愿，何况臣？好与不好都是相对而言的，都是有时间、地点、条件的。以春雨和秋月打比喻，虽说明了一些问题，但给人的印象还不深。于是，许敬宗接着说下去：“臣无肥羊美酒，以调众人之口，故是非不可听，听之不可信。君听臣遭诛，父听子遭戮，夫妻听之离，朋友听之别，乡邻听之疏，亲戚听之绝。”这段话回答得更妙。自己没有好吃的和好喝的东西去堵塞人家的嘴，只好任凭别人说三道四。最重要的是，你当皇帝的不应该偏听偏信那些搬弄是非的流言蜚语。许敬宗一口气列举了六个事例。说明了君臣、父子、夫妻、朋友、乡亲和亲戚之间，听信是非会造成多么严重的恶果。最后，许敬宗更深一层地点出了问题的实质：“人生七尺之躯，谨防三寸舌。舌上有龙泉，杀人不见血。”那些惯于颠倒黑白、造谣中伤、诬陷好人、美化自己的花言巧语者，他们的三寸不烂之舌就像杀人不见血的龙泉剑，人们不可不防呐！

这篇短文的结语是：帝曰：“卿言甚善，朕当识之。”岁月如梭，往事如烟，世事变迁，从唐代到现代，1000 多年过去了。但今天我们重温《许敬宗答唐太宗问》这篇短文，仍有现实意义。人应该大公无私如春雨，光明磊落如秋月，所作所为虽不能尽遂人愿，但总应对得起绝大多数人。对己应严要求，对人不可说是非，更不可听信是非。

【评析】

本节中“彼说长，此说短”指说人是非。生活中当遇到他人来说是非，听听就算了，要有智慧判断，不要受影响，不要介入是非，事不关己不必多管。在工作中我们很容易遇到“彼说长，此说短”，这时候我们一定要敬而远之，要做好自己的“本职工作”，让我们的表现唤醒说他人是非的人的惭愧之心，同时也要懂得顾全大局。但是为了团体的利益，比如在开会研究问题等特殊场合时还是该说的要说，尽每一个人的本分。会后绝对不要乱说，把时间耗费在无谓的口舌之争上。所以千万不要把我们的宝贵时间，浪费在彼此的闲聊当中，我们要深深地警惕自己“祸从口出”，言语一定要特别小心。

【思考】

生活中如果你一直受是非的困扰，你会一直郁闷难过。为什么？在我们周围总有一些人喜欢搬弄是非，传播流言，当传入你这个“受害人”的耳朵里时也许不堪入耳，导致你伤心难过。当面对一些愿意搬弄是非者时，最好的办法是找个借口，“莫闲管”，远离是非之人，远离是非之事，不说闲言，不打妄语。中国古训有“来说是非者，必是是非人！”

请读者朋友谨记：

恶语永远不要出自于我们的口中，不管外境如何，只要我们口出恶语，我们的心就被污脏了。

**名言欣赏**

1．来说是非者必是是非人。——《增广贤文》

2．与人善言，暖于布帛；伤人之言，深于矛戟。——荀况

3．事后论人，局外论人，是学者大病。事后论人，每将知人说得极愚；局外论人，每将难事说得极易。——魏禧《目录》

## 5.8 见人善 即思齐 纵去远 以渐跻

**【译文】**

看见他人的优点或长处，心中就升起向他看齐的好念头，希望自己也能跟他一样；虽然目前自己与人家还差得很远，只要抱着全力以赴的决心，不断努力就能渐渐赶上。

**【注释】**

善：好。好人或好事曰善，此处作优点长处。思：希望。齐：一样。纵：即使。去：相差。以：使、令。跻：赶上，与领先者平齐。

### 拓展故事

**周处除三害**

在西晋灭吴时期，有一个名叫周处的人，至今许多人都知道他除三害的故事。

周处是江苏宜兴人，从小就死了父亲，缺乏家庭管教。他力气大，喜欢骑马打猎，可是性情暴躁，动不动就和人争斗，做事都由着自己的性子干，不讲理也不管后果。在村子里为所欲为，从不把别人放在眼里。村里人讨厌他，把他和山上的猛虎、水里的蛟龙合称为“三害”。

有一天，周处看到一些老人围坐在一起愁眉不展，一边叹气一边议论着什么。他走过去问：“现在天下太平，又丰收了，你们还有什么不高兴的呢？”其中一个胆子大的老人说：“三害不除，人们哪会快乐呢？”周处忙问：“什么三害，快说给我听。”老人告诉他，一害是南山上的猛虎，二害是长桥下的蛟龙，该说第三害了，老人闭口不语了。周处性急，非让老人说不可。老人就说：“要问这第三害，就是欺压乡邻的恶人，弄得大家不得安生。”周处没想到这第三害是指自己，看见大家看着他，以为是希望他去除三害。就说：“这三害算得了什么，我去除掉它们。”大家都说：“你要是能除掉这三害，这可是大好事，我们一定感谢你。”

周处真的除三害去了，他背着弓箭，带着钢刀，迈开大步，爬上了南山，用弓箭射死了张牙舞爪的猛虎。他又来到了长桥，纵身跳下了水，去擒拿蛟龙。那蛟龙异常凶猛，周处与它在水中搏斗起来，蛟龙顺水向下游了几十里，周处紧追不舍，三天三夜没上岸。村里的人见周处一去不回，以为他与蛟龙同归于尽了，大家就互相道贺，庆祝三害已除。可是周处凭自己的智慧和力量最后杀死了蛟龙，爬上了岸，回到了村里。他一见大家正在庆祝三害已除，这才知道原来自己是三害之一。他难过极了，心想：一个人被他人看作和吃人的老虎、害人的蛟龙一样，还有什么意思。他痛下决心，改过自新。但是一想到自己年岁已大，又没有好好读过书，要改过自新，从头做起，行吗？所以也就愁眉不展，不知如何是好。

有一天偶然听到乡民谈起吴郡①地方有一对兄弟叫陆机、陆云，他们很有才学，对很多事情都有

① 吴郡：今江苏苏州。

独特的见解，也很乐于助人。于是周处就决定到吴郡去找陆机、陆云兄弟，让他们帮自己拿拿主意。到了陆家，大哥陆机外出不在家，只有二弟陆云在家。于是周处就把事情的始末以及自己的忧虑全盘托出，希望陆云指点指点他。陆云听了之后，就告诉周处说："古人最重视朝闻夕死这句话。"周处问："不知这是什么意思？"陆云说："就是说一个人，只要早上听到了圣贤的大道理，即使晚上死了，也不觉得虚度此生。何况你的前途还有希望，所以不要轻易地放弃。人只怕没有志气与目标，而不必担心美名不会传扬出去。"周处听了之后振奋不已，从此改过自新，勤学苦读，终于成为一位有作为的人。周处得到了乡邻的赞扬和拥护，后来有人推荐他在吴国做了官，西晋灭吴后又出任晋朝的官吏。他为官清正，大家都称赞他是个了不起的清官呢！

【评析】

"见人善，即思齐；纵去远，以渐跻。"它就告诉我们要向善行学习，积累善行。"见人善，即思齐"。当你看到别人有善行、做好事、行好事时，我们应该不吝于赞美，不应该鄙视他，更不应该有嫉妒心态。"见贤思齐"，就是告诉我们要有赞美善行、向善行学习的心胸，要提升自己。看到别人好的、善良的一面，应该想一想，"即"就是马上，马上反观自己，想一想他这样做很好，我们应该向他学习。这个"齐"，就是希望也能达成像他这样的水平，达到这样好的境界。

"纵去远，以渐跻"。即使我们做不到，没有办法像别人那样，我们也要慢慢地学习，慢慢扩充自己的心量。"以渐跻"，希望渐渐地也能达到他的境界。

任何一个人都会希望自己的境界在生活、学习、工作中逐渐得到提高，没有一个人愿意甘居人后、不如别人。那么我们就要修正自己的观念，要有见贤思齐的思想。有了这样的思想后，还要在行动上努力去做。如果看到别人的善行，你无动于衷，既不向别人学习，也不想向别人看齐，你永远也不会进步的。

周处在除掉猛虎和蛟龙二害后，发现自己才是乡亲们眼中的第三害。于是他痛下决心，向陆机兄弟学习善行，最终成为人们爱戴的好官。这个故事充分说明了只要你努力向别人学习善行，你就会渐渐地赶上，你就会不断地进步。高威、栾福山和李先生三位朋友，能够亲如兄弟，在别人有困难的时候，都能伸出援助之手，也正是他们"见人善，即思齐"的思想，让三位在与对方互不相识的情况下能够慷慨解囊，以解别人燃眉之急。

所以我们平常看到好的行为、好的故事，把它收集起来，用这些故事来鼓励自己，也可以把这些好的行为、好的故事讲给别人听，让这些故事和好的行为来激励自己和别人不断进步。

【思考】

"见贤思齐"，你做到了吗？现代社会的发展，使人与人之间的情感淡化，"事不关己，高高挂起"已经成为大多数人的处事真经。对于有些人的善行义举，在一些人的眼里是傻瓜一样的行为，他们对这样的行为不以为然，甚至会对这样的行为进行嘲笑和讽刺。

比如说乘公交车时给老弱病残让座这件事，试问大家，又有几人能做到呢？有这样一个公益广告，是宣传给老弱病残让座的。当一位老婆婆颤巍巍地走上公交车时，车上已经没有一个空位了，满车只有老婆婆一个人站着。车上坐着的各位，你看着我，我看着你，谁也没有起来给老婆婆让座。广告的最后一句话是："让个座有这么难吗？"是啊，让个座并不难，难的是在这个物欲横流、人心自私的社会，做善行的人越来越少。见不到贤，怎么能思齐呢？

因为有善行，有人行善，这个世界、这个社会才会有爱。如果看到有人行善，我们能去效仿，那么行善的人会越来越多。善人郭明义就是用他的善行来号召大家都来行善，他的团队在不断扩大。也正因为有这些行善的人，社会才不会那么冷漠，人与人之间才会有关爱。让我们都行动起来吧，"见人善，即思齐"，用自己的力量，去践行善行。

**名言欣赏**

1. 见贤思齐焉，见不贤而内自省也。——孔子

2. 三人行，必有我师焉。择其善者而从之，其不善者而改之。——孔子

3. 见善如不及，见不善如探汤。——孔子

## 5.9 见人恶 即内省 有则改 无则警

**【译文】**

看到别人的缺点或过失，要赶紧自我检查自己的思想行为，看看自己有没有缺点或过失；如果有，就要立刻改善。如果没有，那么也要加倍警惕，不可明知故犯，重蹈他人覆辙。

**【注释】**

恶：坏。善的相反，泛指不善不良的事或人，此处作过失解。省：此处读作“xǐng”，就是检查自己的思想行为。改：改善。警：警惕。

### 拓展故事

**楚襄王改过**

战国时期，楚国的国势日益衰弱。楚襄王很信任州侯、夏侯、鄢陵君和寿陵君这四个无德无能但又善于阿谀奉承的人。楚国有一个大臣，名叫庄辛，有一天他对楚襄王说：“您在宫里面的时候，左边是州侯，右边是夏侯；出去的时候，鄢陵君和寿陵君又总是跟随着您。这四个人只知道奢侈淫乐，不管国家大事，这样下去，楚国很危险！”

楚襄王听了，很不高兴，气骂道：“你老糊涂了？故意说这些险恶的话来惑乱人心吗？”庄辛不慌不忙地回答说：“我是觉得事情就要走到这个地步了，否则是不敢说这些话的。如果您还是一直宠信这几个人，楚国一定会灭亡的。您既然不相信我的话，请允许我到赵国去躲一躲，看事情究竟会怎么样？”

楚襄王同意了。五个月后，庄辛的预言不幸成为了现实。秦军大举进攻楚国，攻占了包括首都在内的大片国土。楚襄王只好弃都而逃，被困在城阳。身处困境的楚襄王十分后悔当时没有听庄辛的劝谏，就派人去赵国召他回来。楚襄王惭愧地对他说：“寡人从前没有重视你的劝谏，以致遭到如今这等惨败，你看如何是好啊？”庄辛说：“俗话说得好，‘发现兔子，再放出猎狗，并不算晚。丢了羊后，及时把羊圈修好，也不算迟。’楚国现在虽然遭到比较大的打击，但实力还是比较强的，还拥有数千里的地方，只要全国上下发奋努力，是可以重整旗鼓的。”

楚襄王听了庄辛的一番话，精神不由为之一振，借助庄辛的智谋和才干，出兵回击秦军，收复了不少失地。

**【评析】**

我们说“见贤思齐”，那么我们看到恶行该怎么办呢？“见人恶，即内省；有则改，无则警。”就是在告诉我们看到别人的恶行时该怎么办。当我们看到别人有过失、有不对的时候，应该“即内省”，这个时候立即要想到反省看看，自己是不是也像他这样，犯了这样的过失。孔老夫子讲“三人行，必有我师焉”。这三人，不是真的三个人，而是指一个是自己，一个是善人，一个是恶人。善跟恶都可以成为我们很好的借鉴，也就是我们很好的老师；看到好的我们向他学习，看到不好的

我们要警惕自己，不能跟他一样地犯错。所以这里就讲到当我们看到别人做错的时候，第一个不是骂人家，不是批评别人，而是要赶快地自己想想看，反省自己，反躬自省，想想自己是不是也经常犯这样的错误。

“有则改，无则警”。如果我们也同样的犯这样的过失，这样的错误，就要赶快改正。“无则警”，没有的话也要自己勉励自己，警惕自己，不要做这样不好的事情。

人很难看到自己的过失，可是却很容易看到别人的过失。所以看到别人不管是善还是恶，可以说他就像一面镜子一样。每天我们都看得到，世间的种种，镜子呈现在我们面前，我们如何帮助别人？如何让这个社会更和谐？有很多人说我的能力很微薄，我没有办法做到。但是如果我们看到世间是一面镜子，我们看得很清楚，心里也很明了，这个时候我们就要从本身做起。本身做得好，影响所及，你的家人也会向你学习，也会效法你；扩充到整个社会，你影响的就是你所在的团体。人人能如此，社会风气也会因为大家的努力而渐渐地改善。

所以，当我们看到善的，一定要加以发扬光大，从内心做起；看到不好的，从内心反省。这样这个社会善良的人就会愈来愈多，善事扩充层面也会愈大；不好的现象也会逐渐地萎缩，逐渐地减少。

**【思考】**

现代社会的生活节奏越来越快，大家为了学业、为了工作、为了家庭在辛苦地奔波着。当我们看到别人身上的恶行时，我们很少有时间坐下来，静心地反省一下自己，看看自己是否也有这样的行为。

～～～～～～～～～～～～～～～～～～～～～～～～～～～～～～～～～～～～～～～

现在很多年轻人，看到别人吃喝玩乐，舒适享受，非但不反省自己，反而去效仿。看到别人用武力去欺负弱小，非但不认为这是恶的行为，反而愿意与其结交，加入那些恶人的行列。

善与恶，往往就在一念之间。见善能思齐，见恶能内省，能向善行学习，发现别人有恶行，能够内省，不去学习，自己有的能改掉，人就会不犯错误，或者少犯错误，这个社会就会少一些作恶的人，就会更加和谐。

人要做到时刻反省自己，无论生活有多累，工作、学习有多忙，反省自己是必不可少的。对照别人反省自己，对照自己反省自己，都会让你获得进步，让你的个人修养得到提升，让你的生活、学习、工作获益匪浅。

生活在现代社会的人们，一定要能分辨什么是善，什么是恶。尤其是年轻人，你们能够分辨善恶美丑吗？你们能够做到每天检省自己的行为吗？

**名言欣赏**

1. 君子博学而日参省乎己，则知明而行无过矣。——荀子
2. 人之性也，善恶混，修其善则为善人，修其恶则为恶人。——杨雄
3. 关键是觉悟，人生的快乐和痛苦都是觉悟。——林清玄

## 5.10 惟德学 惟才艺 不如人 当自砺

**【译文】**

一个真正的君子是不会在物质方面去和别人比较谁富裕，做人最要紧的是自身的道德、学问、才能和技艺。如果在这些方面不如别人，他们会勉励自己不断向上，努力赶上比自己强的人。

**【注释】**

惟：只有。德学：品德、学问。才艺：才能、技术。不如人：不如别人。当：应该。自砺：

自我勉励。

## 拓展故事

### 士别三日，刮目相看

吕蒙，字子明，汝南郡富陂县[1]人，少年时即随姐夫邓当渡江。吕蒙的姐夫邓当为孙策部将，吕蒙年仅十五六岁即随军出征。邓当死后，吕蒙代领其众，随孙权征战各地。与刘表部将黄祖作战时，吕蒙为先锋，阵斩陈就，受任横野中郎将，赐钱千万，在赤壁之战中，吕蒙与周瑜、程普击败曹军，围曹仁于南郡，曹仁败走，进据南郡，晋位偏将军，任浔阳县令。

吕蒙初不习文，孙权开导他和另一个勇将蒋钦说："你们如今都身居要职，掌管国事，应当多读书，使自己不断进步。"吕蒙推托说："在军营中常常苦于事务繁多，恐怕不容许再读书了。"孙权耐心指出："我难道要你们去钻研经书做博士吗？只不过叫你们多浏览些书，了解历史往事，增加见识罢了。你们说谁的事务能有我这样多呢？我年轻时就读过《诗经》、《尚书》、《礼记》、《左传》、《国语》，只是不读《周易》。自我执政以来，又仔细研究了'三史'（《史记》、《汉书》、《东观汉记》）及各家的兵法，自己觉得大有收益。像你们二人，思想气质颖悟，学习一定会有收益，怎么可以不读书呢？应该先读《孙子》、《六韬》、《左传》、《国语》以及'三史'。孔子曾经说过：'吾尝终日不食，终夜不寝，以思，无益，不如学也。'东汉光武帝担任着指挥战争的重担，仍是手不释卷。曹操也说自己老而好学。你们为什么偏偏不能勉励自己呢？"吕蒙从此开始学习，专心勤奋，他所看过的书籍，连那些老儒生也赶不上。

鲁肃继周瑜掌管吴军后，上任途中路过吕蒙住地，吕蒙摆酒款待他。鲁肃还以老眼光看人，觉得吕蒙有勇无谋，但在酒宴上两人纵论天下事时，吕蒙不乏真知灼见，使鲁肃很受震惊。酒宴过后，鲁肃感叹道："我一向认为老弟只有武略，时至今日，老弟学识出众，确非吴下阿蒙了。"吕蒙道："士别三日，但更刮目相看。老兄今日既继任统帅，才识不如周公瑾（周瑜），又与关羽为邻，确实很难。关羽其人虽已年老却好学不倦，读《左传》朗朗上口，性格耿直有英雄之气，但却颇为自负，老兄既与之相邻，应当有好的计策对付他。"他为鲁肃筹划了三个方案，鲁肃非常感激地接受了。

### 一字之师

唐朝有个诗僧叫齐己，特别喜欢作诗。他很刻苦，但常常为没有高人指教而苦恼。

有一次，他听说大诗人郑谷到了袁州，就带上自己的诗稿去求教。一路上，齐己很是担心，不知这位大诗人会不会摆架子，看不起自己。齐己到了袁州，见到了郑谷，没想到，郑谷很平易近人，就恭恭敬敬地把自己的诗稿递了过去。郑谷仔仔细细地看了一遍，当看到《早梅》这首诗时，对他说："你这首诗写得不错，如果能改一个字，诗味就更浓了。"

郑谷说："'前村深雪里，昨夜数枝开'，数枝开放，说明梅花开放的时间并不早。如果把'数'改成'一'，不就能说明时间早了吗？"

齐己听了，仔细品味一下，认为郑谷的这一改动，虽然只将"数"改为"一"，只有一字之改，但却使《早梅》更贴切题意了，诗的意境也更完美了。齐己对郑谷非常佩服，他跪在地上，连连磕头，说："这个字改得太好了，您真是我的老师啊！"

后来，人们就称郑谷为齐己的"一字之师"。

**【评析】**

从前面我们知道，人在扩充自己的心量之后，也要向这个好人学习；看到不好的，我们要反思自己。我们都晓得，做人最重要的是要有德行；你有德行的话，你就能服众。你在家里有德，你的

---

① 陂县：陂 pí，陂县，在今安徽阜南东南。

孩子也会向你学习。《易经》中讲到“积善之家，必有余庆”。

这里就讲到如何扩充自己的德行，“惟德学，惟才艺，不如人，当自砺”。“孝悌忠信礼义廉耻”是八德，“忠孝仁爱信义和平”也是八德。我们这里所说的“德学”指的是好的品德和学问，好的品德，不但自己要能扩充，要能学习，要能效法；同时，如果感觉自己在这些方面有欠缺，应该要勉励自己，好好在德学方面加强。最简单的就是从孝悌开始。

《弟子规》中已经提到做儿女的、做学生的该怎么做：做儿女的在家里要懂得孝顺自己的父母，做学生的在学校明白自己学业一定要认真，像这样也是德学的一种。因为你能尽自己的力量，达成应尽的责任，这个就是德学。

“才艺”如果不如人，应该“当自砺”。这个才艺我们都晓得，古人讲究琴棋书画，现今的人更重视对自己的子女进行才艺方面的培养。拥有才华的人，他在社会上往往比较吃香，在各种集体活动中都能一展身手，展现自我。如果你能一门深入，就变成这种才艺的专家。但是我们看到别人很有才华，他的才艺非常高超，我们不能只有羡慕，我们都知道成功的背后，往往由很多的血汗堆积成的。所以我们在才德方面、学艺方面输给别人，这个所谓“输”，并不是你一定要跟他竞争。而是你觉得别人为什么可以做得那么好，学得那么好，我们应该想一想，我是不是不够努力，所以才做得不好，才学得不好，成绩才会一落千丈？

这里告诉我们，要随时勉励自己，看到人家好的，看到人家学业好、功课好、品德好、才艺好，我们都要反观自省，想一想我尽心了吗？我尽力了吗？如果你没有尽心尽力，当我们看到别人的好，就应该向他学习，甚至请教他都可以。

古人说：“好学近乎智”。好学的人是有智慧的人。如果一辈子不好学，我们的能力就会很有限，不但立身处世很困难，就是连照顾自己吃饭的能力都没有。所以人要以“德学”和“才艺”为重，不如人的地方，要向人学习。

【思考】

现在的年轻父母们非常注重对自己孩子才艺方面的培养，从孩子还没有出生，就让肚子里的孩子听各种高雅乐曲，给孩子讲各类故事。孩子出生后，给孩子报各种才艺班，想让孩子琴棋书画样样精通。这是做父母的对孩子们的期望，期望他们能够拥有才艺。

我们在对孩子进行才艺方面培养的同时，也不要忘了德学对于孩子来说也很重要。现在有些孩子学了很多才艺，但是品德却不行，对人一点礼貌也没有，说话脏字连篇，对父母大呼小叫，对长辈不尊重。这样的孩子拥有再好的才艺又有什么用呢？也不会有人欣赏他。

所以，作为父母培养孩子也好，作为我们自己也好，不管在什么时候，我们都要记住道德、学问、才能和技艺是一样重要的。我们一定要努力积累德学和才艺，只有德才兼备才能被人尊重，受人敬仰和爱戴。

在拥有了才艺、学问和技能后，我们有没有自己检省过自己，我们拥有德行吗？对长辈尊重吗？对父母孝顺吗？对他人友爱吗？见到别人有困难，你会主动去帮助吗？

**名言欣赏**

1．善良与品德兼备，犹如宝石之于金属，两者互为衬托，益增光彩。——萧伯纳

2．小人之骄，骄傲的是他外在的气；而君子之骄，骄傲的是内心的风骨。——于丹

3．生资之高在忠信，非关机巧；学业之美在德行，不仅文章。——《围炉夜话》

## 5.11　若衣服　若饮食　不如人　勿生戚

【译文】

如果吃的、穿的不如人家，用不着忧愁悲伤。这不是什么不光彩的事，因为做人最重要的

是品德的修养。

【注释】

若：如果。饮食：可吃、可喝的食物。如：比较。勿：不要。生：感到。戚：忧伤。

## 拓展故事

### 阮咸晒衣

阮咸是西晋时期著名的文学家，小时候家里非常贫寒，吃的、穿的都很平常。阮仲容（阮咸字仲容）和阮籍（曾任步兵校尉，后称之为阮步兵）住在道路南边，其他姓阮的住在道路北边。北阮都很富有，南阮却很贫穷。我们知道，在魏晋的时候是很讲究的，那时候的男人出门是要扑粉的，非常讲究。但是，阮咸安贫弱素，在有钱人面前泰然自若，一点都不自卑。做到这样我们现在看起来似乎很简单，我们都有自尊。但是大家别忘了，在古代有一个习俗你很难躲过去的，什么习俗？就是每年农历的七月初七，都要晒衣服的，也叫晒箱子底。因为七月七日的太阳力量最大，杀菌的功能最好，所以要把家里的衣服拿出来晒一晒。但很多人家是不晒的，或者挑一些稍微像样的衣服拿出来晒一晒，怕丢脸。阮咸不是，非常坦然，家里有什么衣服，他就晒什么衣服，哪怕是一地的破衣服，他也会拿出来晒。大家发现他晾的衣服破破烂烂的，都围过来观看，阮咸一点也不生气，很平静地说："富贵不是炫耀的资本，贫穷也不是耻辱，一个人如果没有知识，没有品德，没有礼貌，那才是最可耻的。"听了他的话，围观的人纷纷散开了。

"阮咸晒衣"成了千百年来中国人教育孩子的典故：不要因为你富贵就看不起人，不要因为你贫穷而感到自卑。重要的是，你是不是通过努力拥有了才华！

【评析】

品德才学，这些非常重要，看到别人很好，我们要向他学习，效法他。可是在物质享受方面，我们就要降低我们的享受。不要看到别人穿得好，吃得好，生活水准很高，然后拼命向他攀比学习，这个是不对的。

曾经有很多有钱人家的孩子，看到他人穿名牌，明天我自己也要穿名牌，这些都是不对的。因为物质享受，是无底洞的欲望。人只有降低自己的欲望，生活对他来讲才会更为安舒，更为快乐。而快乐也不是建筑在物质生活上的，一杯清茶，一本好书，一首优雅动听的音乐，这样的生活已经非常惬意，已经是相当的快乐。

所以人要懂得知足，唯有知足的人，才最能享受到人间的快乐。阮咸不因自己贫穷而自卑，不像那些因贫穷而不敢把衣服拿出来晒的人，阮咸活得坦荡，活得自在。因为阮咸知道："富贵不是炫耀的资本，贫穷也不是耻辱，一个人如果没有知识，没有品德，没有礼貌，那才是最可耻的。"

这里讲到的衣服、饮食，实际上应该是指我们的物质生活。衣、食、住、行都是物质生活的一部分。现代社会，好多人住上了洋房、开上了汽车，大家都觉得这样的人很富有、很神气，有些人在这些富有的人面前就会觉得很没面子，做不到"勿生戚"。这个"戚"就是觉得难为情，觉得脸上挂不住，很难过。物质享受比别人差会起了这种羡慕难过之心，这些都不对。所以从小孩子起吃得好，穿得好，给他非常安适的生活，不见得是件好事，反而助长他欲望的增加。我们说"由俭入奢易，由奢入俭难"。我们要让孩子有勤俭的观念，从小我们就要培养他，不可以从小让他过得相当的舒服。这个所谓相当舒服，就是什么都给他最好的，一旦给他的不是最好的，他就会产生不如人的感觉，这是不好的。如果给他都是最好的，他将来长大，万一环境没有这么好，影响所及，都有可能作奸犯科。所以对孩子们的教育应该是"德学"和"才艺"要比"衣服"和"饮食"更重要。

【思考】

曾经有一位家长，向人说起他的孩子：有一天早上，他的孩子对他说："爸爸，从今天起你不用去学校接我了，因为你开的那个烂车，我很丢脸，人家别的同学的父母开的都是名牌的轿车。”这个家长感到很难过，也很困惑。自己孩子小小的年纪就懂得追求物质的享受，就去和人家攀比这些物质上的东西，欲望是无止境的，长大之后，他这个欲望怎么能填满？

不光是这位家长困惑，我们现在很大一部分人喜欢和别人比吃、比穿、比住、比车。看到别人吃好的、穿名牌、住洋房、开好车，自己也想拥有，有的甚至用一些极端的手段去拥有这些物质上的享受。

确实是我们现在的物质条件好了，大部分的人再也不用为衣服和饮食担忧了。但是这种追求名牌，互相攀比的风气是不可取的，也是不可要的。勤俭是我们中华民族的美德，老祖宗留下的好的东西我们不能把它摒弃，而是应该继承和发扬。吃的、穿的不如人家并不是什么不光彩的事，做人最重要的是品德和修养。

那么在这样一个发达的现代社会中，在面对如此充满诱惑的物质享受面前，你能不羡慕、不为所动吗？当你吃的、穿的都不如别人的时候你有没有感到不光彩呢？你有没有因为父母给你穿哥哥姐姐穿过的衣服而懊恼过呢？

要记住，钱财和衣物乃是身外之物，生不带来，死不带去，对于人来说，最重要的是品德、修养和才艺，它们能够让你流芳百世。

**名言欣赏**

1. 金钱比起一份纯洁的良心，又算什么呢？——哈代
2. 质朴却比巧妙的言辞更能打动我。——莎士比亚
3. 钱财如粪土，仁义值千金。——《增广贤文》

## 5.12 闻过怒 闻誉乐 损友来 益友却

**【译文】**

如果听到别人批评自己的过错就很生气，听到别人称赞恭维自己就高兴；那么，有损德行的对自己有害的朋友就会来与你接近，对你有益，而且愿意指正你过错的好朋友就会和你远离。

**【注释】**

闻过怒：听到别人批评自己的过错就很生气。闻，听到。过，错误。怒，生气。誉：称赞。损友：对自己有害的朋友。益友：对自己有帮助的朋友。却：退却。

### 拓展故事

#### 国王和车夫

古代有一个虢[①]国，不是个大国，但也不见得是个很弱的国家，后来却灭亡了。虢国末代国君虢公丑平日喜好美言，对逆耳忠言却甚为厌恶，故身边得意之臣多为善溜须拍马而无治国贤能的阿谀小人，鉴于此，国家治理极其混乱。公元前 655 年，虢国被晋国所灭。危急时刻，国君身边误国之臣皆作鸟兽散，无人顾及国君安危，最后虢国的国王跟着一个车夫逃了出去。这个车夫赶着马车，

① 虢：guó，周代国名。西虢在今陕西宝鸡东，后来迁到河南陕县东南；东虢在河南郑州西北。这里指的是西虢。

载着虢国的国君逃到荒郊野外。这个国君又饿又渴，垂头丧气，车夫就赶紧取来车上的食品袋，里面有清酒，有肉脯（也就是肉干），还有一些干粮，让国君吃喝。国君酒足饭饱以后擦擦嘴，就来问这个车夫："你哪里弄来这些东西啊？"车夫回答说："国君，我事先准备好的。"这个国君很奇怪："你怎么会事先准备好呢？"这个车夫一看就不是损友，很朴实，不会花言巧语。车夫说："我是特意替大王您准备的，以备在逃亡的路上好充饥、好解渴。"国王晕掉了，说："你早就知道我会有逃亡这一天啊？"车夫说："是的，我早就估计到你有这一天。"那国君要疯了："既然这样，你为什么不早点告诉我？你连我逃难的吃的都准备好了，你不提醒我？"车夫说："您只喜欢听奉承的话，对别人提意见的话，哪怕再有道理，您也听不进去啊。我一个车夫，哪敢跟您提意见，您不但听不进去，恐怕咔嚓一刀就把我给剁了。要是这样的话，您到了今天，连一个给您赶马车的人，给您准备水和食物的人都没有，所以我没告诉您啊。"国君听到这里，脸都气紫了，指着那个车夫大骂："你这混蛋，早不告诉我。"这个车夫一看，完了，这昏君都到这份儿上了，死到临头还不知悔改。车夫想想说："行行行，大王息怒，大王息怒，我说错了。"国君也离不开这个车夫了，两个人都不说话。过了一段时间，国君昏昏沉沉就靠着车夫的腿睡着了。车夫就把自己的腿慢慢挪开，在旁边找了一块石头垫在国君的脑袋下，自己一个人走了，后来这个国王在野外被野兽吃掉了。

**【评析】**

大家看看，这种听不进批评意见的人，周围都是损友，这样的人亡国、丧家几乎是注定的。

瞪一次眼，发一次火，就让好朋友远离自己两年，这两年人生又发生了如此巨大的变化，如果当时能认真听听这些劝解的话，或许就不会这样了。所以，人应该识劝，能听进去别人的话，这样也许可以避免自己一意孤行，避免更大的错误发生，也许生活可以过得更顺利些。

《围炉夜话》中把益友的标准更是简单到只要能规劝自己过错的人就是益友。（《围炉夜话》何者为益友？凡事肯规我之过者是也。）老百姓无权无势，对某些人来说没有什么利用价值，某些人也不会找老百姓阿谀奉承，玩弄手腕，所以作为老百姓最重要的是要能听进去别人的话，不要一听到有人说你的过错，伤及痛处就大动肝火，甚至是破口大骂，即使是亲兄弟姐妹受到这样的"待遇"多了，也不想多说什么，何况是朋友呢？只能是对你敬而远之，"放任自流"了！

这里又提到了人与人相处，我们都知道彼此见面，我们都希望对方能讲好话，我们也讲好话回应对方。可是我们难免会听到，有人会直接讲我们的过失。如果是这样的话，就诚如这一条所说的，你喜欢听好话，不喜欢听不好的；当别人专门讲你不好的，你会很生气。如果是这样的话，这个好的朋友会渐渐地远离你。

人会讲别人的过失，如果没有到达一个程度，往往他不轻易来跟你讲你有哪里的不对。每次如果他看你不对，他对你讲，你很生气，他讲了一次，下一次肯定不会再讲。因为他怕跟你结怨，结仇。但是我们知道人很容易看到别人的过失、缺点，却很难明白自己哪里有过失、哪里有缺点。如果你不能接受朋友的规劝，讲你不对的，你没有这样的雅量来接纳，你的朋友、好的朋友当然会渐渐远离你。不好的朋友，损友就是不好的朋友，他会渐渐地接近你。

我们都晓得交朋友非常重要，如果朋友相聚在一起，几乎都是在吃喝玩乐，都是在享受，只知道这些，这些都是会有损我们的品德。因为每天只有欲望，往欲望里头贪求，这是灾难来临的征兆，所以我们不能不小心。

"友便辟，友便佞，友善柔"。这是孔夫子所说的三类损友：专门讲好听的话，专门找你去吃喝玩乐，专门讲一些虚假的话，用这些话来欺骗你、诱惑你、蛊惑你。所以，我们在结交朋友的时候一定要远离这三类损友。

在一生当中，朋友也是五伦之一。朋友，他在我们人生的历程当中，扮演着相当重要的角色，也是关键。有时候我们受到委屈，有挫折，往往第一个想要倾吐的，不是父母，也不是长辈，而是比较亲近的朋友，相处共事比较好的朋友，我们往往会跟他切磋探讨。所以好的朋友，他讲信义，讲信用，他会真正地帮助你，规范你，当你在危难的时候，他也会适时地站出来替你讲话，或者让你有所依靠。

所以，我们在选择朋友时也要特别小心。

一个人有顺势的时候，有衰败下来的时候，有受苦的时候，也有高兴、快乐的时候。往往人顺势的时候就会高兴、快乐，人一忘乎所以的乐就会生悲；人在衰败、受苦的时候，就会怨声载道。所有这些境界都在考验一个人的修养，有修养的人会做到“不以物喜，不以己悲”。我们很多人听到别人的称赞，就可能会洋洋得意，有了好的名誉，也有可能会产生高傲的情绪；听到别人的讥毁，就会很生气、很不舒服，有了别人的诋毁，又会产生消极的情绪。我们要时常检省一下自己，是不是被八风所动，如果我们能够将一些不好的习性去掉，才不会犯“闻过怒，闻誉乐”的这种错误。

**【思考】**

很多人听不得别人对自己的批评，当别人指出他做得不对的地方时，他往往认为这个人是故意针对他，挑他的刺，会让他很不舒服。想想你能够认真地对待朋友对自己错误的批评吗？你是不是只愿意听到朋友对你的赞赏，而听不得朋友对你的半点批评呢？

你有没有想过能对你说实话、真诚指出你的缺点和过失的朋友，是你一生中最重要的财富呢？如果你听不进去朋友对你缺点和过失的批评，一次、两次、三次……时间久了，不是再也听不到朋友的逆耳忠言，就是好的朋友离你而去，最终你会损失一大笔人生的财富。倾听朋友的逆耳忠言，你准备好了吗？适时、适地去指出朋友的缺点和过失，你能做到吗？你知道自己周围是损友多呢，还是益友多呢？

**名言欣赏**

1．益者三友，损者三友。友直，友谅，友多闻，益矣；友便僻，友善柔，有偏佞，损矣。——孔子

2．多交益友，多读圣言。——《围炉夜话》

3．与朋友交游，须将他好处留心学来，方能受益；对圣贤言语，必要在平时照样行去，才算读书。——《围炉夜话》

## 5.13 闻誉恐 闻过欣 直谅士 渐相亲

**【译文】**

若是听到别人赞美自己时，心里会觉得不安，听到别人说到自己的缺点时，却又能乐于接受。这样，那些正直诚实的人就会慢慢地亲近你，和你成为好朋友。

**【注释】**

恐：不安。欣：高兴。直谅士：正直诚实的人。直，正直。谅，诚实守信。士，对人的美称。渐：慢慢。相亲：彼此亲近。

**拓展故事**

**门庭若市**

在战国时代，齐国有一位名叫邹忌的大夫，觉得自己的容貌非常俊秀。有一天当他洗完脸，穿

戴整齐之后，就问他的妻子："我和城北的徐公两个人比，哪一个人比较好看？"他的妻子笑着说："当然是你好看了，徐公怎么能比得上你呢？"邹忌听了虽然心里觉得飘飘然，但还是有点不相信，于是他又跑去问他的妾，"我和城北的徐公，哪一个人比较好看？"他的妾毫不迟疑地就说："徐公和你比，可差多了。"后来，有位朋友有事来邹忌家拜访，邹忌又问他："我和城北的徐公相比，哪一个人比较好看呢？"那位朋友一听，马上回答说："徐公怎么也比不上你。"

过了一天，城北的徐公来找邹忌。邹忌趁着这次机会将徐公从头到脚仔仔细细地打量了一番后，他觉得自己怎么样也不如徐公长得俊秀，可是令他纳闷的是，为什么妻子、妾和朋友都说他长得比徐公好看呢？当天夜里，邹忌躺在床上，翻来覆去地想这个问题，终于想明白了。

隔天一早，邹忌进宫拜见齐威王。他先把这件事情的经过向齐威王说了一遍，然后接着说："我的容貌其实比不上城北的徐公，而我的妻子却说我比徐公好看，这是因为她爱我；我的爱妾也说我比较好看，这是因为她怕我；而朋友说我比较好看，则是因为他有求于我。他们都不说真心话，结果倒把我蒙蔽起来了。从这一点，让我想到大王您，您宫中的美人和侍从，没有一个不爱您的；朝廷上下的文武大臣，没有一个不怕您的；齐国的平民百姓甚至是临近的国家，没有一个不是有求于您的。如果他们不对您说真心话，那么大王您所受到的蒙蔽是非常严重的。"齐威王听了立刻向全国上下发出指令："无论任何人，能当面指责我的过错的，受上等奖赏；上奏章直言劝慰我的，受中等奖赏，能在公共场所议论我的过失使我听到的，受下等奖赏。"

这道命令一公布，大臣、官吏、百姓争着向齐威王提出意见，宫廷门前熙熙攘攘、川流不息。齐威王采纳了众人提出的意见，改正了很多过失。从此，齐国的国势就比以前更加强盛了，各诸侯国都来朝拜齐国，齐国没用一兵一卒，就战胜了其他国家。

**【评析】**

"闻誉恐"，是讲当我们听到有人赞美我们时，一定要怀有恐惧之感。因为当一个人听到别人赞美时，他会很高兴，因而会产生傲慢的态度，这种态度对我们的发展是不利的。

"闻过欣"，是讲当你听到别人讲你不好的时候，你会觉得很欣慰，因为你做错事情有人肯愿意为你指出，让你改正错误，避免再犯，这是非常难得的。就好像齐威王跟邹忌，齐威王有宽广的心量，接纳邹忌为他规劝一些不是的地方。如果没有齐威王的心量，邹忌也就不敢给皇帝讲这些真话。皇帝如果有过失，他也不会及时来加以制止。那么齐国也就不会逐渐强大起来，也就不能"战胜于朝廷"了。

所以说"直谅士，渐相亲"。讲的是能够做到"闻誉恐，闻过欣"，好的朋友、正直的朋友，他会渐渐地与你接近。我们都晓得，"人无完人，孰能无过"，人一生不可能不犯错，对于看到你过失又肯跟你讲的人，你应该感谢他。因为他没有让你罪上加罪，恶上加恶。如果你做错一件事情，没有人发现，也没有人给你指正，下一次你还会再犯，一错再错，最终会铸成大错。如果当你第一次做错事、有过失的时候就有人来告诉你，你应该庆幸。因为你无心的过失，别人肯帮你指出，让你能及时的制止，不再继续错下去，避免了大错的铸成。

对于肯告诉我们过失的人，我们要抱着感恩的心，一定要感激他，不要生他的气。正是因为有人愿意指出你的错误，你才不会被赞美的语言所蒙蔽，你会变得越来越好。这里也要提出一点，当我们要指出别人的错误与过失的时候，我们的言语、我们的态度一定要平和，不要让对方觉得：你是在骂我，在嘲笑我，并不是真心实意地要帮助我改正错误。同时还要记得时间场合，如果在公共场所，你让那一个人下不了台，直接指责他，或者指出他的过失，不给对方面子，这也是很不好的。所以当我们看到好朋友有过失，我们也要知道让他有台阶下，让他觉得这样不会难为情。古人告诉我们"规过于室"。要规劝别人，尽量在单独的地方，让他能缓和自己的心情，同时也不要让他太难堪。这也是相当重要的。

【思考】

一个人被赞美之词包围，他就会觉得自己完美无缺，看不到自身的不足。俗话说"金无足赤，人无完人"，每个人的身上都会有不同的不足之处，圣人尚且如此，更何况我们这些平凡的人呢？

如果想要发现并改掉自己身上的不足之处，就不能只想听到别人的赞美之词，要对别人指出的自己的过错欣然接受，只有这样才能不断发现并改掉自己的缺点和过失。

毛主席曾经号召大家要善于做"批评和自我批评"，批评是可以使人进步的，善于接受别人的批评，会让很多正直诚实的人逐渐亲近你。身边正直诚实的人多了，你的过失会越来越少，你的学习、生活、工作都会变得越来越顺利。

你想过自己到底是能听得进别人的批评的人，还是听不进别人批评的人呢？你是只喜欢听赞扬的人吗？

**名言欣赏**

1. 能结交直道朋友，其人必有令名。——《围炉夜话》
2. 良好的方法能使我们更好地发挥天赋的才能，而拙劣的方法则可能妨碍才能的发挥。——贝尔纳
3. 好说己长便是短，自知己短便是长。——申居郧

## 5.14 无心非 名为错 有心非 名为恶

【译文】

如果是无意中做了错事，这就叫"错"。如果是故意去做的，那就叫"恶"。

【注释】

无心：不是故意的。非：过失。名：称。有心：故意的。恶：罪恶。

### 拓展故事

**曹操割发[1]代首**

曹操，东汉末年的丞相，后被封为魏王，是三国时期著名的政治家、军事家。曹操带兵军纪十分严明，自己也以身作则，带头遵守，因此，他的军队很有战斗力，很快就消灭了多股强大的军阀割据势力，统一了中国北方。

曹操看到中原一带，由于多年战乱，人民四处流散，田地荒芜，就采纳部将的建议，下令让军队的士兵和老百姓实行屯田。很快，荒芜的土地种上了庄稼，收获了大批粮食。有了粮食，老百姓安居乐业了，军队也有了充足的军粮，为进一步统一全国打下了物质基础。看到这一切，大家都很高兴。

可是，有些士兵不懂得爱护庄稼，常有人在庄稼地里乱跑，踩坏庄稼。曹操知道后很生气，他下了一道极其严厉的命令：全军将士，一律不得践踏庄稼，违令者斩！

① 头发：最早的关于头发的记载来自商汤，汤用自己的头发、指甲作祭品，为万人请命。所以在远古时期，头发可以代表人的整体。在相当长的历史时期，华夏儿女除了出生时剃一次胎毛外，几乎终生不再剪发。

将士们都知道曹操一向军令如山，令出必行，令禁必止，决不姑息宽容。所以此令一下，将士们小心谨慎，唯恐犯了军纪。将士们操练、行军经过庄稼地旁边的时候，总是小心翼翼地通过。有时，将士们看到路旁有倒伏的庄稼，还会过去把它扶起来。

有一次，曹操率领士兵们去打仗。那时候正好是小麦快成熟的季节。曹操骑在马上，望着一望无际的金黄色的麦浪，心里十分高兴。正当曹操骑在马上边走边想问题的时候，突然，从路旁的草丛里蹿出几只野鸡，从曹操的马头上飞过。曹操的马没有防备，被这突如其来的情况吓惊了。它嘶叫着狂奔起来，跑进了附近的麦子地。等到曹操使劲勒住了惊马，地里的麦子已经被踩倒了一大片。

看到眼前的情景，曹操把执法官叫了来，十分认真地对他说："今天，我的马踩坏了麦田，违犯了军纪，请你按照军法给我治罪吧！"

听了曹操的话，执法官犯了难。按照曹操制定的军纪，踩坏了庄稼，是要治死罪的。可是，曹操是主帅，军纪也是他制定的，怎么能治他的罪呢？

想到这，执法官对曹操说："丞相，按照古制'刑不上大夫'，您是不必领罪的。"

"这怎么能行？"曹操说，"如果大夫以上的高官都可以不受法令的约束，那法令还有什么用处？何况这糟蹋了庄稼要治死罪的军令是我下的，如果我自己不执行，怎么能让将士们去执行呢？"

"这……"执法官迟疑了一下，又说，"丞相，您的马是受到惊吓才冲入麦田的，并不是您有意违犯军纪，踩坏庄稼的，我看还是免于处罚吧！"

"不！你的理不通。军令就是军令，不能分什么有意无意，如果大家违犯了军纪，都去找一些理由来免于处罚，那军令不就成了一纸空文了吗？军纪人人都得遵守，我怎么能例外呢？"

执法官头上冒出了汗，他想了想又说："丞相，您是全军的主帅，如果按军令从事，那谁来指挥打仗呢？再说，朝廷不能没有丞相，老百姓也不能没有您呐！"

众将官见执法官这样说，也纷纷上前哀求，请曹操不要处罚自己。

曹操见大家求情，沉思了一会说："我是主帅，治死罪是不适宜。不过，不治死罪，也要治罪，那就用我的头发来代替我的首级[①]吧！"说完他拔出了宝剑，割下了自己的一把头发。

**【评析】**

"人非圣贤，孰能无过"，我们首先要了解，怎样的过失称为"错"？怎样不对的事情，我们称为"恶"？这里最大的分别在于你的心，在于你的起心动念。这里讲的"无心非"，你不是故意的，不是有心去做的，这些称为错误、过失。"无心非"，非就是错。不对的事情，不对的言语，或者不对的造作，我们称为错，是无心的；有心去造作，我们就称为恶。这里它有很大的差别。

我们常对自己的孩子说："知错能改，就是好孩子。"老师在教育学生的时候也常说："我允许你们犯错误，也允许你们改正错误，但不允许你们明知故犯，不改正错误，一错再错。""错"改了之后，非但不会影响他在人们心中的形象，反而会让人对他刮目相看。"错"与"恶"，就看你是有心为之，还是无心为之。有心做错事和无心做错事，性质就发生了很大的改变。

曹操并非有意要践踏庄稼，而是因为战马受到惊吓，一时没有控制好而踩踏了庄稼，是"无心非"，只是无意犯下的错误。但是曹操为了表示自己的执法严明，甘愿割发代首。这让我们看到了曹操好的品行，也让曹操赢得了军心。

所以每一个人这一生都有过失，都有过错。如果无心所犯的错误，如果有人告诉我们，我们应该存着感激之心，及时地改正自己错误的言语，错误的思想。如果你有心去做，故意去为非作歹，那就是相当的不好。这是有意做恶事，结果是灾难肯定会到来。一个人心地要纯善，没有纯善，我们也要向善人学习。即使我们今天知道自己有过失，你能改正过来，可以说你是一个好人。我们也不要由于自己曾经犯了过失，就非常难过，难过到终日没有办法原谅自己，这样也是错误的。

---

① 首级：脑袋。

人与人之间相处就是这样的，谁都有过去的生活习惯或工作习惯带来的毛病或习惯于过去的工作方法办的错事，但经人提醒后改了就好，如果刻意地去做些不应该做的事情，岂能与人和睦相处？岂能工作顺利？

【思考】

无心所为，我们称之为错；有心所为，我们称之为恶。大家有没有反省过自己的所作所为，哪些事是你无心所为，哪些事是你有心所为？

这里大家不要把“恶”的范围缩小，认为只有那些杀人放火、打架劫舍、偷鸡摸狗的事才算得上是“恶”。我们把一切故意而为之的事，都称之为“恶”。比如：我们有些学生，在上学时间故意不来上学，上课期间故意扰乱课堂秩序，集会时故意喝倒彩，故意找茬和同学打架，这些都是小“恶”，但小“恶”不除，终会成为大“恶”。所以说人心要善，做一个善良的人，要比做一个恶人舒服得多。

避免“有心非”，不做“有心非”，你努力了吗？你去做了吗？

**名言欣赏**

1. 除一恶，长十善。——《宋史·毕士安传》
2. 过而不改，是谓过矣。——孔子
3. 人之过也，各于其党。观过，斯知仁矣。——孔子

## 5.15 过能改 归于无 倘掩饰 增一辜

【译文】

有了过错，要能勇于面对，并彻底改正过来。如果不肯承认，还要积极掩饰，那就是错上加错了。

【注释】

过：过错。归：改正。无：没有。倘：如果。掩饰：隐藏。增：增加。辜：罪过。

### 拓展故事

**列宁打碎花瓶的故事**

列宁小时候，有一天跟着爸爸、姐姐到姑姑家里做客。姑姑家里有好几个表哥、表姐，他们都很喜欢列宁，列宁也喜欢和他们一起玩儿。这天，他们在姑姑的房间里玩“捉人”的游戏，追的追，逃的逃，热闹极了。列宁跑得很快，不小心碰了桌子一下，“砰啪”，桌子上的花瓶掉在地上打碎了。多好看的玫瑰花瓶，打碎了多可惜呀！孩子们一下都呆住了。姑姑听到响声，赶忙跑到房间里来，瞧瞧出了什么事。她看见花瓶打碎了，就问大家：“孩子们，谁把花瓶打碎了？”表哥、表姐都说：“不是我打碎的。”列宁呢，也跟着说：“不是我打碎的。”他说话的声音很低很低。姑姑说：“你们谁也没有打碎花瓶，那么一定是花瓶自己打碎的了，大概它在桌子上站得心烦了，所以就掉了下来。”一个表哥说：“大概这个花瓶想跟我们一起跑一跑，所以从桌子上跳下来，可是它忘了自己是玻璃的，就打碎了。”大家听他这么一说，都笑起来，只有列宁没笑，不声不响地跑到另外的房间里，坐在桌子前。他心里很难过，因为他说了谎。

他回到家里，晚上躺在床上，想着，想着，忽然哭起来了。妈妈问他：“你为什么哭呀？”列

宁把自己说谎的事告诉了妈妈。妈妈说："这不要紧，明天你写封信给姑姑，承认自己说了谎，她一定会原谅你的。"列宁这才安心睡觉了。

过了几天，邮递员给列宁送来一封信，是姑姑给他写的回信！列宁连忙把信拆开来看。姑姑在信上说："你做错了事，敢于自己承认错误，就是个好孩子。"列宁把姑姑的回信给爸爸妈妈看，爸爸、妈妈都称赞列宁是个诚实的好孩子。

## 孔子认错

一次，孔子和他的弟子子路、子贡和颜渊到海州游览。孔子听到隆隆的声响，对子路说："山的那边在打雷和下雨，为何还要赶着去？"子路说："这不是雷雨声，而是海浪拍岸之声。"孔子从未见过大海，想到海边去看看大海，于是孔子一行乘车到了海边的朐[①]阳山下。

孔子和他的弟子爬上了山顶，只见水天相连，海阔无际，他们都兴奋极了。这时，孔子感到又热又渴，就让颜渊下山去舀海水来喝。颜渊拿了盛器正要下山，忽听得身后有人在笑，大家都觉得很奇怪，回头一看，是个渔家孩子，于是就问他笑什么。那个孩子说："海水又咸，又涩，不能喝。"说完，他把盛了淡水的竹筒递给了孔子。

孔子喝了水，解了渴，十分感激那个孩子，正想道谢，忽然海风吹来了一阵急雨，子路一看着急了，大声嚷道："糟糕，现在到哪里去躲雨呢？"

那个渔家孩子对大家说："你们都不用着急，请跟我来！"说完，那孩子就把孔子一行领进一个山洞，这是他平时藏鱼的地方。孔子站在洞口边躲雨，欣赏着雨中的海景，不由得诗兴大发，吟出了两句诗："风吹海水千层浪，雨打沙滩万点坑。"孔子的三个弟子都齐声赞扬孔子的诗做得好，那孩子却持反对态度，他对孔子说："千层浪、万点坑，你有没有数过？"孔子心服口服地对孩子的反诘表示赞同。

雨停后，那孩子又到海上打鱼去了。孔子回想起刚才发生的几件事，歉疚而又自责地对三个弟子说："我以前讲过唯上智与下愚不移，看来这并不妥当，还是应该提倡'学而知之'，'知之为知之，不知为不知'。"

孔子在当时已是名扬天下的贤人，但是，在一个孩子面前，他认识到自己的不足和错误并勇于承认。

**【评析】**

这节讲有过失不要怕，只要你能改过，不再犯，这些过失就等于没有了。因为你能忏悔自己过去的不对，你能及时地改正过来。像孔老夫子就非常赞赏颜回，他说颜回是一个不贰过之人。什么叫不贰过？就是同样的过失不再犯，知道自己有过失，肯定不再犯像以前这样的过失，不再重复，不再重蹈覆辙。

"倘掩饰，增一辜"。如果你有过失，你有过错，你故意去掩饰，不让人知道你曾经做错事情，像这样的人也不对，有这样的心态更是不对。因为"倘掩饰"，如果你再去掩饰，再去讲一些谎言来弥补你的过失，同时"增一辜"，辜就是再增一条罪。你就增了哪一条罪呢？谎言之罪。

因为人很怕人家指证他有过失，也很怕改过向善，这是一般人的通病。过去的人，他们对自己的过失，往往很在意。所谓修行，就是修正自己的行为，自己的行为有过失，我们要及时改正，不要怕改。有道是"知耻近乎勇"，知道过失不是一件耻辱，知道过失能及时改正向善，就代表我们是不断向上追求之人，我们不是向下堕落之人。所以我们看到这一条，对于自己有无心的过失，一定要及时改正过来；有意的犯错更应该避免，更不应该有这种心态，故意去害人，做出一些不当的言论或者行为，都是相当不好的。

人一生最难得的就是能清清白白，仰不愧于天，俯不怍[②]于地，这样的人生才有意义。所以此句

---

① 朐：qú。朐阳：地名，在山东省。
② 怍：zuò，惭愧之意。

也勉励我们有过失不要怕，要能及时地改过。同时我们看到别人有过失，我们也要怀着宽恕的心态来对待别人。尤其是别人无心的过错，我们要原谅他没有那种智慧，他因为一时不小心，我们也不要得理不饶人，也要有宽恕的心态来原谅对方。千万不要恶上加恶，把别人逼到没有地方伸展，这也是很不对的。所以，除了勉励自己有过失及时改正之外，同时我们也要懂得“得饶人处且饶人”这个哲理。

孔夫子，中国古代的大教育家；列宁，伟大的无产阶级革命家。这两位伟人在错误面前都敢于去面对、去承认、去改正。我们普通人又有什么不敢去面对自己所犯下的错误呢？

【思考】

当你有了过错的时候，你是勇敢地去面对过错，努力地去改正过错，还是不肯承认，极力地去掩饰过错呢？

现在有些学生，做了错事后不敢承认，当老师或者同学指出他的错误时，他又不会欣然接受。你说我做错了，我偏不认为自己做错了，不承认，也不改正，一意孤行。这样不但他自己得不到改进和提升，连同学们和朋友也会离他远去，围在他身边的只是一些和他臭味相投的人。

人犯了错误，只要改正了，大家还会认为他是好人，也还会愿意和他接近，与他成为朋友。从古到今，这样的例子太多了。像我们前面提到的周处，本是乡邻们厌恶的三害之一，但当他发奋改掉缺点，向善人学习后，为百姓所接受，成为百姓爱戴的好官。列宁也一样，掩饰自己的过错后，他的心里一直很难受，在向姑妈承认错误后，同样也得到了姑妈的谅解。

我们一定要敢于去承认自己的错误，敢于去改正错误，不要让错误一再地错下去，错上加错。

敢于承认错误，努力去改正错误，你做到了吗？

## 名言欣赏

1. 君子之过也，如日月之食焉：过也，人皆见之；更也，人皆仰之。——子贡
2. 君子耻其言而过其行。——孔子
3. 其身正，不令而行；其身不正，虽令不从。——孔子

# 第6章 泛爱众

本章经典提出了“凡是人，皆须爱”的思想，那么，这是一种什么样的爱？我们应该如何去爱？在芸芸众生中我们又该怎样去做，才能获得别人的爱？我们应该用什么样的心态去面对不如自己或者比自己强的人？

## 知识要点

1. 探究“泛爱众”的思想渊源。
2. 领悟“泛爱众”的核心思想。
3. 在生活中具体践行“泛爱众”。

## 能力要点

学习本章，体会古人对“仁义道德”的理解，感受古人为人的标准和精神，我们要充分理解“泛爱众”的核心思想，结合当下的具体情况，要通过身体力行对“泛爱众”的具体内涵做出最精准的解释，并以此来指导和规范自己的言行。

## 课堂训练

**学前小测试**

1. 你生命中有一直在感恩的人或者事情吗？（　　）
   A. 有　　B. 没有
2. 你认为金钱和情感哪个更重要？（　　）
   A. 金钱　　B. 情感
3. 你认为外貌和德行哪个更重要？（　　）
   A. 外貌　　B. 德行
4. 你如何看待“取”与“舍”？（　　）
   A. 多取少舍　　B. 多舍少取
5. 你是如何对待“善”与“恶”的？（　　）
   A. 惩恶扬善　　B. 隐善扬恶
6. 你如何获得别人的赞同和支持？（　　）
   A. 以理服人　　B. 强势取胜
7. 你有事相求于别人的时候，会考虑对方的时间安排吗？（　　）
   A. 会　　B. 不会
8. 你会和大家一起分享你的才能吗？（　　）
   A. 会　　B. 不会
9. 你曾经私下里议论过别人的是非吗？（　　）
   A. 有过　　B. 没有
10. 你是如何教育孩子或者对待下属的？（　　）
    A. 言传身教　　B. 耳提面命

## 6.1 凡是人　皆须爱　天同覆　地同载

**【译文】**

我们都是人类的一分子，仰望同一片蓝天，脚踏同一片土地，所以我们应该相互关爱相互尊重，彼此珍惜。

**【注释】**

凡是：所有的。皆：都。爱：发乎人内心的情感。同：共同。覆：遮盖。载：承载。

### 拓展故事

**真爱无界**

给大家讲一个爱动物的故事。而由一个人对待动物的态度，我们可以看到这个人身上体现出来的某种东西，怎么被别人认同。鲁国有个国君去打猎，打到了一只小鹿，他就派一个姓秦的臣子把这只小鹿带回去，准备晚上杀了吃。这位姓秦的臣子走在路上，发现有一只母鹿一直跟着他，而且不停地在叫。这位秦先生不忍心，他想：我们国君抓到的这只小鹿大概是这头母鹿的孩子吧。他就把这只小鹿给放了。这位国君打完猎回来，就问这位姓秦的臣子：“我的鹿呢？”这位秦先生说：“路上有一只母鹿一直跟在后面啼叫，我实在不忍心，所以我就私自把小鹿给放了，让它跟着自己的妈妈走了。”国君当然很生气了：“我辛辛苦苦打了一天猎，本来满怀欣喜地准备回来享受我的猎物，你竟然把我的猎物给放了。”国君随即就把这位秦先生赶出了鲁国。

一年以后，鲁国的国君想给自己的儿子找一位老师，这个时候他又想到了一年前被他赶走的秦先生，就派人恭恭敬敬把他请回来。身边的人看不懂了，就问这个国君：“大王，这个人不是原来得罪过您吗？私自把您的猎物给放走了，怎么您现在又请他回来当公子的老师？这是什么道理啊？”这位国君很聪明。他说：“这个人连一只小鹿都不忍心杀死，何况是对人呢？请这样一个心里充满爱的人来教我的儿子，我才放心啊。”国君是通过秦先生对一个动物的爱看到了他对万物的爱，他希望自己的孩子将来能够成为一位理想的国君，能够爱人民，能够爱万物，因此他把自己的儿子交给这个当年得罪过自己的臣子来教育。

## 最美女教师

大家还记得感动中国的最美女教师吗？张丽莉是一个出生在教育世家的美丽女孩，也许从出生的那一刻起，就注定了她会将自己的美丽绽放在教育这片土地之上。父母的职业对张丽莉的影响深入骨髓，她喜欢听学生的琅琅书声，喜欢站在讲台上的飒爽英姿，喜欢教书育人指点迷津，喜欢为人师表孕育桃李……2006 年，她从哈尔滨师范大学毕业后，分配到佳木斯市第十九中学任教。快乐和幸福伴随着丽莉走过了六个年头，生命中迎来了巨大的考验。2012 年 5 月 8 日，放学时分，张丽莉在路旁疏导学生。一辆停在路旁的客车，因驾驶员误碰操纵杆失控，撞向学生。紧急关头，张丽莉扑向前方，用自己的身体推走了前面的学生，而自己却被撞倒在地。此时，客车并没有停止，而是继续向前，从丽莉的身上碾轧过去。顿时，路面上鲜血直流，惨不忍睹，几个学生因为丽莉的用力一推，幸运地躲过了客车的撞击，毫发无损，而丽莉在疼中昏迷过去……120 赶到的时候，丽莉已经没有了呼吸，立刻展开抢救，她醒来的第一句话就是：“别管我，救孩子！”在送医院的途中，她有几次昏迷。经过抢救，张丽莉被迫高位截肢。她的亲人和医护人员都不敢想象她知道真相的后果会是怎样，但张丽莉很快接受了事实，还反过来安慰父亲说：“当时车祸的场景我还记得，很幸运，如果车轮从我的头碾过去，你们就看不到我了，我救了学生，也保住了命，今后一定会幸福的。”有人问张丽莉，“你后悔吗？”她回答：“不后悔。这样做是我的本能。我已经 28 岁了，我已和父母度过 28 年的快乐时光。那些孩子还小，他们的快乐人生刚刚开始。”

**【评析】**

《弟子规·泛爱众》开篇就告诉我们“凡是人，皆须爱，天同覆，地同载”，都是生活在地球上的人类，应该彼此珍惜，相互爱戴。这是一种博爱之心、一种兼爱之心。中文繁体字“愛”道出了爱的秘密。“愛”字由两部分组成，最上面的部分是一只手托盘，盘子里有一颗心。下面的部分是一只手接住有爱的盘子。只有当别人愿意用他的手去接住你奉上的这颗心时，这才是爱。这就要求我们人类要拥有一颗博爱之心，几百年前的人们，仅仅因为脚踏同一片土地仰望同一片蓝天而相互爱戴相互尊重，那么我们现在的科技迅猛发展，很多资源都在为人类共享，我们就更应该相互包容相互尊重。大家都在讲和谐社会，其实，和谐社会的真正创造者恰恰是我们每一个人，人人都从自我做起，用一颗善良的心去看待世间的一切，你会发现这个世界是充满爱的。作为社会最小的单位元素，我们每一个人所能贡献的就是摆正自己的心态，去营造属于自己的幸福环境，包括家庭环境、工作环境、学习环境、生活环境，不要觉得自己是渺小的，要知道，你与社会之间就是牵一发而动全身的关系，当你的家庭祥和生活如意工作和学习都顺心顺意的时候，这个社会不就是和谐了吗！

海子说：从明天起，做一个幸福的人，喂马、劈柴、周游世界。其实，很多时候，是心态在左右人的言行。

有一对性格迥异的双胞胎，哥哥是彻头彻尾的悲观主义者，弟弟则像个天生的乐天派。在他们 8 岁那年的圣诞节前夕，家里人为他们准备了不同的礼物：给哥哥的礼物是一辆崭新的自行车，给弟弟的礼物则是满满的一盒马粪。拆礼物的时候到了，所有人都等着看他们的反应。哥哥先拆开他那个巨大的盒子，竟然哭了起来："你们知道我不会骑自行车！而且外面还下着这么大的雪！"正当父母手忙脚乱地希望哄他高兴的时候，弟弟好奇地打开了属于他的那个盒子——房间里顿时充满了一股马粪的味道。出乎意料，弟弟欢呼了一声，然后就兴致勃勃地东张西望起来："快告诉我，你们把马藏在哪儿了？"对于一个悲观的人来说，天刚亮，预示着黑夜即将来临；对于一个快乐的人来说，即使天空下着雨，他的心空也是明媚的。中国有句古语：赠人玫瑰手有余香。把快乐送给别人的时候自己也获得了好心情，把爱心奉献给其他人的时候自己也收获了爱，这不就是现在社会所讲的双赢吗？何乐而不为！

十根指头，因为拥抱，才变得力大无比；大海因为宽容，才变得浩瀚磅礴；人，也要相互帮助、相互支持，才能共建美好的蓝天。

【思考】

如果说人生是一次拼搏，你是否在凯旋的时候，回头看看你的同伴，给他们伸出你的援手？如果说人生是一次远航，你是否在一帆风顺的时候为茫茫黑暗中的人们提供一点光亮？

我们真正做到了"凡是人，皆须爱"了吗？你是否用宽容之心对待过你的同学、家人？你是否真正地从内心去感受父母的不容易呢？对待与自己有过摩擦的人是不是小肚鸡肠、锱铢必较呢？

关于爱，我们有太多的话想说。我们不停地从别人身上获取爱。从父母那里收获了如山如水的亲情，厚重填满了内心，滋润着每一寸的肌肤；从朋友那里收获了至真至善的友情，让寒冷冬日也艳阳高照，让炎热的夏季充满了丝丝清凉；从恋人那里收获了甜甜的爱情，快乐、幸福、温馨、感动……我们不停获取的时候，是不是也应该停下脚步，闭上双眸，仔细聆听来自对方的声音。父母双亲是不是因为有了你的一句问候而兴奋难眠，闺蜜死党是不是因为有了你的宽容理解而倍加珍惜友情的不易，恋人是不是因为有了你的祝福关爱而坚定步伐一路携手。"凡是人，皆须爱"，我们不要一味地获取，否则，我们失去的不只是眼前的亲人朋友，还有我们为人的真谛！

**名言欣赏**

1．爱人者，人恒爱之；敬人者，人恒敬之。——《孟子·离娄下》

2．爱是纯洁的，爱的内容里，不能有一点渣滓；爱是至善至诚的，爱的范围里，不能有丝毫私欲。——莎公爵夫人

3．作为一个人，对父母要尊敬，对子女要慈爱，对穷亲戚要慷慨，对一切人要有礼貌。——罗素

## 6.2 行高者 名自高 人所重 非貌高

【译文】

德行高尚的人，名声自然就高。人们所敬重的，不是他美好的相貌。

【注释】

行：德行、品行。者：……的人。名：名声。重：尊重、敬重。非：不是。貌：容貌、长相。

## 拓展故事

### 以貌取人，失之子羽

春秋时期孔子兴办学堂，那里人才济济。有一个叫子羽的人其貌不扬，而且不善言辞，第一次拜见孔子的时候就表现得很愚钝。说实话，孔子从内心中并不认可子羽，没有看出他将来会有什么作为。同时，孔子还有另外一个长相俊美的学生叫宰我。宰我相貌堂堂一表人才，而且能言善辩，孔子看好宰我的聪明机智，认为他将来一定能大有成就。原本就拙手笨口的子羽因为有了宰我的反衬，就显得更加愚笨木讷。但是，路遥知马力，日久见人心。子羽在日后的求学中表现得积极上进，求知的欲望如饥似渴，他勤劳奋发，孜孜不倦，喜欢思考热爱钻研，终究成为一代学者，后来很多年轻人向他拜师求学。而宰我却懒惰散漫，不思进取，满足现状，无论孔子怎么提拔督促都无济于事，孔子三番五次地劝说，宰我都无动于衷。孔子气得把他比作腐朽的木头，即所谓“朽木不可雕也！”

### 晏婴使楚

齐王要派一个人出使楚国，最后将人选定在了晏婴身上。晏婴是齐国的一位重要的政治家、思想家、外交家，他身材奇矮，长相丑陋。但是生活节俭、谦恭下士。当楚王得知是有些猥琐的晏婴前来访问，就知道这是齐王故意安排的，表示齐国没把楚国放在眼里。于是，楚王也决定侮辱一下晏婴。他在城墙下面开了一个非常小的门，规定晏婴必须从这个门进出。晏婴不卑不亢镇定从容地说：“这哪里是人走的门啊？这是狗洞啊！如果我访问的是狗国，那我就走狗洞。”楚王一听，那我们楚国不就成了狗国了吗？不能自取其辱，只好打开大门请晏婴进去。当楚王一见到晏婴，就问：“齐国没有人了么？”晏婴回答说：“齐国的人口众多，比肩接踵。怎么能说齐国没有人呢？”楚王说：“既然这样，那么为什么派你这样一个人来做使臣呢？”晏婴泰然自若地回答道：“齐国派遣使臣，是有规矩的，把贤明之人派往贤明的国家，把无才无德的人派遣到无能的国家，我是最无能的，只能出使楚国。”楚王一听，立即对晏婴另眼相看。

**【评析】**

人不可貌相。既然不能拿相貌去衡量一个人，那么我们用什么标准去判断人、认定人呢？那就是内在德行。一个人会得到别人的推崇与尊重，那一定是这个人足以服众，他的言行举止一定优雅，他的品德内涵一定高尚。品德修养到达一定高度，他的名声、他的威望自然相对提升。这种从内心发出来的敬仰仰慕之情，不假外力，由内而发。古时候战死沙场的人，埋葬他们的时候不用在棺材上面加什么装饰，战死的人不在乎这些外在的形式，就像失去了双脚的人没有必要去珍惜原来的鞋子一样，因为他们失去了根本。这个根本就是内在精神。辩证唯物主义告诉我们内在决定本质。我们认识别人也是要从根本上去分析揣测，不能主观臆断，更不能被表面现象所迷惑。《红楼梦》中有诗云：“纵然生得好皮囊，腹内原来皆草莽”，就是在告诉我们看人不能看表面而要看内在。古人讲：腹有诗书气自华！现在很多的相亲节目，比如很多女孩子在择偶的时候要求对方一定要帅，也有很多男孩子要求对方一定要漂亮。其实，这就是最愚蠢的择偶标准。人都食五谷杂粮，遵循自然规律，都有容颜老去的一天，何必把相貌看得至关重要。一个人的美丽不在相貌而在气质，这种恒久而韵味的气质，不是相貌能左右的，而是一个人平时的学识修养的外露。我们经常看到电视上有很多知性的主持人，如杨澜、陈鲁豫……他们的气质非凡，知性女人，如一朵不温不火的百合，优雅华丽的转身，轻点晗首的高雅，眉眼之间的灵动，都透露出她们的知性美。而这种美丽，恰恰是她们饱读了诗书之后才体现出来的。“腹有诗书气自华”，有才华的女人举手投足间都会洋溢着一种优雅，宛如一朵荷花悄然地开在人的心里，不得不让人记住她沉着却又带着惊艳的美丽。这种美丽，是天生丽质与后天读书中养成的气质的结晶，绝非故意所能造作出来的，这是永恒的美，来自灵魂深处的美。

这不禁让人想到了才貌双全的诸葛亮，在百姓心间诸葛亮可以说是智慧的化身，可就是这样一位彪炳历史的传奇人物，却娶了一位丑妻，他与这位丑妻相敬如宾恩爱有加，成为后世的爱情典范，那么诸葛亮为什么会选择这位丑妻呢？诸葛亮的妻子名叫黄硕，这位奇丑无比的女子却拥有着旷世的才华，她熟读兵书，上知天文，下知地理，奇门遁甲无所不学，有着广博的知识。可以说，黄姑娘的聪明才智是吸引诸葛亮的最大魅力所在。刘备三顾茅庐后，诸葛亮跟着刘备出去打天下，把整个家扔给了丑妻。黄硕立即表现出一个优秀媳妇的所为，她既聪明又贤惠，在家里辛勤操持家务，抚养孩子成长。里里外外的粗活儿与琐事，都被她井井有条地处理得妥妥帖帖，她亲操杵臼，兼顾农桑。诸葛夫人无疑是诸葛亮在事业发展上一个最强有力的支柱，使他一生无后顾之忧。这真是一个成功的男人身后必定有一个付出巨大努力的女人。诸葛亮的聪明就在于他知道什么重要什么不重要，我们现在的人们是不是也应该向聪明的诸葛亮学习呢！

**【思考】**

你会因为自己微胖的身材而去节食减肥吗？你会羡慕别人沉鱼落雁闭月羞花的容貌吗？你会因为自己的长相不如别人而羞涩自卑吗？你遇见过别人拿你的长相开玩笑的情况吗？你都如何面对？

如果你是班主任，你会因为相貌的问题而对学生有所偏袒吗？如果你是公司的人事部经理，你会把相貌作为新人入职的衡量标准吗？如果你是领导，你会因为相貌而有所侧重地去栽培年轻人吗？

诚然，拥有一个漂亮的容颜会为你的人生增添不少亮丽的色彩，无论男人抑或女人！但这种色彩完全属于锦上添花，有了可增添三分姿色，没有也不能免去成就。因此，得之我幸。那么，大多数人都是相貌平平之流，活在这个偌大的世界上，不被瞩目，不被炫彩，但不能就因此而黯淡自己。太阳的光再强大，我们依然能够在夜间看见闪烁的星星。所以，没有绰约风姿我们可以蕙质兰心，没有英俊潇洒我们可以才高八斗，没有倾国倾城我们可以仪态大方，没有高大威猛我们可以学富五车。容貌来自父母的馈赠，我们后天不能有太多的改变。古人如此一般看待容貌是出于对父母给予生命的感谢，是对父母雨露恩泽的回报，我们今人是不是更应该去反省自己的内心呢？大街上千姿百态的美容院，百花齐放的美容手术，有多少爱美人士愿意倾其所有去挑战自己的极限，他们心甘情愿地去花重金把自己折腾得体无完肤，我们经常能在电视上看到类似的报道，因为美容手术失败而导致的千变万化，有的要在脸上做一个酒窝，但却失去了最天真可爱的笑容；有的要把鼻子垫高，却闻不出香臭的味道；有的要把单眼皮变成双眼皮，但是整天以泪洗面了；有的要把脸上的斑痕清除干净，但是整张脸都漂白得血色全无了，如僵尸一般震撼世人的眼目……凡此种种，看过，让我们心惊；听过，让我们哭笑不得。千万别因为相貌而自毁前程，人生不止一面，你可以让别人看见你异样的辉煌。如果你自身不把容貌看得太重，即使别人恶意的取笑与打击，对你来讲也只不过是蜻蜓点水的评价，无足轻重。我们看到了很多类似的人与事，比如笑星潘长江，因为身材矮小，经常成为别人口中的笑点，但潘长江就把这些当做一种幽默，从不介意。演艺圈并没有因为身高问题而拒绝幽默搞笑的潘长江，我们才有幸看到那么多经典的搞笑作品。

现在很多领导者，也在经意与不经意之间犯了这样低级的错误，很多的领导喜欢把容貌俊美的员工往前推，但到头来，有很多人自食苦果后悔不已。我们不要以貌取人，但我们要慧眼识人。因为经历的不同会在人的身上留下不同的烙印。学生，年轻气盛，思想活跃，喜欢时尚潮流喜欢张扬个性；教师，儒雅清高，喜欢高谈阔论喜欢云淡风轻；工人，勤劳认真，喜欢谈论生活的艰辛与点滴的幸福；农民，淳朴厚重，有着黝黑的皮肤和沉默安静的面容；老板，油嘴滑舌，讲究品牌气派喜欢彰显富贵……

相貌，无足轻重。重的是品行，是内在，是本质！

**名言欣赏**

1．以貌取人，失之子羽。——孔子

2．有些老年人显得可爱，因为他们的作风优雅而美。……而尽管有的年轻人具有美貌，却由于缺乏优美的修养而不配得到赞美。——培根

3．你可以从外表的美来评论一朵花或一只蝴蝶，但你不能这样来评论一个人。——泰戈尔

## 6.3 才大者　望自大　人所服　非言大

【译文】

才华横溢的人，名望自然就高，人们所信服的，不是说大话、吹牛皮。

【注释】

才：才华。望：声望、名望。服：信服。言：所说的话。

### 拓展故事

#### 桀骜不驯杜审言

杜审言，杜甫的爷爷。他才华横溢，而且盛气凌人。只因为自己有过人才华，就目空一切，出言不逊，仅仅一个毛病让这个才高八斗的文学才子吃尽了苦头。有一次，苏味道写了一首判词，词写得很好，很多的文人都拍手称赞。正在大家赞叹不已的时候，杜审言说："彼见吾判，且羞死。"意思是说如果苏味道看见了他的判词一定羞愧而死。言外之意是说自己的判词要比苏味道写的好得多，显而易见，口气大得惊人！他还曾经称赞自己："吾文章当得屈、宋作衙官，吾笔当得王羲之之北面。"意思是说："我的文章使得屈原、宋玉这样的大文豪所写得文章都要成为部下，我的书法使得王羲之都要成为学生。"他不但自负、而且傲慢！经常口不择言出口伤人。就在他病危的时候，很多人都去看他，就是这样的时候，他也没有放过放肆言语。当着大家的面，他说："甚为造化小儿相苦，尚何言？然吾在，久压公等，今且死，固大慰，但恨不见替人。"意思是说："我在这个世界上过得不好，主要是时运太差，我也没什么好说的，不过我活着，实在是压制你们太久了，如今我快死了，只是遗憾没有人能接替我的班啊！"

杜审言，一个有才华但是不低调的典范。因为自己的清高自傲狂妄自大，没有得到朝廷的重用，仅仅成为文坛上一个不出众的小明星。如此算来，人生的损失也是不少，我们何不从他的身上吸取经验，让我们踩着巨人的肩膀来攀登高峰，是不是能一览众山小呢？

#### 出言不逊柳三变

被称为"宋金十大曲"之一的《雨霖铃》为众人所追捧，这首词荡气回肠，离愁别绪尽显字里行间，对心爱人的难分难舍和对羁旅生活的悲叹无奈两种情感纠结在一起，读来让人黯然销魂。那句"今宵酒醒何处？杨柳岸，晓风残月。"不知被多少离别之人传诵！我们看到的是柳永的经典之

作，可是我们却没有看到柳永背后的经历。

柳永，原名柳三变。宋代慢词的奠基人，依照柳永的才华和他在宋代词坛的地位，想要得到朝廷的重任是不成问题的，可是，事与愿违。柳永第一次进京赶考没有考中，落榜而归。但自恃才高的他不服气，于是写了一首《鹤冲天》：黄金榜上，偶失龙头望。明代暂遗贤。如何向？未遂风云便，争不恣狂荡？何须论得丧！才子词人，自是白衣卿相。

烟花巷陌，依约丹青屏障。幸有意中人，堪寻访。且恁偎红翠，风流事，平生畅。青春都一饷。忍把浮名，换了浅酌低唱！

本来是自己没事发发牢骚，却不料被宋仁宗看到了。皇帝一看，这个柳三变对自己有意见了。好，咱们走着瞧！后来，柳永再次应试，顺利考中，名列进士榜，等待放榜。可宋仁宗在审阅名单时，发现有柳三变的名字。立刻拿起笔来，把他的名字勾掉。并说："且去浅酌低唱，何要浮名！"一首《鹤冲天》断送了自己的仕途。宋仁宗让柳三变"且去浅酌低唱"的话，不久就传了出去。柳三变听到后，干脆就真的"奉旨填词"，开始纵游歌楼妓院，自暴自弃。但他和歌楼妓院的歌妓结下友谊，专门为他们写词。他的词不仅被歌妓演唱，也在民间广泛流传，时人有"凡有井水处，即能歌柳词"的说法。

**【评析】**

一个人有才有德，有真正的学问，这些才德随着你的学问的提升增高，你的名望也就自然得到了提升。古人讲：万般皆下品，惟有读书高。这就是在告诉我们无论是财富还是官位，无论是相貌还是身材，有一天可能都会离开你，不属于你。但是只有一样东西，他永远都是你的，别人抢也抢不走，那就是学问。所以古人告诉孩子要从小努力学习，要德艺双修，要持之以恒，要坚持不懈。我们今人要吸收古人的思想精华，我们也要好学。尤其是领导人物或者教师，要不断地提升自己，才能很好地领导众人，才能传递最新最准确的信息。如果不改变自己的知识结构，那么你的思维方式难免就会出现偏颇，在这种思维指导下的行动必然出现方向性错误，如此一来，你就没有办法再去领导别人也没有资格去教书育人。所以古人讲：活到老，学到老。

**【思考】**

你如何看待"有才无德"？

～～～～～～～～～～～～～～～～～～～～～～～～～～～～～～～～～～～～～～

司马光在《资治通鉴》里分析智伯无德而亡时写道："才德全尽谓之圣人，才德兼亡谓之愚人，德胜才谓之君子，才胜德谓之小人。"用现在的话讲就是一个人要全面发展，才德兼备。突出了品德在人的一生中的重要性。知识经济时代的到来，使得人所面临的社会与就业的竞争都异常激烈，所以，家长一直都在告诫孩子好好学习，一定要学有所成，否则，在将来的社会中将一无是处。学，我们可以从小开始，打好基础，养成良好的学习习惯，脚踏实地，注重积累。这些方面，每个家长都在努力做到最好。但有时候，却忽视了对孩子品德的培养。现在好多家庭都是 4+2+1 的结构，这个 1 就生活在娇惯之中。任性自私、唯我独尊、好大喜功……但家长有时候就被蒙蔽了双眼，他看到的都是孩子优秀的一面，这就使得很多孩子在长大脱离家庭或者脱离父母的庇护以后出现种种的问题，无论是对自己还是对家人，甚至对社会都造成极大的伤害和影响。

2013 年 4 月 16 日，复旦大学 2010 级硕士研究生黄洋，被室友投毒，经抢救无效身亡。投毒者，是黄洋的室友，就是这个朝夕相处的人，却能在饮水机中投下剧毒，害得黄洋失去性命。为什么呢？两个人同是 2010 级的硕士研究生，因为研究方向不同，所以他们在学术上面没有冲突，而导致室友使用如此下策的原因就是因为日常的琐事。群体的生活也是锻炼人格的方式，很多的大学生都不能很好地处理寝室的人际关系，所以，有心理学家认为黄洋室友之所以能这样做是因为他的性格有缺陷。尽管他是著名大学医学院的硕士研究生，但是他德行上的缺陷是致命的。《弟子规》在第二章有云：身有伤，贻亲忧。德有伤，贻亲羞！如此看来，才华固然重要，但是德行更重要！

**名言欣赏**

1．德行的实现是由行为，不是由文字。——夸美纽斯

2．美德犹如名香，经燃烧或压榨而其香愈烈，盖幸运最能显露恶德而厄运最能显露美德。——培根

3．人在智慧上应当是明豁的，道德上应该是清白的，身体上应该是清洁的。——契诃夫

## 6.4 己有能 勿自私 人所能 勿轻訾

【译文】

自己拥有的能力，不要自私保守。别人拥有的能力，不要轻易诋毁。

【注释】

己：自己。能：才华、能力。勿：不要。自私：只为自己打算。訾（zī）：诋毁。

### 拓展故事

**公孙龙择弟子**

春秋时期，有个很有名的人叫公孙龙，他很有学问，手下有好多弟子，每个弟子都有自己的专长和本领。有一天，一个相貌平平的人来拜见公孙龙。公孙龙说："我不结交没有本事的人，请问你有什么本事？"那人说："我大本事没有，但我有一副好嗓子，我声音特别大。"公孙龙找来弟子当中的大嗓门和他比拼，结果证明这个人的声音真的很大，于是公孙龙收下了这个弟子。其他弟子对公孙龙的这个举动不理解，心里感觉不舒服，于是就经常欺负他。

过了不久，公孙龙到燕国去见燕王，他就带上他的弟子上路了。没走多远，就遇见一条宽阔的大河，公孙龙他们没有船，只能看见对面岸上有船，而且船夫正好闲来无事。公孙龙立刻把新来的弟子叫过来，让他帮忙把对岸的船夫叫过来。那个人立刻亮开嗓门，大喊一声，艄公立刻听见，将船划了过来。公孙龙因此没有耽搁与燕王见面的时间。

**爱心小女孩**

12岁的何玥是广西桂林的一名小学生，她不但学习成绩优秀，而且心地善良。平时在学校里就乐于助人，小小的她就懂得把爱奉献给最需要的人。2008年汶川地震的时候，她没有钱，但是她却劝说父母，捐出一个月的工资。可怜命运不济！2012年4月就在何玥小学即将毕业的时候，她被查出患有高度恶性小脑胶质瘤，立即住院进行了手术。当时，学校专门为小何玥组织了一场募捐，可谁也没有想到，家庭并不富裕的何玥告诉父母一定要把钱捐献给更需要这些钱的人。死亡就这样不停地向这样一个善良的孩子步步逼近，就在手术做完的五个月后，小何玥的病情又一次的恶化，9月份小何玥又一次住进了医院，此时，肿瘤已扩散至脑部组织。当听说自己的生命最多能延续三个月的时候，这个小小的何玥做出了一个出人预料的大决定，她告诉父母要把自己的器官捐献给需要的人。作为父母，失去女儿已经很痛苦了，可是，这个女儿还要捐献器官，这让他们一时无法接受。

何玥用渴求的目光看着父母说道："我就剩下三个月的生命了，没有办法挽回。你们就让我帮助那些还生活在病痛折磨之下的人，让他们早一点脱离痛苦吧，这就是我最大的愿望！"家人最后都同意了何玥的想法，帮助何玥完成她最后的愿望。11月17日零点十分，小何玥走完了自己短暂却辉煌的12年，凌晨四点，她的两个肾被送到解放军第181医院捐给了两名患者，其中一名是身患尿毒症的18岁藏族小伙索朗旺青。

【评析】

"己有能，勿自私"，我们大概容易做到。尤其现在一个高速发展的社会，无论是学习还是工作，都需要努力地去表现自己，展现自己的才华。比如《中国好声音》是一个唱功选拔的大赛，《我要上春晚》是才艺大比拼，还有很多方面比如厨艺、舞蹈等方面的选秀节目，这说明现在的人已经完全能够做到"己有能，勿自私"。这个社会上依然有很多人平平常常普普通通，他们没有才艺，没有特长，但他们却对有才华的人嗤之以鼻，现在流行一句话叫做：羡慕嫉妒恨。说的就是这样的一类人。他们是典型的笑人无、恨人有。比如论学习成绩，95分就嘲笑75分。这就没有做到"己有能，勿自私"。你学习好，你就应该帮助其他同学共同进步，而不是冷眼旁观。再比如，同是普通员工的朋友，其中一个升迁做了中层，那么原来的关系就会渐渐地疏远，因为其中一个羡慕嫉妒恨了。这就没有做到"人所能，勿轻訾"。訾，就是诋毁之意，含有恶意攻击的味道。我们可以羡慕别人的能力和水平，适度的羡慕是可以成为人们前进的动力的，但是一味地羡慕，每天睁开眼睛就是心痛别人所拥有的，那么这种羡慕只能让你日夜都生活在痛苦之中。关于嫉妒，我们有太多感慨。很多人因为有了嫉妒之心，而自毁前程。曾经看过一个案例，主人公是教师之家的孩子，典型的80后，他是家里的独生子，从小就在父母的娇惯下成长，如蜜般的日子养成了他养尊处优的生活作风，他习惯了享受父母给予的一切，衣来伸手饭来张口，喜欢追求社会上新鲜的事物，喜欢结交朋友。高考结束后，他整日泡在网吧，认识了一群"有钱"的朋友，他们在烟雾混沌中挥霍着金钱和青春，他羡慕人家的挥金如土，嫉妒人家的自由潇洒。可他不知道，这群"有钱"的朋友有自己特殊的来钱之路，他们专门入室盗窃。当盗窃得来的钱被挥霍空空之后，他们还要继续行窃，这个等待大学录取通知书的一个高考学子就这样懵懵懂懂地混入了入室盗窃的行列，不久东窗事发，难逃法律的恢恢大网，就在判刑通知下发的那一天，一所全国知名学府的录取通知书也准时来临。这像是命运与他开的一个玩笑，又像是老天在给他的一个严厉的惩罚，只不过这个惩罚有点大，生命中不能承受的重！嫉妒，多么可怕！别让自己前行的道路因为自己设下的障碍而无法通行。弟子规讲"泛爱众"就是告诉我们人应该拥有一颗爱心，这颗爱心是和所有人一样，当别人拥有的时候，我们要鼓掌庆贺，这才是真正的大公无私，才是真正的"泛爱众"！

【思考】

你嫉妒比你学习好的同学吗？你羡慕同事的业绩比你高吗？当你的朋友处在经济危机中的时候，你愿不愿意拿出你的积蓄帮助他解决燃眉之急呢？当工作上有一个问题需要你去解决的时候，你是否愿意放弃法定的假日呢？当你的同学飞黄腾达的时候，你是不是立刻想到了他上学时候还逃过课被抓过补考呢？当你羡慕别人拥有你所渴望的东西的时候，是不是心生嫉妒而不自然地诅咒几句呢？

~~~~~~~~~~~~~~~~~~~~~~~~~~~~~~~~~~~~~~~~~~~~~~~~~~

都是凡夫俗子，有点嫉妒之心在所难免。嫉妒是一把双刃剑，如果它能成为我们扬帆起航的动力，是不是再好不过？这就要求我们在羡慕的时候，一定要不断地完善自我，提升自我，通过自己的努力和奋斗赢得更多的喝彩和掌声。要把有限的时间用来充电而不是无聊的诅咒和诋毁，这样只能徒劳地浪费时间浪费生命，否则不但不能改变别人所拥有的一切反而让自己陷入困境，身心疲惫，苦不堪言。
~~~~~~~~~~~~~~~~~~~~~~~~~~~~~~~~~~~~~~~~~~~~~~~~~~

**名言欣赏**

1. 一个人真正伟大之处就在于他能够认识到自己的渺小。——约翰·保罗
2. 船锚是不怕埋没自己的。当人们看不见它的时候，正是它在为人类服务的时候。——普列汉诺夫
3. 一个人感到害羞的事情越多，就越值得尊敬。——萧伯纳

## 6.5 勿谄富 勿骄贫

【译文】

不要对富贵的人作出谄媚的态度，不要对贫穷的人作出骄傲的姿态。

【注释】

勿：别，不要。谄：巴结，奉承。富：富贵。骄：骄傲。贫：贫穷。

### 拓展故事

**曹氏显富**

宋国有一个曹姓人出使秦国，这个人把秦国国君哄得十分开心，秦国国君赐给他一百辆马车。曹姓人回到宋国遇见庄子，就说："我原来住在狭小的巷子里，因为穷买不起鞋吃不饱饭，但是你看我今天，秦国国君送给我一百辆马车，现在我可比别人强多了。"庄子看不起这种势利小人，就说："我听说一件事情，秦国国君生病的时候，就去召集天下名医给他看病，如果有人可以把他身上的一个脓包或者一个疖子给弄好的话，就赏赐给这个人一辆马车。假如有一个人去舔他的痔疮[①]，就立马赏车五辆。凡是治疗的部位越上不了台面，赏的车辆就越多。你最起码给秦王舔过痔疮吧？不然怎么有那么多的车子呢？"

【评析】

我们应该树立一个正确的金钱观。《茶花女》书中有一句名言："金钱是好仆人、坏主人。"是做金钱的主人，还是做金钱的奴隶，这反映了两种不同的金钱观。

马克思主义科学地揭示了金钱的本质和历史作用，认为金钱作为物质财富，是人类创造的，并为人类服务，人类应当是金钱的主人，而不是金钱的奴隶。人们依靠自己的劳动创造财富，获取财产，才是光荣的，而那种用剥削、掠夺欺诈的手段不劳而获，则是可耻的，甚至是违法的。

居里夫人放弃"镭专利"的巨额金钱，毅然将炼镭的技术公布于世，并把价值 100 万法郎的世界第一克镭捐献给治疗癌病的研究所。著名数学家华罗庚于 1950 年拒绝美国伊利诺大学终身教授的重金聘约，携妻子儿女一起越过太平洋的惊涛骇浪，投身于祖国的建设事业。

金钱是幸福生活的必要条件，但金钱并不等于幸福，因为人类不能没有精神生活。物质生活富裕而精神生活空虚的人，就不会有真正的幸福。

【思考】

你是否埋怨过父母没有给你准备好上路的行囊？你是否羡慕你的同学衣食无忧？你是否因为自己囊中羞涩而艰难度日呢？你是不是常常梦见自己忽然就中了 500 万？梦想过自己成为"富二代"吗？如果让你选择，你是愿意接受父母的给予还是愿意自己去奋斗创造？

金钱不是万能的，但是没有它又是万万不行的。这个辩证的关系让生活在世界上的人们一

① 古人当中有一种观念，认为痔疮之所以不容易治好，是因为没有人去舔。

直都处于矛盾之中。有的人为了金钱不择手段，坑蒙拐骗、敲诈勒索，甚至出卖自身，短暂的人生因为做了金钱的奴隶而倍加艰辛，心路的辛酸只有自己能读懂。其实，大可不必。中国有句古话叫做“知足常乐”。人要学会满足，只有这样你才能获得更多的快乐。我们不要埋怨父母没有给我们打下坚实的基础，因为他们没有这个责任和义务。父母对我们有爱，所以我们要珍惜那颗怜爱之心，常怀感恩之心，常念养育之情，你就不会在意父母是否给你留下金山银山。现在的社会比较流行一个词语——富二代，意思就是自己有一个银行般的父母，不用自己去奋斗，一切就摆在眼前。我们经常能在媒体中看到富二代的典型，他们挥金如土狂妄自大，目中无人唯我独尊。这些不过就是因为自己的父母有钱。这没有什么值得羡慕和尊敬的！人活在这个世界上是要实现价值的，而富二代们有什么价值？父母除了留下一笔资金以外，没有留下任何长久的财富。中国古语讲：坐吃山空立地吃陷。留多少钱不重要，重要的是教给孩子赚钱的本领，这样才能细水长流川流不息。

**名言欣赏**

1．如果你把金钱当成上帝，它便会像魔鬼一样折磨你。——菲尔丁

2．金钱和享受的贪求不是幸福。——伊索寓言

3．如果您失去了金钱，失之甚少；如果您失去了朋友，失之甚多；如果您失去了勇气，就失去一切。——歌德

## 6.6 勿厌故　勿喜新

**【译文】**

不要因为一样东西旧了、过时了，就厌弃它，也不要因为一样东西是新的、流行的，就去喜欢它。

**【注释】**

勿：别，不要。厌：嫌弃、讨厌。故：老的、过时的。喜：喜欢。新：新鲜的、时髦的。

### 拓展故事

**宋弘念旧**

宋弘是东汉时的司空，一个职位非常高的官，非常有名，第一是由于他的才华横溢，第二是由于他的英俊潇洒。他上任的时候，恰逢湖阳公主刚刚丧夫，湖阳公主是光武帝刘秀的姐姐，作为弟弟，光武帝很关心自己的姐姐，准备为她物色人选。湖阳公主说：宋公（宋弘）容貌威严，而且非常有才华，我看朝廷里没有一个臣子能赶上他。光武帝一听立刻明白了，亲自去为姐姐打探。但是宋弘是有家室的人，光武帝就做他的思想工作。宋弘说：“臣闻贫贱之交不可忘，糟糠之妻不下堂。”光武帝一听明白了，就回去跟自己的姐姐说：“这件事情还是算了吧，您考虑别人吧。”

**荀巨伯探友**

汉朝时候有一个读书人叫荀巨伯，他去看望他一个生病的朋友。当他到的时候，刚好那个郡有盗贼侵入，对整个郡开始烧杀掳掠，所有的人都赶快逃命。因为他的朋友病重，动作不方便，就赶快跟他说：“你赶快走，我已经没有能力走了，不要让他们伤害到你。”但荀巨伯说：“我假如走了，我就没有道义，所以我宁死也不可以走。”盗贼一进来，荀巨伯就主动走出来对他们说：“我

朋友已经病重了，你不要再伤害他；假如你们要伤害就伤害我好了。”

荀巨伯讲得非常慷慨，这些盗贼感到很奇怪，前面的人见了他们都赶快逃跑了，居然有一个人不怕死在这里等着，这是为了什么？原来是不让他们伤害他生病的朋友。这些盗贼了解以后也很感动，这些头目就说：“我们这些人都是无义之人，怎么可以来抢这个有道义的地方？”最后全部盗贼都撤走了。所以一个人的道义，一个人的真心，就可以唤醒他人的道义之心。荀巨伯一个人的道义挽救了很多人的财产、生命。

【评析】

宋弘和荀巨伯都是性情中人，对待情感的态度比较专一，比较念旧。现在社会上涌现了很多潮流，比如复古，怀旧。让人们在新潮流中寻找到很多的回忆，是一件很好的事情。这告诉人们，发生过的事情就不可能磨灭。比如很多老人喜欢落叶归根，说到底就是寻找熟悉的街道熟悉的邻居熟悉的菜市场甚至是熟悉的味道，人在情感上“勿厌旧”是值得珍惜的。但随着社会的发展，大量新鲜事物不断涌现，我们必须拥有一个智慧的头脑，理智的分析哪些可以接受哪些要排斥。改革开放国门打开，国外的东西瞬间都涌入了国内，其中良莠掺杂，有很多有识之士便在这股大潮中变为成功的弄潮儿，而有些人却因此遗憾终生。任何事物都有好坏两方面，一个新事物的出现，我们不能死教条地“勿喜新”，那样就阻碍了事物的发展，社会也因此而停滞不前。所以，我们要辩证地分析和理解“勿厌旧，勿喜新”。

【思考】

什么样的“新”要接受，什么样的“新”要拒绝？什么样的“旧”要常念，什么样的“旧”要摈弃？

～～～～～～～～～～～～～～～～～～～～～～～～～～～～～～～～～～～～～～～～

新，能给我们带来惊喜、快乐、方便、快捷，也能给我们带来痛苦、灾难！面对这把双刃剑，我们应该如何让它更好地为我们服务呢？科技的迅猛发展使得事物的更新速度大大加快，新鲜事物雨后春笋般层出不穷，我们要不断充实自己，让自己能够跟上时代的步伐，在万象的世界中去选择能给我们带来惊喜和快乐的“新”。新的生活方式，让我们学会了节能环保，我们要接受。新的电脑程序能提高我们的工作效率，我们要接受。新的学习方法能够有效地提高成绩，我们要接受。新的电子产品，能够提供更多的便捷和快乐，我们接受……也有太多的“新”让我们望而却步，新的毒品，我们拒绝！新的盗窃方式，我们拒绝！新的诈骗手段，我们拒绝！新的“邪教”，我们拒绝……

旧，有一种厚重感。让我们在舍弃的时候总有几分留恋。情感，因为历史的沉淀而越发的有味道，不要轻易地选择丢弃。有些东西因为沧桑的变迁，也充满了温馨的味道，尽管灰尘布满了角落，依稀能看到曾经的过往，请珍爱这份弥足珍贵。博物馆里的每一样物件，都代表了一定的往昔，让我们生活在当下的人们在喧嚣与忙乱中也能静下心来，感受从前，欢乐、悲伤、健康、痛苦、和平、战争……只有看见了，才能体会！也有很多的“旧”让我们嗤之以鼻，旧观念、旧思想、旧的生活方式、旧的生产方式……太多太多，我们要改变，只有把这样的“旧”从我们的大脑中彻底清除，才能促进社会的发展和进步！

**名言欣赏**

1．没有伟大的意志力，就不可能有雄才大略。——巴尔扎克

2．凡是新的事情在起头总是这样一来的，起初热心的人很多，而不久就冷淡下去，撒手不做了，因为他已经明白，不经过一番苦功是做不成的，而只有想做的人，才忍得过这番痛苦。——陀思妥耶夫斯基

3．耐心是一切聪明才智的基础。——柏拉图

## 6.7 人不闲 勿事搅 人不安 勿话扰

【译文】

别人没有空闲的时候，不要再给对方增添事情和烦恼。别人烦躁不安的时候，不要多说话打扰对方的心境。

【注释】

闲：闲暇、空闲。搅：打搅。安：安宁。扰：扰乱、烦扰。

### 拓展故事

#### 话不投机半句多

东汉末年，曹操率领八十万大军杀向江南。这天，他视察过陆军大寨和水军大寨后，天色已晚，见月光下的长江波涛滚滚，忍不住心潮激荡。曹操下令在大船上摆酒，大宴文武百官。这时空中飞过一群乌鸦，留下一长串鸣叫声。曹操一时诗兴大发，忍不住吟唱起来："……月明星稀，乌鹊南飞。绕树三匝，何枝可依？……"文武百官听了齐声叫好，唯独扬州刺史刘馥说道："大战在即，将士们即将拼死疆场，丞相为何说出这样不吉利的话呢？"曹操忙问："什么话不吉利？"刘馥直言不讳地说："无枝可依，言何吉利？"曹操大怒，喝道："当今之世，沧海横流，择主而从，就像乌鹊择枝归巢。我正在借酒解忧，你为何就是不听我'周公吐哺，天下归心'的抒怀？竟敢扫我的兴致！你就是个不吉利的灾星！"说着抡起长槊刺向刘馥…… 可怜刘馥，跟随曹操多年，立下汗马功劳，只是因为言辞过于直率，不合时宜，竟然落了个惨死的下场。

#### 魏明帝痛失爱女

三国时，魏明帝最疼爱的女儿去世了，魏明帝悲痛欲绝，他决定用最盛大的厚葬仪式去安慰女儿的在天之灵，并且要亲自去送葬。古时候送葬很有讲究，按规矩，父亲是不能为女儿送葬的。这时候，有一位姓杨的大臣进谏说："皇帝，这个事情不妥啊，你不能为你的女儿送葬。你想想，先皇和太后去世的时候，你都没有亲自去送葬，现在，你的女儿死了，你却要去送葬，这不合礼法啊。"魏明帝根本没有理会杨姓大臣的进谏，毅然决然地亲自为女儿送葬。而且，不但没听他的进谏，还把这位大臣赶出了朝廷。

【评析】

我们要从两方面看魏明帝的故事。第一，杨姓大臣的进谏是正确的。作为父亲，没有为自己的父母双亲送葬反而为自己的女儿送葬，从礼法角度看确实讲不通。所以，能直言进谏是杨姓大臣的忠于职守。第二，我们看到了杨姓大臣的最终结果却不是令人满意。意见没有被采纳自己还被逐出朝廷，可谓是损兵折将。究其原因，就是没做到"人不闲，勿事搅，人不安，勿话扰"。魏明帝如此的悲痛欲绝，在他看来亲自送葬也不能宣泄自己痛失爱女的悲伤，但就在这样一个十分特殊的时刻，杨姓大臣告诉他：你不能去，这是对列祖列宗的大不敬。试想一下，皇帝能听得进去吗？正好悲伤无从发泄，好吧，有一个人和我针锋相对地来了，那好吧，倒霉的人就是你了。找准火候，选对时机，才是万全之策。当今社会人与人的沟通方式已经不再是单纯的面对面了，电话、邮件、QQ、MSN、微信、微博等，数不胜数。这给我们的交流和沟通带来方便的同时，也带来了负面的影响。比如，我们拿起电话就拨通对方的号码，事前想没想过是否打扰了人家工作、休息。"人不闲，勿事搅，人不安，勿话扰"其实就是在告诉我们做事情的时候，应该多站在对方的角度上想问题，就是时下比较流行的换位思考。假如你要给别人东西，也要看看人家现在是否方便，有没有时间？不能完全自我想当然。别人忙碌的时候，我们所能做的就是不要忙上添乱。这就要求我们学会察言观色，学会体谅。这些事情，时刻发生在我们的身边。只要我们留心，会发现，很多时候我们都忽略了对方的感受，无形中我们给对方增添了很多的压力，造成了适得其反的效果，这就要求我们做事情的时候要有尺度。假如我们的亲人或者朋友最近心情烦躁，那么我们该如何去做？弟子规告诉我们"人不安，勿话扰"，就是告诉你不要多说话，以免打扰他们。但我们不能视而不见，一言不发。我们要帮助亲人朋友缓解不愉快的情绪，又不能让他觉得自己做多余，所以这个尺度很难掌握。这就要求你在平时的生活中注意多关注亲朋的生活、了解他们脾气秉性，才能在他们的烦躁不安的时候，对症下药，行之有效地帮助他们走出阴霾的天空。

【思考】

你是不是在自己心情不好的时候，拿起电话就向朋友哭诉呢？你是不是在朋友心事难解的时候给予适当的安慰呢？你是不是曾经在父母焦头烂额的时候提出过分的要求呢？

人生活在这个社会上，难免要与别人交往接触。随着手机和网络的普及，相关的礼仪也被人们所关注。什么时候打电话好，在哪里打电话好这都是我们要考虑的问题。这就要求我们站在别人的角度上多考虑问题。打电话的时候最好先问上一句是否方便接电话，如果对方真的很忙，他会告诉你过会打过来，或者有空给你回打过去，而不至于你在电话这边喋喋不休，而对方又不好意思打断你的谈话。我们在公共场所经常能看见有人在大声地打电话，而不顾及其他人的感受，比如公交车、商场、咖啡厅，很多人自顾拿着电话没完没了，这样实在有伤风雅。所以，当我们想接听电话的时候，最好看看是否给别人带来不必要的心烦意乱。

**名言欣赏**

1. 平庸的人关心怎样耗费时间，有才能的人竭力利用时间。——叔本华
2. 礼貌是儿童与青年所应该特别小心养成习惯的第一件大事。——约翰·洛克
3. 如果人们不会互相理解，那么他们怎么能学会默默地互相尊重呢？——高尔基

## 6.8 人有短 切莫揭 人有私 切莫说

【译文】

别人有短处，一定不要揭穿。别人有隐私，也不要说出来。

【注释】

短：短处。揭：揭露、揭穿。私：隐私。

### 拓展故事

**"聪明"的猴子**

山上有一只猴子，它聪明活泼，机灵伶俐。可是，山上很多的猴子都不太喜欢它，因为它特别爱嘲笑别人。有一天，这只"聪明"的猴子正在树上荡秋千，一只瞎了一只眼睛的猴子刚好从下面走过。这只"聪明"的猴子便肆无忌惮地哈哈大笑，然后口中念念有词："独眼龙，独眼龙，只见东来不见西。"瞎了眼睛的小猴子听了气愤不已，但知道它一向爱取笑别人，就没和他计较，愤愤

地离开了。不一会，一只瘸腿的猴子也正好路过，“聪明”的猴子看见他一瘸一拐的样子，急忙从秋千上下来，在瘸腿的猴子面前一扭一扭地效仿，边扭边说：“跛脚杆，跛脚杆，一脚长来一脚短。”瘸腿的猴子气得直瞪眼，“聪明”的猴子乐得上气不接下气。它回到秋千上继续荡来荡去，东瞧瞧西看看，发现有一只驼背的猴子在树上给孩子挠痒痒，他就大声唱到：“驼背驼，像骆驼，背上背着一大坨。”驼背猴子没有理睬它，把后背转过来对着它，它就不停地唱不停地乐，一不小心，自己从秋千上跌落到了地上，疼得嗷嗷直叫，可是却没有看见哪一只猴子过来帮忙！

## “隐私”的泄露

小刘的手机遗落在网吧，里面有很多自己生活方面的私密图片。赵某捡到了小刘的手机，发现里面有很多小刘的私密照片，于是，赵某就把小刘的照片发到了网上。一时间，这些照片引发了网友的热议。当小刘看到自己的照片被发到网上并引起不小的轰动的时候，他想起来是自己丢失了手机里的照片。小刘通过各种办法终于联系到了小赵，并与他谈照片的问题。谁知道小赵贼心不死，居然想利用照片敲诈勒索。气愤的小刘来到了公安局报警，很快，警察将小赵抓捕。可怜啊，小赵直到进了班房都没有意识到自己的行为是违法的！

**【评析】**

一张A4的打印纸，上面有一个小小的黑点，你如何处置？扔掉、置之不理、继续使用？你如何选择。想必因为你的用途不一样，你的处理方式也就不一样。就像人无完人，这个世界上的每一个人都有自己的“短”。我们该如何处理？这里的“短”应该有两层含义。第一，自身外在的“短”。比如相貌、身高、智商等。中国有句俗语：当着矬子不说短话。第二，某些人不恰当的行为。比如曾经有过铁窗生活的人是不愿意旧事重提的。如果一旦触犯那就叫做揭短。中国还有句俗语叫做：打人不打脸，骂人不揭短。其实就是告诉大家，在与人交往的时候一定要注意自己的言行，不要触犯别人的短处，以免伤了和气。人都是有自尊的，每个人的内心深处都有自己不愿提及的秘密，适当地替别人考虑一下，从心灵的角度多关注一下，多尊重一下别人的感受，这样你就不会口不择言地伤害对方，引起不必要的伤害。

凡事都要具体分析，不能一概而论。我们在“短”与“私”的问题上仔细分析，如果这种“短”与“私”已经威胁了团体的利益社会的稳定，你还要坚守“人有短，切莫揭，人有私，且莫说”吗？比如，你的上司贪污腐败，你的朋友迷信邪教，这些“短”与“私”就没有保守的必要了，要采取合理的办法及时制止。

**【思考】**

如果你在公交车上看到一个人裤子的拉链没有拉上，你是告诉还是不告诉？如果你知道你的朋友盗窃财物，你是替他保守秘密还是报警求助？当你看到隔壁邻居家在用病死猪肉加工熟食，你是举报还是默然？

有时候揭短也需要讲究方法。俗语讲：“良言一句三冬暖，恶语伤人六月寒”，这就告诉我们说话的时候要注意方式方法，这样就能收到事半功倍的效果。当你的朋友因为“短”的问题影响了自身或者你们的关系，你就可以巧妙地揭短，让你的朋友在迷惘之际看到方向，这样既能帮助他走出困顿又不伤害朋友的自尊还能巩固你们的情感。如果这种“短”已经严重地危害了周围人的利益，那么我们就不能坐以待毙，一定要用合法的手段维护我们的权益。现在不是推行实名举报吗，其实就是告诉大家一旦有人做出威胁我们利益的事情的时候，我们就不要姑息纵容，而是拿起法律的武器，维护自己的权益。这个“短”我们是非揭不可！可是“私”我们就要小心了！往小了说，我们不能做一个长舌妇，东家长西家短。往大了说，我们千万不要像“隐私”的泄露里的小赵，把别人的照片发到网上却不以为意，其实却犯下了罪行——泄露个人信息罪。同时法律上还有很多关于泄露隐私的罪行，比如泄露国家秘密罪、泄露商业机密罪。

**名言欣赏**

1．每个人的天性中都有某种不便公开的成分，假如公之于众，必将冒犯别人。——歌德

2．一个人最公开的行动也有其秘密的一面。——约瑟夫·康拉德

3．假如我们自己都不能保守秘密，怎么能指望别人替我们保密呢？——拉罗什富科

## 6.9　道人善　即是善　人知之　愈思勉

**【译文】**

说别人的好，本身就是一种好的品行。人家知道了有人在说他的好，就会不断地反思和勉励自己做得更好。

**【注释】**

道：称道、说、讲。即：那就是。知：知道、懂得。愈：更加。思：思考。勉：勉励。

### 拓展故事

**谪仙李白**

李白，我们都知道，但他有一个绰号我们也许不知道——谪仙。谪仙的意思就是天上派下来的仙人。我们知道李白潇洒浪漫，才华横溢，就如仙人一般斗酒诗百篇，是谁给了李白这个名如其人的美称？贺知章。贺知章也是唐朝著名诗人，他为人直爽、豁达，同时，他也善于发现和鼓励人才。作为年长一辈，对年轻的有才之士热情提携，特别愿意去宣扬别人的优点。当年贺知章在京城的时候，李白还是年轻的诗人，崭露头角。贺知章读了李白的《蜀道难》后，赞叹不已，逢人就说李白是“谪仙”，是天上下来的神仙。贺知章比李白年长四十多岁，但两个人一见如故，可谓忘年交。正是有了贺知章的赞扬，李白才名满天下，被称为“诗仙”。贺知章在文坛上大大地赞扬了一下李白，让李白大红大紫了一下。

**逢人说项**

《赠项斯》：“处处见诗诗总好，及观标格过于诗。平生不解藏人善，到处逢人说项斯。”这首诗的作者是唐代的杨敬之。

杨敬之曾经把他自己比较得意的《华山赋》拿给了大文豪韩愈赏析，韩愈看罢便大加叹赏，并当即向他人推荐杨敬之。有了大文豪的推荐，杨敬之的名字也在当时的文坛拥有较高的人气，宰相李德裕也特别喜欢杨敬之的文章，对杨敬之也是大加赞赏，这就使得杨敬之从中受益匪浅。这种激励的作用是不容忽视的，杨敬之也在这种氛围中不断地创作，也为后人留下了不少经典之作。可能是自己受到了名流的赞许而大有作为的原因，杨敬之对于提拔后人也不遗余力，一旦遇见好文章或者是上进的文学青年，他就大加鼓励赞赏，还极力地向他人称许推荐。这就有些像现在的包装公司，利用多种渠道去打造声势。只不过在唐朝，没有专门的职业和公司。但是，杨敬之却认识到在名利之途上，“知名度”至关重要，往往决定着一个人在官场上的成与败。尤其在唐朝，一个人才辈出的朝代，一个文学辉煌的时代，能有一个人肯如此的提携，该是多么幸运的事情。这种幸运就降临到了项斯的头上。项斯开始的时候隐居在朝阳峰。在此期间他用功读书，希望自己有朝一日能有所

作为，为国效力。然而，时间就在这种期待中慢慢地走过了三十年，项斯依然没有太大的起色。有一天，杨敬之在与别人谈论诗文的时候，看到了项斯的诗作，便大为赞赏，同时，提笔写了一首诗赠予项斯——

处处见诗诗总好，及观标格过于诗。

平生不解藏人善，到处逢人说项斯！

如此一来，项斯的名声就更大了。得到了杨敬之的肯定后，项斯更加努力，三更灯火五更鸡，日夜苦读，手不离卷。经历了自己的勤学苦读，不久项斯便考取了进士，而且他的排名还在许多人之前；应该说，这跟杨敬之的大力推荐是分不开的。后人就在杨敬之赠予项斯的诗中总结了一个成语：逢人说项。

**【评析】**

从古至今有很多人把道德大肆宣扬。杭州 57 岁的何大妈晨练时，一头栽进了荷花池，两位 82 岁、84 岁的老伯奋不顾身跳入池中救人。当大妈心存感激、登门道谢时，82 岁的孙老伯要求找电视台、报社，宣传一下他们的善举。孙老伯 1944 年参加新四军，1953 年抗美援朝，他的想法是，当时在场的很多比他们年轻的人们没有行动，因此要教育他们。孙老伯的想法大家都明白了，这个社会真的需要媒体的正面宣传，传递正能量。2012 年北京的暴雨让我们感受了正能量，感受了榜样的力量，感受到“人知之，愈思勉”的重要性。人总是需要提醒和点拨的，时刻有人告诉你该如何去做，时间久了，习惯就成了自然。在传统道德被丢弃、被冷漠多年而重新被重视的当下，人们的道德价值观、社会价值观尚处于混乱状态，如上述孙老伯等很多不需要质疑的好人好事，仍然有一部分人表示质疑和不理解。因此，全社会都要大力弘扬好人好事，学习好人好事，争做好人好事。个人能力有大小，也许很多人不能接济天下，但我们每个人都可以弘扬他们的善举，这既是对他们个人的褒奖，更能激励社会上更多人去做好人好事，从而形成良好的社会风气。这让我想到了特蕾莎修女，一个出生在奥斯曼帝国的商人的女儿，立志成为一个修女，她不远万里来到印度，上街头救助麻风、霍乱病人，帮助快要倒毙的老妇清洗被老鼠咬坏的身体。她在加尔各答卡里寺庙后面的空地上设置了救助站，虽遭受官方打压、宗派攻击，可坚持帮助不同种族宗教的人，治疗、清洗。其实她不可能帮助到很多人，但她一直坚持给他们尊严，有天晚上，刚刚搬来的一个老人快断气了，临死前，他拉着德蕾莎的手，用孟加拉语低声地说：“我一生活得像条狗，而我现在死得像个人，谢谢了。”特蕾莎说，人类最大的不幸并非在于饥饿和病困，而在于当人们处于这境地时，你得伸出手让他得到应有的尊严和归宿。她超越了宗教和政党，她并不代表一个权力机构在施舍，而是心灵平等的沟通。特蕾莎修女老了，走了，而她建立于寺庙空地处的收容院入口处挂着一块牌子，上面永远写着“尼尔玛·刮德”，按孟加拉语的意思，就是“静心之家”。特蕾莎修女的影响不是一时而是世代，深入骨髓。

**【思考】**

你曾经受到过表扬么？还记得当时的心情么？有没有做了好事却被人误解的时候？感受如何？

榜样的力量是无限的。自从 2002 年 10 月中央电视台首次启动“感动中国 2002 年度人物”评选活动到现在已经走过了 11 个年头，这 11 年里我们看到了太多的榜样，心灵被一次次的震撼，捐肾救母的田世国让我们感受到了至爱亲情；大山深处孤身执教的徐本禹让我们看到了国家的光明；奔波偿还债务的农民工兄弟让我们读懂了什么是信任；专心科研的袁隆平、钱学森让我们生活得幸福安宁……太多太多的感动，太多太多的心灵解读，我们是不是也应该反省自身呢！美国也树立道德模范。ABC 台曾推出过一档叫《真实之美》的道德模范节目，让十个俊男美女参加选秀，最重要的是比赛内心的美德，内容设置跟我们一样是比拼爱心、助人为乐、诚实、公德心。可并不像我们这儿一水儿地站在台上回答那些预设了答案的问题，而是拍下她们在化妆间里被茶水泼到时、被弄脏鞋时、落选时的表情，以示能否平等待人。其中有一个美女在体检结束后趁人不注意悄悄偷看了别人的成绩，被认为缺乏公平心。还有一个暗中安排的环节是，让一个侍者端着咖啡进屋，可两手不空没法开门，此时就看两个参赛美女哪个出于下意识先去帮忙开门。

就是这些平常小事，充斥着我们生活的各个角，我们都是平常人，做着平常的事情，如果能在别人需要的时候伸出援助之手，这不就是大仲马在《三个火枪手》里说的“人人为我，我为人人”么！也就是横亘西方很多年的 one for all,all for one 精神！

**名言欣赏**

1．要改变人而不触犯伙伴引起反感，那么，请称赞他们最微小的进步，并称赞每个进步。——卡耐基

2．赞扬，像黄金钻石，只因稀少而有价值。—塞得尔·约翰逊

3．称赞不但对人的感情，而且对人的理智也起着很大的作用。——列夫托尔斯泰

## 6.10 扬人恶 即是恶 疾之甚 祸且作

**【译文】**

宣扬别人的恶行，这本身就是恶。如果一味地痛恨，就会招致祸乱。

**【注释】**

扬：宣扬。恶：坏的、卑劣的。即：就是。疾：痛恨。甚：很、极。祸：祸乱。

### 拓展故事

**滥言舌枯**

从前有一个人叫祝期生，这个人一向喜欢说别人的坏话，还经常夸大其词无中生有。遇见相貌丑陋的人，就要嘲笑人家的外貌。遇见英俊的人，他又心生嫉妒，恶意诋毁。遇见愚笨的人，他就嘲笑人家的智商，取笑人家的言行，遇见聪明的人，他就言行上欺负人家，挤对人家。遇见穷人他就瞧不起，遇见富人就诽谤诋毁。看到别人浪费他要言语刺激，看到人家节俭他也要骂上几句。别人说好话，他说人家口是心非。看见别人做了一件好事，他就说：“为什么只做着一件呢，还有好多好事，他怎么不做呢？”这个人一辈子就是这样，口无遮拦。到了晚年的时候，祝期生得了一种病，舌头发黄，必须用针去刺舌头，挤出一碗血，他才能康复。他就不停地用针去刺自己的舌头，挤出血来。但是病情并没有好转，一年后他的舌头反而开始慢慢地枯萎，最后人也因此丧命。

**灌夫之死**

汉朝有一位将军名叫灌夫，他英勇善战，疾恶如仇，可谓一代枭雄。但这个人说话锋芒毕露，毫不顾忌别人的感受。有一次，丞相请他喝酒，在酒宴上，两个人因为小事起了争执，灌夫一气之下，把丞相的种种不为人知的恶事公之于众，大家都不欢而散。灌夫过了嘴瘾，解了一时之气，但也因此付出了惨痛代价。丞相利用自己是皇帝的舅舅的身份，“合情合理”地把灌夫杀了。

**【评析】**

洪应明在《菜根谭》中指出：“攻人之恶毋太严，要思其堪受。”意思是在指责别人的不良行

径时，不要太严厉，要考虑人家心理上是否承受得住。我们在现实生活中也是这样，在指出别人的缺点和错误时，要讲究方法，考虑到对方的感受，能使对方在愉悦气氛中接受你的建议，是最佳的劝谏方法。不要言语过激，一味地去宣扬别人的缺点和错误，会使人产生逆反心理，引起摩擦，甚至产生误解，导致对自己或对他人产生灾难。尤其是别人的恶行，我们要用积极的方法和态度，不要用激进的态度四处宣扬别人的恶行，这样对别人也是一种伤害。真正品德高尚的人扬善隐恶，谦虚谨慎，尊重别人，真诚待人，用自己的实际行动引导别人向好的方面改进。如果对方是小人的话，正如宋朝韩琦在《韩忠献公遗事》提到的小人不必到远处寻找，三户人家中就有一家。那么我们就应当寻求对付小人的办法。知道他是小人，就用对待小人的方式对待他。更不要跟他计较，如果跟他计较，自己就变成了小人了。实际上就是敬而远之，远离他，不去和他辩解是非曲直。路遥知马力，日久见人心。一个人的人品会随着时间的推移而呈现在大家面前，不必说自己的人品如何，公道自在人心。

当然对待本节这个话题，还是颇具争议的。尽管要扬善隐恶，也要区别不同情况而定。伸张社会大义必须有所作为，甚至见义勇为。特别是身在风口浪尖的传播媒体，正是因为有了他们的存在，我们知道了虐猫事件，知道了婴儿配方奶粉中的三氯氰胺，也知道了公平公正公开的全国遴选，居然也有人冒名顶替……，凡此种种，都需要“扬出恶，正引导，法制裁”。我们期望明净的生活环境和人文环境，我们期望道德良知主导生活和工作规则，我们期望宣扬社会善行善举善人，弘扬社会正能量，以此提升人们幸福生活指数，引导社会和谐向前发展，我们也期望揭掉恶人的遮羞布，让他们的丑陋行为赤裸裸地暴露出来，以此杀一儆百，以儆效尤。正因为如此，我们才不能仅仅隐恶扬善，更要扬善惩恶，让恶人恶行受到应有的惩罚，只有这样才会让那些恶人的行为有所收敛。

**【思考】**

你喜欢议论别人的是非么？你如何看待“议论是非”这种现象？当你身边有人在议论是非时你怎么办？

～～～～～～～～～～～～～～～～～～～～～～～～～～～～～～～～～～～～

弟子规曾经告诉我们“人有短，且莫揭；人有私，且莫说”，我们就用辩证的思维去解读这个问题。这一节“扬人恶，即是恶”也是同样的道理。有些恶，不必扬，我们可以善意地引导善意地规劝。弟子规关于善与恶的问题有着明确的观点：扬善隐恶。那么关于善与恶的问题，我们今人有今人的看法。什么是善什么是恶，种类在随着时代的变迁而发生着变化，但万变不离其宗。善是船舵，控制着我们的方向。恶是暴风，阻碍我们前行；善是阳光，给我们光明和温暖。恶是乌云，给我们黑暗和迷茫；善是一种心境，恶是一种邪念。

生活在群体中的人们，难免要与他人合作。人非圣贤，孰能无过！面对别人的错误我们要尽量地理解宽容，用恰当的方式方法帮助别人改正错误，而不是用极端的方式去放大别人的错误，不给别人改正的机会。群体中难免有人喜欢在背后议论别人的是是非非，我们旁观者要选择合适的方式方法去杜绝这种现象，而不能纵容这种气焰。是非制造者能无处不在、无时不在，是因为有适合他们的生存环境，是谁给他们提供了温暖的阳光、提供肥沃的土壤？是你，是我，是我们这些深受其害的人。因此，人人都坚决地把是非制造者拒之门外，这些心怀叵测居心不良的人就没有兜售是非的市场，他们就不会去制造是非，坑害他人了。

“来说是非者，便是是非人。”这句话出自《名贤集》，一语道破了是非制造者的假面具，这智慧的语言让人不能不佩服。大家闲着没事的时候都去找来读一读，因为读这样的书能提升你的人生智慧和你的是非辨别能力。我们中国拥有最丰富、最优秀的古代典籍，这一点世界上其他任何国家都无法与我国相比。每一部典籍都是智慧的结晶，你要拥有智慧的人生就要以这样的读物为伴，你就能提高自己看穿假、丑、恶的能力，让那些披着伪善、假仁假义外衣的是非制造者在你的面前现出原形，你从此就不会再受其害，你就能拥有一个快意人生。

**名言欣赏**

1．莫把别人的缺陷当作贬低别人的工具。——古代格言

2．人之性也，善恶混，修其善则为善人，修其恶则为恶人。——杨雄

3．善从何处而来，恶也从何处而生，但避免邪恶的方法也会应运而生。——德谟克利特

## 6.11　善相劝　德皆建　过不规　道两亏

【译文】

大家要相互提醒对方，劝人向善，这样的话对两个人德行的建立都有好处。如果对方有了过错你不去规劝，那么两个人在道德上都有欠缺。

【注释】

善：仁爱、善行。相：相互。德：德行、品德。过：过错。规：规劝。亏：欠缺。

### 拓展故事

**崔瞻与李概**

南北朝的时候，有两个人是好朋友，一个是崔瞻，一个是李概。他们经常在一起谈天说地、琴棋书画，经常一起学习共同进步。两个人还经常互相批评和指责对方缺点和毛病，毫不客气，而且两个人从来不因此而生间隙。后来，李概要回家了，两人即将分别，两个人都十分难过，崔瞻就给李概写了一封信，说意气用事、仗气喝酒是我经常犯的毛病，有你在，你总是毫不客气地教训我，如今你走了，还有谁可以指出我的缺点呢？我是多么思念你这位好朋友啊！

**"慈母"辛公义**

隋朝时候，有一个读书人，名字叫辛公义。他被派到岷州当刺史，岷州就是现在的甘肃。当地有一个习惯，就是只要家里有人染上疫病，就一定要把他抛弃，让他在荒郊野外自生自灭。其实，现在看来，这太不仁道，而且有悖于"孝悌之道"。但是在医疗水平极其低下的古代，人们为了防止疫病的蔓延，采取了这样不仁不孝的办法。但是，当辛公义去了以后，他觉得这样做实在过分，完全不顾孝与义。所以，他就做了一件震撼当地的一件事情。他把所有被遗弃的疫病患者都接到了衙门，找了很多医生来医治，又派了专门的人员去护理。等到病人康复了，再让他们的亲属把他们都接回家中。而且，他会劝告所有家属，一定要善待亲人，不要在亲情面前变得冷血。那些家属，一方面感谢辛公义挽救了自己的亲人，一方面也感觉很惭愧，汗颜自己的不仁不义，辛公义通过自己的善举让他们明白了血肉亲情的重要。当地的人们都被他的善行感化，都从良知上认识到了自己的不对之处，在这之后，再也没有发生过抛弃亲人的现象，这个岷州一带，社会风气和谐稳定，百姓安居乐业。重要的是，这种影响不是一代人两代人，而是祖祖辈辈世世代代。当地的人都称辛公义为"慈母"。

【评析】

人生在世，遇人不多，能慷慨地指责你有问题的人就更不多。因此，我们要倍加珍惜。父母因为爱，有时候遮蔽了双眼，对于你的过，多数时候选择容忍和宽恕；有些朋友因为多种因素的困扰，

对于你的过也不能直接而深刻地规劝，如此看来，能站出来直指矛头的人你不但要珍惜而且要珍爱。因为有了他，你才能看清自己；有了他，你才能百尺竿头更进一步；教师这个行业近年来非议很多，但也有桃李不言下自成蹊的精英。他们不但在教书方面成绩优秀而且在育人方面也是硕果累累。一个高级白领 A 在谈到自己成长经历的时候说："能有人时刻规范你的言行，你不成功都不行！"他出生在一个教育世家，天生性格活泼好动，虽然天资聪颖但懒惰散漫，而且小学和初中都在父母工作的单位就读，周围熟悉的环境，加上父母的溺爱而不学无术，跌跌撞撞地上了高中，遇见了真正的"老师"。高中的班主任是一个年轻的女老师，她很快发现这个入学成绩不高的孩子聪明伶俐而且很有后发力，但是行为散漫不拘小节，于是在三年的时间里，这个女老师对 A 同学严厉至极，一旦发现他有一丁点错误，立刻批评指正。即使有些错误是牵连所致，老师也毫不客气，依然言辞苛刻。开始的时候是在同学看不见的地方批评，后来，在所有同学面前也毫不留情面。向 A 同学的自尊提出了巨大的挑战！虽然容易犯错误，但 A 非常在乎尊严与脸面，在老师的步步紧逼之下，A 同学开始静下心来认真学习。尽管行为收敛认真学习，但是年龄尚小的 A 还是不能理解老师的良苦用心，心里不免有些怨恨。但这种怨恨在一定程度上刺激了 A 的学习动机，他发誓一定要考一个像模像样的学校来证明给老师看。三年下来，他考进了国家重点学校的重点专业，成为这个普通高中的骄傲也成为班级的自豪。但毕业走的时候，他没有和老师说再见！上了大学以后，他渐渐发现有人督促的时候是进步最快的时候，因为压力所以前进！加上日渐成熟的心智，他觉得自己当年离开高中的时候没有感谢老师是一个极大的错误。一次高中同学的聚会，让他有机会在老师面前说出真心话。他深深地拥抱了老师，说出了本应该在三年前就应该说出来的感谢！

如果你的人生遇见了这样的人，你就感谢吧，珍惜吧！如果没有遇见这样的人，那么你就努力做一个这样的人吧，让别人知道感谢，懂得珍惜！

**【思考】**

你曾经给别人献过"忠言"么？你敢于"说真话"么？

忠言逆耳利于行，但在当今的社会上进忠言的人似乎是越来越少了，这是为什么呢？就是因为进忠言的人，所进的忠言，不仅不被当事者所采纳，而且，当事者还要对其进言者打击报复，久而久之，人们不再进忠言了，也不敢再说真话了。面对自己的领导、同事、同学、朋友、战友、亲戚、家人在说话时，也都学会了包装和艺术，学会了对所面对的对象，投其所好。良药苦口利于病，正因为良药苦口，所以，现在的制药厂也都学会了把苦口的药片包装上了一层糖衣，让人们能够顺利地接受，不至于在口感上有苦涩。苦药的包装，无非是添了一层糖衣，苦药的内容没有变，效果还是一样。语言的包装则不一样了，把忠言逆耳的话变成了恭维顺耳的话。特别是某些领导，从不喜欢听一句逆耳的话，谁要是对他说上一句逆耳的话，就感到全身不舒服，别说是采纳了，他还要记在心里，以便有机会就给以"秋后算账"，但他们却喜欢听恭维的话，即使是假话听起来也比逆耳的话舒服。"敢于说真话"常被作为美德拿来教育国民，这印证了真话在我们时代的极度稀缺，和假话在我们时代的极度泛滥。可仅仅一个"敢于"实在是太沉重了，因为紧跟"敢于"的将是吃不了兜着走的打击报复，是生存的痛苦，乃至生命的威胁，这可能是当今进忠言的人越来越少的缘故。社会需要忠言，人人需要忠言。我们很多人也许都对别人进过忠言，也接受过不少忠言。在感受上也可能有过一些体会，也许在进言的过程中，遇到过"好心没好报"的结果，也许在接受忠言时有过不舒服的感觉，这都需要用心去慢慢地体会，时间久了道理也就悟出来了。俗话说："三思而后行"。我想这个"行"也包括我们的说话做事，"言多必失"是个简洁明了的道理，因此，为领导进言，为朋友进言也可以讲些艺术，并非得不分场合，不看火候，就直接地倒出了。进言要出于一片真心，要站在对方的角度上想一想，想一下对方的处境和心情，要以一种巧妙、体贴的方式提意见或建议，这样的进言可能就会被接受。

**名言欣赏**

1. 良药苦口利于病，忠言逆耳利于行。——《增广贤文》
2. 善积者昌，恶积者丧。——陈寿《三国志》
3. 善不可失，恶不可长。——左丘明《左传》

## 6.12 凡取与 贵分晓 与宜多 取宜少

【译文】

凡是取得和给予就一定要明明白白，给予别人要多一些，从别人那里获取要少一些。

【注释】

凡：都、一切。取：获取、取得。与：给、赠予。贵：珍贵。分晓：明白。宜：适合、适当。

### 拓展故事

**明算账的郝子廉**

有一个太原人，叫郝子廉，他很穷，穿不暖吃不饱，但他不苟且偷生，从不占别人一点便宜，活得很有尊严。有一次，他去姐姐家吃饭，吃完饭，他就在姐姐家的席子下面留下了十五钱。他没有告诉姐姐，是因为怕姐姐知道了不收他的钱。而他却认为，尽管是亲姐姐，也要把账算得明明白白，只要不是自己赚的钱就不能白白地获得。而他就是平时走路时口渴了，只要他喝了别人家的井水，他就一定要在井里放上一钱，这一钱是他的水钱。古时候的井过一段时间就要重新淘一遍，这样能保证水质的清洁。所以，郝子廉认为自己投入的一钱，等到主人淘井的时候就一定能看到。在他的思维里，没有任何一样东西是白白获得的。

**钱清江的来历**

钱清江又名西小江，清清悠悠的钱清江似一条银色飘带，蜿蜒在美丽富饶的萧绍平原。因流经东汉会稽太守刘宠投钱处，故名钱清江。

刘宠，字祖荣。年轻的时候跟随父亲学习，因精通经学被荐举为孝廉，授东平县令。因为仁爱惠民被吏民爱戴。母亲患病，他弃官回家，百姓送他，连道路都堵塞了。后来，他四次迁升担任豫章太守，又三次迁升担任会稽太守。刘宠到任后，根除了原有的欺压政策，制定了利于百姓的法政法规，郡中秩序井然，老百姓安居乐业，社会一片安宁与祥和。当老百姓得知他被召任时，很多百姓都来到衙门看望刘宠，有几个年长的老人，他们哭着来送刘宠，说："我们都是小老百姓，前面的太守到处搜刮民财，贪赃枉法，扰得我们不得安生。是您的到来，让我们看到了和平盛世，让我们安稳度日。如今你又要离开我们，我们特意来给您送行。"说着，老人们拿着自己一辈子辛苦积攒下的钱要送给刘宠，以此表示爱戴之情。刘宠百般推辞，却盛情难却，又急着要赶路，于是就分别从这几个年长的人手里拿了一钱。刘宠带着百姓的信任与爱戴踏上征程。等到他出了山阴界，就是会稽郡的地理范围，他就把这些钱撒在了江里。于是，大家都传说，这段河水自此清澈无比。这条江就是今天的钱清江。

【评析】

君子爱财取之有道。取得与给予似乎是一个永恒的话题，我们如何处理好二者的关系呢？看看郝子廉，看看刘宠。我们承认他们做得确实有点死板但我们不能不赞扬他们的行为，因为他们做到了"凡取与，贵分晓"。在金钱和利益面前，我们扪心自问，我们是否能处理好获得与给予！传统中国，有不少为富不仁之徒，大斗进小斗出。现在的社会，贪污腐败的官吏也为数不少，典型的利益面前唯我独尊。他们以获取为快乐，喜欢不劳而获，而且多多益善。现在的中国，强调的是和谐社会强调反腐倡廉。十八大以后，我们全国上下掀起了节俭的风气，先是从公务活动开始，从会场布置到饮食居住，一切从俭。会场布置取消了原来的鲜花路，取消了红地毯，取消了会场上多余的布置，原有的公务宴请接二连三地取消，必须有的安排也要从质量上有所收敛。可见倡廉的力度。

【思考】

“凡取与，贵分晓”是在强调获得与给予的关系，就是拿与给的问题。人是群居动物，不可能脱离社会群体，这就要求人们学会与人交际。成功的社会交际是一个人成功的必要条件。任何一种社会交际都离不开拿与给的问题。古人讲，“取与不可苟且”，无论是获得还是给予都要明明白白，俗语讲亲兄弟明算账，就是这个道理。上面故事中的郝子廉就是亲兄弟明算账的典范。中国的传统文化特别看重“凡取与，贵分晓”的习惯。换位思考一下，如果你是主人公你能不能做到呢？想必现在的每一个人都不敢给自己一个肯定的答案。尤其在面对我们自己的亲人的时候，我们是不是从来就没有想过获得和给予的关系呢？作为儿女，我们一味地毫无代价地从父母那里获取，包括父母无尽的爱，也包括父母辛苦的血汗。回头想想，我们有给予父母什么了？小的时候，我们表达爱的方式就是依恋，结果，父母把所有的业余时间都花费在我们身上，陪我们游戏、学习，奔波于各种特长班补习班，父母身心疲惫，但绝无怨言，依然深深地无悔地爱着我们，我们得到了快乐收获了知识，可从来没有想过父母在给我们付出的时候，他们所失去的一切。我们在心安理得地接受着，认为这一切是情理之中。长大离开家，突然冲破了父母的禁锢，终于可以天高任鸟飞了，终于站得高望得远了，终于没有人再耳边唠叨不停了，终于自由地翱翔在自己的天空了，却把父母的牵挂和担心远远地扔在脑后，不去想父母的思念，不去关心父母的身体，这一切就这样顺理成章地发生着，进行着。有一天，你突然发现，父母就在你的漠视中日渐老去，衰弱的身体，花白的头发，额头深深的皱纹，手上斑驳的老年斑……有心的你也许会感叹，这些年自顾地忙着，却忘了多给父母一些陪伴，小时候父母给予的爱却从来没舍得再还给父母，哪怕是一点点。我们中国讲“孝”，什么是孝？现在不需要我们卧冰求鲤，不需要我们扇枕温衾，需要的是我们一句轻声的问候，是我们常回家看看，是我们亲手做给父母的饭菜，是我们年节的时候奉上的礼物……勿以善小而不为，有时候，我们就是在因小失大。

**名言欣赏**

1．如果你不管在什么时候，什么地方，留给人们的都是美好的东西，像鲜花啦，好的思想啦，还有对你的美好回忆啦，那你的生活该有多么愉快啊！那时候，你会感到所有的人都需要你。要知道，给，永远比拿愉快。——高尔基

2．人活着就是要给我们生活中的社会添上一点光彩。这样我们的生命才会开放。一心为自己，一生安慰自己的人什么也得不到。——巴金

3．人的生命是有限的，为人民服务是无限的。我要把有限的生命，投入到无限的为人民服务。——雷锋

## 6.13 将加人 先问己 己不欲 即速已

【译文】

在要求别人之前，先要求自己，如果自己也不愿意或者自己也做不到，那就立刻停下来，不要再去要求别人。

【注释】

将：即将。加：施加。即速：立刻、马上。已：停止。

## 拓展故事

### “聪明”的教务主任

学校有一个新上任的教务主任，俗话讲：新官上任三把火。这个教务主任工作热情极高，每天披星戴月，总是第一个到最后一个离开，学校每一位老师的工作状态他都及时记录。更狠的是他最讨厌老师跟他请假，无论是生病还是事假，到他这里都成为难题，而且，他最喜欢在别的教师上课的时候偷偷地从后门偷看教学情况。一个月下来，这个教务主任身心疲惫。最主要的是他发现原来要好的同事这个时候都渐渐地疏远他，而且他感觉到学校的教学风气反而不如从前。他很痛苦，于是，他去找了一个朋友诉说苦楚。刚看见朋友，他就说：“哎呀，累死我了，自从当上教务主任，我就没有了自己的时间，我是没日没夜地坚守岗位，严防死守地落实学校的各项规章制度。可是，我感觉同事越来越离心离德，教学情况也大不如从前了，这是为什么呢？”朋友反问：“你为什么日夜坚守啊？”他立刻答道：“一旦我离开，那所有的教师就都偷懒不认真上课了。”朋友又问：“你在当上教务主任之前你做什么的啊？”他说：“普通教师。”朋友问：“那时候你愿意让领导盯着你么？不盯你的时候你就偷懒不上课么？盯着你，你感觉很舒服是么？”这个教务主任愣了一会，猛然间拍了自己脑门说道：“明白了。今天没白来！”

### 恋爱的秘密

小梦最近交了一个男朋友，但时间不长。两个人的家都在一个城市，恰逢十一长假，两个人就一同乘车回了家，回家以后，小梦并没有和家人说起自己恋爱的事情，她认为时机不成熟，等自己多和男朋友接触一段时间后，再和家长交代。可是，小梦的母亲不知怎么知道了小梦和男友一起乘车回家的事情。回家以后，气愤至极。劈头盖脸地质问小梦，是不是交了男朋友，是不是两个人一起坐车回家的，为什么要撒谎为什么不和父母交代实情，而且说起来没完没了。貌似小梦犯了什么滔天大罪，不可挽回一样。小梦欲哭无泪，对父母的举动她也感觉很无奈。过了几天，父母的情绪缓和了些许，小梦心平气和地和父母说：“你们能不能换位思考一下，如果你是我，你怎么想？你当年谈恋爱的时候就一点秘密都没有么？我只不过是觉得我和男朋友刚刚交往，时间不长，等时机成熟了我就自然和你们说了。你们有必要如此一番惊天动地么？”听了女儿的话，小梦的父母如梦初醒，顿时哑口无言。

**【评析】**

孔老夫子告诉我们：己所不欲，勿施于人。我们自己不想要的或者不希望得到的，那么就不要再把这些东西施加给别人。因为将心比心。换个角度，站在对方的立场上就不难理解这句话的真谛。比如，我们都不愿意听到别人侮辱我们，那么我们在说别人的时候也要注意自己的言词和说话的方式，而是应该用一份心去体谅别人。生活和工作中，经常遇到这样或那样的事情，如果处理不好一定会影响人际关系，同时对双方的工作进展都不利，所以，在抉择的时候，我们心中常念：将加人，先问己，己不欲，即速已。有了这个信念，相信你无论在生活还是在工作中都一定是一个快乐的人，因为你懂得换位思考。

东汉末年，曹操和袁绍两军针锋相对，当时曹操无论是从军队的数量还是军备的存储上都处于劣势。曹操的许多部下对战争的取胜没有信心，于是，他们私下都和袁绍的部队联络，以便给自己一个出路。可是，官渡之战以后，曹操打败了袁绍，并从袁绍那里缴获了很多的书信，曹操的手下告诉他说这些信件都是当时从投靠袁绍的人亲手书写的，请曹操过目。曹操思索片刻，派人立刻焚烧。有人不明白一向疾恶如仇的曹操怎么能如此呢？便去问个究竟。曹操说：“这些跟我打仗的人，他们都有各自的家室，在绝望的时候不能不为了他们而去找寻出路。说实话，当时我自己都没有信心打胜仗，何况他们？我理解！”这就是换位思考的典范，如果我们每个人能像曹操一样，能从别人的角度上去思考问题，那么很多问题就迎刃而解。

【思考】

你知道如何“换位思考”么？

换位思考就是设身处地为他人着想，即想人所想，理解至上。人与人之间少不了谅解，少不了宽容。人与人相处难免会有被误解被冒犯的时候，这时候就需要我们大人大量，用宽容来调节内心的不愉快。中国有句古话叫做“冤家宜解不宜结”，说的就是人与人之间的微妙。我们应该多站在对方的立场上思考问题，多给别人一些理解，一些体贴，这样我们的关系就变得简单。

换位思考是人对人的一种心理体验过程，将心比心，设身处地，是换位思考不可缺少的因素。很多时候，我愿意在公交车上给老人让座，不是我想表现我的高尚也不是我想炫耀我的品德，而是将心比心，我也希望有人能给我的父母让一个位置。这就是简单的换位思考。换位思考其实很简单，但真正能把简单的事情做得完美的人，才是不简单的人。孔子有“己所不欲勿施于人”的想法，《马太福音》中说“你们愿意别人怎样待你，你们也要怎样待人”，可见，不同种族不同区域不同信仰的人都在讲换位思考。我们将自己的内心世界和情感体验转移到对方身上的时候，我们所想和所做的都会得到对方的认可，这样就能增进情感的沟通，真正的实现人与人之间的和谐共处。

**名言欣赏**

1. 己所不欲，勿施于人。——《论语》
2. 土扶可成墙，积德为厚地。——李白
3. 君子上达，小人下达。——《论语·宪问》

## 6.14 恩欲报 怨欲忘 报怨短 报恩长

【译文】

人应该知恩图报，快速地遗忘怨恨。对怨恨应该短暂保留，对恩泽应该永记心中。

【注释】

恩：恩惠、恩德。欲：想要。报：回报。怨：怨恨。忘：遗忘。

### 拓展故事

**知遇之恩**

春秋时期，俞伯牙擅长弹奏琴弦，钟子期擅长听音辩意。有一次，俞伯牙来到泰山（进武汉市汉阳龟山）北面游览时，突遇暴雨滞留岩下，寂寞之余，拿出古琴弹奏起来，也正在附近躲雨的樵夫钟子期听到曲子后，忍不住叫道：“好曲，真是好曲！”随后，伯牙每弹奏一支琴曲，子期都能听出他的意旨和情绪，这使得伯牙惊喜异常。二人因此结为知音，应约来年再相会。可是，第二年伯牙来会子期时，得知子期不久前因病去世了，伯牙痛惜伤感，摔破古琴，并发誓从此不再抚弦弹琴，以此纪念平生难得的知音。

**魏楚之交**

魏国和楚国交界的地方，有一个县城。一个姓宋的大夫到这个县城里去当县令。两国交界的地方，气候和土壤条件没有太大差异，所以两国的老百姓都以种瓜为生。这一年春天，气候干燥，瓜苗长势不好，魏国的人担心瓜苗长势不好会影响收成，于是就组织一些人，每天晚上到地里面去浇瓜苗，接连几天之后，瓜苗的长势就变得特别的好。这时楚国的老百姓发现自己瓜田里的瓜苗总是蔫蔫的，而魏国的瓜苗一片大好，于是就心生嫉妒。他们就半夜起来到魏国的瓜地里，把魏国的瓜秧都给踩断。魏国的老百姓十分气愤，并扬言今晚也到楚国的瓜地里，以牙还牙。这时候，宋大夫摇摇头，并对这些百姓讲："如果你们一定要这么干，也不是没有道理，楚国的百姓的确有错，但是，你们想想啊，你们这么干，最多就是解解气，于事无补啊。而且你们今晚去踩他们的瓜秧，明天他们再过来踩咱们的瓜秧，踩来踩去，最后的结果就是双方都没有瓜了，对谁都没有好处！而且又因此结下仇怨，何必呢？"魏国的老百姓就问宋大夫："那怎么办，我们就白白咽下这口气么？"宋大夫说："冤家宜解不宜结，你们没有必要因此怄气，今天晚上你们浇完自己的瓜地，再去楚国那边给他们的瓜秧也浇浇水，你们看看楚国人会怎么样？"魏国的老百姓听从了宋大夫的解决方案，把楚国的瓜地也浇了水。第二天，楚国人发现魏国人不仅没有记恨自己的行为，反而为他们的瓜地浇了水，惭愧地无地自容。这是一件极其微小的事情，但是却起了不容忽视的作用。当时楚国对魏国虎视眈眈，就等时机一到立刻发兵。而这件小事被楚国的县令知道了，他就把这件事情原原本本地禀告了楚王，楚王心生感动，不但没有攻打魏国，而且主动和魏国和好，送去了很多珍贵的礼物，维持了很长时间的和平。

**【评析】**

纵览人的一生，孩童时就开始接受父母的养育之恩，上学后有了老师的教育之恩，工作中有领导同事的关怀、帮助之恩，年老之后又有晚辈的赡养、照顾之恩。恩，无处不在，关键是有一颗善于发现雨露恩泽的心境。古今中外，有太多的人和事在教育我们要学会感恩。我们都听过乌鸦反哺、羊羔跪乳的故事，这是告诉我们要回报养育之恩；我们听过"春蚕到死丝方尽，蜡炬成灰泪始干"，这是告诉我们要懂得教师的教育恩泽……我们都听过"感恩的心，感谢命运，花开花落我一样会珍惜……"

我们生活在世界上，一切的一切都对我们有恩，我们要怀有感恩之心。太阳给我们光明和温暖，我们要感谢！蓝天给我们纯净和宽阔，我们要感谢！草原给我们净化和奔放，我们要感谢！大海给我们包容和内涵，我们要感谢！学会感恩，是洗涤心灵净化灵魂，拂去覆盖在心头的太多尘埃，擦拭蒙在眼前的麻木……

"感恩"是一个人与生俱来的本性，是一个人不可磨灭的良知。"感恩"是一种处世哲学，是生活中的大智慧。"感恩"之心是一种美好的感情，没有一颗感恩的心，孩子永远不能真正懂得孝敬父母、理解帮助他的人，更不会主动地帮助别人。让孩子知道感谢爱自己、帮助自己的人，是德育教育中重要的一个内容。

**【思考】**

你知道如何"感恩"么？

～～～～～～～～～～～～～～～～～～～～～～～～～～～～～～～～～～～～～～～～～～～～

韩信少年时家中贫寒，父母双亡。他虽然用功读书、拼命习武，可是，依然过着衣不蔽体食不果腹的生活。迫不得已韩信只好到别人家吃"白食"，因此经常遇人冷眼。韩信为了不让人看不起，他就经常到淮水边上钓鱼，用钓来的鱼换饭吃，经常饥一顿饱一顿。在淮水边上有一个为人家漂洗纱絮的老妇人，人称"漂母"，她见韩信可怜，就把自己的饭菜分给他吃。天天如此，从未间断。韩信深受感动。后来，韩信被封为淮阴侯后始终没有忘记"漂母"的一饭之恩，并派人四处寻找，最后以千金相赠。

你还记得在你成长的路上，曾经有人为你指点迷津么？你还记得在你孤独上路的时候，有人给你宽厚的臂膀么？你还记得在你饥饿难耐的时候有人送你一碗热汤么？感恩是一种处世哲学，也是生活中的大智慧。一个智慧的人，不应该为自己没有的斤斤计较，也不应该一味索取和使自己的私欲膨胀。学会感恩，为自己已有的而感恩，感谢生活给你的赠予。这样你才会有一个积极的人生观，保持健康的心态。每天怀有感恩地说"谢谢"，不仅仅是使自己有积极的想法，也使别人感到快乐。在别人需要帮助时，伸出援助之手；而当别人帮助自己时，以真诚的微笑表达感谢；当你悲伤时，有人会抽出时间来安慰你等，这些小小的细节都是一颗感恩的心。

**名言欣赏**

1．大恩未报，刻刻于怀。衔环结草，生死不负。——冯梦龙《醒世恒言》
2．人家帮我，永志不忘；我帮人家，莫记心上。——华罗庚
3．生活需要一颗感恩的心来创造，一颗感恩的心需要生活来滋养。——王符

## 6.15 待婢仆　身贵端　虽贵端　慈而宽

【译文】

对待家中的婢女与仆人，要注重自己的品行端正并以身作则，虽然品行端正很重要，但是仁慈宽大更可贵。

【注释】

待：对待。婢仆：旧社会在主人家里从事杂役的人的总称。身：品格、修养。贵：可贵、看重。端：品行正派。慈：仁慈。宽：宽厚。

### 拓展故事

**仁爱的吴起**

吴起是战国初期著名的政治改革家，卓越的军事家、统帅，通晓兵家、法家、儒家诸家思想。一生历仕鲁、魏、楚三国，在内政、军事上都有极高的成就，仕鲁时曾击退齐国的入侵；仕魏时屡次破秦，尽得秦国河西之地，成就魏文侯的霸业；吴起做将军时，和最下层的士卒同衣同食。睡觉时不铺席子，行军时不骑马坐车，亲自背干粮，和士卒共担劳苦。士卒中有人生疮，吴起就用嘴为他吸脓。这个士卒的母亲知道这事后大哭起来。别人说："你儿子是个士卒，而将军亲自为他吸取疮上的脓，你为什么还要哭呢？"母亲说："不是这样。往年吴公为他父亲吸过疮上的脓，他父亲作战时就一往无前地拼命，所以就战死了。现在吴公又为我儿子吸疮上的脓，我不知他又将死到哪里，所以我哭。"可见，吴起作为将军不仅以身作则还能够宽厚仁爱，难怪手下的将领个个都为他效力，帮助吴起百战百胜。

**温和的刘宽**

刘宽是东汉时期的一位丞相，以宽厚待人闻名于世。他的部下有了过错，他一般都能够体谅，对家人和仆人也从不生气。有一次，他的夫人想惹他发脾气，就在他穿好朝服准备上朝时，让侍女捧着一碗鸡汤给他喝，侍女在他面前故意失手，鸡汤洒在他的朝服上。侍女赶紧揩擦，然后低头站在一边准备挨骂。刘宽不仅不生气，反而关心地问："你的手烫伤了吗？"侍女很感动，夫人对他的涵养也十分佩服。刘宽温和的性情、宽宏的气度，受到了人们的尊敬。

【评析】

古代圣哲的教诲是千真万确的，孟子对齐宣王说："君之视臣如手足，则臣视君如腹心；君之视臣如犬马，则臣视君如国人；君之视臣如土芥①，则臣视君如寇雠②。"这就是说，君主把臣下看得如同自己的手足，臣下就会把君主看得如同自己的腹心；君主把臣下看得如同狗马，臣下就会把君主看得如同一般国人；君主把臣下看得如同土块草芥，臣下就会把君主看得如同仇敌。这句话可

① 芥：蔬菜的一种。
② 雠：同"仇"。

供人们作为警诫。换个角度，婢仆、婢女统称仆人。现在的社会已经没有了，那我们可以想象成下属、下级或者晚辈，对待这些人我们要“身贵端”，一个企业的领导，他要领导好这个企业，首先自己要有良好的品行。所谓“己身正不令而从”，领导做得正，下属看到了，必定是向领导学习。如果我们自己没做到，心口不一或者是言行不一，这样就很难服众。南京有一个公司的董事长和总经理，曾经听过“幸福人生讲座”。听完之后很感动，马上让下属、员工都来听课，并且决定要在企业中落实君仁、臣忠。所谓“君使臣以礼，臣事君以忠”，就是领导对下属要有礼敬，要爱护他们，这样下属必定会对领导忠诚。董事长和总经理决定，每天早上，在单位门口，向每一位员工鞠躬，迎接他们到单位工作。上行下效的结果是，员工也就变得彬彬有礼，互相之间也能鞠躬。当我们身子弯下去的时候，那礼敬人的心，就油然而生了，这是形体动作帮助我们产生了这颗谦恭的心。

【思考】

现在条件好的家庭都雇佣钟点工或者保姆，有些人认为，我是花钱购买劳动，所以我就可以随意地支配保姆，哪怕是端茶倒水这样不费周折的事情也要喊上一句：阿姨，过来给我倒杯水。对这种现象你如何看待？

叶圣陶先生曾经说过：“身教最为贵，知行不可分。”家长与孩子朝夕相处，对孩子的言行影响十分重大，家长的一言一行都是孩子模仿的对象。孩子眼中的父母，完美无缺神圣而威严。他们对父母的期望和依赖，往往使他们的判断具有“放大效应”和“模仿效应”，家长要充分利用这种“放大”和“模仿”，将孩子引向“真”“善”“美”。从某种角度上说，保姆就是家里雇佣的服务人员，但从人性角度来讲，人无高低贵贱之分。家长一定要在言行上引导孩子学会尊重别人的人格，尊重别人的劳动成果，形成健康的人格品质。这种人格的魅力赢得的尊重是历久弥香的厚重，任何言语的批评刺激都赶不上宽容的力量。对待保姆，我们换一种思维方式，这样存在的就不是对立的紧张，而是宽容的和谐，快乐的幸福。

**名言欣赏**

1．其身正，不令而行；其身不正，虽令不从。——《论语》
2．慈善的行为比金钱更能解除别人的痛苦。——卢梭
3．身教重于言教。——魏源

## 6.16 势服人 心不然 理服人 方无言

【译文】

用权势去压服人，他们虽然会表面服从，但心里还是不服；用道理说服人，才会令他们心服口服。

【注释】

势：权势。服：折服。然：这样。理：道理。方：才。

### 拓展故事

**负荆请罪**

完璧归赵后，蔺相如立了功，赵王封他做上大夫。过了几年，秦王约赵王在渑池会见。蔺相如在渑池会上又立了功。赵王封蔺相如为上卿，职位比廉颇高。

廉颇很不服气，他对别人说：“我廉颇攻无不克，战无不胜，

立下许多大功。他蔺相如有什么能耐，就靠一张嘴，反而爬到我头上去了。我碰见他，得给他个下不了台！”这话传到了蔺相如耳朵里，蔺相如就请病假不上朝，免得跟廉颇见面。

有一天，蔺相如坐车出去，远远看见廉颇骑着高头大马过来了，他赶紧叫车夫把车往回赶。蔺相如手下的人可看不顺眼了。他们说，蔺相如怕廉颇像老鼠见了猫似的，为什么要怕他呢！蔺相如对他们说：“诸位请想一想，廉将军和秦王比，谁厉害？”他们说：“当然秦王厉害！”蔺相如说：“秦王我都不怕，会怕廉将军吗？大家知道，秦王不敢进攻我们赵国，就因为武有廉颇，文有蔺相如。如果我们俩闹不和，就会削弱赵国的力量，秦国必然乘机来打我们。我所以避着廉将军，为的是我们赵国啊！”

蔺相如的话传到了廉颇的耳朵里。廉颇静下心来想了想，觉得自己为了争一口气，就不顾国家的利益，真不应该。于是，他脱下战袍，背上荆条，到蔺相如门上请罪。蔺相如见廉颇来负荆请罪，连忙热情地出来迎接。从此以后，他们俩成了好朋友，同心协力保卫赵国。

### 陶行知的四块糖

陶行知先生有一天发现王友拿着石头砸向同学，立刻上前制止。王友放下了手中的石头，听后陶老先生的吩咐，陶先生告诉他放学后去校长办公室等候。等陶先生处理完事情后去校长办公室的时候，发现王友已经在那里站好了。他当即拿出一块糖给了王友，说：“这是奖励你的，因为你遵守了诺言，而我迟到了。”王友迟疑地接过了糖果。陶先生又拿出了一块糖果，说道：“这也是给你的，因为我不让你打人的时候，你立刻住手了。”接着，陶先生又拿出第三块糖放在了王友的手里：“这也是奖励你的，我调查过了，你之所以动手是因为他们欺负女同学，你是打抱不平。说明你有正气，有勇气。”

这时候王友突然哭了，他说：“老师，你还是批评我吧，我怎么也不该动手去打我的同学。”陶先生满意地笑了，说道：“这块糖也是你的，因为你已经认识到自己的错误了。我的糖都给你了，我们的谈话也该结束了。”

**【评析】**

假如我们是用权势、地位去压别人，别人的心里不会很服气，虽然表面上还是对我们毕恭毕敬，但转身以后就怎么样？他可能立刻就来一个大变脸，抱怨、牢骚，甚至讥讽谩骂！假如我们给予别人的一种尊重也是这么表面，那我们应该好好反省反省自我，因为这样的尊重是很虚华的、是很浮面的，我们要追求比较实在、比较真实的人生。有一个小朋友说道：从小到大，妈妈打过我，但妈妈打我我都忘记了，而爸爸打我，我每次都记得很清楚。同样是处罚，为什么差别这么大？他自己揭示了谜底。妈妈打他，动机是爱护他，是管教他，所以打完之后他心里也明白自己错了，反而会去改正；但是爸爸打他，出发点不是要教育他，而是心情不好或者酒后发泄，脾气一来就打他一顿，他的心里很不服气，所以每次都记得很清楚。我们用什么态度对待孩子，他心里明明白白一清二楚，所以要“理服人，方无言”。很多父母都希望孩子对自己言听计从，殊不知现在的孩子叛逆期来得那么早那么强烈。很多孩子都是在一次或者几次暴打以后离家出走，留给父母是无限的思念、牵挂和对自己教育方式的反思。我有一个同事，是教育界的精英，他带的班级经常获得省市级的荣誉，个人也屡次获得佳绩。但他很苦恼，为什么能带好那么多别人的孩子，却弄不明白自己的孩子呢？他的儿子今年15岁，在一个重点学校读初中二年级，但疯狂地迷恋网络游戏，经常逃课去网吧。当他得知自己的孩子撒谎、逃课、欺骗的时候，他如五雷轰顶，立刻冲到了网吧把儿子揪了出来，然后气急败坏地批评指责。可是，这疾风骤雨般的批斗并没有改变什么。没多久，孩子的老师又一次打来电话，说孩子整个下午都没有在教室。当孩子按照放学的时间“准时”出现在家门口的时候，他再也控制不住心中的怒火，劈头盖脸地一顿暴打。十几分钟的僵持之后，孩子选择离开了家。父亲以为孩子不过是到楼下去消消气散散心，一会就能回来。可是，晚上九点多了依然不见身影，父母坐不住了，开始下楼寻找，无果而归，等待一夜依然没有回来。孩子走的时候是初秋的九月，转眼已经是隆冬时节。三个月的时间让父母心力憔悴，他们从没放弃寻找，电视、电台、寻人启事、托人打探……只有想不到的，没有做不到的。父母也做过最坏的打算，但还是夜半时分经常被噩梦惊醒再也无法入睡，白发早已经侵袭了父母的鬓角，皱纹也悄然到来……一个飘雪的日子，父亲低头默默地走着，抬头看见胡同里有三家网吧，他决定再去看看是否有儿子的影子，第一家没有，第二家依然没有，第三家他没有信心了，但脚步却依然前行……一楼没有，二楼也没有，沉重的脚步在向上挪动，一步，两步，三步……他突然不动了，随即返身跑到了楼下，立刻给妻子打电话，语无伦次地说他在这里看到了儿子，让妻子快来。挂断电话，他又一次冲到了三楼，看到了那个脏兮兮的儿子坐在电脑前，捧着面包矿泉水，他再也控制不住自己，立刻冲了过去，疯了一般抱住了这个已经瘦了一圈的儿子，眼泪肆虐而出，儿子也泣不成声。随后，妻子也赶到了。回家后，夫妻俩与儿子彻夜长谈，动之以理晓之以情，举例子讲实际，他们苦口婆心地劝说，也身体力行地实践。作为父母，也做出了让步，在家里为儿子装上了一台电脑，但是他们协商好了使用时间。儿子在经历了离家之痛以后，也改变了许多，不再逃学。

**【思考】**

如果你是一个管理者，你认为如何才能获得下属的尊重与帮衬？

管理者与被管理者，就是一个是命令的发布者，一个是命令的实施者。如果作为被管理者，我们可能被迫服从命令，但内心并不高兴，很多情况下，上下级的矛盾就因此而引起。那么，作为管理者如何才能让下属心悦诚服，快乐地接受自己的命令！

有影响力的领导者会让员工精神振奋，甘愿为其打拼。想要成为这样的领导者，必须精通情感管理。能够激发员工的工作激情是成功领导者必备的素质，西方有学者认为："有效的领导就是能最大限度地影响追随者的思想、情感乃至行为。"

法国企业界有句名言："爱你的员工吧，他会百倍地爱你的企业。"有远见的企业家从劳资矛盾中悟出了"爱员工才会被员工爱"的道理，因而用爱心对待员工，与他们像一家人一样建立"情感维系的纽带"。实践证明，这样的领导被员工认为更有人情味，他们受到员工的爱戴，员工也乐意为他们打拼。

英国狮马公司董事长西夫勋爵经常到各个分店与员工谈心，并且每当遇到天气恶劣，如大雪影响交通，他都要前往分店向坚持来上班的员工表示感谢。有人劝他打个电话就可以了，但西夫勋爵坚持认为，只有当面致谢才能充分表达高层领导对员工的感激和重视。

在美国，当别的经理都忙着同工人对立、与工会斗法的时候，国民收款机公司的创始人帕特森却探求出一条新路。他为员工在公司里建造淋浴设施，供员工使用；开办内部食堂，提供廉价热饭菜；建造娱乐设施、学校、俱乐部、图书馆等。别的经理对此做法十分不解，甚至认为是愚蠢的，而其结果是，这些投资都得到了回报，帕特森是正确的。

管理实践并非像经济学那样是完全理性的。因此，要成为一个成功的领导，要学会爱你的员工。要明白：因为爱是给予，所以永远不会失去。

**名言欣赏**

1．成事在理不在事。——苏轼

2．易以理服，难以力胜。——苏轼

# 第7章 亲仁

“仁爱”是儒家思想的核心内容，孔子认为“仁爱”是做人的根本，而《弟子规》更是将这一思想贯穿其中，把“亲仁”作为一个独立的单元来进行编排。亲是亲近，仁者是指有道德、有学问的人。意思就是要亲近仁者，以师事之。在我们的生活品质不断提升的今天，我们内在的涵养也要随着人生的阅历得到提升。所以，“亲仁”是亲近知识，亲近师长。

## 知识要点

1. 理解亲仁的总的纲要和具体要求。
2. 理解亲仁的目标。
3. 基本掌握亲仁的实质。

## 能力要点

学习本章，了解古人对“亲仁”的标准和理念，充分理解仁的真正含义，以此指导自己的行为。

## 课堂训练

### 学前小测试

一、选择

1. “近朱者赤，近墨者黑。”你赞同这句话吗？（　　）

A. 赞同。　　B. 不赞同。　　C. 不知道。

2. 你愿意向品行高尚的人学习他们高尚的品德吗？（　　）

A. 愿意。　　B. 不愿意。

3. 当你的朋友在上学期间请求你与他一同去上网时，你应该怎么做？（　　）

A. 答应他　　B. 不做声　　C. 拒绝

4. 课堂上，老师让你回答问题，可这个问题你答不上来，该怎么办？（　　）

A. 声音洪亮地说：“对不起，老师，我不会回答。”

B. 低着头，面红耳赤，不做声。

C. 低声细语地说：“老师，我不会。”

5. 西晋司马炎当了皇帝后昏庸无道，吃喝玩乐。一次他问敢说真话的大臣刘毅：“我可以与汉朝的哪个皇帝相比？”刘毅说：“桓灵二帝，他们卖官的钱都入了国库，你卖官的钱却落入了你私人的账上，从这一点说，他们不如你！”假如是你听后，作何打算？（　　）

A. 就地革职、杀头并抄没九族

B. 有则改，无则警。

C. 厚脸笑道：“我今天有说直话的大臣，我比他们强！”

二、简要回答

如果有同学找你帮他打架或吓唬别人，你该怎样做？

## 7.1　同是人　类不齐　流俗众　仁者希

【译文】

同样在世为人，品行高低各不相同；品行一般的俗人多，品行高尚的仁者少。

【注释】

类：性情。齐：相同。众：很多。仁者：德行宽厚的人。希：同“稀”，很少。

### 拓展故事

#### 仁者待人

三国时期有一位声望很高的学者王烈。在他所居住的家乡，很多人听到王烈的名字都不禁升起敬畏之情。有一天，一个人偷同村一户人家的牛，被揭发之后，偷牛的贼对众人说：“你们怎么惩罚我都可以，只是千万别告诉王烈先生。”最终还是有人把他偷牛的事告诉了王烈，王烈托报信的人送给那个贼一匹布。很多人不明白王烈为什么不责怪做贼的人，反而送他一匹布，王烈就跟人们解释说："那个贼不想让我知道他偷牛的事，说明他还有羞耻心，有羞耻心的人肯定会改过自新，浪子回头。"后来那个做贼的人果然金盆洗手，不仅改掉了以前的坏毛病，还在乡里做了许多好事，成为一个很受欢迎的人。

### 仁者不俗

萧衍是南朝一位皇帝，待人亲和，大臣都为他歌功颂德，想尽办法供养萧衍。只有一个年轻人，官职卑微，但从来不在皇上面前谄媚供养，见面也只是行完君臣礼就默默离开。一天，萧衍跟这个年轻人照面之后，觉得他与众不同。就向众人打听他的名字和官职，得知此人名为谢览，从此，萧衍就很器重这个年轻人，当然谢览也没有让皇上失望，在自己的任职期间做出了卓越的业绩，官至吏部尚书。

**【评析】**

"仁者"是什么？仁者就是没有私心，真正大公无私的人，仁者完全没有私心，跟宇宙万物同体。我们可以看到许多刚从学校毕业的学生，等工作一段时间之后，整个人的价值观念就被现实世界的生存法则颠覆了，与不读书的人没有什么两样。别人不读书可能受许多条件限制，但他们往往能吃苦，有着本色的一面。读书人不读书，也不再抱有任何理想，又不能吃苦，剩下的就只是赤裸裸的一副贪婪的模样了。这时，我们才感叹到处都是随波逐流的俗人，而真正特立独行的仁人则是稀少的。同样是人，品行高低、善恶邪正却是良莠不齐。跟着潮流走的凡夫俗子很多，而真正仁慈博爱的君子却很稀少。"流俗众"是一般凡夫俗子，那种心无大志，每天都是为着自己的衣食、功名利禄和自私自利而活着的，这叫流俗。有这种错误的妄念人生必然就会痛苦，就会有诸多不顺，一般大众真的都是生活在痛苦烦恼之中。我们现在想想，自己是仁者还是流俗众？如果自己还是自私自利，还是一天到晚为自己打算，那就是流俗众。想当仁者难不难？不难。我想要当仁者，我想要行仁道，仁道就在眼前，观念一改，就从流俗众变成仁者。比如说我走在路上刚想吐痰的时候，痰到了嘴边，马上想起我不可以吐痰，要爱护环境，就把痰咽下去或者吐到自己的纸巾上去，这就是"斯仁至矣"，你想行仁，就在这一刹那，你就是仁者。又比如说你刚想发脾气骂人，怒气到了嘴边之后马上把它咽下去，这就转变了。看到不义之财，不应该要的钱，刚起了贪念，立即把它压下去，这就是行仁道。甚至小到我们坐在椅子上，如果身体坐姿不正，脚可能在那儿晃动或者是想把脚放在一张凳子上，用脚把那张凳子勾过来，这些懒散的动作，我突然想起来不可以这样做，这也是行仁。如果你真的想要行仁道，仁并不遥远。

古人教导我们，要治国平天下从修身开始，修身以后自然能够齐家治国平天下，这叫天下归仁。自己行仁道这是自己的事情，为仁由己，不是靠别人的事，求人难，求自己就不难，关键是自己肯不肯干，肯干就是不难。仁者之仁，一般人都很难想象得到，所以他们的造诣和德化也是很多人难以达到的。

"流俗众，仁者希"，我们每个人身上都有自己很独特的一面，都有人性里最有价值的一面，不要人云亦云，不要盲目追寻，守住自己内心最美的一道风景，会有人欣赏你！

**【思考】**

1．在当今经济发达的社会，随着家庭生活水平的不断提高，许多同学盲目攀比，追赶潮流。于是"阿迪"、"耐克"等诸多名牌纷纷涌入校园。而当你在炫耀自己的名牌时你是否想到了班级里的特困学生？

2．当我们看到有垃圾丢在我们座位上时，往往都会再把垃圾丢到别人的座位上，心想：反正这是别人丢过来的垃圾，又不是我丢的。这样做对吗？

3．你认为是不是很多人都在做的事就是对的事？你想做什么样的人：流俗还是仁者？

**名言欣赏**

1. 博爱之谓仁。——韩愈
2. 仁者莫大于爱人。——《礼记》
3. 以爱己之心爱人则尽仁。——张载

## 7.2 果仁者　人多畏　言不讳　色不媚

**【译文】**

真正品行高尚的人，大家都敬重他；这样的人说话没有忌讳，也不去谄媚讨好别人。

**【注释】**

果：真正的。讳：把事情隐蔽而不敢宣布。色：面容。媚：谄媚，用甜言蜜语讨好。

### 拓展故事

**晏子与越石父**

春秋时期，齐相晏婴出使晋国，遇到一个饥寒交迫的人。经过询问，他得知这人叫越石父，是齐国人，卖身为奴已经三年了。晏婴见他谈吐不凡，是一个有修养的君子，就把他赎买下来，与他一起坐车回国。回到相府，晏子没跟越石父告辞就进了自己的房门。越石父很生气，要与晏子绝交。晏子派人传话说："我不曾与你结交，谈何绝交？你当了三年奴仆，我今天看见了才把你赎买回来，我对待你还算可以吧？你怎么可以恩将仇报？说什么绝交？"越石父说："我听说，贤士在不了解自己的人面前会蒙受委屈，在了解自己的人面前会心情舒畅。因此，君子不因为对人家有功而轻视人家，也不因为人家对自己有恩而贬低自己。我给人家当了三年奴仆，却没有人理解我。这对我来说无所谓。现在您把我赎买回来，我认为您理解我了。先前您坐车，不同我打招呼。我以为您是一时疏忽了。现在您又不向我告辞就直接进入屋门，这同把我看做奴仆是一样的。既然我还是奴仆的地位，就请再把我卖到社会上去吧!"晏子听了越石父的回话，走出来，请求和越石父见礼。晏子说："以前我只看到了客人的外表，现在理解了客人的内心。我听人说过：考察他人行为的人不助长人家的过失，体察他人实情的人不讥笑人家的言辞。我向您道歉，我诚心改正我的错误。"晏子命人洒扫厅堂，向越石父敬酒，以礼相待。越石父说："先生以礼待我，我实在不敢当啊。"晏子从此把越石父奉为上宾。

**狄仁杰不记私仇**

狄仁杰是唐朝武则天时期一位很有威望、宅心仁厚的宰相。有一次，武则天对狄仁杰说："有人说你办事有失公允，还说你不配做宰相，你想知道他是谁吗？"狄仁杰回答说："如果我真有哪些事情做得不对，还请陛下您明察，臣愿意接受处分。但如果经您查证之后，臣并没有这位所说的错误，希望陛下您不要轻信谗言。鉴此，也不必追究那些话是谁说的了！"武则天听后对其赞叹有加。

**【评析】**

狄仁杰果然是一个"仁者"，我们看到这样的人，会从内心里就会敬畏他。这个"畏"，不是畏惧他的权势，而是看到他的威仪，内心里就会折服于他。"仁者无敌"，内心有仁爱的人，他不会有敌人。因为有仁心之人，他肯定能爱人；他能爱人，他就能宽恕人；他能宽恕人，就能包容人，就能与人和睦共处。

这样的仁者在世间有很多，我们要善于发现，学会珍惜。有这样的好老师，我们要记住，一定要跟他接近。因为我们跟他接近，一定会得到他许多的教诲。就好像孔老夫子，他教导的这么多学生，几千年下来代代相传，像这样的仁者，他真的能万古不朽。这里也鼓励我们，我们不要轻易地错过学习的机会。

仁者，他还有哪些特质呢？他会“言不讳，色不媚”。我们看到仁者向他学习，在他的言语当中，在他的神态当中，他都坦荡荡。“言不讳”，就是他讲话不会畏头畏尾的，不会有所忌讳。他讲话一定是真实之话，不会讲虚伪之话；他所讲的言语也是很真诚，从内心真心流露；他的容貌，你看起来，可以说温文儒雅。古人讲：“忠言逆耳利于行。”真正忠言可能不是好听的，但是听了之后能够接受、照做就有好处，因此我们要知道，如果不敢亲近仁者，他就不能提升，我们必须要亲近仁者，这样我们的品德学问才能够提升。

《礼记·礼运》篇云：“大道之行也，天下为公。人不独亲其亲，不独子其子；使老有所终，壮有所用，幼有所长，鳏寡、孤独、废疾者皆有所养。”这就是说，大道通达于天下时，把天下作为大家所共有的。人们不只是爱自己的亲人，不只是把自己的孩子当作孩子，要使社会上的老人安享天年，壮年人能贡献自己的才力，年幼的人可以得到抚育成长，鳏寡、孤独和残疾有病的人都能得到供养。海瑞和范仲淹都拥有一颗关爱天下人的心，可与天地日月同辉。

两袖清风，胸怀大仁，行走世间，必然无碍。我们做人做事，都要以这样的仁人为榜样，只有这样，犯过错的机会才会越来越少，道德品行才会日见增长。一个真正有德行的人，他的精神生命是无限延续的。所以，如果有更多的孩子接受圣贤教诲做出来给人们看，社会上许多错误观念就能逐渐被扭转过来，将会呈现出一个优美和谐的社会环境。

**【思考】**

我们想到这一生中每一个人都希望他所结交的朋友都是非常好的，所交的朋友当中，都希望是仁慈、有品德、道德涵养都很高的人，这是每一个人内心中的需求。有这样的需求，我们就要去寻觅这样的好朋友。在交友时一定要记住：“真正的朋友就如同一面镜子，当你进步时他会给予你真诚的鼓励，当你犯错时他会直言不讳帮你查明错误。”有这样仁德的朋友相伴，在学海中共同畅游，你才会顺利驶向成功的彼岸！请你想一想，什么样的人才能称得上是志士仁人？你有这样的朋友吗？在现实生活中要怎样分辨好朋友与坏朋友呢？

**名言欣赏**

1．巧言令色，鲜矣仁！——《论语》
2．用仁义以治天下，公赏罚以定干戈。——《水浒传》
3．三代之得天下也，以仁；其失天下也，以不仁。——《孟子》

## 7.3 能亲仁 无限好 德日进 过日少

**【译文】**

能够亲近品行高尚的人，对自己有莫大的好处，道德品质会一天天提高，过错会一天天减少。

**【注释】**

亲：接近。仁：指德性宽厚高尚的人。无限好：好处非常多。德：品德。日进：一天天进步。过：过错。日少：一天天减少。

**拓展故事**

**周公吐哺，天下归心**

周公，姓姬，名旦，周文王的儿子，武王的弟弟。因其采邑在周，爵为上公，故称为周公。在周文王时，他就很孝顺、仁爱，辅佐武王伐纣，封于鲁。周公没有到封国去而是留在王朝，辅佐武王，为周安定社会、建立制度。武王崩，又佐成王摄政，新建立的周王朝面临着严重的困难，商朝旧贵族们准备复辟，而周公辅政，又有违于王位世袭制中父死子继的原则，引起周室集团内部的矛盾。结果周公东征平定三叔之乱，灭五十国，奠定东南，归而制礼作乐。周公唯恐失去天下贤人，洗一次头时，曾多回握着尚未梳理的头发；吃一顿饭时，亦数次吐出口中食物，迫不及待地去接待贤士。周公摄政七年后，成王已经长大成人，于是周公归政于成王，自己回到大臣的位子。周公辅佐武王、成王，为周王朝的建立和巩固做出了重大贡献。特别是他在受成王冤屈以后，仍忠心耿耿，为周王朝的发展呕心沥血，直至逝世，终天下大治。周公成为后世为政者的典范。孔子的儒家学派，把他的人格典范作为最高典范，孔子终生倡导的是周公的礼乐制度。

### 孟母三迁

孟子是战国时期的大思想家。他从小丧父，靠母亲倪氏一人日夜纺纱织布，挑起生活重担。倪氏希望儿子读书上进，早日成才。小时候的孟轲天性顽皮，整天跟着左邻右舍的孩子出去胡闹。孟母担心儿子不好好读书，于是，就找了一处邻居家没有贪玩小孩的房子，第一次搬了家。

然而，新居附近虽然没有顽皮的小孩，邻居却是个铁匠铺，整天敲敲打打。没过多久，孟子也开始像模像样地学着铁匠的打铁动作，玩得可起劲了！孟母想，这里环境还是不好，于是又搬了家。

这次她把家搬到了荒郊野外，周围没有邻居，门外是一片坟地。孟母想，这里再也没有什么东西吸引儿子了，他总会用心念书了吧！但转眼间，清明节来了，坟地里热闹起来，孟轲又溜了出去。他看到一溜穿着孝服的送葬队伍，哭哭啼啼地抬着棺材来到坟地，几个精壮小伙子用锄头挖出墓穴，把棺材埋了。他觉得挺好玩，就模仿着他们的动作，也用树枝挖开地面，认认真真地把一根小树枝当作死人埋了下去。直到孟母找来，才把他拉回了家。

孟母第三次搬家了。这次的家隔壁是一所学堂，有个胡子花白的老师教着一群学生。很快，调皮的孟轲也跟着摇头晃脑地念了起来。孟母这才放心了，于是定居下来，并把孟轲送去上学。由于孟轲天资聪颖，长进很快，经过不懈努力，终于成了孔子之后儒家思想的主要代表人物。

**【评析】**

“亲仁”是亲近那些有道德、有学问、有人生境界、有情操的人，这是讲择师。一个人的理想和受教育程度，决定了他的习惯与生活方式。好习惯助人成功，坏习惯导致失败。“亲仁”与“不亲仁”所谈到的，就是一个人的思想与习惯对人的影响。著名教育家叶圣陶说：“教育就是培养良好的习惯。”百年大计，教育为本；教育大计，教师为本；教师大计，师德为本。柯老师具有高尚的师德，既是一位真正的“人师”，又是一位真正的“仁师”。我们看到学生对老师的真情，在此我们又看到柯老师对学生的情义，这种师生真情真意的花朵争相开放，让我们闻到了浓郁的芳香，祝愿这种芳香永不消淡，永远散发到教育界的每一个角落。

一个人要有成就，有两个先决要素：一个是好老师，一个是好同学。好老师帮我们指路，把很重要的教诲告诉我们，使我们的人生少走很多弯路；好同学能够彼此互相提携、互相提醒。只有这样，我们一生才能够得到幸福的人生、成功的事业乃至敬德修业成就圣贤的人品。我们时时亲近仁德之人，就能够提升自己的道德学问，你每天接触的都是善人，我们无形当中德行都会提升。假如每天身旁都是狐群狗党，自己的言语、行为就会变得愈来愈粗俗、低级。“学如逆水行舟，不进则退”，在学习的道路上，必须要有良师益友的提携。1995 年，有人做过 148 名杰出青年的童年与教育研究，发现他们之所以成为杰出青年，良好习惯与健康人格是最重要的原因。几乎在 148 名杰出青年的调研同时，他们还有一篇极有震撼力的调研报告，即《悲剧从少年开始——115 名死刑犯犯罪原因追溯调查》。115 名死刑犯，从善到恶绝不是偶然的，较差的自身素质和日积月累的诸多弱点，是他们走上绝路的潜在因素，是罪恶之苗，是悲剧之根。只有亲近仁德之人才能增长我们的智慧，人生有智慧才会做出正确的抉择，人生才会愈走愈轻松；假如做出错误的抉择，那人生会愈走愈沉重，所以“亲仁”非常重要。

能够亲近仁德之人，向他学习，就会得到无限的好处，因为他会使我们的道德学问一天天地进步，过失就会逐渐地减少，我们的内在品质会不断地提升，每天都生活在真善美的世界。在生命中，可以不间断地陪伴我们走完人生的仁者就是圣贤经典，它是最真实、最永恒的仁者！“德日进，过日少”，所以我们的过失，我们种种的缺点毛病，会因为老师的教诲改正过来，我们的气质也会跟随老师的学习而潜移默化，也会愈来愈好。

【思考】

我们“亲仁”的最好方式就是不断向老师学习，不断向经典学习。我们学习国学，一定要相信经典，国学经典流传至今，是经历无数考验的。尊重经典、尊重老师是亲仁的不二法则。

**名言欣赏**

1．一家仁，一国兴仁；一家让，一国兴让。——《礼记·大学》

2．仁者不忧，知者不惑，勇者不惧。——《论语·宪问》

3．仁者无敌于天下。——《孟子》

## 7.4 不亲仁　无限害　小人进　百事坏

【译文】

如果不去接近那些德行宽厚的人，就会有许多坏处。因为，没有好的模范学习，那些品德恶劣的小人，便会趁机接近，无形中使我们受到影响，我们将逐渐败坏；到最后，我们的言行举止都会受影响，不管做什么事都会失败，导致整个人生的失败。

【注释】

无限害：有许多坏处。小人：品德恶劣的人。进：向前。坏：败坏。

### 拓展故事

**齐桓公的教训**

齐桓公是春秋时期著名的政治家，但晚年生活腐化，宠信小人，最后走上了不归路。

齐桓公有三个宠臣，他们是易牙、竖刁和开方。易牙本来是一个普通的臣子，为了讨好齐桓公和他的卫姬，让他们尝到人肉的味道，竟然把自己刚刚三岁的儿子杀了，做成了肉菜献给齐桓公吃。竖刁本来是侍候齐桓公的一个小童，为了可以随时随地跟随在齐桓公身边取宠，竟主动阉割自己成为宦官。开方是卫国的太子，却放着太子不当，跑来做齐桓公的臣子，十五年不回家看自己的父母，父母死了也不去奔丧。齐桓公认为，易牙爱国君超过爱自己的儿子；竖刁爱国君超过爱自己的身体；开方爱国君超过爱自己的父母。所以他对三个臣子言听计从，十分宠信，国势日趋衰败。宰相管仲对他们很反感，多次对齐桓公说：“对自己的儿子、父母都不爱的人，对自己身体都不爱惜的人，怎么会真心爱您齐桓公，对您尽忠呢？开方放弃太子的地位来侍候您，可见他的野心有多大！”

齐桓公哪里听得进这些忠告。后来，齐桓公病了，这三个小人原形毕露，公开为非作歹，对病重的齐桓公不理不睬，齐桓公终于被活活饿死了。

**交错朋友　遗恨终生**

在秦始皇统一全国的过程中，有一个人是功不可没的，他就是出谋划策的丞相李斯。天下安定后，他向秦始皇建议实行郡县制，亲自制定了小篆为全国统一的文字。可是后来，他与赵高结成了朋友，他俩在秦始皇东巡途中病死后假传遗旨，杀死了太子扶苏，立胡亥为帝，犯下了致命的错误。

赵高的权势越来越大，甚至当着皇帝的面指鹿为马，为所欲为。李斯后悔当初不该与赵高合谋杀了扶苏，但为时已晚。赵高设计让胡亥撤去了李斯的丞相职务，又把他打入大牢。就在胡亥当政的第二年，李斯先被砍去脚趾，后押赴刑场被腰斩。他的父母、兄弟、妻儿老小三族的所有人全被杀害。

【评析】

在平时的学校生活中我们要多结交一些思想积极向上，无论是学习品质还是做人的素质都很过高的人，与这样的同学在一起你也会对生活越来越充满希望，并为成就自己的理想而不懈努力。这里也告诫我们，如果人不能随时提醒自己，不能每天进步，就有无限的害处。这里也讲到“不亲仁，无限害，小人进，百事坏”。不能亲近有道德的人，不能亲近好老师，不能经常学习提升自己的内涵，有可能我们的心就会往外跑，往外奔驰，追求世间的功名利禄，追逐欲望，追求享受。像这些很容易诱惑我们，为什么？因为你没有接受这些道德的教育，我们的内心就很容易受到外界的污染、外界的引诱。

亲仁，最主要就是要巩固我们内在的道德。你有道德思想，你有道德涵养，你就懂得明辨是非，你肯定不容易受到外界的干扰。所以它讲“不亲仁”，它有无限的害处，有讲不尽的坏处。因为你只要一沾染社会上这种不良的习气，就可以让你一辈子堕落下去。很多不好的朋友，他们就会逐渐地来接触于你。

“小人进，百事坏”。我们就晓得，我们这一生朋友的影响力非常大。有这些不良的朋友围绕在你的周遭，有道是“近朱者赤，近墨者黑”，好的朋友与你相处你会提升，不良的朋友跟你在一起你会堕落。这里的“百事坏”，就是说这里世间的种种诱惑，它会围绕于你，你一不小心，把持不住，就有可能堕落而自己不知道。

所以“亲仁”这一条也非常重要，告诫我们一定要有道德作为基础，要有圣贤人的这些智慧，作为我们人生的一些历练、一些宝贵的参考。如果没有得到这些学习的话，我们在现今的环境里，就很难把握住自己，很容易受到影响，自己堕落不晓得。接近仁者，你也会参照，就会每天都意识到自己哪个地方做得还不够好，知道哪个地方要改正，所以你的过错就会越来越少，而你的品德修养会一天比一天高。而接触小人，就会使他们乘虚而入，进到你的社交圈子里，这样的话，小人就会影响你。你就会被小人的种种不良言行给污染，你一百样事情，都会毁掉。

【思考】

很多同学会跟着别人起哄去打架闹事，事后老师问他们为什么要打架，他们往往会说，是某某叫我去，我就去了。生活中怎样判断对某人应该敬而远之？又怎样判断应该好好亲近跟他学习？这个判断的标准是什么？

朋友，是人际关系中甚为重要的交际对象，有的人与朋友交际有始无终、半途而废；有的甚至反目成仇、相互暗算、攻讦。其实，说到底这都是没有掌握与朋友成功交际的技巧。朋友除了真诚和宽容外，还应该注意下面几个问题：

1．倾听朋友的诉说。
2．不要单纯追求功利性交往。
3．求人情要适可而止。
4．交际往来要有“度”。
5．不要将朋友理想化。
6．朋友之间也要说“不”。

**名言欣赏**

1．仁人无敌于天下。——《孟子·尽心下》

2．求仁而得仁，宁怨填沟壑。——文天祥

3．爱人者，人恒爱之；敬人者，人恒敬之。——《孟子·离娄下》

# 第8章 余力学文

本章阐明先学做人，再去读书的道理，教育后人学习圣人深入钻研的严谨学习态度，同时也告诉我们：人应当活到老，学到老，能学习的人，是最快乐的。在学习过程中，我们要抓紧每一分钟每一秒钟，不要浪费宝贵的时间，更不要把时间打发在碌碌无为的事情上去，比如看电视、玩游戏、上网。我们不要让时间白白浪费，应该好好地利用时间来充实自己。

在此篇中还论述了以下内容：要想学习，先要整理周遭环境，学习环境好了，我们的心情也舒畅了，学习才能顺利地进行。其次要爱护书籍，物品摆放要井然有序。再次告知我们要学会选择书籍，好的书籍是灵魂的使者，是智慧的鼻祖。有了好书，我们就要用心去读，一心一意地去学习，不断地思考，钻研，遇到难疑一定要不耻下问，这样人才能够进步，否则“惑不得解，终为惑矣”。同时我们抱有谦虚、踏实、自信的为人态度，一定能在今后的人生道路上无畏苦难，奏出慷慨激昂的精彩的生命乐章。

## 知识要点

1. 理解弟子规一门辅修课的总体纲要和具体要求。

2. 理解“余力学文”的目标。

3. 基市掌握学习专一、持之以恒、做事井井有条的思路。

## 能力要点

学习市章，了解古人对学习的方法和态度。充分理解“持之以恒”、“不耻下问”、“井然有序”、“一心一意”的内涵，以此指导自己的行为习惯，让自己学有所为。

## 课堂训练

### 学前小测试

选择正确的答案

1．社会需要什么样的人才？（　　）

A．只有学历　　B．只有能力　　C．既有学历又有能力

2．为什么有的学生学习时间长，但是成绩没有提高，你认为最主要的因素是什么？（　　）

A．头脑笨

B．学习时不用心——三心二意

C．学习方法不得当

3．你对“读书”的态度是什么？（　　）

A．读书是件无聊的事情。

B．读书是我喜欢做的事情。

C．读书只是我茶余饭后的消遣。

4．“天生我材必有用”你怎样看待这句话的？（　　）

A．这句话太夸张，我不赞同

B．这句话不谦虚，我认为人应该低调些。

C．这句话说得好，人就该自信。

5．学习和环境有什么联系？（　　）

A．学习和环境是两个独立体，没什么联系。

B．良好的环境是学习的保障。

C．环境和学习有点联系，但联系并不紧密。

## 8.1　不力行　但学文　长浮华　成何人

**【译文】**

凡事没有身体力行地去做，只是学习书本上的知识而不懂得应用，那就太不切实际了，将来长大后，不知道会变成什么样的人。

**【注释】**

力行：亲自实践、勉力去做。但：只有、唯有。学文：学习书本上的知识。长：年龄稍大。浮华：不切实际。

### 拓展故事

#### 一意孤行

从前有一个叫刘羽冲的人，他非常爱看书，也非常相信古书上的学问。他认为，只要是书上写的，就一定是正确的。从不根据实际情况考虑问题。一天，他看到一本讲修水利的书，就苦读了一年，并画了水利图，到州官那儿讲了修水利的好处。州官就让他去修水利，他不看农田水势，不问以往的降雨情况，又不听一听当地农民的意见，就叫人按他画的水利图动工。可是渠道刚使用，就被汹涌的大水冲垮了，农田也被淹没了。

## 纸上谈兵

公元前262年，秦国攻打韩国，把韩国与其北方领土上党郡隔开。上党郡的韩军将领不愿意投降秦国，便带着地图把上党郡献给赵国。过了两年，秦国又派王龁要回上党郡。赵王听到消息，便派廉颇率领二十多万大军去救上党郡，等到他们到达长平，上党郡早已经被秦军攻占了。

当时王龁还想继续向长平进攻，于是三番两次向赵军挑战，廉颇说什么也不跟他们正面交战，反而准备作长期抵抗的打算。两军僵持不下，王龁只好派人回报秦昭襄王。秦王请范雎出主意。范雎说："要打败赵国，必须先让赵国换掉廉颇。"过了几天，赵王听到左右议论纷纷说："秦国最怕让年轻的赵括带兵，廉颇已经年老不中用啦！"他们所说的赵括，是赵国名将赵奢的儿子。赵括小时爱学兵法，谈起用兵来，头头是道，自以为天下无敌，连他父亲也不放在眼里。

赵王听信了流言，立刻把赵括找来，问他能不能打退秦军。赵括说："如今来的是王龁，他不是廉颇的对手。要是换上我，打败他不在话下。"赵王听了很高兴，就命赵括为大将，去接替廉颇。蔺相如对赵王说："赵括只懂得读兵书，不会临阵应变，不能派他做大将。"可是赵王对蔺相如的劝告听不进去。赵括的母亲也向赵王上了一道奏章，请求赵王别派他儿子去。但是赵王还是执意派赵括为主将。

后来赵括声势浩大地领着四十万大军，并把廉颇原先的规定全部废除，下了命令说："如果秦国再来挑战，必须迎头打回去。敌人打败了，就得追下去，非杀得他们片甲不留不可！"秦国得知赵括取代廉颇的消息，知道反间计成功，就秘密派白起为将军。白起一到长平，布置好埋伏，故意打了几阵败仗。赵括不知是陷阱，还下令拼命追赶，结果中了秦军的埋伏，四十万大军被切成两段。赵括这才知道秦军的厉害，只好等待救兵。不料，秦国又发兵把赵国救兵和运粮的道路切断了。最后，赵括的军队，因为内无粮草外无救兵，守了四十多天后，兵士们叫苦连天，赵括带兵想冲出重围，却被秦军射死了。赵军听到主将被杀，也纷纷扔了武器投降。四十万赵军，就在纸上谈兵的主帅赵括手里全部覆没了。

**【评析】**

我们学习任何一门学问都要有恒心、有耐心、有毅力。一定要努力去做，努力去学习，你才能学得好。如果你没有好好地学习，你就没有办法有所成就，你所学到的知识只能是很肤浅很表面而已。这样对我们的学问，不但没有办法累积，而且你没有奠定良好的基础，以后你再学其他的东西，也一样学不好。所以，这句话告诉我们，修学态度要端正，不但要有恒心，还要有毅力。

现代的人浮躁的多，凡是学习任何事物，他都希望能一蹴而就；也就是说能用很短的时间，就把它学好。当然这是不可能的。学问需要累积，学才艺也是如此，我们看人家有一手好的功夫，只有羡慕，不晓得好功夫的后头需要堆积多少的努力，才有这样的成果。所以古人有一句谚语"台上三分钟，台下十年功"。这也是告诉我们，别人这么好的成就，也是下了很多的功夫，才有办法学到。古人教育我们在学习时，不要好高骛远。我们学才艺也好，做学问也罢，你不能深入去探究，就没有办法学到它的精华。

**【思考】**

在这个飞速发展的时代中，企业用人重视学历的同时，更重视的是能力。如果我们死读书本，不会变通，不会应用，那么结果只有一个——被淘汰。有一个事例：一个理工科研究生毕业了，面对家里坏掉的灯泡，竟不知道如何更换。这个事例不得不给我们敲一个警钟。同学们我们如何学习，只学习书本上的知识，不注重平时的运用对吗？

**名言欣赏**

1．哪里有天才，我是把别人喝咖啡的工夫都用在学习上的。——鲁迅

2．纸上得来终觉浅，绝知此事要躬行。——陆游《冬夜读书示字聿》

3．泰山不让土壤，故能成其大；河海不择细流，故能就其深。——李斯

## 8.2　但力行　不学文　任己见　昧理真

【译文】

如果只是一味地做，不肯读书学习，就容易依着自己的偏见做事，蒙蔽了真理。

【注释】

任：听凭。己见：自己的意思。昧：糊涂而不明理。理：事物的规律、意旨。真：纯正的、不虚假的。

### 拓展故事

**做事要遵循道德法则**

孔子周游列国时，离开陈国去卫国，经过蒲地，正遇上公孙氏凭借蒲地发动叛乱，蒲人扣留了孔子。孔子学生中有个叫公良孺的，带了自己的五辆车跟随孔子。他身材高大，为人贤能，勇敢有力，对孔子说：“我以前跟随先生在匡地遇险，现在又在这里遇到危难，这是命中注定的。我和先生一再遭遇危难，宁愿搏斗而死。”他跟蒲人拼命搏斗。蒲人很害怕，对孔子说：“如果你们不去卫国，我就放你们出去。”孔子和蒲人订立了盟约，蒲人放孔子他们从东门出去。孔子于是前往卫国。子贡说：“怎么可以违背盟约呢？”孔子说：“盟约是在被胁迫的情况下订立的，神灵不会认可。”

【评析】

由孔子的故事可见：做任何事情，按照自己的偏见做事，违背了真理是不对的。必须遵循“道德”的法则，认识超越时空的大自然的法则，此之谓道。教导人类如何从大自然的法则，不违越法则地做人，此之谓德。

随着你的学识日益增长，你的理解力会越来越强。如果你止步不前，自以为是，尽管真理就在面前，但你却没有办法再进一步地深入、提升。对于自己来讲，这是很大的遗憾。

人的学问，应该随着自己阅历的丰富，随着人生的历练，得到提升。做学问如此，做人也是要如此，外在与内在都要同时进步才可以。这里也勉励我们，如果有时间，我们一定要去拜读圣贤的书籍，从圣贤的典籍当中，反观自照，察觉自己的内心与圣贤有何差距。如果觉得自己差太多了，我们可以见贤思齐，按照圣贤的教诲为人处世。在我们的人生旅途当中，我们会觉得生活越过越美满，越过越甜蜜。

本节内容最主要还是在提醒、勉励所有的人，读书要有恒心，没有恒心，我们没有办法读好书。即使我们做学问，自己觉得已经读得不错，也不应该自满，自满的人很容易自傲，自以为是。自傲之后，人便会一意孤行。长此以往，自己就会与真理失之交臂，人就会被蒙蔽，这样就失去我们“活到老，学到老”的真义了。

【思考】

科学合理睿智的决策要靠平时的多阅读、广见闻、勤实践，还有及时反思总结，这样才可能懂

得更多更深的道理，才能领悟到生活的真谛。同学们，你们爱阅读吗？如果阅读我们应该读什么样的书籍？作为青少年我们应该读一些励志的书籍或者一些国内外的名著，用它们去增添我们生命的厚度，扩展我们视野的宽度。

**名言欣赏**

1. 劳于读书，逸于作文。——程端礼
2. 黑发不知勤学早，白首方悔读书迟。——颜真卿
3. 读不在三更五鼓，功只怕一曝十寒。——郭沫若

## 8.3 读书法 有三到 心眼口 信皆要

**【译文】**

读书的方法要注重三到：眼到、口到、心到。三者缺一不可，如此方能收到事半功倍的效果。

**【注释】**

法：方法。三到：指心到、眼到、手到，三者都要具备。信：确实、真的。皆要：都重要。皆，都、全。要，重要、需要。

### 拓展故事

**用心做事会把事做得更好！**

清晨，住持方丈奕尚禅师从禅定中起身时，寺里刚好传来阵阵悠扬深沉的钟声，整个山谷似乎都动摇起来。禅师凝神侧耳聆听良久，待钟声一停，忍不住召唤侍者，询问道：“今天早晨敲钟的人是谁？”侍者回答道：“报告方丈，是一个新来参学的小沙弥。”奕尚禅师点了点头，吩咐侍者将这位小沙弥叫来。

奕尚禅师问这个敲钟的小沙弥，道：“你今天早晨是以什么样的心情在敲钟呢？”

小沙弥不知奕尚禅师为什么特意要见他，更不知道为什么要这么问他，忐忑不安地回答道：“没什么特别心情，只是为打钟而打钟而已。”

奕尚禅师道：“这不是你的心里话吧？你在打钟时，心里一定念着些什么？因为我今天听到的钟声，是非常高贵响亮的声音，只有虔诚的人，才能敲出这种深沉博大的声音。”

小沙弥想了又想，认真地回答道：“其实也没有刻意念着，只是我平常听您教导说，敲钟的时候应该要想到钟即是佛，必须要虔诚、斋戒，敬钟如佛，用犹如入定的禅心和礼拜之心来敲钟。就是这样而已。”

奕尚禅师听了很是高兴，他进一步提醒这个小沙弥，道：“往后处理事务时，都要保持今天早上敲钟的禅心，将来你的成就会不可限量！”

后来，这位小沙弥一直记着奕尚禅师的开示，保持敲钟的禅心，终于成为一名得道的高僧，他就是后来继承奕尚禅师衣钵真传的森田悟由禅师。

**书市读书**

王充是东汉时期著名的思想家，从小酷爱学习，十四岁时被推荐到京师的太学去学习。一年后，学府中的藏书都被他读完了，他便挤时间到书市上去读书。书市中人来人往，熙熙攘攘，而王充就

像没有听到一样，只顾专心致志地读书，忘记了吃饭，忘记了休息。卖书的老人被他的精神所感动，当他得知这个孩子就是王充时，高兴地说："你以后尽管来这里读书好了。"并专门为他准备了一张凳子。后来，博学的王充终于写成了中国思想史上的一部巨著——《论衡》。

【评析】

此处古人告诉我们，读书有三个要领，这三个要领都要同时具备，就是"心眼口"。即使是眼睛在看，口也在读，但心如果没有专注在书本上，也是白看白读。所以读书最主要的还是在你的心。心如果没有专注，心有旁骛，心有挂碍，心里头想着其他的事情，这些都会妨碍我们读书的效果。虽然学生很专注地在学习，虽然上课学生的眼睛盯着老师，但是如果老师所说的话学生没有反应，那么我们就知道这个学生上课没有用心去听讲，所以在学生学习的过程中，我们都要特别地注意在学习之后，自己有没有提升？有的学生觉得自己学得很认真，可是考试达不到理想分数，所以就灰心了，对自己丧失了学习的信心，这样也非常的可惜。

小沙弥敲钟故事告诉我们做事情要用心。全国劳动模范李素丽所说的一句话："认真做事只能把事做对，用心做事才能把事做好。""用心"最为关键的就是要有责任心，能把工作放在心上，对工作负责。美国思想家爱默生曾说："责任具有至高无上的价值，它是一种伟大的品格，在所有价值中它处于最高的位置。"首先要有抱着对自己负责的态度，是为了挣钱生活，还是为了得到他人的肯定；是为了体现自己的价值，还是为了实现自己的理想。在一个人为自己负责的基础上，才能有着对他人、对集体负责的态度。人世中的许多事，只要想做，都能做到，该克服的困难，也都能克服，用不着什么钢铁般的意志，更用不着什么技巧或谋略。只要一个人还在朴实而饶有兴趣地生活着，他终究会发现，造物主对世事的安排，都是水到渠成的。

记得小时候学过一篇《小猫钓鱼》的文章，故事说的是猫妈妈带着小猫去河边钓鱼，妈妈心无旁骛，认真地钓鱼，而小猫呢，看到蝴蝶飞来就去追蝴蝶，看到蜻蜓飞来又去追蜻蜓。等小猫空着手回到河边时，猫妈妈已经钓上了好几条大鱼。在妈妈的教诲下小猫不再三心二意了，蜻蜓飞来了，小猫没理会。蝴蝶飞来了，小猫看也不看一眼，最后鱼儿上钩了，钓上来一条好大的鱼。世上无难事，只怕有心人。没有什么事情是无法办成的，只在于你是否专心做罢了。《弟子规》告诉我们的是为人处世的方法，久而久之，这种方法就会内化为一种优秀品质，让我们受益终身。

【思考】

很多人看到自己的子女非常用功，每天专注在课业上，你看他每天读到三更半夜，可是考出来的成绩却非常差，因此情绪也非常低落。这时候我们要想一想，人为什么很用功，可效果那么差，可以说事倍功半呢？

**名言欣赏**

1. 做学问的功夫，是细嚼慢咽的功夫。好比吃饭一样，要嚼烂方好消化，才会对人体有益。——陶铸
2. 博学之，审问之，慎思之，明辨之，笃行之。——《礼记》
3. 把每一件简单的事做好就是不简单，把每一件平凡的事做好就是不平凡。——张瑞敏

## 8.4　方读此　勿慕彼　此未终　彼勿起

【译文】

研究学问，要专一，要专精才能深入，不能这本书才开始读没多久，又惦记着其他的书，想看其他的书，这样永远也定不下心，必须把这本书读完，才能读另外一本。

【注释】

方：正在。此：这。慕彼：想另一个。慕，想念。彼，那。未终：还没完成。未，没有。终，结束、完毕。起：开始。

## 拓展故事

### 赵普夜读

宋太祖时，赵普任中书令。因为他小时候读书少，所以在处理奏章的时候经常出错，于是他便在晚上勤学苦读。有天晚上，宋太祖前去看他，见赵普正在挑灯夜读《论语》，十分奇怪，就问他："《论语》是儿童们读的书，你怎么还在读它？"赵普说："我小时候读《论语》只是认字，现在，我是从《论语》中学习齐家、治国、平天下的道理。"宋太祖高兴地说："你可真正的读懂《论语》了。"

### 铁杵磨成针

唐朝诗人李白，小时候很贪玩，不爱学习。他的父亲为了让他成才，就把他送到学堂去读书，可是，那些经史、诸子百家的书学起来很困难，他更加不愿意学了，有时候还偷偷跑出去玩。一天，李白没有上学，跑到一条小河边去玩。忽然看见一位白发苍苍的老婆婆蹲在小河边的一块磨石上，一下一下地磨一根铁棍。李白好奇地问道："老婆婆，您在干什么？""我在磨针。"老婆婆一边磨一边回答。"磨针！用这么粗的铁棍磨成细细的绣花针。这什么时候能磨成啊！"李白脱口而出。老婆婆抬起头，停下手，亲切地对李白说："孩子，铁棒虽粗，可挡不住我天天磨，滴水能穿石，难道铁棒就不能磨成针吗？"李白听了老婆婆的话，很受感动。心想："是呀，做事只要有恒心，不怕困难，天天坚持做，什么事都能做好。读书不也是一样吗？"李白转身跑回学堂。从此以后，他刻苦读书，终于成为一名著名的诗人。

【评析】

故事《铁杵磨成针》告诉我们做事情要有恒心和毅力。凡事都怕恒心和毅力，如果功夫到了，铁杵怎么不能磨成绣花针呢？读书时，如果你这一本书还没有读完，就不要看其他的书。学习时，如果你的功课这一门还没有做完，那么你就不要着急做其他的功课。我们做任何事情都要专注。你专注之后，就会有智慧产生，千万不可以心里想着其他，如果心有旁骛，你的聪明智慧就会被分散掉。所以，你只要专心做事，所有事情都可以一一地做完。成年人读书，有时候看到这么厚厚的一本，心里就想我要何时才能读完？往往也是虎头蛇尾，前面看一点，中间翻一些，后面再看几页，这一本书囫囵吞枣就全部看完了。如果像这样的话我们没有办法了解书中的真理、真谛之所在。

做事也一样，有些人有这样的毛病，这件事情还没有做完，突然想到另外一件事情，所以就把这一件事情丢掉，然后又做另外一件。做另外一件，还没有做完，他又想到一件事情，结果到最后三件事情都搁在那里，半途而废。

故事《铁杵磨成针》同样告诉我们做事情要有恒心和毅力。凡事都怕恒心和毅力，如果功夫到了，铁杵怎么不能磨成绣花针呢？

【思考】

现在求学问也有一个很大的忌讳，就是贪多，好像觉得多就一定好。《礼记·学记》里面有提到一句教诲"杂施而不逊，则坏乱而不修"。现在很多孩子一学就三四个才艺，到最后的结局是什么？请大家思考一下。

**名言欣赏**

1. 只要持续地努力，不懈地奋斗，就没有征服不了的东西。——塞内加
2. 要从容地着手去做一件事，但一旦开始，就要坚持到底。——比阿斯
3. 伟大的作品不是靠力量，而是靠坚持来完成的。——约翰逊

## 8.5 宽为限 紧用功 功夫到 滞塞通

【译文】

学习的时间要安排得多一点，但是还要抓紧用功；只要功夫到了，不懂的地方自然会弄清楚。

【注释】

宽：宽松。限：限定。功夫：指所花费的时间和精力。滞塞：不通。

### 拓展故事

**王冕学画**

王冕是浙江人，元朝末年出生在一个贫苦农民家里，他七岁就没了父亲，靠母亲给人做针线活过日子。他没钱读书，就每天悄悄躲在学堂外边听课，听一句，记一句。

十岁的时候，家里实在生活不下去了，母亲让他去帮人放牛。王冕放牛，牛角上总挂着书。他喜欢把牛赶到湖边放牧，湖边有绿草，岸上有垂柳。他让牛在湖边吃草，自己就在树阴下读书。有时候放牛得到几个买点心的钱，他舍不得花，都用来买书。

白天可以在树下看书，晚上点不起灯怎么读书呢？他就跑到庙里，借着佛殿里的长明灯读书，一读就是半夜。一天天气闷热，王冕正在树下读书，忽然浓云密布，接着下起了一场大雨。大雨过后，远山近树都像洗过一样，阳光从云缝里透出来照着湖光山色。湖里有一片亭亭玉立的荷花，水珠在荷叶上滚来滚去。王冕想：我要能把这美丽的景致画下来有多好！

他决心要学画，没有笔，他就向邻居借来。他又榨出树叶的绿枝，研磨红石粉末做成颜料。有了笔墨颜料，他就开始画画。最初画得不太好，但他并不灰心，他细细地观察荷花荷叶的样子，用心地描画，天天画、天天练，画得越来越好了。三个月之后，王冕画的荷花就十分美了。颜色、神态就像真的荷花一样，就是多了一张纸。

乡间人见王冕画得好，都爱他的画，就拿钱来买。王冕得了钱，就买些好东西孝敬母亲或买纸笔颜料继续画画。

王冕又努力学习天文、地理、历史、经济等各项重要学问，他不但成为一个大画家，而且成为一个大学者。

**甩手的故事**

开学第一天，古希腊大哲学家苏格拉底对学生们说："今天咱们只学一件最简单也是最容易做的事。每个人把胳膊尽量往前甩，然后再尽量往后甩。"说着，苏格拉底示范做了一遍："从今天开始，每天做300下。大家能做到吗？"

学生们都笑了。这么简单的事，有什么做不到的？过了一个月，苏格拉底问学生们：“每天甩手300下哪个同学坚持了？”有90%的同学骄傲地举起了手。又过了一个月，苏格拉底又问，这回，坚持下来的学生只有八成。

一年过去了，苏格拉第再次问大家：“请告诉我，最简单的甩手运动，还有哪几位同学坚持了？”这时，整个教室里，只有一个人举起了手。这个学生就是最后成为古希腊另一个大哲学家的柏拉图。

世间最容易的事就是坚持，最难的事也是坚持。说它容易，是因为只要愿意做，人人都能做到；说它难，是因为真正能够做到的，终究只是少数人。成功在于坚持，这是个并不神秘的秘诀。

【评析】

我们都当过学生，有的学生勤勤恳恳，有的学生投机取巧。投机取巧的学生往往每天放学回来，他不知道今日事今日毕，不知道要把今天的功课先复习，因此就累积了很多问题。问题累积多了，到接近考试的时候就紧张兮兮，从而临时抱佛脚——猛读书，而这种读书只是为了应付考试而已。如果一个人在学习和工作中做事总是拖拖拉拉，不到最后一刻都不想去做，就算做，也是马马虎虎，那么这样学习、工作的效率就不会提高。所以，要想取得成绩就必须改变这样的习惯，只要功夫下到了，就一定会有收获。

王冕从一个放牛娃成为一名画家，这其中的转变离不开他的坚持和刻苦。韧劲能改变一个人的命运，柏拉图成为了哲学大家，难道这是偶然吗？不是的。偶然中一定包括了必然。一个甩手的小故事就能说明柏拉图是一个做事有着坚持不懈精神的人。这样的人能无所作为吗？同学们，别犹豫了，就在当下，明确你的目标，展望你的理想，踏实地奋斗在每一天，总有一天，你会品尝到喜悦的硕果。

【思考】

有人说“知识就是力量，要想得到更多的力量，就认真读书吧”，你对这句话有着怎样的理解？在知识爆炸的年代，我们中职生应该如何面对？

**名言欣赏**

1. 人生在勤，不索何获。——张衡
2. 业精于勤而荒于嬉，行成于思而毁于随。——韩愈
3. 业精于勤，劳一日，可得一夜安眠；勤劳一生，可得幸福长眠。——达·芬奇

## 8.6 心有疑 随札记 就人问 求确义

【译文】

读书时，如果心中有疑问，就要随时做笔记，以便向别人请教，求得准确的意义。

【注释】

随：随即、立即。札记：笔记，读书时记录的重点或心得。就人问：找人问，向人请教。就，靠近。求：找寻、设法得到。确义：真正的意义。

### 拓展故事

**爱做笔记的文人墨客**

元代有个文学家，名叫陶宗仪。据说他常在农田里干活，干累了，就靠在树边休息，只要想起、

听到、看到什么好诗句、好材料，就立即摘下身边树上比较阔大的树叶，记在上面，回家就放进一个罐子里。就这样，年复一年，竟积下了十几罐树叶。后来他把树叶倒出来，作了仔细的修改和整理，抄录成30卷，这就是“积叶成章”的《南村辍耕录》。

在俄国作家中，果戈理是最有名气的“笔记迷”。他有一本名为“万宝全书”的大笔记本，收集了大量的创作素材。里面的内容丰富多彩，什么天文地理、民情风俗、贫民生活、趣闻轶事等真是五花八门，应有尽有，令人目不暇接。据说，有一次果戈理请朋友到餐馆里吃饭，发现了一份与众不同的菜单。他迫不及待地掏出笔记本抄了起来，后来在创作一部小说时，果戈理恰到好处地运用了这份有意思的菜单，使情节充满情趣。

### 贾逵读书

贾逵是东汉时期的经学家、天文学家。贾逵从小就聪颖过人。他父亲早逝，母亲既要操持家务，又要为别人缝补浆洗来维持一家的生活，没有时间照料他。幸运的是，贾逵有一个贤惠的姐姐，经常给他讲古人勤奋好学的故事。那时贾逵才四岁，他总是安安静静、津津有味地听姐姐讲故事，听完一个故事，又缠着姐姐再讲一个。可是，姐姐哪有那么多的故事给他讲呢？

有一天，姐姐正带着贾逵玩耍，忽然听到对面学堂里的老先生正在给学生们讲课，正好讲的是上次没给弟弟讲完的那个故事。姐姐灵机一动，带着贾逵悄悄来到学堂旁边，听老先生讲故事。学堂外边有道篱笆墙，贾逵个子小，姐姐就抱着他，站在篱笆墙外听。以后，每到上课时间，姐姐就抱着贾逵站在篱笆墙外，悄悄地听老先生讲课。慢慢地，贾逵长大了，姐姐抱不动他了，他就拿着板凳站在上面听，不管刮风下雨，从不间断。夏天，烈日炎炎，他顶着酷暑听讲，热得汗水直流；冬天，大雪纷飞，他冒着严寒学习，冻得手脚麻木。姐姐心疼他，几次要拉他回家休息一下，他却说什么也不肯，坚持把课听完才肯罢休。

就这样，通过几年坚持不懈的听课学习，贾逵到十多岁的时候，已经学到了很多的知识，加上他平时刻苦阅读，广泛涉猎许多名篇名著，比如《左传》、《四书》、《五经》等，已经达到了能够熟练背诵的程度。但贾逵家里太穷，买不起纸和笔。读书时，每当遇到好的文章和不懂的文句，贾逵从不一扫而过，而是借来笔墨将这些内容记在门扇、屏风和自己制作的竹简、木片上，然后找机会向人请教。就这样，一边读，一边记，前人写的书籍，他几乎都读遍了。随着不断地学习，他的学识越来越渊博，同他接触过的人都说他是当世奇才，无人能同他相比。

**【评析】**

“就人问，求确义”，古人告诉我们，要有不耻下问的精神，要精益求精，做学问一定要以通达明了为主。这个通达明了要自己有所领悟，才算是真正明了。但有些人自以为是，不懂装懂，结果以讹传讹，误导了别人。我们向别人请教的时候，一定要找一个名副其实的智者，这样对自己才会有真正的帮助。

当我们有疑惑，自己先去思索，没有办法的时候，就要不耻下问，很虚心地求教于别人。如果是同学当中，先请教学习比较优秀的，我们请他帮忙。这样疑难问题就会迎刃而解。如果你不能通达，你累积的问题会愈来愈多，前面不懂，后面连带的这些内容你都没有办法通达。以至于你对这门功课失去信心。所以，只要心里有疑惑的地方就要把它记下来。我们只有在学中问，在问中学，并与观察思考结合起来，才能求得真知。学生从小就要养成勤学好问的习惯，有了问题，随时随地请教别人。只要他确实能给你启发、给你帮助，不管年长年幼、地位高低，都可以成为你的老师，古人所说的“能者为师”就是这个道理。如果一个人做什么事情都不求甚解，含糊了事，这个人将一事无成。

**【思考】**

人在生活中难免遇到各种问题，有了疑问，我们学生应该怎么办？是不是置之不理呢？向别人请教，你认为可耻吗？

**名言欣赏**

1. 钻研然后知不足，虚心是从知不足而来的。虚伪的谦虚，仅能博得庸俗的掌声，而不能求得真正的进步。——华罗庚

2. 自满是我们的一座可怕的陷阱；而且，这个陷阱是我们自己亲手挖掘的。——老舍

3. 骄傲多半是基于我们的无知！——莱辛

## 8.7 房室清 墙壁净 几案洁 笔砚正

【译文】

房间要收拾整洁，墙壁要保持干净，读书时，书桌上笔墨纸砚等文具要摆放整齐，不偏、不凌乱，触目所及之处井井有条，才能静心读书学习。

【注释】

房室：房间，这里指读书做功课的房间，书房。清：一点也不留，净尽，这里是清理、清除的意思。净：使干净，形容词使动用法。几：古代人们坐时依凭的家具。案：进食、读书写字时使用的家具。正：不偏，不斜。

### 拓展故事

#### 陈蕃扫屋

东汉时期有一个人叫陈蕃，他学识渊博，胸怀大志。少年时代发奋读书，以天下为己任。一天，他父亲的一位老朋友薛勤来看他，见他独居的院内杂草丛生、秽物满地，就对他说：“你怎么不打扫一下屋子，招待宾客呢？”陈蕃回答：“大丈夫处世，当扫天下，安事一屋乎！”薛勤当即反问道：“一屋不扫，何以扫天下？”

陈蕃听了无言以对，觉得很有道理。从此，他开始注意从身边小事做起，最终成为一代名臣。

#### 朱熹间居

南宋著名的儒学大师朱熹，字仲晦，别号晦翁，是徽州府婺源县[①]人。他从小聪明好学，勤于思考，八岁读懂《孝经》，19岁进士及第，曾任荆湖南路安抚使，官至宝文阁待制。为政期间，申敕令，惩奸吏，治绩显赫。他为人端庄稳重，在朝廷里讲话很正直。有一次，在巡视中他看见许多饥民外逃，经调查是州官盘剥百姓太厉害了。他六次写奏章向皇帝报告。可是，前几次奏章都被小人给扣下了。皇帝看后，便免去了州官的职务，叫朱熹去代替州官。朱熹上奏说：“这个人不光上面有人，下面的人更多，只好辞职回乡。”

他在平日家居的时候，每天天色还没有亮，就起来了。穿好礼服，戴了幞[②]头，穿着方头鞋子，到家庙里和先圣神位前去跪拜。行了礼以后，退回到书房里。几案必定摆得很正，一切书籍器用，必定整整齐齐的。有时候疲倦了休息，就闭了眼睛端端正正地坐着，休息完了，就脚步整齐地慢慢走。他的威仪和容貌举止的法则，从少年时代一直到老，从来没有松懈过。

[①]婺源：今江西省婺源。
[②]幞：fú，古代男子用的一种头巾。

【评析】

这四句话告诉我们要布置一个好的读书环境，所有学习用具都要摆放整齐，这样才能静下心来读书，要养成清洁读书环境的好习惯。

其一，好的读书环境能促进学习效率。读书，贵在心地清净、正心诚意。人的心境会受到外界环境的影响，环境清净，内心也会清净。“房室清，墙壁净，几案洁，笔砚正”，所有的东西摆放整齐有序，窗明几净。这样一个好的读书环境，清爽、干净，我们身处其中，潜移默化，如沐春风。在这样好的环境之中，我们能怡情，能入心，能升华，心净自然学习效率高。同时，书中之理，能清净心田；方正之心，能整洁环境，二者是相辅相成的。相反，一个乱七八糟、碎纸满地的环境，我们的心也很难清净，很难进入学习状态，学习效率自然低，也很难正心。有的同学埋怨自己读书环境的不好，没有想到是自己没有正心，把责任推卸给环境、他人，却从来没有从自己内心找原因。这是不对的。

其二，物有定位，细节培养。《曲礼》曰：“毋不敬。”房间、桌子整洁，凡事皆有定位，是培养我们的恭敬心，对人恭敬心的延伸即是对物的恭敬。所以，陈蕃扫屋、朱熹间居的做法值得我们学习。因此我们要“业精于勤”，勿“荒于嬉”，从小培养从小事做起、注重细节的好习惯，这种好习惯会影响人的一生。“勿以善小而不为”，好事不要因为小就不做，从小事做起，辛勤创业，在点点滴滴中收获成功，这样你的人生也会满载而归。

【思考】

现在的父母因为爱孩子，什么都不让孩子亲自动手，更别提孩子的书房了，都是父母替孩子整理。在父母的眼中，孩子只要学习好，就能成才成人。这就造成了孩子自理能力差，衣来伸手，饭来张口，不思感恩，自私自利。在以后的个人成长中，一旦受到家庭、事业、人际关系的困扰就会意志消沉，萎靡不振。因此作为父母，爱孩子没有错，但是不要过分地溺爱，要为孩子的长远做打算。从小培养孩子吃苦耐劳的精神，自己的事情自己做，锻炼孩子这些基本的生活能力。男孩穷养，女孩富养也要适当，教育孩子从小就会整理家务，自己动手，布置自己的读书环境，养成静心读书的好习惯。既要教育孩子成才更要教育孩子成人，这样他们才能在以后的人生中从容迎接属于他们的各种挑战。

你是否自己布置自己的寝室和书房呢？是否愿意帮助父母做家务呢？

**名言欣赏**

1．黎明即起，洒扫庭除，要内外整洁。——朱柏庐《朱子家训》

2．一室之不治，何以天下家国为？——刘蓉《习惯说》

3．凡读书，须整顿几案，令洁净端正。——朱熹《童蒙须知》

## 8.8 墨磨偏 心不端 字不敬 心先病

【译文】

写字时如果墨磨偏了，是心不在焉；写出来的字如果不谨慎，歪歪斜斜，那是心浮躁不安。学习要专心致志。

【注释】

磨：摩擦，这里指转动研磨。偏：歪，不在中间。端：端正，不偏斜。敬：尊重，有礼貌地对待，谨慎，不怠慢。病：生物体发生不健康的现象，这里指浮躁，不安定。

## 拓展故事

### 王献之学书法

东晋时有位书法家叫王献之，他是“书圣”王羲之的儿子。为了继承家学，从小就向父亲王羲之学习书法。一次，王羲之的一位朋友让献之在扇子上写字，献之挥笔便写，突然笔落扇上，把字污染了，献之灵机一动，一只小牛栩栩如生出现于扇面上。再加上众人对献之书法绘画赞不绝口，献之滋长了骄傲情绪。王羲之夫妇看此情景，若有所思……

一天，献之问母亲郗[①]氏：“我只要再写上三年就行了吧？”母亲摇摇头。“五年总行了吧？”母亲又摇摇头。献之急了，冲着母亲说：“那您说究竟要多长时间？”“你要记住，写完院里这18缸水，你的字才会有筋有骨，有血有肉，才会站得直立得稳。”献之一回头，原来父亲站在了他的背后。献之心中不服，啥都没说，一咬牙又练了5年，把一大堆写好的字给父亲看，希望听到几句表扬的话。谁知，王羲之一张张掀过，一个劲地摇头。掀到一个“大”字，父亲现出了较满意的表情，随手在“大”字下填了一个点，然后把字稿全部退还给献之。

献之心中仍然不服，又将全部习字抱给母亲看，并说：“我又练了5年，并且是完全按照父亲的字样练的。您仔细看看，我和父亲的字还有什么不同？”母亲果然认真地看了3天，最后指着王羲之在“大”字下加的那个点儿，叹了口气说：“吾儿磨尽三缸水，惟有一点似羲之。”

献之听后泄气了，有气无力地说：“难啊！这样下去，啥时候才能有好结果呢？”母亲见他的骄气已经消尽了，就鼓励他说：“孩子，只要功夫深，就没有过不去的河、翻不过的山。你只要像这几年一样坚持不懈地练下去，就一定会达到目的的！”献之听完后深受感动，又锲而不舍地练下去。功夫不负有心人，献之练字用尽了18大缸水，在书法上突飞猛进。后来，王献之的字也到了力透纸背、炉火纯青的程度，他的字和王羲之的字并列，被人们称为“二王”。

### 心正笔正

柳公权不但是一位有名的大书法家，还是一位为人耿直、敢于直言的人。

有一年，皇帝唐穆宗在一座寺院里，看到了柳公权写的字，心里十分喜爱，很想见一见他，在一起谈论书法。正巧，没过多久，柳公权从自己做官的地方夏州[②]来朝廷办事。唐穆宗听说柳公权来了，就让他来见自己，把他留在朝廷里做了右拾遗[③]。

一天，唐穆宗和柳公权在一起谈论书法，唐穆宗向柳公权请教说：“你的字写得笔法端正、刚劲有力，可我却写不了那么好，怎样用笔才能把字写好呢？”听了唐穆宗的问话，柳公权心想：我早就听说皇上整天吃喝玩乐，不理朝政。我何不借这个机会劝劝他呢？

于是，他对唐穆宗说：“写字，先要握正笔。用笔的要诀在于心，只有心正了，笔才能正啊！这跟国家大事是一个道理，不用心不行啊！”

听了柳公权的话，唐穆宗知道他是借讲笔法在规劝自己，不由得脸红了起来。

这不过是小节。后来，皇帝换成了唐文宗。有一天，唐文宗同几位大臣在一起谈论国事，柳公权也在场。当大家说到汉文帝很注意俭朴的时候，唐文宗举起自己的衣袖让大家看，并有意自夸地说：“这件衣裳已经洗过三次了，它现在还穿在我的身上。”

在座的一个大臣听了马上奉承说：“陛下，您的俭朴胜过了汉文帝呀！”

① 郗：xī，姓。
② 夏州：现在陕西北部。
③ 右拾遗：负责给皇上提建议的官。

其他几位大臣也跟着随声附和起来。只有柳公权在一旁一句话不说。唐文宗见了有些不高兴，就问柳公权："你怎么一句话也不说呢？"

柳公权看着唐文宗，神情严肃地说："陛下，您作为天子，最重要的是要选用那些有才德的人，罢免那些没有才德的人。让应该得到奖赏的人得到奖赏，使那些应当受到惩罚的人受到刑罚，这才是天子最宝贵的美德呀！穿件洗过的衣服，固然很好，可不过是细微的小事啊！"唐文宗听了柳公权的这一番话，想了想，觉得很有道理，就高兴地说："现在文官中最高贵、最荣耀的官职就是中书舍人了，您已经担任了这个官职，按理说，我不应该再让你去当谏议大夫这样的小官了。可是因为您正直敢言，有诤臣的风采，所以，我要委屈您再兼任谏议大夫官职，好让您能够常常提醒我。"

第二天，唐文宗就发布了命令，让柳公权兼任了谏议大夫。

【评析】

这四句话告诉我们学习时要专心致志，不要心不在焉、浮躁不安，要养成学贵专一的学习态度。

古人写字用毛笔，先磨墨后运笔。磨墨之力，在心不在手，就是"磨墨磨心"。所以磨墨时，若有正确的姿势和行为，可以养成平和、沉着、稳重的心态，写字时，也能迅速进入最佳状态。同样我们在学习时要心端字敬，要专心致志，不要被任何举止影响到内在的心境。古人常说"步从容，立端正。揖深圆，拜恭敬"，实际上是要求人的行为举止要端正，思想才会端正，不然会胡思乱想。做不到"步从容，立端正。揖深圆，拜恭敬"，行为举止就不端正，心会愈来愈散漫、愈来愈傲慢。同样学习的时候也会不端正，心不在焉。如果磨墨磨偏，那就说明内心不端正；字不正，那就说明心不在焉。古人讲修身从正心开始，学习也是从正心开始，《大学》中有句话"所谓修身在正其心者，身有所忿懥①，则不得其正；有所恐惧，则不得其正；有所好乐，则不得其正；有所忧患，则不得其正"，说的就是这个道理。同样，做任何事情都要心正，心正了才能修身、齐家、治国、平天下，心和身、家、国、天下统一，才能实现人生价值。

【思考】

古人十分注重书法，讲究字正腔圆，下笔有神。古训言："字如其人"、"书品见人品。"所以我们要注重汉字的书写，不仅因为汉字是传承我们中华文明的重要载体，是我华夏子孙传古颂今的宝贵财富，更因为它反映了一个人的人品。那么怎样才能写成一手好字呢？我们就要"写字虽在手，用笔实在心。心里端正，则笔划自然端正"。写字要意在笔先，要胸有成竹，要专心，要有耐心，要有恒心，要锲而不舍，像王献之、柳公权一心练字那样，反复练习，恒定心志，学而不辍，这样才能写一手好字。

**名言欣赏**

1. 用笔在心，心正则笔正。——柳公权
2. 字如其人、书品见人品。——中国古训
3. 心专才能绣得花，心静才能织得麻。——中国谚语

## 8.9 列典籍 有定处 读看毕 还原处

【译文】

书籍课本应分类摆放，陈列整齐，放在固定的位置，诵读完毕后归还原处。

① 忿懥：fèn zhì，亦作"忿疐"，当发怒讲。

【注释】

列：陈列，排列。典：可以作为标准、典范的书籍。籍：书，书册。毕：完，完结。还：回，归。

## 拓展故事

### 壁经出世

秦始皇焚书坑儒，使各种书籍都遭到了毁灭性的破坏。汉文帝时，开始在全国寻找书籍，一个叫伏生的老儒生口授了《尚书》二十八篇，使《尚书》得以流传。到了汉武帝时，鲁恭王想霸占孔子的故居改作花园，在拆房时，忽然从墙壁的夹洞中发现了一批竹简，同时空中传来一阵庄严的钟磬之声。鲁恭王吓坏了，忙下令停止拆房。在墙壁中发现的这批竹简包括《尚书》、《孝经》等古典书籍，因为是在墙壁中发现的，所以这些书被称为“壁经”。这些典籍的发现，对校正一些典籍的真伪起到了重要作用。

在我国古代，图书大都由官府和有钱人占有。据说，秦始皇焚书之后，大量的经典图书遭到毁灭。在刘邦灭掉秦王朝的时候，图书特别少，后来随着文化的发展，国家的图书开始增多。于是朝廷派刘向开始对藏书进行分类，并且收藏在宫廷中，这主要是为了方便帝王和贵族的学习。从此，图书的收藏就开始了。

今天，文化空前繁荣，图书增多了，个人图书的收藏数量也已相当可观。我们要把一些主要的图书进行分类，放到比较熟悉的位置，以便于查阅。

### 陆倕读书

陆倕自幼喜爱读书。六岁时，父亲给他盖了一间小茅草屋供他一个人攻读，并把先秦两汉诸子百家的各类书籍都弄来摆在小茅屋里，让陆倕随时翻阅，但惟独没有《汉书》。他听说不读《史记》和《汉书》不能称为学者，便要求父亲借一本《汉书》来读。借回的《汉书》该还了，陆倕却找不到《汉书》中的四卷《五行志》了。父亲每天都追索四卷《五行志》的下落，幸亏陆倕已将《汉书》背熟了，他将所缺的章节默写出来，这才还给了人家。

【评析】

这四句话告诉我们书籍要分类摆放，整齐有序，读完后要归还原处，要养成摆放书籍物有定处、动物归原的好习惯。

书籍是人类智慧的结晶，是人类进步的阶梯，我们要爱护、珍惜书籍，把它们分类摆放，整齐有序，以便于查找，这就是物有定处。用完物品之后，立刻放回原来的地方，而不是不方便再用的地方，下一次要看就很快可以找到，这就是动物归原。

我们在读书的时候难免会有急事，离开时要把书收好，保持读书环境的整洁有序。即使时间再紧，也不要随便乱扔，因为几秒钟我们就可以把书收好。曾国藩先生曾经说过，“案头不可多书，心中不可少书”。桌子上不要多书，需要看哪本书就拿哪本，多余的或者是用完的书就放回原位，保持书籍的整齐有序，这才是治学的态度。心中有书，知识愈多。我们知道图书馆的书籍摆放是有序可循的，按照它们的归类进行摆放，这样读者会很快找到自己需要的图书，有的图书馆还设置计算机查询系统方便读者快速查找，但是有的人往往找到自己需要的书籍用完后随意一放，走之大吉。图书管理员苦不堪言，需要花费大量的时间来整理书籍，归于原处。所以我们在读完书后，要归还原处，利人利己。

我们知道书籍要物有定处，动物归原，我们也要给自己定位，论及理想目标，不要好高骛远，给自己定不切实际的目标，理想要实际，现实才会理想。要找到适合自己的位置，好好地发挥自己的作用，要各得其所，物尽其才，过自己的生活，不要羡慕别人的生活，而抱怨社会抱怨他人，每个人都是社会的建设者，每个人都是社会的服务者。是金子在哪儿都会发光，相信自己能行，努力奋斗，在社会实践中实现自己的人生目标。

【思考】

阅读下面的评论，说说你的感想。

经典是圣人之言，言为心声，读经典，如同亲闻圣人教诲，心心相印，岂能不恭不敬。见经典如见圣人，经典安放之处，乃圣人所居之地，所谓圣地。请读经典，恭送圣人，其事神圣，其心庄严，不可粗心，不得轻慢，更不能亵渎。故读毕归原，是为尊师重道。如是用心，如是读经，真得圣人心要。印光大师云，一分恭敬，一分收获，十分恭敬，十分收获。孟子学道，未见孔子，恭敬老师，但读其书，亦成亚圣。拜师求学，一养恭敬心，二解惑达理，两全其美，不可偏废。家有家风，有家风方成家业。父母恭敬地读经，圣教之风，传习儿女，感染其心，是真家教也。

——节选自《中华佛学网》

诵读经典要用心，要恭敬；读完后要归还原处，是尊师重道的一种表现，这样才是读书应有的态度和做法。言传身教，用以教育学生和子女。

**名言欣赏**

1．鸟归旧巢，书还原位。——中国俗语

2．文字笔砚，凡百器用，皆当严肃整齐，顿放有常处。取用既毕。复置元所。——朱熹《童蒙须知》

3．千里之行，始于足下。—老子

## 8.10 虽有急 卷束齐 有缺坏 就补之

【译文】

即使有急事，也要把书籍捆扎整齐后再离开，如果书籍有残破毁损就要修补，保持完整。（古人一书难求，故有修补之举，也是对经典的尊重，对文化的膜拜。）

【注释】

急：迫切，要紧。卷：指书籍的册本或篇章。束：捆扎。缺：残破。坏：毁损。补：修补。

### 拓展故事

**司马光教子爱护书籍**

司马光（1019—1086），字君实，号迂夫，陕州夏县（今山西夏县）涑水乡人，世称涑水先生，北宋政治家、文学家、史学家。司马光十分注意教育孩子力戒奢侈，谨身节用。他在《答刘蒙书》中说自己“视地而后敢行，顿足而后敢立”。为了完成《资治通鉴》这部历史巨著，他不但找来范祖禹、刘恕、刘攽当协修，还要自己的儿子司马康担任检阅文字的工作。但《资治通鉴》从发凡起例至删削定稿，司马光都亲自动笔，不假他人之手。

司马光十分爱护书籍。在他独乐园的读书堂中，藏有文史类书籍一万多余。其中司马光每天早晨傍晚常常阅读的书，虽然读了几十年，看上去都新得像是从没用手摸过一样。当他看到儿子读书用指甲抓书页时，非常生气，认真地传授了他爱护书籍的经验与方法：读书前，先要把书桌擦干净，垫上桌布；读书时，要坐得端端正正；翻书页时，要先用右手拇指的侧面把书页的边缘托起，再用食指轻轻盖住以揭开一页。他还告诉儿子儒家弟子要比佛教徒和道教徒更加尊敬爱护书籍。

他教诫儿子说："做生意的人要多积蓄一些本钱，读书人就应该好好爱护书籍。"为了实现著书立说治国鉴戒的理想，他15年始终不懈，经常抱病工作。他的亲朋好友劝他"宜少节烦劳"，他回答说："先王曰，死生命也。"司马光这种置生死于不顾的工作、生活作风，使他的儿子和同僚们深受启迪。

**韦编三绝①**

孔子是我国著名的大思想家，少年时就勤奋好学，十七岁时就因为知识渊博而闻名鲁国，这当然是和孔子刻苦读书分不开的。春秋时期的书，主要是以竹子为一根竹简上写字，多则几十个字，少则八九个字。一部书要用许多竹简，通过牢固的绳子之类的东西按次序编连起来才最后成书，便于阅读。通常，用丝线编连的叫"丝编"，用麻绳编连的叫"绳编"，用熟牛皮绳编连的叫"韦编"。像《易》这样厚重的书，当然是由许许多多竹简通过熟牛皮绳编连起来的。据说孔子到了晚年，喜欢阅读《易经》。《易经》是一本很难懂的书，孔子一遍看不懂，就看两遍，反复学习，一直到学懂弄通为止。因为每天翻阅，穿竹简的牛皮绳磨断多次，每磨断一次，孔子就再整理一次，一直保存完好。即使读书读到了这样的地步，孔子还谦虚地说："假如让我多活几年，我就可以完全掌握《易》的文与质了。"

**【评析】**

这四句话告诉我们即使有急事，也要把书籍摆放好再离开；有缺损就要修补，保持它们的清洁美观，养成爱护书籍的好习惯。

我们爱惜书籍，就要保持书籍的清洁干净，不要随意折角，乱写乱画，涂脏书籍。正确的做法是包书皮，用书签做记号，随时做笔记，标页码，这样我们的书籍能够保持清洁美观。当我们再次把书拿起来读的时候我们的心情会非常舒畅，视觉也很舒服。现在，国家要求九年制义务教育学校的教科书要循环使用，免除学生的课本费，这是节约资源的好做法。有的同学非常爱护书籍，在书发下来后就给书包了一个书皮，这样书就不怕被损坏了，而且精心使用，不乱写乱画，用了一学期后非常新，再给下一年的学生使用时还是一本新书。而有的学生，随意折页、弄脏书本、胡乱涂鸦，把书本撕得一塌糊涂，"开天窗"……没有爱惜书籍的好习惯。这是不可取的。司马光、孔子爱护书籍的做法值得我们学习。你爱书，书也爱你，会赠送给你知识与力量。因此作为新时代主人的青少年，更应摈弃污损图书的陋习，人人争做文明读者。

**【思考】**

你爱护自己的书籍了吗？除了爱护书籍之外我们还要爱护什么？举例说明。

爱护书籍，同样也要爱护粮食，节约粮食。据统计，中国人在餐桌上浪费的粮食一年高达2000亿元，被倒掉的食物相当于 2 亿多人一年的口粮。与此形成鲜明对照的是，我国还有一亿多农村扶贫对象、几千万城市贫困人口以及其他为数众多的困难群众。这种"舌尖上的浪费"触目惊心，令人痛心。"舌尖上的浪费"有民间的，更有官场的。人们去餐馆吃饭，点完的饭菜吃不完就直接废弃在饭店；同时，公款吃喝之风盛行，大行其道。因此大力倡导节约理念，狠刹浪费之风，势在必行。

"锄禾日当午，汗滴禾下土。谁知盘中餐，粒粒皆辛苦。"希望现代人都能珍惜爱护粮食，当思一粥一饭来之不易，从我做起，积极参与"光盘行动"，用自己的行动来杜绝"舌尖上的浪费"。

①韦编：用熟牛皮绳把竹简编联起来；三：概数，表示多次，"几"的意思；绝：断。编联竹简的皮绳断了多次。比喻读书勤奋。

## 名言欣赏

1. 惜字纸。——《文昌帝君蕉窗十则》
2. 凡书册，须要爱护，不可损污绉摺。——朱熹《童蒙须知》
3. 爱护书籍吧，它是知识的源泉。——高尔基

## 8.11 非圣书 屏勿视 蔽聪明 坏心志

【译文】

不是博通事理的人所写的书，就不要看；因为它们会遮蔽你的耳目，障碍你的智慧，破坏你善良的本性与志节，使你分不清是非曲直。

【注释】

圣书：圣是“博通事理”，博通事理的人所写的书就是圣书，多半是教人智、仁、圣、义、忠、和等六德之事。屏：此处读作“bǐng”，排除的意思。视：看。敝：通“蔽”，遮蔽、障碍。聪明：指耳目。耳可以听其声察其意，目可以明察事物，所以亦有智慧的意思。心志：善良的本性与志节。

### 拓展故事

#### 陶渊明忘食读书

东晋大诗人陶渊明出身于破落仕宦家庭，年幼时，家庭衰微，八岁丧父，十二岁母病逝。儿时与母亲和妹妹三人度日。孤儿寡母，多在外祖父孟嘉家里生活。孟嘉是当代名士，家里藏书多，给他提供了阅读古籍和了解历史的条件。陶渊明小时候读书很用功。他每天都到村外的一棵大树下读书，总要母亲去找他回家吃饭。时间一长，母亲有些不高兴了，说：“读书不能不吃饭呀，难道书可当饭吃吗？”陶渊明说：“母亲，您不知道，书里的味道比吃饭的味道香多了！”正因为这样发奋读书，陶渊明成了东晋时期著名的大诗人。有一天，有个年轻人向陶渊明请教读书的妙法。陶渊明大笑到：“天下哪有什么学习的妙法？全靠下功夫，勤学则进，辍学则退。”陶渊明又用禾苗和磨刀石作喻，告诉年轻人“勤学如春起之苗，不见其增，日有所长；辍学如磨刀之石，不见其损，日有所亏”。年轻人恍然大悟，连忙再次向陶渊明行了大礼，说：“多谢先生指教，学生再也不敢求学什么妙法了！”

#### 中国家规

北宋的吕希哲，官封荣国公，他的母亲中国夫人教训儿子样样事情都要循规蹈矩。吕希哲只有十岁的时候，无论寒来暑往，整日站在他的母亲身旁，母亲不叫他坐他是不敢坐的，每天一定要衣帽整齐才能见长辈。平常在家里，不管天气怎样热，在长辈身边，不准脱去头巾和鞋，衣服必定要整齐，更不准到茶坊酒馆里去，所以市井上不正当的说话，不正当的声音，吕希哲的耳朵里并没有听到过；不正经的书本，吕希哲的眼睛里没有看见过。因此后来吕希哲成了有德行的、与众不同的大人物。

【评析】

这四句话告诉我们选择读书的标准，要读好书，才能增长知识和才智；否则会影响你判断是非的标准，会遮蔽你的耳目，障碍你的智慧，破坏你善良的本性与志节，让你分不清是非曲直。

北宋书法家黄庭坚曾云：“士大夫三日不读书，则义理不交于胸中，对镜觉面目可憎，向人亦

语言无味。”这句话淋漓尽致地说明读书与个人修养的关系：长时间不读书就会缺乏文学气质，言谈举止都很缺乏修养，给人的感觉很差劲，可见读书的重要性。无论是个人成长还是社会需要，读书是极其重要的，正如温家宝总理在2010年与网友在线交流时所言：“书籍本身不可能改变世界，但是读书可以改变人生，人可以改变世界。读书关系到一个人的思想境界和修养，关系到一个民族的素质，关系到一个国家的兴旺发达。”

读书既然重要，那么我们就要“读好书、好读书、读书好”；要“读活书、活读书、读书活”；要“读书破万卷，下笔如有神”。在读书之前一定慎重选择，面对浩如烟海的书籍，其间不乏低级趣味之作，鱼龙混杂，良莠不齐。我们一定要慎重地思考，选择好书，用温家宝总理所言好书就是“那些能够给人以感染和力量的书，让人了解大学问家的思想和风范的书，特别是那些震撼人的灵魂的书，激发人的斗志的书”。其实历史上，经过几百年上千年的淘汰，留下来的书是不多的，这些书带有永久性，因为它经过多次淘汰而依然能够震撼人心。

而青少年正处于身心发展的最佳时期，往往缺乏分辨是非、善恶的能力，因此家长和老师有责任帮助他们选择好书来读，做到“非圣书，屏勿视”，因为“非圣书”，“蔽聪明，坏心志”，污染心境。同时远离不良传媒，珍惜生命，掌握正确的世界观和价值观，在开卷有益中明辨是非，“非礼勿视，非礼勿听，非礼勿言，非礼勿动”。

雨果有句名言：“书籍是改造灵魂的工具，它对于人类之所以必须，在于它是滋补光明的饮料。”这句话寓意丰富，的确，一部好作品就如同一本好的生活教科书。它能够陶冶人的情操和气质，教人怎样做一个正直的人。知识就如浩瀚的海洋，所以多读好书吧，用知识来丰富我们的思想，提升自我，为国家为社会贡献自己的力量。

**【思考】**

我们选择好书，反复熟读，才能“读书百遍，其义自见”。我们常说“开卷有益”，你是怎样读书的？

～～～～～～～～～～～～～～～～～～～～～～～～～～～～～～～～～～～～～～

读书是一个循序渐进的过程，每读一遍书，我们就会加深对书中思想的理解，由浅入深，最后“其义自见”。书可以通读，但是要用辩证的观点，取其精华去其糟粕，这样才能做到“开卷有益”。

**名言欣赏**

1．书到用时方恨少，事非经过不知难。——陆游

2．书犹药也，善读之可以医愚。——刘向

3．鸟欲高飞先振翅，人求上进先读书。——李苦禅

## 8.12 勿自暴 勿自弃 圣与贤 可驯致

**【译文】**

不要自己损害自己，不要自己放弃自己。成为一个品德高尚的人是可以逐渐做到的。

**【注释】**

暴：糟蹋，损害。弃：舍去，扔掉。贤：有道德有才能的人。驯：逐渐，循序渐进。致：达到。

## 拓展故事

### 凿壁借光

西汉元帝的时候，有个宰相叫匡衡。他生于农家，小时候很想读书，可是因为家里穷，没钱上学。后来，他跟一个亲戚学认字，才有了看书的能力。

匡衡买不起书，只好借书来读。那个时候，书是非常贵重的，有书的人不肯轻易借给别人。匡衡就在农忙的时节，给有钱的人家打短工，不要工钱，只求人家借书给他看。

过了几年，匡衡长大了，成了家里的主要劳动力。他一天到晚在地里干活，只有中午歇晌的时候，才有工夫看一点书，所以一卷书常常要十天半月才能够读完。匡衡很着急，心里想：白天种庄稼，没有时间看书，我可以多利用一些晚上的时间来看书。可是匡衡家里很穷，买不起点灯的油，怎么办呢？

有一天晚上，匡衡躺在床上背白天读过的书。背着背着，突然看到东边的墙壁上透过来一线亮光。走到墙壁边一看，啊！原来从壁缝里透过来的是邻居的灯光。于是，匡衡想了一个办法：他拿了一把小刀，把墙缝挖大了一些。这样，透过来的光亮也大了，他就凑着透进来的灯光，读起书来。

匡衡就是这样刻苦学习，勤俭节约，后来成了西汉经学家，以说《诗》著称。

### 苏秦刺股

战国时期，中原大上七雄并立，战争连年不断，各国都想统一中原。年轻的苏秦凭借自己的学识和口才游说当时最强大的秦国，希望得到重用。但是由于商鞅嫉妒他的才能，处处与他为难，没能如愿。他曾经十次上书秦王，诉说心志，都没有被采纳。后来决定离开秦国，游说六国联合抗秦。为实现这个目标，他变卖家产，得到路费、衣物、车马和仆人。在游说的过程中勘察各国的山川地形，风土人情。好几年，他仍然无机会实现自己的抱负。钱财用完了，只好辞了仆人，卖了车马，自己担着行囊徒步回家。

父母原以为倾家荡产的苏秦能换来仕途的发展，一定可以谋得一官半职。谁知如此贫穷落魄，都骂他是个没有出息的败家子。妻子也像看不见他似的。他饥寒交迫，向他的嫂子要点饭吃，嫂子说家中没有可烧的菜，拒绝给他做饭。

苏秦饱尝了人间冷暖，不觉潸然泪下，感慨之后，他钻入书中消愁。他偶然从书堆中发现一本《阴符》，忽然想到有个名士说钻研此书，肯定有长进。于是开始钻研这本书中的道理。苏秦足不出户，不分昼夜，发奋读书。夜晚困的时候，为了使自己的头脑清醒，用锥子刺入自己的大腿，血流到脚面上。剧痛让他睡意全消，又可以全神贯注地读书了。《阴符》这本书，让他茅塞顿开。苏秦又结合自己周游六国所得到的信息知识，仔细揣摩，不过一年，天下形势了如指掌。

苏秦胸怀大志，再次告别父母去游说各国，晓之以理，动之以情，终于取得了六国的信任，接受了他的联合主张。最后，他兼佩六国相印，执金牌宝剑，总辖六国臣民。当他衣锦还乡的时候，家人对他的态度截然不同，父母把他当作孝子，妻子恭顺，嫂子敬重。

【评析】

这四句话是弟子规的劝结之语，告诉人们在遇到困难的时候不要自暴自弃，要奋发图强，循序渐进，达到圣贤的境界是可以的。

人生并不是一帆风顺的，在人生的道路上会有很多挫折与困难，在遇到苦难的时候勿自暴，勿自弃，把愤世嫉俗、自怨自艾等不好情绪彻底抛掉，要鼓起勇气，自立自强，奋发向上，努力学习，圣贤境界虽高，只要循序渐进，脚踏实地，也是可以达到的。做人要有自信，只要肯努力去做，人人都可以成为尧舜那样的大圣人。圣人和一般人的本性没有差别，只是圣人善于学习，善于利用外物来辅助自己。所以坚定你的信念，有目标才有动力。古人云："天下无难事，有志者成之；天下无易事，有恒者得之。"有了目标，只要我们踏踏实实地去实践，目标终究会实现。

《弟子规之智慧人生》对《弟子规》原文进行了解读，共104节，讲述的是圣人的教诲，从入则孝、出则弟、谨而信、泛爱众，亲仁到余力学文，从日常生活讲起，经家庭扩及学校、社会，最终孕育正人君子的品行，教给我们做人做事的道理。日积月累，循序渐进，即使我们不会成才，也会成人。用《弟子规》所讲的道理来做事做人，我们的家庭会越来越和睦，社会越来越和谐，国家会越来越繁荣富强，国泰民安，人民的生活会越来越小康。十年树木，百年树人。改变一个国家的国民劣根性，就要从儿童抓起，《弟子规》用简单的言语诠释着新的圣贤思想，指导着我们教育的根本——如何教育孩子成人成才。

**【思考】**

1. 现在的学生心理素质很差，遇到困难与挫折常常怨天尤人、一蹶不振，情绪陷入低谷，开始自暴自弃，放纵自己。良好的心态很重要，困难与挫折是我们人生中的调味剂，正因为有了它们，我们的人生才丰富多彩，我们才会在逆境中长大。古代的人生活条件低下，尤其是贫苦家庭，但是古人却能发挥智慧，创造条件努力学习，改变命运。而今，物质生活条件大好，我们不可能像古人那样凿壁借光、悬梁刺股、映雪夜读，但是古人的这种求学精神值得我们学习。面对生活中的贫困，匡衡凿壁借光努力学习的精神激励着我们克服不利条件、奋发图强；面对事业上的失败，苏秦刺骨使自己警醒发奋学习的精神激励着我们东山再起、卷土重来。即使学业有成，也不要骄傲自满，努力做到最好。面对困难与挫折，你做好准备迎接挑战了吗？

2. "笨鸟先飞早入林，功夫不负苦心人"，"水滴集多成大海，读书集多成学问"，"宁做蚂蚁腿，不学麻雀嘴"，"绳锯木断，水滴石穿"，这些名言说明了什么道理？你从中学到了什么？

～～～～～～～～～～～～～～～～～～～～～～～～～～～～～～～～～～～～～～～～～

这些名言说明只要持之以恒，坚持不懈，终究会实现梦想。天资不高，可以靠后天的努力，知识要靠逐渐地积累，不断地学习，在求知的路上需要的是你的恒心与毅力。

**名言欣赏**

1. 言非礼义，谓之自暴也；吾身不能居仁由义，谓之自弃也。自暴者，不可与有言也；自弃者，不可与有为也。——《孟子·离娄上》

2. 天行健，君子以自强不息。——《易经》

3. 积善成德，而神明自得，圣心备焉。——荀子